BLUE BOOK

智库成果出版与传播平台

北京城市治理蓝皮书
BLUE BOOK OF URBAN GOVERNANCE IN BEIJING

北京城市治理研究报告 *No.1*（2023）

ANNUAL REPORT ON URBAN GOVERNANCE IN BEIJING No.1 (2023)

组织编写／北京城市治理研究基地（北方工业大学）
国家未来城市实验室（中国社会科学院）

社会科学文献出版社
SOCIAL SCIENCES ACADEMIC PRESS（CHINA）

图书在版编目（CIP）数据

北京城市治理研究报告 . No. 1，2023 ／ 北京城市治理研究基地（北方工业大学），国家未来城市实验室（中国社会科学院）组织编写. -- 北京：社会科学文献出版社，2023.12

（北京城市治理蓝皮书）

ISBN 978-7-5228-2656-1

Ⅰ.①北… Ⅱ.①北… ②国… Ⅲ.①城市管理-研究报告-北京-2023 Ⅳ.①F299.271

中国国家版本馆 CIP 数据核字（2023）第 200607 号

北京城市治理蓝皮书

北京城市治理研究报告 No. 1（2023）

组织编写／北京城市治理研究基地（北方工业大学）
　　　　　国家未来城市实验室（中国社会科学院）

出 版 人／冀祥德
责任编辑／陈　颖
责任印制／王京美

出　　　版／社会科学文献出版社·皮书出版分社（010）59367127
　　　　　　地址：北京市北三环中路甲 29 号院华龙大厦　邮编：100029
　　　　　　网址：www.ssap.com.cn
发　　　行／社会科学文献出版社（010）59367028
印　　　装／三河市东方印刷有限公司

规　　　格／开　本：787mm×1092mm　1/16
　　　　　　印　张：28.25　字　数：424 千字
版　　　次／2023 年 12 月第 1 版　2023 年 12 月第 1 次印刷
书　　　号／ISBN 978-7-5228-2656-1
定　　　价／168.00 元

主编单位简介

北京城市治理研究基地（北方工业大学）　是北京市哲学社会科学界联合会、北京市哲学社会科学规划办、北京市教育委员会联合批准设立的北京市级哲学社会科学研究基地。基地依托北方工业大学开展研究工作，实行理事会领导下的主任负责制。基地以习近平新时代中国特色社会主义思想为指导，深入贯彻落实习近平总书记关于北京工作的重要论述和重要指示，紧紧围绕"建设一个什么样的首都，怎样建设首都"的重大课题，立足北京"四个中心"功能定位，突出"法治＋质量""管理＋治理""技术＋治理""产业＋治理""文化＋治理"的研究特色，以北京城市治理体系和治理能力现代化建设中的重大问题和亟待研究解决的热点、难点问题为导向，重点研究北京城市治理体系创新、高质量发展和治理能力现代化的战略需求与实施路径，探索具有北京特色、体现"北京模式"的超大城市多元治理体系，服务北京经济社会高质量发展。基地有稳定的研究团队和重点学科支撑，研究团队学科交叉、优势互补，取得了一批有重要价值的智库研究成果。基地与北京市委、市政府相关机构有很好的合作研究基础，是北京超大城市治理研究的高端专业智库。

国家未来城市实验室（中国社会科学院）　原名中国社会科学院城市信息集成与动态模拟实验室，成立于 2010 年，是中国社会科学院最早设立的18 家实验室之一，是中国社会科学院从事城市与区域科学研究的主要载体。自成立以来，实验室持续发布"城市蓝皮书""房地产蓝皮书"，产生了较大影响。国家未来城市实验室依托中国社会科学院生态文明研究所，实行理事会领导下的主任负责制。以习近平生态文明思想为指导，积极争取社会各界支持，紧密围绕党和国家发展战略需求，对标联合国《新城市议程》，主动响应全球和国家城市与区域发展的关键科学问题和重大现实问题，为国家重大城市和区域发展战略制定提供决策支持，打造中国城市和区域研究的重要科学基础设施，构建中国城市和区域科学研究的学科体系、学术体系、话语体系。

摘　要

党的十八大以来，习近平总书记围绕新时代推进城亍尤其是超大城市治理现代化的城市工作主题，提出了一系列新命题、新论断、新范畴、新战略，强调"推进以人为核心的新型城镇化""城市是生命体、有机体""城市治理是国家治理体系和治理能力现代化的重要内容""努力探索超大城市现代化治理新路子"，构成了体系完备、逻辑严密的超大城市治理理论体系。在这套理论体系的指引下，北京转变城市治理理念，把不断满足广大市民对美好生活的向往贯穿于推进城市治理现代化的实践探索，深刻回答了"建设一个什么样的首都、怎样建设首都"这一重大时代命题，为新时代构建有效的超大城市治理体系提供了根本遵循。

近年来，北京市大力推动城市治理创新突破，走出了一条符合超大城市特点和规律的共治共管、共建共享的城市治理新道路。

第一，坚持党的领导是北京城市治理不断取得突破的根本保证。城市是一个庞大复杂的社会系统，城市治理是一项系统工程。北京作为超大型城市，是由不同共存共生的主体多元聚合而成，具有突出的复杂性和多元性。这种多元性、丰富性、复杂性在给超大城市带来无限活力的同时，也构成了北京城市治理的难题。北京市充分发挥中国特色社会主义制度优势，在治理中创造性地将党的全面领导与城市治理相结合，坚持党建统揽全局协调各方，将党的领导贯穿于城市治理的各层次、各环节。在党的全面领导下，坚持城市治理的长期规划与整体布局；在党的统一部署下，整合城市内部复杂多样的各类资源和各方信息，以党的力量凝聚城市治理的"千根线"，实现

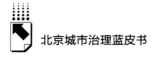

了城市治理的整体性、系统性和高效性的有机统一。

第二，坚持以人民为中心是北京城市治理不断前进的根本。百年来，中国共产党将党的群众路线贯彻到城市管理工作中，坚持人民至上的价值理念，始终依靠人民，把尊重人民群众的主体地位放在首位，充分发挥人民群众在城市管理中的主体作用，调动人民群众参与城市管理的积极性、主动性；坚持为了人民，将服务群众作为城市管理的立足点、将满足群众利益需求作为城市管理的着力点，形成服务群众的组织化机制；做到由人民共享，秉持共建、共治、共享的现代城市管理理念，让城市管理的成果化为广大人民群众的美好生活，让人民群众做城市管理和服务状况的评判员，以人民群众的满意度作为评判标准，推动城市管理工作不断迈上新台阶。2019 年，北京市启动了"闻风而动，接诉即办"的群众诉求快速响应机制，通过开设"12345"市民专线，实现了市民个性需求与城市治理机构的精准对接，在快速响应人民需求、保障人民个性化发展的同时，推动着超大城市的治理向服务型和联动型转变。

第三，遵循城市治理规律和科学治理理念是新时代北京城市治理的重要基础。习近平总书记提出的"精细化""疏解城市功能""全周期管理"等治理理念，是对我国超大城市治理的重大创新，促进了城市治理理念的现代化发展，推动了超大城市治理实践的现代转型。精细化治理是对传统粗放式、经验化治理模式的反思、批判和超越，代表着城市治理现代化的基本方向，是未来我国城市治理和发展的主导性策略。京津冀协同发展战略，为北京城市治理的中心、重心和核心给出了发展方向和实现目标。在这一战略的指导下，北京不断迈向人们满意的和谐宜居之都。

第四，坚持依法治市是新时代北京城市治理的重要内容。法治化是现代文明的重要标志，从人治到法治的转变，意味着我国超大城市更加注重治理理念的科学性和治理行为的规范性。北京市全面推进依法治市。落实重大行政决策法定程序要求，推进执法规范化建设。持续推进政法领域全面深化改革，健全执法司法制约监督体系和责任体系。推进现代公共法律服务体系建设，实施北京市"八五"普法规划，在全社会形成尊法、学法、守法、用法浓厚氛围，创造性地将法治思维与法治理念应用于破解城市治理难题，以法治化理念推动城市治理现代化，运用法治思维促进城市治理工作更加规范化、制度化、常态化，推动新时代城市治理提质升级。

第五，强化科技应用是新时代北京城市治理的重要助推力量。新时代的城市治理必须依托大数据、区块链、物联网、人工智能等重要技术路径，实现城市治理从数字化到智能化再到智慧化。北京市坚持数字赋能产业、城市、生活，打造引领全球数字经济发展高地。加紧布局5G、人工智能、区块链等新型基础设施，推动传统基础设施数字化改造。建设城市超级算力中心，推动数据中心向智能计算中心转变。推进数据要素市场化配置改革先行先试，办好国际大数据交易所。实施智慧城市发展行动和应用场景"十百千"工程，构建"城市大脑"智慧管理体系。加强数字政府、数字化社区（乡村）建设。积极参与数字领域国际规则和标准制定，用现代科技为北京城市治理、民众生活便捷增添能效。

Abstract

Since the 18th National Congress of the Communist Party of China, the central government has put forward a series of new propositions, judgments, categories, and strategies to promote the modernization of urban governance, especially in the new era. Emphasizing the promotion of a new type of urbanization centered on people, cities as living organisms, urban governance as an important part of the modernization of national governance system and governance capacity, and striving to explore new paths for the modernization of mega cities, has formed a comprehensive and logically rigorous theoretical system for mega-city governance. Under the guidance of this theoretical system, Beijing has continuously transformed its urban governance concept, integrating the continuous fulfillment of the aspirations of the general public for a better life into the practical exploration of promoting modernization of urban governance. It has deeply answered the major issue of "what kind of capital to build and how to build it", providing a fundamental guideline for building an effective super-urban governance system in the new era.

In recent years, Beijing has vigorously promoted innovative breakthroughs in urban governance, and has taken a new path of urban governance that conforms to the characteristics and laws of mega-cities, such as co-governance, co-management, and co-construction and sharing.

Firstly, adhering to the leadership of the Communist Party of China is the fundamental guarantee for Beijing's continuous breakthroughs in urban governance. A city is a vast and complex social system, and urban governance is a systematic project. Beijing, as a super large city, is a diverse aggregation of different coexisting entities, with outstanding complexity and diversity. This diversity, richness, and complexity not only bring infinite vitality to mega cities, but also pose a challenge to Beijing's urban governance. Beijing fully leverages the advantages of the socialist system with Chinese characteristics, creatively combines the comprehensive leadership of the Party with urban governance in governance, adheres to the overall coordination of Party building among all parties, and integrates Party leadership into all levels and links of urban governance. Under the comprehensive leadership of the Party, adhere to the long-term planning and overall layout of urban governance; Under the unified deployment of the Party, various complex and diverse resources and information within the city are integrated, and the Party's strength is used to unite the "thousand threads" of urban governance, achieving the organic unity of overall, systematic, and efficient urban governance.

Secondly, adhering to the people-centered approach is the fundamental stance of Beijing's continuous progress in urban governance. For a hundred years, the people of the CPC have implemented the Party's mass line in urban management, adhered to the value concept of people first, always relied on the people, put respect for the main position of the people in the first place, gave full play to the main role of the people in urban management, and mobilized the enthusiasm and initiative of the people to participate in urban management; Adhere to serving the people, take serving the people as the foothold of urban management, and meeting the interests and needs of the people as the focus of urban management, forming an organizational mechanism for serving the people; To achieve sharing among the people, uphold the modern urban management concept of co construction, co governance, and sharing, and turn the achievements of urban management into a better life for the vast majority of the people. Let the people be the evaluators of urban management and service conditions, using the satisfaction of the people as the evaluation standard, and promote urban management work to continuously reach new heights. In 2019, Beijing launched a rapid response mechanism for public demands, which is "responsive and responsive to complaints". By setting up a 12345 citizen dedicated line, the precise connection between citizens' individual needs and urban governance institutions was achieved. While quickly responding to people's needs and ensuring personalized development, it is

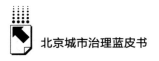

promoting the transformation of governance in mega cities towards service-oriented and linkage.

Thirdly, following the laws of urban governance and scientific governance concepts is an important foundation for Beijing's urban governance in the new era. Fine governance is a reflection, criticism, and transcendence of the traditional extensive and experiential governance model, representing the basic direction of modernization of urban governance and the dominant strategy for future urban governance and development in China. The coordinated development strategy of Beijing Tianjin Hebei provides development direction and achievement goals for the center, focus, and core of Beijing's urban governance. Under the guidance of this strategy, Beijing's urban governance continues to move towards a harmonious and livable city that satisfies people.

Fourthly, adhering to the rule of law is an important aspect of Beijing's urban governance in the new era. Rule of law is an important symbol of modern civilization. The transition from rule of man to rule of law means that China's mega cities pay more attention to the scientific nature of governance concepts and the standardization of governance behaviors. Beijing comprehensively promotes the rule of law in the city. Implement the legal procedures for major administrative decisions and promote the standardization of law enforcement. Continuously promote comprehensive and deepening reforms in the political and legal fields, and improve the system of law enforcement, judicial supervision, and accountability. Promote the construction of a modern public legal service system, implement the "Eighth Five Year Plan" for legal education, create a strong atmosphere of respecting, learning, abiding by, and using the law in the whole society, creatively apply the rule of law thinking and concept to solve urban governance problems, promote the modernization of urban governance with the rule of law concept, use the rule of law thinking to promote more standardized, institutionalized, and normalized urban governance work, and promote the improvement and upgrading of urban governance in the new era.

Fifthly, strengthening the application of technology is an important driving force for the urban governance of Beijing in the new era. The urban governance in the new era must rely on important technological paths such as big data, blockchain, Internet of Things, and artificial intelligence to achieve urban governance from digitization to intelligence and then to intelligence. Beijing adheres to the digital empowerment of industries, cities, and daily life, and strives to create a leading highland for global digital economic development. Accelerate the layout of new infrastructure such as 5G, artificial intelligence, and blockchain, and promote the digital transformation of traditional infrastructure. Build urban supercomputing centers and promote the transformation of data centers into intelligent computing centers. Advance the market-oriented allocation reform of data elements and take the lead in running international big data exchanges. Implement the "Ten Hundred Thousand" project for the development of smart cities and application scenarios, and build a "City Brain" smart management system. Strengthen the construction of digital government and digital communities (rural areas). Actively participate in the formulation of international rules and standards in the digital field, and use modern technology to add energy efficiency to Beijing's urban governance and the convenience of people's lives.

目 录 ⤵

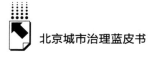
Ⅲ 专题篇

皮书数据库阅读**使用指南**

CONTENTS ↖↘

I General Report

II Comprehensive Chapters

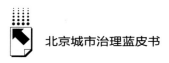
Ⅲ   Special Topic Chapters

CONTENTS

总 报 告

General Report

B.1

北京城市治理的历史经验和实践探索

周守高　张桂敏　韩小南　宋天博*

摘　要： 新中国成立后的 70 多年里，北京城市治理总体经历了三大阶段，第一个阶段为新中国成立到十一届三中全会前夕，这一阶段实现了从稳固政权到生产型建设发展的目标和模式转换。第二个阶段是十一届三中全会召开至党的十八大召开前夕，这一阶段的北京城市治理主要集中在推动首都经济的转型升级上。第三个阶段是从党的十八大召开到现在，北京城市治理紧紧围绕首都发展，为建设"四个中心"和提升"四个服务"水平而大力推进非首都功能疏解、京津冀协同发展、超大城市精细化治理等工作。党的十八大以来，习近平总书记围绕新时代推进城市尤其是超大城市治理现代化的城市工作主题，提出了一系列新命题、新论断、新

---

* 周守高，北方工业大学马克思主义学院副教授，主要研究方向为党史国史党建；张桂敏，北方工业大学马克思主义学院讲师，主要研究方向为人口老龄化、马克思主义中国化；韩小南，北方工业大学马克思主义学院副教授，主要研究方向为重大理论与现实问题研究；宋天博，北方工业大学马克思主义学院讲师，主要研究方向为铸牢中华民族共同体意识、城市民族工作。以上顺序按照分工内容排序，无作者先后之分。

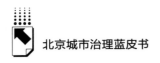

范畴、新战略，构成了体系完备、逻辑严密的超大城市治理理论体系。北京市牢牢抓住疏解北京非首都功能这个"牛鼻子"，打出治理"大城市病"的组合拳，有效的超大城市治理体系不断形成与发展，并取得了粲然可观的成就。

关键词： 城市治理　中国式现代化　超大城市　多元共治

1949 年北平解放，并正式更名北京。从此，北京开始了由中国共产党领导的发展历程。在至今的发展历程中，北京城市治理的作用突出，有力推动了北京的全面发展。北京城市治理广义是指党、政府、其他社会组织以及有关个人和群体等不同主体对北京社会各个层面进行的全方位治理；狭义是指对北京城市总体规划、城市基础设施建设、城市精细化管理、基层治理等方面的定制、管理、执行、协调等工作。回顾新中国成立以来的北京城市治理，其融合了广义概念下的综合性和狭义概念下的深入性，二者相得益彰，共同推动北京发展。长期以来，北京城市治理始终贯彻以人民为中心的理念，不断调整、适应北京发展的历史与时代要求，呈现在世人面前的是一座经济发达、社会繁荣、文化昌盛、充满生机与活力的欣欣向荣的现代化国际大都市，焕发着深沉文化底蕴的古都新风采。充分总结北京城市治理的有关经验，对于写好北京城市治理新篇章，以及为党推进和拓展中国式现代化提供相关的有力支撑，都具有重大意义。

一　日新月异的北京城市治理变迁
（1949～2022年）

新中国成立后的 70 多年里，北京城市治理按其实现目标，总体可分为三大阶段。第一个阶段是从新中国成立到十一届三中全会前夕，这一阶段实现了从稳固政权到生产型建设发展的目标和模式转换。第二个阶段是从十一届三中全会召开至党的十八大召开前夕，这一阶段的北京城市治理主要集中在推动首都经济的转型升级上。第三个阶段是从党的十八大召开到现在，北京城市治理紧紧围绕首都发展，为建设"四个中心"和提升"四个服务"水平而大力推进非首都功能疏解、京津冀协同发展、超大城市精细化治理等工作。

（一）全力保证首都政权巩固和大力建设生产型城市并重的北京城市治理模式（1949~1976年）

首都北京，在中华人民共和国成立之初，面临的首要任务是确保党中央的安全和刚成立的全国性政权在北京的稳定。从 1949 年 1 月 31 日北平这座拥有 200 多万人口的驰名世界的文化古都解放开始，中国共产党就领导北平人民和全国人民一道，紧锣密鼓地开展这项工作了。北平四郊解放后，中国共产党即着手成立了中国人民解放军北平区军事管制委员会和北平市人民政府，主任和市长均由叶剑英担任，开始了发动社会各界配合人民解放军消灭傅作义集团在北京的统治和建设新北京的工作。

北平改称北京后，北京城市治理在两条线索交织中向前推进。一条线索是巩固完善中央政权机构和调整、建立、完善北京地方政权机构，发动群众开展大规模社会运动，建立街道制、居委会制、单位制等直达基层的政权体系，构筑由国家主导的严密组织体系，增强国家对北京地区社会的控制与动员能力；另一条线索是把北京由消费型城市变为生产型城市，以进一步保证党的各级政权稳固的北京管理，确立了以发展工业为主的路径。

具体地讲，第一，在建立和巩固中央及北京地方各级政权机构方面：在中国人民政治协商会议制定的《共同纲领》确立中央人民政府等中央基本的政权架构基础上，1954 年，《城市街道办事处组织条例》《城市居民委员会组织条例》两个条例由全国人大一届四次会议通过。条例分别明确了街道办和居委会的法律地位，确立了城市治理的"街居制"和"单位制"模式，北京城市治理据此奠定了底层框架。

第二，在北京由消费型向生产型城市转变方面：新中国成立初期，北京市遵照中央指示，贯彻执行"北京由消费城市变成生产城市"的方针，努力恢复与发展生产，提出了建立生产城市的理念，优先发展工业特别是重工业。同时，城市治理也非常注重自来水、煤气、公共交通等社会公共服务的普及，以满足人民的生活需求，改善人民的生活条件，体现了以人民为中心的城市治理思路。1953 年，北京市委成立规划小组。小组提出《改建与扩建北京市规划草案的要点》，要点充分保证首都建设最终要为人民服务的总方针，因而在已有工业用地基础上布置了 6 个工业区。党的八大以后，北京城市治理对城市中的各类生产生活要素进行集中管理，严格约束如住房、粮食、燃料等城市资源的获取及使用方式。此后，北京的工业区在不断调整变化中。1957 年，《北京城市建设总体规划初步方案》提出市区工业规划总用地面积为 51.7 平方千米，适当调整了其他几个工业区。到了 1973 年，北京城市治理思路出现了一些新的变化，即规定：新建工厂安排到远郊区，市区范围内不能再安排占地大、用水多和有"三废"危害的工业企业；在市区的工业企业一般不增加职工和用地；把难以治污和易燃易爆的工厂，有计划地调整改造、转产或外迁。这一变化说明，在多年单一治理思路中的北京城市治理开始了新的探索和尝试。

（二）改革开放新形势下强调首都经济转型升级的城市治理模式探索与工作内容创新（1976~2012年）

党的十一届三中全会以后，全党实现工作重心向经济建设转移。在此形势下，北京城市治理的重心也随之转移，开始了城市治理思路与方式的新变化。概括起来，就是"一条新思路，多点创新内容"。一条新思路，指北京城市治理逐渐形成要通过经济转型升级，把首都建设成为环境、经济、社会效益和谐统一的全国政治中心、文化中心城市的思路。在此思路下，北京城市治理内容实现了多点创新：大力实施科教文卫等方面的改革，促进高新技术和第三产业发展，进行城乡统一规划；治理模式经历了从传统的城市管理向城市治理的转变，促进北京向有中国特色的世界城市发展。

第一，加快高新技术和第三产业发展，统筹城乡规划，实现环境、经济和社会效益统一的治理新思路。一直以来，北京强调工业尤其是重工业的发展，这对北京的资源、能源和环境等方面都造成了恶劣影响。1983 年，中共中央、国务院对《北京城市建设总体规划方案》批复了十条意见，指明了北京的城市性质、建设方针和建设重点。北京是首都、是全国的政治和文化中心，也是历史名城；规划和建设要反映中华民族的历史文化、革命传统和社会主义国家首都的独特风貌；要保护北京生态环境、保护古都风貌、加快城市基础现代化步伐；要采取强有力的行政、经济和立法措施，严控城市人口、用地规模。要完善城镇体系布局，实现城乡统一规划；要促进经济、城乡发展繁荣，大力加强社会城市基础设施建设，继续新建住房和文化生活服务设施；要促进高新技术和第三产业发展，实现环境、经济、社会效益统一；等等。从此，北京城市治理开始转变和创新探索。至 1993 年 10 月，国务院对《北京城市总体规划（1991 年–2010 年）》又作了正式批复，对北京经济建设的问题作了指示，要求北京开始不再发展重工业，也不再发展耗能多的工业。市区建设要从外延扩展向调整改造转移。这就使首都经济转型升级的指向进一步明确，北京城市治理的工作内容也在此方向指引下进一步探索、创新。

第二，北京城市治理的工作内容实现多点创新。2004 年，北京市东城区首创"万米单元网格城市管理模式"，开创了网格化管理的新时代。2005年，北京市基层治理步入规范化发展的阶段，北京市委下发的《关于建设和谐社区和谐村镇的若干意见》提出了构建和谐社区、和谐村镇的总体方案，明确了主要任务。同时单元网格的数字化城市管理进入政府议事日程，北京市由此建立了以城管监督、公共服务、治安防控进行一体化信息管理的机制，开始了把治理重心不断下移的治理模式。2009 年，北京开始启动社区规范化建设试点工作，将社区层面的服务平台统一命名为"社区服务站"，并分别划定了社区居委会、社区服务站的职责清单明细。在城市基层治理的实践中还独树一帜地形成了"吹哨报到"新举措。2010 年 7 月，北京市网格化社会服务管理范围进一步扩大，由原先城市基础设施监督，拓展至社会治理和公共服务领域。在此基础上，依托图像监控系统和社会化管理

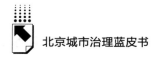

数据库，建立了城市治理中的立体化社会治安防控体系。

第三，北京城市治理的法治保障进一步完善。1996年，国务院法制局批准北京市宣武区开展相对集中的行政处罚权试点工作，这在全国属于首例；1997年，宣武区作为全国第一个试点，启动了城市管理相对集中行政处罚权工作。这为北京乃至全国的城市治理创新奠定了相关法规基础。《北京城市总体规划（2004年-2020年）》中提出"北京是中华人民共和国的首都，是全国的政治和文化中心，是世界著名的古都和现代化国际城市"，以及构建首都和谐社会、"世界城市"和"首善之区"的较为长期的要求。2011年8月，北京市民政局牵头印发了《北京市"六型"社区指导标准细则》。此细则成为社区治理的规范性文件，提出围绕干净、规范、服务、安全、健康、文化等方面建设"六型社区"，推进本市和谐社区建设，使城市基层治理进一步完善起来。这一细则以及同期出台的相关法律法规文件，共同构成北京城市治理的法治保障体系的重要内容，对北京城市治理的法治化开展具有重要意义。

（三）牢牢把握首都功能定位，全力建设"四个中心"和提升"四个服务"水平的新时代北京城市治理模式（2012~2022年）

党的十八大以来，习近平总书记关心北京的城市治理与发展，围绕"建设一个什么样的首都、怎样建设首都"发表重要论述。在总书记相关重要论述的指引下，北京城市治理也取得了里程碑意义的成效。这一时期，北京城市治理发生了深刻的创新转型，主要呈现以下两个特点。

一是特别强调城市的首都战略功能定位。在设计和规划中，本着新时代首都发展本质上是首都功能发展的理念，处理好加强"四个中心"功能建设与提高"四个服务"水平等的一系列关系。北京的"四个中心"的城市战略定位是在《北京城市总体规划（2016年-2035年）》中明确的。规划要求把疏解非首都功能的方向盘紧紧握在手中不放，大力推动京津冀协同发展，并对多个专项工作进行深入疏解和整治提升。2016年北京城市管理委员会的成立，是首都城市治理进入新阶段的重要标志，这为进一步提升

"四个服务"水平搭建了倍增效率的重要实践平台。

二是特别强调要把握科学治理超大城市的规律。北京根据自身所拥有的历史文化与所处的现代环境，强调要因"都"而立、因"都"而兴，突出强调北京最大的市情就是超大型的首都城市，一切要按照国家首都的要求科学治理。高质量发展是新时代首都发展的根本，其出发点和落脚点都是让人民获得幸福生活。这样就要按照首善标准，进一步促进北京城市治理精细化程度的提升，促使城市面貌进一步呈现人民期盼的样子。

中共中央在 2015 年 12 月印发《关于深入推进城市执法体制改革改进城市管理工作的指导意见》，该文件对把握科学规律进行城市治理具有重要指导作用，北京在城市的科学治理中亦受益于它。文件提出完善城市管理的重点包括加强市政管理、维护公共空间、优化城市交通、改善人居环境、提高应急能力、提高城市防灾减灾能力、整合信息平台等科学意见。这份文件进一步夯实了城市治理的路径探索和机制创新持续深入的基础。在具体实践中则有如下体现：通过打造切实可行的项目，不断强化载体功能，改善基层的公共服务，全覆盖社区服务体系，把社区与街道打造成北京城市管理与治理的重要基础单元。进一步完善"街乡吹哨、部门报到"机制（即下级"吹哨"，上级各个部门30分钟"报到"的执法机制），并在 2018 年作为全市"1号改革课题"向全市推广。2022 年 7 月，中国共产党北京市第十三次代表大会有关精神进一步指引了北京城市治理不断完善基层治理机制的构建和持续深化"回天有我"的实践创新，写就了率先基本实现中国特色社会主义现代化的北京建设新篇章。这些进步与成绩的取得，都与对超大型城市治理规律的科学把握分不开。

二　与时俱进的北京城市治理理念转变

党的十八大以来，习近平总书记围绕新时代推进城市尤其是超大城市治理现代化的城市工作主题，提出了一系列新命题、新论断、新思想、新战略，强调"推进以人为核心的新型城镇化""城市是生命体、有机体""城市治理是国家治理体系和治理能力现代化的重要内容""努力探索超大城市现代化治理新路子",构成了体系完备、逻辑严密的超大城市治理理论体系。在这套理论体系的指引下,北京积极转变城市治理理念,把不断满足广大市民对美好生活的向往贯穿于推进城市治理现代化的实践探索中,对"建设一个什么样的首都、怎样建设首都"这一时代命题做出深刻回答,为新时代构建有效的超大城市治理体系提供了根本遵循。

(一)从社会管理到社会治理

随着改革开放深度与广度的拓展,北京市社会转型加速,城市治理问题也日渐突出,且呈现由隐性到显性、由局部到区域的发展态势,传统"善政"管理模式下的科层管理体制暴露出一系列问题,政府作为传统"善政"管理模式中的唯一主体,面对日益繁多的社会问题"捉襟见肘"。加快北京市城市治理理念向"善治"转变,实现北京城市治理现代化成为新时代的价值目标,也体现了北京市"城市是人民的城市,人民城市为人民"的发展理念。

1. 回应北京市治理难题的必然选择

新中国成立之后,北京市政府依据高度集中的计划经济体制对城市进行全方位管理,出现了传统城市管理中常见的社会问题:第一,过度看重粗放型经济发展模式,忽视了以人为本、结构合理的高质量发展;第二,过度看重 GDP 的评价指标,忽视了民生、生态、文化等方面的考量;第三,过度看重"浮瓢型"社会治理,对信息化、系统性、精准化的治理缺少思考。为此,转变治理理念,践行以人民为中心的发展思想,推进以源头治理、系统治理、精准治理为核心的城市治理现代化成为必然选择。所谓源头治理,即城市问题从源头遏制,预防"大城市病"的发展蔓延。例如,发挥好城市规划的源头治理作用,从城市发展的源头解决好交通堵塞、城市空间布局不合理等问题。所谓系统治理,即实现城市治理各个领域、各个环节、各个流程有效对接、无缝衔接。例如,城市发展过程中要做好城市治理的顶层设计,统筹协调好规划、建设与管理这三大环节。所谓精准治理,即明确城市治理的目标,精准识别治理难题,针对性提出解决措施。

2. 重构北京市治理体系的现实诉求

治理主体单一、权责交叉重叠、职能范围狭窄等是传统城市治理的通病，由此导致城市管理力量薄弱、目标异化等问题。随着经济社会的发展，针对这些问题需做出以下转变：第一，由传统政府主导模式向共建共治共享的城市治理体制转变；第二，由传统的单一供给模式向同时供给经济品、公共品、科技品、生态绿色品的综合供给模式转变；第三，由以条块分割、科层管控的传统管理方式，向遵循"城市生命体、有机体"运行规律、实行"全周期管理"的科学治理方式转变。通过上述转变，以精准优质高效协调运行的超大城市"科学化、系统化、智能化、法治化"的"空间地图"，最终构建高质量发展、高品质生活、高效能治理的超大城市治理新格局。

3. 探索北京市治理路径的逻辑延伸

中国用几十年的时间走完了发达国家几百年的工业化进程，以自力更生与创新驱动相结合的中国城市快速崛起的发展道路决定了超大城市治理现代化不同于西方城市，其突出特点是由政府主导的"跨越式""赶超型"发展模式，这决定了"大城市病"的突出特性是时空叠加、集聚暴发。北京市作为首善之区，既有一般城市的特色，也具有自身的特性，为此，实现北京城市治理现代化既需要正视历史遗留问题，更要结合新时代北京城市发展的战略定位谋篇布局，既要遵循治理"大城市病"的一般规律，把握其时空重叠性、复杂性的特性，更要实施分类治理、对症下药的良方举措，达到综合施治、精准施治的效果。

（二）超大城市治理现代化

1. 超大城市治理现代化的界定

超大城市治理现代化，是指承担历史使命的中国共产党在统筹、组织、领导以及推进社会主义现代化强国建设的进程中，以"以人为核心、全周期理念、系统集成、生命体有机体的治理理论"为指导，依靠行政、社会、市场力量，运用法律法规、城市公约、乡规民约、道德规范等方式和手段，精准高效地对城市基础设施、公共服务、治理制度等加以有效供给，从而有

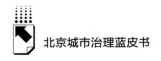

效改善城市整体面貌、提升城市服务水平、优化城市治理能力、激活城市发展活力，全面实现体现以人为核心的经济、政治、文化、社会、生态文明现代化，体现时代特征、中国特色、城市特点的共治共管、共建共享的持续治理行动及其社会化、法治化、智能化、专业化的实施过程。

2.超大城市治理现代化的目标

超大城市治理现代化是新时代的特定产物，其治理目标具体包括以下几点。

（1）统筹之治。统筹解决城乡区域发展不平衡不充分的问题，实现劳动力、土地、资本、创新不同要素之间的最优配置，并在城市生命体、有机体运行之中流动。

（2）依法之治。围绕对接国家治理"硬法"与"软法"精准对接的治理体系，基本形成科学完备的适合超大城市治理的规章制度。

（3）共建之治。围绕全民共享、全面共享、共建共享、渐进共享以及实现共同富裕的目标，基本形成人人有责、人人尽责、人人享有的城市治理共同体。

（4）科技之治。通过数字信息技术的科技赋能，打造产业基地信息化、创新驱动信息化、治理空间信息化的全方位"智慧城市"创新高地。

（5）专业之治。由感性之治、经验之治、管控之治的传统城市治理模式向职能之治、行业之治、专业之治的现代城市治理模式转变，提高城市治理的科学化水平。

（三）北京市城市治理的创新

近年来，北京市大力推动城市治理创新突破，走出了一条符合超大城市特点和规律的共治共管、共建共享的城市治理新道路。

1."疏整促"提升北京新风貌

2017年以来，在全市范围内陆续开展"疏解整治促提升"行动，大力推动生态文明与城乡环境建设，古老的京城逐步焕发出新的生机与活力。一是以大疏解促进大提升，一大批不符合城市战略定位的一般制造业企业、学校、医院、区域性批发市场等有序退出，为新时代新兴产业发展提供空间，一些多年的沉疴积弊得以根本解决。二是以大整治促进大改善，通过违建拆除、背街小巷整治、垃圾分类等一系列组合拳，多措并举从源头上杜绝脏乱差现象，提升了城市精细化管理水平，为北京市民勾勒出首都城市治理的壮美画卷。三是城市副中心架起首都腾飞之翼，努力将城市副中心打造成为国际一流的和谐宜居之都示范区、新型城镇化示范区、京津冀区域协同发展示范区，与雄安新区形成北京新的"两翼"。

2. 总体规划铺展北京新画卷

围绕"建设一个什么样的首都，怎样建设首都"的时代之问，经过3年的充分酝酿，共计采纳3100余条社会公众意见，《北京城市总体规划（2016年-2035年）》于2017年9月13日经党中央、国务院批复正式实施。近年来，北京市在落实城市战略定位和首都高质量发展方面取得巨大进展。第一，明确城市战略定位，坚持和强化首都"四个中心"的核心功能，全市的常住人口规模严格守住了2300万的"天花板"，城乡建设用地规模成功完成阶段性减量目标，北京成为中国首个现状减量发展的超大城市，切实做到了有所为、有所不为，"四个服务"水平得到实质性提升。第二，优化城市发展框架，重点改变过去集聚资源求增长的发展模式，紧紧抓住非首都功能疏解这个"牛鼻子"，围绕实现"都"的功能布局"城"的发展，形成以"一核一主一副、两轴多点一区"为支撑的城市空间形态，持续降低人口密度、建筑密度、商业密度、旅游密度，打造高质量的政务发展格局。第三，大力度解决"大城市病"，"大城市病"是大多数发展中国家追求城市文明的进程中都要面临的重要问题，也是影响人民群众幸福指数和阻碍城市长远发展的重要因素，总体规划以北京市民最关心的问题为导向，将解决人口过多、大气污染、交通拥挤、房价高涨等问题作为突破口，强化整体性治理，为充分缓解直至根本解决这些问题提供了有力支撑。

3. 市民热线打通北京新血管

2019年，为解决"谁来治理、治理什么、怎么治理"的问题，北京市重塑"12345"市民热线，以"民有所呼、我有所应"为原则，以"街乡吹

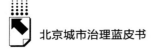
哨、部门报到"为抓手，进一步探索形成以"接诉即办"为牵引的超大城市治理"首都样板"。第一，通过问题解决治标，提升市民满意度。作为群众诉求受理平台，"12345"市民服务热线直接聚焦于人民群众最关心、最直接、最现实的利益问题，集中受理各类事项的咨询、求助、投诉、举报和建议等，让市民切实感受到服务型政府建设的成效，感受到党员干部"不忘初心 牢记使命"的满腔赤诚。自2019年以来，"12345"市民服务热线共受理民意诉求多达5199万件，响应率达到100%，解决率和满意率分别高达93%和94%，大量关系群众切身利益的难点痛点问题得到解决。第二，通过数据分析治本，优化城市治理整体架构。解决群众实际困难的过程，同时也是大数据收集汇总城市治理症结的过程，通过建立群众诉求数据库，依托大数据平台和目录区块链体系，城市治理中的各类病症逐渐显现。例如，北京市将群众诉求数据、民生大数据与"城市大脑"智慧管理体系相融合，将群众最关心的民生问题归纳为79个分类和326个细分项，构建起"七有""五性"监测评价指标体系，基层治理实现了由治标向治本的根本转变，城市治理效能极大提升。

从整治到规划、从被动受理到主动治理，每一项治理举措的落地都是对"建设一个什么样的首都，怎样建设首都"和"如何提高社会主义现代化国际大都市治理能力和水平"时代命题的深刻回答。

（四）北京市城市治理的深化

习近平总书记强调："人民城市人民建、人民城市为人民。"坚持城市治理向精细化方向转变，进一步深化北京市相关体制机制的改革，提升城市治理整体效能和市民满意度，最终实现超大城市治理现代化。

1. 推进体制机制改革

第一，在城市环境治理方面，引导多元主体协同共治，形成共建共治共享的社会格局。一方面，在重大活动环境建设和城市运行保障、长安街及其延长线市容景观管理、垃圾分类推进等指挥协调机制的基础上，形成以"重大活动拉动、专项行动推动、广大群众行动"为管理特色的沟通协调机制，并确保体制运作的常态化。另一方面，推进清单式治理改革，明晰各部门的事权与财权，发挥基层组织的基础性作用，广泛调动社会力量参与首都治理，以共建、共治、共享为目标，形成超大城市治理的新格局。此外，依托"一网统管"推进数字城市治理，增强城市运行效率和风险防控能力，提升城市科学化精细化智能化治理水平，实现"一网统管"全域覆盖。

第二，推动城市规划、建设、管理等环节一体化发展。一方面，在加强各环节信息互通共享的基础上，以全周期管理理念为指导，在城市治理领域先行试点，及时反馈管理环节中发现的问题，形成系统性、闭环式的管理模式，确保城市治理中各项工作之间的衔接性。另一方面，深化"多规合一"，对国土空间规划体系进行针对性完善，按照城市规划对北京市的各项用地和建设进行统一安排和控制，系统整合街区控规、专项规划与重点功能区规划，通过加强各部门之间的纵向合作，优化城市管理工作机制，实现城市治理效能最大化。

2. 健全法规标准体系

第一，健全城市管理的法规体系。遵循"立、改、废、释"的工作原则，对当前的法规规章做系统全面梳理，尤其是重点领域的立法工作，实现法规制度体系全覆盖，持续营造风清气正的法治环境。同时，做好立法之前的评估工作，修订并完善诸如地下管线、城市照明、供热等有关城市基础设施方面的法规体系，严格实施《北京市户外广告设施、牌匾标识和标语宣传品设置管理条例》。

第二，精细化城市管理的标准体系。一方面，围绕困扰市民的停车难、交通拥挤、环境污染、生活垃圾等"大城市病"，开展空间结构优化、绿色出行、垃圾分类、街面整治等专项工程，以多中心网络化发展为导向，创新首都高质量发展模式，进而根治"大城市病"，增强超大城市的核心竞争力。另一方面，以市民高品质生活为抓手，以"为民、便民、安民"为民生目标，提升基本公共服务均等化水平，满足市民对美好生活的向往，切实提升市民的生活质量。

3. 提升治理专业化水平

第一，建设专业化人才队伍。对相关人员定期开展专业技能培训，打造一支政治过硬、本领高强、求实创新的工作队伍。积极引进高技能人才，通过招录、选调等方式，打造一支熟悉城市治理、具有国际视野的复合型专业人才队伍。发挥高校培养人才的基础性作用，推动高校开设专门的城市治理专业或城市治理课程，为新时代城市治理培养一批符合时代特色的能工巧匠。

第二，提升专业化服务水平。以专业化为基础，借助现代化的技术手段，提升城市治理的专业化服务水平。借助市场化的专业力量，构建市政公用报装"一站式"服务平台，提升水、电、气、热、通信、有线电视等专业服务单位的服务水平。在大市政服务领域中积极推广海淀模式，整合环卫、路政、园林三大板块资源，发挥企业专业化优势，推动公共空间运维作业一体化，依据实际情况优化作业顺序和流程，实现资源最节约、效率最大化。

4. 优化社会治理结构

第一，构建社区治理共同体。以基层党组织为中心，以社区服务站为依托，以社会组织为支撑，以社区居委会为治理主体，推动社区业委会、社区居民、物业服务企业共建共联，构建一个社区治理共同体。完善"街乡吹哨、部门报到"制度机制，统筹社会资源配置向社区下沉。完善社区民主协商制度，将"五民协商""拉家常""老街坊"等议事方式在社区加以推广，不断完善社区服务体系建设。

第二，发挥社会多元共治作用。坚持人民城市人民建的原则，支持社会公众积极参与城市治理并畅通参与渠道，构建多元协同共治的治理格局。更好将"街巷长"机制落地，发挥街巷长作用，持续推进"小巷管家"队伍建设，带动广大群众参与社区治理，打通社区治理最后 100 米。健全"管城理市"志愿者队伍组织管理体系，加大对志愿者的培训力度，常态化开展"我家街巷最好看"等系列活动，通过志愿者激励机制鼓励社会公众参与首都城市治理。

三　粲然可观的北京城市治理成就

北京市积极推进防范和缓解"大城市病"的策略，努力将北京的非首都功能有效疏解，以此来实现其作为首都的战略定位。为了更好地管理经济发展，北京率先采取措施，对落后产能进行了严格的禁令和限制，并且加大了对非首都功能的疏解，开展了一系列的疏解整治活动，使城市的景观和居民的生活质量得到显著改善。北京市积极应对超大城市所面临的挑战，创新性地开展"铁腕治污""铁腕治霾"政策，连续推进两个污水处理设施的三年建设计划，制定缓解交通拥堵的方案，以期达到改善城市环境的目的。同时，积极推行三级网格化管理体系，在全国率先实现了区、街道、社区三级网格化管理的全覆盖。为了提升核心区的环境质量，开展了一项专项行动，建立了"街巷长"制度，目前，核心区的所有街道都实行了这一制度。北京正在大力推进疏解整治和提升专项行动，努力提升城市管理的精细化和专业化水平。通过不断解决各种问题，有效的超大城市治理体系正在形成和发展，并取得了显著的成就。

（一）首都功能显著增强

要深入理解"新时代首都发展，本质上是首都功能的发展"的重要性，紧紧围绕"四个中心"的战略定位，加强"四个服务"的功能建设，不断提升"四个服务"的质量，为党和国家的发展做出更大的贡献。不断优化首都功能。通过科学规划，继续推进城市的发展，将城市功能和空间布局不断地进行优化。建立完善的功能设施体系，采取有效的空间保护措施，为中央政务提供更加高效、更为优质的服务，在固化成果的同时，形成长效机制。比如，在落实"文化+"发展战略时，朝阳区致力于打造一座融合阅读、艺术、时尚元素的现代化城市，今后还要建设一座城市文化公园，以便更好地传承和弘扬文化精神。加快中关村朝阳园的体制机制改革，构建完善的科技创新组织架构，打造具有国际影响力的科创街区。

北京市一直将提供优质的服务和保障放在首位，并且不断减少核心区域的人口密度、建筑物密度、商业活动密度和旅游活动密度，以此来持续改善中央政府的工作环境。在"一核一城三带两区"总体框架的基础上，加快建设国家文化中心，弘扬社会主义核心价值，使北京的历史文化名片熠熠生辉，不断地推动文化产业繁荣，增强文化软实力。为适应中国在新时期的特

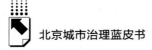

殊外交需要，北京积极谋划实施"两个中心"的软硬件建设，对重大国家大事的服务与保障工作进行常态化的改革与发展。为推动国家科技创新的发展，逐步完善怀柔综合性国家科学中心，顺利组建3个国家实验室，持续推进"三城一区"发展，保持中关村国家自主创新示范区的总收入以年均两位数的速度增长，并且产生了一系列具有国际影响力的创新成果。①

坚定不移地推进京津冀协同发展，努力实现非首都功能的有效疏解。通过持续推进一系列措施，大批量的一般制造业企业、区域性专业市场和物流中心有序退出，拆除违法建筑面积2亿平方米以上，为经济发展提供了有力保障。为了实现城六区常住人口下降的目标，北京严格执行"双控"及"两线三区"的要求，城乡建设用地减少110平方千米，坚持一年一节点，建立城市副中心，2019年北京第一批市级机关顺利迁入，2021年环球影城主题公园也随之向公众开放。河北雄安新区的发展正在迅速推进，逐步形成"两翼"发展格局，北京始终以最高标准来执行中央和市委的重要部署。实施高水平的城市总体规划，科学地进行分区规划，进行全面的城市检查。通过内部功能重组和外部疏解转移的双向推动，无违章建筑的目标基本实现。改进城市用地的使用机制，补齐城市用地的不足，建设和完善城市用地的基础设施。为适应京津冀区域经济社会发展的需要，积极参与首都副中心、雄安新区等重点区域的建设。大兴国际机场通过在交通、生态、产业等重点领域的协同发展，实现了"凤凰展翅"，进入了"双枢纽"航空时代，为北京带来了新的机遇。

（二）科技创新全面跃升

实施新发展战略，推动经济高质量发展迈出坚实步伐。北京市提出以"五子"联动服务和融入新发展格局，包括建设国际科技创新中心、国家服务业扩大开放综合示范区建设和中国（北京）自由贸易试验区（"两区"）建设、推动数字经济发展、以供给侧结构性改革引领和创造新需求和推动京津

---

① 《北京市"十四五"时期国际科技创新中心建设规划》，2021年11月。

冀协同发展，使得现代服务业，如金融、信息、科技等在数字经济增加值中占 40% 以上。经过不懈努力，全市地区生产总值已跨过 2 万亿元的大关，达到了 4 万亿元，人均地区生产总值和全员劳动生产率居全国前列，且单位地区生产总值能耗和水耗不断下降。在乡村振兴战略的引领下，北京市积极推进美丽乡村建设，区域发展趋于平衡，城乡之间的收入差距逐步缩小。京西地区的转型不断加快，城南地区的开发速度持续加速，绿色发展的道路日益宽阔。

北京一直将打造国际科技创新中心作为其发展战略的核心任务，并积极推进落实。充分利用我国丰富的科技资源优势，持续提升自主创新能力，在基础研究和战略高技术领域取得全球领先地位，加快建设一个具有全球影响力的科技创新中心，努力打造一个集企业总部、人才聚集于一体的国际化都市。通过全面的建设，中关村、昌平、怀柔三个国家实验室已经正式启动，并取得了显著的成效。为了提升中关村国家自主创新示范区的创新引领能力，北京市积极规划建设中关村科学城、怀柔科学城、未来科学城、创新型产业集群和"中国制造 2025"创新引领示范区，以"三城一区"为核心，辐射带动多园优化发展，打造北京发展新高地，推动其成为全球科技创新的中心、高端经济的支柱、创新人才的首选之地。[①] 例如，怀柔综合性国家科学中心拥有国际一流的极端条件研究设施，其中包括 2 个大型科学装置，以及 5 个交叉研究平台，而其余 22 个设施正在积极建设中，怀柔成为全国科技基础设施最集中的地区之一。

全力支持高精尖的原创性创新，北京市已经与全国范围内多家高校和研究机构合作，共建高水平的研究中心 24 个、高水平的研究中心 78 个、国家级技术创新中心 4 个，以及世界一流的新型 R&D 机构 8 个。过去十年里，北京市 PCT 国际专利年申请量大幅攀升，由原来的 2705 件飙升至 10358 件，几乎翻了两番，成为全球创新城市的领头羊。北京正在努力推进科技体制的变革，突破传统的人才培养模式，为不同领域的人才创造更多的发展机会。改革科研机构的运作方式，促进科学发现和技术创新的进程。打破传统

---

① 《"十四五"时期中关村国家自主创新示范区发展建设规划》，2021 年 10 月。

的创新限制，更好地促进科研成果的转化，努力构建一个充满创新活力的生态系统。为了克服区块链底层技术的局限性，在微芯研究院建立了一个由300多名专家组成的联合研究平台，以实现软硬件的完美结合，并研发出"长安链"，以及"长安链生态联盟"，从而实现了底层技术与操作系统的完美结合，为未来发展提供了强有力的支撑。长安链已经在超过300个不同的领域取得了成功的应用。

近几年来，"比武练兵"已成为一个重要的公共平台，它不仅为新技术提供了一个广阔的应用场景，而且大大提高了效率。亦庄的网联云控式高级别自动驾驶示范区的建立，为中国的自动驾驶技术的发展带来了重要的突破：它是国内首个将自动驾驶技术应用于商业化的试点，也是中国超大城市中首次实施"第一"的自动驾驶技术，并且取得了自动驾驶道路测试用临时牌照发放数量的全国领先。

（三）污染防治力度空前

作为"双奥之城"的北京，始终秉持坚定不移的信念，深入贯彻习近平总书记关于生态文明建设的重要指示，努力让蓝天绿水青山成为大国首都的亮丽底色。经过"一微克行动"的不懈努力，截至2021年10月底，北京PM2.5的平均浓度降到了32微克/米³，与2013年相比，下降了58%[①]，北京的空气污染物平均浓度有了明显下降，这是北京第一次实现了空气质量的全面优化，北京居民拥有了更加清新的蓝天白云，联合国环境署已将北京的大气污染防治措施作为一个典范进行推广。

在城市道路交通流量不断增加的背景下，中心城区的平均拥堵指数从2015年的5.7迅速下降至2022年的4.65，城市道路交通状况得到明显改善[②]。绿色出行的比例也在不断提升。公交优先，智能调度，在5年间，公共交通

---

① 《1~10月北京市PM2.5平均浓度32微克/立方米》，北京市人民政府门户网站，https://www.beijing.gov.cn/ywdt/gzdt/202111/t20211123_2542519.html。
② 北京交通发展研究院：《2022年北京市交通运行状况盘点》，https://mp.weixin.qq.com/s/VxVpMWxhLq7mAFoV-eXkmw。

运行速度大幅提高，达到了惊人的 27.4%；轨道交通的发展也取得了惊人的成就，5 年间增长了 74%，目前总里程已达到 1091.6 千米；北京大力推广电子收费和停车位分时共享技术，取得了静态交通管理的显著成效。

实施长河制度，全市劣 V 类水体全面消除，正常年景境内五大水系干流实现"流动的河"，市民亲水需求得到有效满足。平原区的地下水位已经持续 6 年上涨。北京目前已经对 142 条黑臭水体进行了全面整治，极大地提高了整个城市的地表水质量。2023 年，污水处理率高达 98%，大幅超过 2013 年的 83%。[①] 通过实施海绵城市建设，成功控制了内涝问题，减轻了地面沉降，地下水位全面回升，并且密云水库的蓄水量也达到了前所未有的水平。随着中水回用的不断增加，全民节约用水已成为共识。永定河已经连续干涸了 26 年，经过跨越多个河流和水源的生态补给，大运河北京段已经恢复了正常的航行。现在，北京五大河流，永定河、潮白河、北运河、泃河和拒马河已经汇合成一条大河，流入大海。

通过大规模绿化，精心打造了"绿肺"城市绿心森林公园和温榆河公园一期，完成了新一轮百万亩造林绿化任务，全市森林覆盖率在 2021 年底达到 44.6%。[②] 自 2015 年起，北京不断拓展城市绿化面积，累计达到 3773 公顷，其中包括 190 处休闲公园、190 处口袋公园和 52 处城市森林，这些绿化项目的实施，使得北京的环境变得更加美丽，让每个人都能够接近自然的绿色空间。

实现双碳目标，力争实现万元地区生产总值的碳排放量达到全国乃至世界领先的水准。近 10 年来，北京市的碳排放量一直在不断减少，2012 年更是达到了最高点，随后便保持着稳定的下降态势。近年来，北京市已经建立了一个碳中和的示范区，并首先制定了碳中和的时间表。与此同时，北京已经宣布了 2050 年的碳中和计划，这一目标比全国的预期提前了 10 年。

---

① 《北京启动第四个三年治污行动方案到 2025 年全市污水处理率将达 98%》，北京市水务局网站，https://swj.beijing.gov.cn/swdt/swyw/202302/t20230213_2915739.html.

② 《北京市 2021 年国民经济和社会发展统计公报》，北京市人民政府门户网站，https://www.beijing.gov.cn/zhengce/zhengcefagui/202203/t20220302_2620158.html.

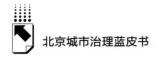
（四）城市风貌实现改善

北京努力推进城市精细化管理，城市面貌发生了人们期待的巨大变化。全面推动文明城市建设，对沿街的小巷进行了深入的整治和改善，培育出一批干净整洁的优秀街道，使生活垃圾分类成为一种新的文明习惯，并且在党的建设的指导下，深入巩固基层政权建设，街道乡镇管理和物业管理体制基本完善。促进城乡社会协调发展，大幅提高城市综合治理的法治水准。通过加强城市景观改造和对市郊铁路的有效利用，城市变得更加美观和秩序井然，人民生活质量不断提高。许多原本被"城市病"包围的胡同小巷，如今已成为"网红打卡地"。

按照习近平总书记的重要指示，北京将全力以赴地保护老城的空间结构，确保两轴四重城郭、棋盘路网和六海八水的完整性。通过对历史文化资源的全面调查和登记，包括城市的历史街区、标志性建筑、地名和古树名木等，制定了具有强制性的专项规划，在加强对古城保护的基础上，致力于改善当地的人居环境。近年来，一些古老街巷的居民生活水平显著提高。在这座城市里，传统的风貌和时代的特色都很迷人。北京的历史文化遗产是其成为世界文化名城的基础，也是其建立有效的超大城市管理体系的关键因素。积极推动老城保护和改善的同时，加强街区环境的维护和更新，营造充满活力的空间环境，将历史文化遗产的保护和生态环境的恢复有机结合起来。北京既要努力重塑老城的精神，又要让居民充分享受到保护老城所带来的巨大收益。

通过不断改进城市管理方式，持续推动首都城市向现代化迈进。北京在大力推进背街小巷的环境改善、努力打造更多宜居街巷的同时，积极构建城市公共空间，提升城市环境质量；深入推进垃圾分类，从根本上减少垃圾的产生，加强市民文明意识的培养；积极开展物业管理突出问题专项治理工作，采取多种措施解决老旧小区物业管理的挑战。一个重要的目标是提高首都城市的现代化管理水平，使得居民生活得更加健康、便利、舒适和美好。

城市管理的成败，取决于人民群众的满意度，而不仅仅是舒适程度。自2019年起，北京市不断推进以"接诉即办"为核心的首都治理创新，截至2022年底，三年来已经成功处理了5199万件民众的诉求，其中，响应率100%，解决率93%，满意率也高达94%①。北京目前正大力推进即办改革，努力实现未诉先办的目标。为了构建一个有效的超大城市治理体系，必须从人民的角度出发，增强服务意识，统筹各方资源，坚定地站在人民的立场，着力解决群众的困难和担忧，并加强主动治理，提前解决高频的共性问题，最终实现让人民满意的"首都样板"的目标。

四 稽古振今的北京城市治理经验

城市是现代化发展的重要标志，是现代化治理的集中场域，是治理能力现代化的集中体现，其综合表现体现了国家治理能力和治理体系现代化的建设程度。党的十八大以来，习近平总书记高度重视城市治理工作，围绕城市发展方式、城市治理体系和治理能力等发表了一系列重要论述，强调"城市是我国经济、政治、文化、社会等方面活动的中心，在党和国家工作全局中具有举足轻重的地位。我们要深刻认识城市在我国经济社会发展、民生改善中的重要作用"，"走出一条中国特色城市发展道路"。新中国成立以来，国家工作重心发生根本性转变，从革命阶段向建设阶段转变，城市治理成为治国理政的重要任务。特别是我国进入新的发展时期，现代化建设呈现新的内容和面貌，开启新的发展历程，回顾党的100多年历史经验，梳理既有的城市治理经验，对挖掘新的理论价值、提升城市治理能力、强化治理队伍建设有着重要的现实意义。

北京是一座有着悠久建城史和历史文化底蕴的古都，拥有3000多年的建城历史和800年的建都历史。中华文明源远流长，这使北京成为中华文明

---

① 《接诉即办三年受理5199万件民意诉求 交出了诉求100%响应率、93%解决率、94%满意率的答卷》，北京市人民政府门户网站，https：//www.beijing.gov.cn/ywdt/gzdt/202206/t20220608_ 2731701. html。

代表性城市之一，承载着 5000 年悠久的历史和人文精神。1949 年 1 月，中国人民解放军进入北平，北平和平解放，自此开启了中国共产党领导北平城市建设的新时期。中共北京地方党组织从人民群众的根本利益出发，注重稳定社会秩序、恢复和发展经济、巩固人民政权、保障人民群众的基本生活，深刻反映了以人民为中心的城市治理理念。经过 70 多年的北京城市建设、治理和发展，中共北京地方党组织以城市建党为基础，注重开展城市工作，不断探索城市发展路径，积累了丰富的城市治理经验。在城市建设、发展和治理过程中，北京始终坚持党的领导，围绕中心大局，坚持人民至上，走出了一条具有中国特色的社会主义城市治理道路。

（一）坚持中国共产党的领导是北京城市治理不断取得突破的根本保证

城市是一个庞大复杂的社会系统，城市治理是一项系统工程。北京市是一个由众多不同主体构成的超大型城市，这些主体彼此协作、共存、共生，构成了一个高度复杂和多元化的总体。北京城市的多元性、丰富性和复杂性，孕育了无限的生命力和活力，但同时也是城市治理面临的一大挑战。北京在城市治理中充分利用中国特色社会主义制度的优势，将党的全面领导与城市治理相结合，坚持党作为最高政治领导力量，始终居于统揽全局的重要位置，发挥协调各方的重要作用，将党与人民的意志贯穿于城市治理的各个环节和层面。"党的领导是全面的、系统的、整体的。"[1] 面对纷繁复杂的城市发展变化、高速流动的城市人口物资，北京市"自觉贯彻党总揽全局、协调各方的根本要求"[2]，在城市治理过程中，党的领导力是城市治理的根本保障，党的组织凝聚力是城市治理的根本优势。在党的坚强领导下，全面统筹城市治理发展规划和总体布局，在党的组织凝聚下，协调多方利益，整合多方资源共同作用于城市治理形成新的合力，充分体现了城市治理的高效

---

[1] 《中共中央关于党的百年奋斗重大成就和历史经验的决议》，人民出版社，2021，第 28 页。
[2] 习近平：《中国共产党领导是中国特色社会主义最本质的特征》，《求是》2020 年第 14 期。

统一。

新时代中国城市发展建设与现代化治理更加注重党的全面领导，这一制度机制有效地将城市治理的自主特色与国家整体统筹规划相结合。北京市率先开展落实了这一领导机制，结合北京城市治理的实际情况和治理优势，分析当前面临的主要问题和压力，自 2017 年起开展城市人口和资源压力疏解整治行动，并制定具体实施意见，进一步推动北京城市高质量发展。与此同时，在城市功能疏解的过程中，加快城市基础设施更新，优化城市规划布局，提升城市舒适度。

党的全面领导已经成为北京治理超大城市的重要经验之一。同时北京市政府注重基层党建工作，以党建引领提升城市治理效能。"党建工作的难点在基层，亮点也在基层。"① 以党建为引领，在超大城市中将基层治理有效整合，形成上下联动的治理体系，是我国超大城市治理的一项重要经验，有助于优化整体治理效能。北京市率先探索将党建和机制体制改革相结合的"街乡吹哨，部门报到"工作模式，将党组织力量下沉基层，促进民生问题与城市治理的有效对接，提升了治理效能，确保了高效性和及时性，为超大城市治理提供了有力支撑。

（二）坚持以人民为中心是北京城市治理不断前进的根本立场

人民是国家最重要的力量源泉，中国共产党一直秉持以人民为中心的发展思想，始终把城市治理的基础放在人民上。现代城市的发展与治理，以人民群众对于美好生活的向往为发展目标，为人民提供更舒适的生产生活环境，提供更宜居的生态自然环境，提供更现代多元的发展环境，提供更包容温馨的城市氛围，让人民在城市获得更多收获、更多满足、更多幸福。习近平总书记指出，要"更好推进以人为核心的城镇化，使城市更健康、更安全、更宜居，成为人民群众高品质生活的空间"② "现代化的本质是人

---

① 《习近平在上海考察时强调　坚定改革开放再出发信心和决心　加快提升城市能级和核心竞争力》，《人民日报》2018 年 11 月 8 日。

② 习近平：《国家中长期经济社会发展战略若干重大问题》，《求知》2020 年第 21 期。

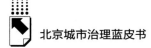

的现代化。"① 我国城市的现代化发展建设，既满足人民群众的生产生活诸多需求，也针对不同区域、不同年龄、不同职业类别进行专业规划和服务，实现城市治理与服务的立体化多层次发展。2019 年，北京市根据市民不同诉求开辟市民专线，开展了"接诉即办"的快速响应机制。这一举措实现了城市治理机构和个人具体诉求的精准链接，更高效有针对性地实现市民需求，进而保障市民权益得以实现。该举措极大地推动了城市治理向着人性化、个性化方向发展，进一步提升了城市治理中的服务能效，为其他城市治理提供了示范引领作用。

中国共产党的百年光辉历程，始终将人民放置于中心位置，始终坚持为人民服务的宗旨。城市治理的服务目标和出发点也同样以人民为中心，长期以来城市治理取得的成绩都离不开人民的支持与参与，离不中国共产党领导下的群众路线，离不开尊重人民群众核心地位的理念，离不开人民群众在城市治理中的积极性和主动性。党员干部将服务群众放在城市管理的首位，构建了服务群众的组织化机制；并且按照共建、共治、共享的理念，让城市治理的成果让人民共享，以人民满意度作为衡量标准，激励城市管理工作不断改进，不断提升。如今，中国共产党坚持"人民城市为人民"的基本方针，以推动城市治理现代化，实现人民对美好生活的向往。以人民为中心的根本立场是中国城市治理的独特优势，也是中国共产党使城市治理符合国情、适应时代发展的重要原因。

（三）遵循城市治理规律和科学治理理念是新时代北京城市治理的重要基础

新时代的城市治理，运用更多现代化科学规律，在以往经验治理的基础上，加入更多现代科学治理元素，把握城市治理发展的纵向历史进程，结合现代城市治理横向发展状况，加强城市间互补增效能力，形成城市高质量发

---

① 中共中央文献研究室编《习近平关于社会主义经济建设论述摘编》，中央文献出版社，2017，第 164 页。

展集群。在城市发展建设过程中，实践应该被视为城市治理的基础，理念又要在实践中先行，这些才是新时代城市治理必须遵循的，"坚持以思想理论创新引领改革实践创新"①。习近平总书记提出的"精细化""疏解城市功能""全周期管理"等治理理念，是对我国超大城市治理的重大创新，促进了城市治理理念的现代化发展，推动了超大城市治理实践的现代转型。精细化治理理念包含了"精细化服务"② 这一核心理念和实质要义。它代表着城市治理现代化的基本方向，是对传统治理模式的摒弃和超越。精细化治理既符合城市人民需要，也是城市治理最主要的策略手段，它将深刻影响城市治理的发展方向。

城市发展汇聚多方力量、具有多元诉求，精细化治理正是针对这一情况而开展工作，在治理过程中采用科学化举措、运用技术化方法、实现治理多元化，提高治理效能，解决多方诉求。这种治理理念是将科学技术手段和现代治理规律相结合，有针对性地解决城市中出现的交叉问题及治理成本高等难题，从而实现超大城市治理的精准、细致、有效等目标。可以说，这是我国超大城市针对一系列治理挑战和问题所提出的一种重要理念。

北京是一座有着深厚历史文化底蕴的现代化城市，一方面其历史积淀产生了深厚的文化资源和独特的历史人文优势，另一方面其作为首都核心城市吸引了众多资金、技术与现代化人才。这为北京的发展带来了更多得天独厚的优势条件，相应地也生成了北京自身的城市化问题，诸如人口数量的快速增长引发的城市交通拥堵等现代城市问题。这为城市治理提出了新的命题，解决这类难题需要北京提升其原有的基础设施等硬件条件，同时对于北京城市治理能力和水平的软性条件也提出了新的要求。城市规划过程中需要更加注重科学合理性，需要更加注重城市发展速度规模和功能区域性，需要更加注重生态环境与人力资源承载能力，要在城市发展进程与人民幸福指数中寻

---

① 《习近平主持召开中央全面深化改革委员会第十七次会议强调　坚定改革信心汇聚改革合力　推动新发展阶段改革取得更大突破》，《人民日报》2020 年 12 月 31 日。
② 《中华人民共和国国民经济和社会发展第十四个五年规划和 2035 年远景目标纲要》，《人民日报》2021 年 3 月 13 日。

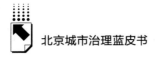
找新的平衡点。

北京不同于一般的城市，其首都功能特性受到党中央的关注。习近平总书记为北京城市治理提出了明确的发展方向，提出京津冀协同发展战略，这一战略通过强化首都功能、疏解非首都功能来进行。北京城市的总体规划也沿着这一战略目标开展，疏解非首都功能是其中一项重要议题。在保证首都核心功能的前提下，应进一步明确首都定位，强化其政治、文化、科技和国家交流中心的职能，将非此功能类别内容向外疏导，以此来分散北京地区过度集中的人口、产业和资源，以实现区域发展的均衡和可持续性。实现城乡协调发展并减轻北京地区的发展压力，促进区域协调发展，从而进一步提升其核心功能。为此，京津冀三地区联合推进治理工程，功能区域职能日益明确，城市副中心建设进一步加强，城市间交通更为便捷，产业结构升级进程进一步加快，生态环境得以有效改善。

（四）坚持依法治市是新时代北京城市治理的重要内容

现代城市的高速发展，会在已有城市发展问题的基础上产生新的挑战。法治是现代城市治理的重要方式，是衡量城市现代化治理能力的重要指标之一。新时代中国城市的治理始终坚持依法治理这一准则，确保城市的发展运行，城市各项举措行动都在法律轨道上进行。法治化是现代化的应有之义，是现代文明的重要标志，其不同于传统人治下的法律工具，而是现代法治下人们共同的行为遵循。现代化的城市治理符合这一现代法治要求，其注重城市运行的科学规律，也注重人的社会行为准则。现代城市的有序发展不同于传统社会中的亲缘秩序，是依托于法治秩序而得以运行，这一切离不开国家的法治建设和维护，要求人们对城市中遇到的各种问题需要通过法律的方式寻求解决，并进而形成制度化的管理。我国超大型城市的发展建设不断印证城市治理过程中法律的重要性，北京城市发展建设同样如此，依法治市的全面推进，有效地将各类行政决策和法律内容落到实处，规范执法建设能力。同时，北京不断强化政法领域的深化改革，进一步明晰城市治理中的权责体系和执法监督能力。通过强化政法队伍，提高执法能力，扩大普法宣传的方式，打造一支深受人民信赖、坚强可靠的政法队伍。不仅如此，北京市还不断提升公共服务能力，积极运用多媒体平台开展普法工作和宣传，进一步提升城市法治氛围，提升市民法治思维，让城市人民在法律的基础上共同参与到城市治理之中，共同应对城市发展与个人生活中的诸多难题，以法治思维强化个体行为规范，用法治的方式推进城市法治建设，用法律的普及实现法治常态化，以此推动新时代城市的法治治理。民众懂法，全民守法，依法行政相结合，形成良性互动的现代城市法治社会。北京市还不断进行政法领域的全面深化改革，建立网络法院等举措获得民众认可，做到了党的领导、人民当家作主与依法治国的有机统一，更好地体现了我国社会主义法治。

（五）强化科技应用是新时代北京城市治理的重要助推力量

在信息技术飞速发展的大数据、人工智能时代，智能化的技术手段越来越成为城市治理所依托的方式，技术高效和精准反馈的特性有效提升了城市治理能力。新时代的城市治理告别了传统经验治理的模式，需要依托更多现代信息数据来提升治理能力，需要采取更多信息化的技术路径来完成治理。这种智慧化治理，是传统人力与现代技术的一次融合，它简化了传统治理模式的流程，提升了社会效率，完善了运行机制，以现代化的手段优化公共资源和各项服务，满足人们个性化多样性需求的同时，提升了城市治理效率。现在信息智能化越来越成为城市治理的重要依托和可实现手段。

北京市致力于成为全球数字经济的典范。信息化时代的到来，信息技术迅猛发展，数字化、智能化成为新的发展推动力。为此，北京市加快数字化建设，提高智能化水平，加快布局数字类新型基础设施，并推动传统类型向数字化方向转变。北京市计划建设超级城市算力中心，将数据向智能化方向转变。这类转变将会带动本地芯片产业发展，加快技术研发突破，推动创新创业。同时，坚持市场化导向的原则，加快技术效能转化，优化产业布局，建设创新型产业开发区和研究实验基地，推动智慧城市建设。信息化、智慧化手段构建出全新的城市治理体系，有效推进各级职能部门工作效率，提升人民群众宜居满意度，日益成为城市治理发展的新方向。

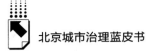

　　今天的中国处于社会主义现代化建设的崭新阶段，城市化是现代化建设的一项重要内容，是国家治理的重要组成部分。中华民族正以前所未有的姿态践行着中华民族的伟大复兴，回顾发展历程，总结百年经验，汲取智慧力量，坚持以人民为中心的发展立场，担当历史使命与任务，加强城市现代化治理能力，提升城市治理的温度、效度，使城市成为人民群众享有幸福美好生活的重要载体。

综 合 篇
Comprehensive Chapters

B.2
提升北京城市治理能力的
立法创新研究报告

缪劲翔　董慧凝　谢琳*

摘 要： 北京城市治理存在首都核心功能强化、人口调控压力大、国际竞争压力大等难点。立法创新为北京城市治理提供了法治保障。第一，在非物质文化保护、公共文化保护、历史文化保护等文化保护方面都有具体规范。第二，生态环境保护中既有关于市容环境、生态涵养区、湿地等环境保护方面一般性的规范，也有关于固体废物污染、大气污染、水污染、土壤污染等特定污染物防治的具体规范。第三，居住环境优化方面体现在物业管理、社会治安、应急管理等具体规定上。《北京市物业管理条例》在党建引领、业主组织形式规范等方面有创新。第四，《北京市优化营商环境条例》从监管执法、法治保障等方面细化了营商环境优化的具体工

---

* 缪劲翔，北方工业大学马克思主义学院教授，主要研究方向为法哲学；董慧凝，北方工业大学文法学院教授，主要研究方向为民商法；谢琳，北方工业大学文法学院讲师，主要研究方向为经济法。

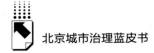
作。各政府组成部门及各区政府依据具体情况有进一步具体规定。第五，《北京市数字经济促进条例》既从宏观方面明确了智慧城市的基本范畴，也对于智慧城市建设的具体主体有明确职责分工，并鼓励其他公共机构参与智慧城市建设。

关键词： 文化保护　生态环境保护　居住环境优化　营商环境优化　智慧城市建设

一　概况

城市治理立法创新总体上围绕着几种趋势展开。第一，从管理到治理。城市治理逐渐从传统的政府管理本位，转向突出民众参与协同的政府服务理念。[①] 第二，城市治理衡量多角度指标化。城市治理涉及治安平安、社会治理、应急管理、人口服务管理等角度。不同角度往往都有具体指标量化评分。北京各方面指标得分成绩显著，例如在平安北京建设发展评估（2021）总体评估[②]以及政府主导治理等具体指标[③]中北京均处于"优秀"等级。第三，城市治理法治化。在法治社会的背景下，城市治理也走向法治化轨道，立法为城市治理法治化提供源泉。总体来看，"2021 年，中国立法无论是数

---

① 林家彬：《城市治理：从政府本位到民众本位》，载林家彬主编《区域·城市·可持续发展：林家彬政策研究自选集》，社会科学文献出版社，2020，第 200~209 页。
② 例如"平安北京建设发展评估（2021）总得分为 85.7 分，处于'优秀'等级"。请参考王建新《平安北京建设评估报告（2021）》，载王建新主编《平安中国蓝皮书：平安北京建设发展报告（2021）》，社会科学文献出版社，2021，第 1~36 页。
③ 又例如北京 2021 年的"政府主导治理，人民团体、社会组织、企事业单位参与社会治理和首都群防群治"等 4 个二级指标得分分别是 100 分、100 分、77 分、78.46 分，总体得分为 88.94 分，处于"优秀"等级，并且，相较于 2020 年进一步上升。请参考张李斌《北京市社会治理调查报告（2021）》，载王建新主编《平安中国蓝皮书：平安北京建设发展报告（2021）》，社会科学文献出版社，2021，第 37~61 页。

量上还是质量上都取得了丰硕的成果"，① 科学立法有计划，民主立法有渠道，依法立法有机制，体系立法有结合。

相对于一般城市，北京的城市治理还涉及一些特殊的问题，主要体现在以下几个方面。第一，首都核心功能的强化。此点也被视为贯彻落实《京津冀协同发展规划纲要》最重要的一点。② 第二，北京作为超大型城市在人口调控和服务方面仍存在压力。例如，北京在 2021 年对流动人口信息采集和动态监测、出租房屋管理制度建设、违法出租房屋治理等方面做了很多扎实的工作；但是在流动人口调控方面仍存压力。③ 北京流动人口多，并且老龄化明显，给北京城市治理的人口基础提出了特殊要求。第三，北京作为国内标杆城市一定程度代表着我国城市治理的国际竞争水平。面对城市治理的诸多特色难题，北京通过立法予以了较好回应。有评估显示，"2020 年度北京市法治政府建设年度报告的总体规范化程度得到了显著提升"④。尤其是"在重点领域立法、疫情防控、营商改革以及管理体制改革方面成效显著，在促进行政争议解决、加强基层社会法治治理方面继续发挥首都特色"⑤。在北京城市治理能力提升的背景下，对北京立法从文化保护、生态环境保护、居住环境优化、营商环境优化、智慧社会等方面进行梳理，有利于针对性总结经验，促进立法进一步精细化完善。⑥

---

① 刘雁鹏：《2021 年的中国立法》，载莫纪宏、田禾主编《法治蓝皮书：中国法治发展报告 No. 20（2022）》，社会科学文献出版社，2022，第 56~70 页。

② 连玉明：《疏解的机遇与挑战》，载连玉明《城市的战略》，社会科学文献出版社，2021，第 214~222 页。

③ 邹湘江、程瑶：《北京市人口服务管理调查报告（2021）》，载王建新主编《平安中国蓝皮书：平安北京建设发展报告（2021）》，社会科学文献出版社，2021，第 148~167 页。

④ 王春蕾、于昊：《北京市法治政府建设年度报告发布情况评估报告（2021）》，载中国政法大学法治政府研究院主编《法治政府蓝皮书：中国法治政府发展报告（2021）》，社会科学文献出版社，2022，第 390~404 页。

⑤ 尹少成、王海：《北京市行政法治的发展（2020~2021）》，载中国政法大学法治政府研究院主编《法治政府蓝皮书：中国法治政府发展报告（2021）》，社会科学文献出版社，2022，第 354~370 页。

⑥ 中国社会科学院法学研究所法治指数创新工程项目组：《中国地方法治发展与展望（2021）》，载李林、田禾主编《法治蓝皮书：中国地方法治发展报告 No. 7（2021）》，社会科学文献出版社，2021，第 1~22 页。

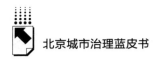
二　文化保护的制度保障

（一）关于文化保护的一般规范

目前关于文化的一般规范主要体现在非物质文化保护、公共文化保护、历史文化保护等方面。第一，非物质文化保护。典型立法是 2021 年《中华人民共和国非物质文化遗产法》。依据该法，非物质文化涉及传统口头文学等多方面传承与传播。第二，公共文化保护涉及公共文化设施、文化产品、文化活动以及其他相关服务，典型立法是 2017 年实施的《中华人民共和国公共文化服务保障法》。该法主要从财政预算的角度为公共文化保护提供了基本框架与要求。第三，历史文化保护。主要规范为 2008年颁布的《历史文化名城名镇名村保护条例》，此条例专门针对历史文化名城名镇名村的保护进行特别规范。此外，还有 2021 年发布的《关于在城乡建设中加强历史文化保护传承的意见》等规范对历史文化保护在城乡建设中的落实做了安排。

（二）北京文化保护的难点分析

在北京"四个中心"功能建设中，文化中心是其中之一，① 北京文化保护取得了突出成就。例如，"文化传承与文化遗产保护有序推进，公共文化服务体系不断完善，文化产业向融合发展、高质量发展之路迈进，文化交流与传播打开新局面。同时，北京在文化建设中全面推进与重点突破并行，聚焦重点工作，有序推进中轴线申遗、'博物馆之城'建设、文化产业数字化发展等；重点推动'大戏看北京'，长城、大运河国家文化公园，环球主题公园等重大工程的建设和开放，形成以点带面的发展格局，带动相关文化领

---

① 　根据《北京城市总体规划（2016 年-2035 年）》，北京城市战略定位是全国政治中心、文化中心、国际交往中心、科技创新中心。

域持续发展"①。北京文化保护的难点主要在文化产业高质量"走出去"。有研究指出，"在优势和机遇方面，北京'两区'的制度创新、文化产业优化升级，RCEP 的高标准经贸规则、统一大市场效应以及华人华侨的文化认同感，为北京文化产业高质量'走出去'带来契机；在劣势和挑战方面，北京文化企业的国际综合竞争力和'走出去'服务平台建设水平仍需提升，文化产业面临 RCEP 带来的外部竞争和比较优势断档的风险"②。并且，北京的文化产业高质量走出去也代表着我国文化产业的国际化水平。尤其在中外交往中，文化产业是美国等国占优势但又未能纳入现行国际贸易体系量化统计的重要一环。北京在文化产业走出去建设的过程中，不仅应当发挥自身的文化中心聚集作用，更应当发挥文化中心的示范带动作用，推动我国文化贸易竞争力的提升。

（三）北京文化保护的特色措施

北京文化保护的特色措施也可以从非物质文化遗产保护、公共文化保护、历史文化保护等方面总结。第一，北京非物质文化遗产保护。北京于2019 年颁布了《北京市非物质文化遗产条例》。该条例细化了北京非物质文化遗产的调查与保存、代表性项目名录列入、传承与分类保护、传播与发展等方面的具体规定。

第二，北京公共文化保护。2022 年通过的《北京市公共文化服务保障条例》是北京关于公共文化保护的重要规范。北京市制定了《北京市公共文化服务体系示范区建设中长期规划（2019 年—2035 年）》《北京市"十四五"时期文化和旅游发展规划》，"明确了北京公共文化服务体系建设近

---

① 课题组：《在服务保障党和国家工作大局中勇开新局——2021 年北京全国文化中心建设发展报告》，载祁述裕主编《北京蓝皮书：北京文化发展报告（2021~2022）》，社会科学文献出版社，2022，第 1~43 页。

② 周金凯：《RCEP 规则下北京文化产业高质量"走出去"研究》，载黄宝印、夏文斌主编《对外开放蓝皮书：北京对外开放发展报告（2022）》，社会科学文献出版社，2023，第152~164 页。

期的目标任务，也勾勒了公共文化服务体系的未来图景"①。此外，北京市人民代表大会常务委员会还于2022年发布了《北京市人民代表大会常务委员会关于京津冀协同推进大运河文化保护传承利用的决定》等规定，推动北京大运河等特色公共文化保护传承利用。

第三，北京历史文化保护。北京此方面典型立法是2022年《北京中轴线文化遗产保护条例》。该条例有以下创新点。一是对中轴线文化进行了明确界定，并以其为具体的保护目标。二是明确了议事协调工作机制、专家咨询制度、资源调查和保护监测报告制度等制度。三是重视公众参与，将公众视为保护中轴线文化的重要力量。志愿者工作制度、文化遗产信息平台等为公众参与提供了具体途径。

三　生态环境保护的制度保障

（一）关于环境保护的一般规范

关于环境保护的一般立法主要有《中华人民共和国环境保护法》《中华人民共和国环境保护税法》等共通性规定；还有针对项目建设、固体废物处理等特殊人类活动，以及大气、海洋环境、节约能源等特殊情形的针对性法律规定。

第一，关于环境保护的共通性规定。2014年修订版《中华人民共和国环境保护法》涉及监督管理、保护和改善环境、防治污染和其他公害、信息公开和公众参与等事项。该法规定主要是环境保护中的一些原则性、程序性共通性规定。除该法之外，在共通性规定方面还有2018年修正的《中华人民共和国环境保护税法》，该法明确了环境保护中税收规制的具体介入。

---

① 课题组：《在服务保障党和国家工作大局中勇开新局——2021年北京全国文化中心建设发展报告》，载祁述裕主编《北京蓝皮书：北京文化发展报告（2021~2022）》，社会科学文献出版社，2022，第42页。

第二，关于环境保护的针对性规定。针对特别的污染来源以及重点保护对象，立法有更为具体的规定。首先，针对建设项目的环境保护提出了特别要求，例如 2018 年修正的《中华人民共和国环境影响评价法》。其次，对于固体废物污染的防治进行了体系化、全面化规定，此方面典型立法为 2020 年修订的《中华人民共和国固体废物污染环境防治法》。建设项目与固体废物方面的专项防治可以被视为针对特别突出的人类活动所进行的立法回应。此外，针对大气、海洋等需要特别保护的自然环境也有具体规定。例如 2018 年修正的《中华人民共和国大气污染防治法》对重点区域以及重污染天气应对设立了联防联控机制、监测预警体系等机制。又例如，2017 年修正的《中华人民共和国海洋环境保护法》针对海洋环境保护进行了具体规定。

（二）北京环境保护的难点分析

北京不临海的地理位置特征，使得北京的环境保护主要集中在建设项目、固体废物、大气污染、水污染等方面污染的防治上。尤其北京几面环山的地理特征，使得大气污染的治理尤其突出。从沙尘到雾霾，大气污染防治一直是北京环境保护的一个重点与难点。针对大气污染等防治的立法促进了北京环境改善。例如，有研究分析，不同强度霾发生频率逐年下降，其中，人为的区域减排是空气质量改善的一个重要原因。[①] 人为的区域减排离不开立法的作用。

（三）北京环境保护的特色措施

北京环境保护的特色措施也可以从一般措施及针对不同污染类型的具体应对措施展开。

第一，关于环境保护的综合规定。北京针对不同污染类型的环境保护做

---

① 杨欣、陈义珍、赵妤希等：《2014～2017 年北京城区霾污染态势及潜在来源》，《中国环境科学》2018 年第 9 期，第 3232～3239 页。

了具体的规定，涉及市容环境、绿化等方面，对于环境保护税的具体适用有更详细规定。其一，市容环境卫生方面的全面规定。例如《北京市市容环境卫生条例》（2021年修正）从市容环境卫生事业发展、市容环境卫生责任、城市容貌等方面进行了宏观安排，并且从建筑物、构筑物，道路及其相关设施，户外广告设施、牌匾标识和标语宣传品，夜景照明，环境卫生，环境卫生设施建设和管理，市容环境卫生专业作业等方面做了具体规定。其二，《北京市绿化条例》（2019年修正）主要针对绿化的规划与建设、义务植树、绿地保护、监督与管理做了具体规定。其三，《北京市人民代表大会常务委员会关于北京市应税大气污染物和水污染物环境保护税适用税额的决定》规定北京市应税大气污染物适用税额为每污染当量12元，北京市应税水污染物适用税额为每污染当量14元。

第二，特定污染防治。北京针对固体废物污染、大气污染、水污染、土壤污染等不同污染类型的防治制定了不同的规范。

一是固体废物污染防治。主要有《北京市生活垃圾管理条例》（2020年修正）、《北京市危险废物污染环境防治条例》。《北京市生活垃圾管理条例》（2020年修正）从规划与建设，减量与分类，收集、运输与处理等方面对北京区域内生活垃圾的管理活动进行了具体规定，对生活垃圾分类提出更高要求。[1] 2020年《北京市危险废物污染环境防治条例》是针对具有危险的固体废物进行的具体规定。

二是大气污染防治。主要有《北京市机动车和非道路移动机械排放污染防治条例》《北京市气象灾害防御条例》《北京市大气污染防治条例》（2018年修正）等，涉及大气污染来源、影响等多方面防治防御。

三是水污染防治。主要有《北京市水污染防治条例》（2021年修正）、《北京市生活饮用水卫生监督管理条例》（2016年修正）等。《北京市水污染防治条例》（2021年修正）涉及水污染防治规划与监督管理、防治措施等

---

[1] 连玉明：《朝阳区落实〈北京市生活垃圾管理条例〉的实践创新研究》，载连玉明主编《社会治理蓝皮书：中国社会治理创新报告（2020~2021）》，社会科学文献出版社，2022，第64~75页。

一般规定，并且涉及工业水污染、城镇水污染、农村和农业水污染等具体类型防治，还有水污染事故处置，以及关于饮用水水源与地下水保护、生态环境用水保障与污水再生利用的具体规定。《北京市生活饮用水卫生监督管理条例》（2016 年修正）涉及饮用水的卫生监督与管理。

四是土壤污染防治。主要有《北京市土壤污染防治条例》、《北京市水土保持条例》（2019 年修正）等。其中，《北京市土壤污染防治条例》于 2023 年实施，涉及土壤污染防治多个方面。《北京市水土保持条例》适用于北京的水土保持活动。

第三，针对生态涵养区保护、湿地保护等需要重点保护的自然环境进行了专门规定。

其一，明确界定了生态涵养区的范围。例如《北京市生态涵养区生态保护和绿色发展条例》从生态保护、绿色发展以及保障措施等方面对生态涵养区的生态保护和绿色发展进行了具体规定。

其二，湿地保护严格规定。例如《北京市湿地保护条例》（2019 年修正）规定北京实行最严格的湿地保护管理制度。该条例针对湿地的规划和建设、管理和利用进行了具体规定。

其三，《北京市河湖保护管理条例》（2019 年修正）涉及河湖工程规划编制、保护与管理等具体规定。

四　居住环境优化的制度保障

（一）关于居住环境保护的一般规范

居住环境主要包括社会治理、社会治安防控、应急管理等方面。第一，城市治理方面关于社会治理的规范主要是国务院《物业管理条例》。该条例自 2003 年制定，已经过了 2007 年、2016 年、2018 年三次修订。各省份依据该条例制定自己的物业管理规范。第二，社会治安防控方面，主要依据是《中华人民共和国治安管理处罚法》。该法目前主要规定了处罚的种类和适

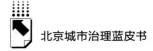

用，违反治安管理的具体行为及相应处罚，并规定了具体的处罚程序及监督机制。第三，应急管理。应急管理对于人口密集的城市而言，也是影响居住感受的重要方面。目前关于应急管理主要有《突发公共卫生事件应急条例》等。①

（二）北京居住环境保护的难点分析

总体而言，北京居住环境各方面得分较高，例如，依据 2021 年平安北京建设发展评估指标体系及得分，北京社会治理 88.94 分、社会治安防控83.04 分。② 但是北京所面临的难点也是较为突出。第一，人口密集，并且老龄化程度较高。2020 年，北京 60 岁以上人口占比19.6%。③ 第二，外来人口比例高。第七次全国人口普查数据显示，北京居住在本乡、镇、街道，户口在本乡、镇、街道占总人口比例仅为 37.81%，在各省级地区中比例最低，远低于全国平均水平（64.50%）；而居住在本乡、镇、街道，户口在外乡、镇、街道，离开户口登记地半年以上人口占总人口比例为61.25%，位居全国第一，远高于全国平均水平（34.95%）。④ 第三，历史悠久，需要考虑因素众多。以新中国成立以来形成的老旧小区改造等六种城市更新项目典型案例为代表，"各种典型案例的项目背景、政策要求、更新模式各具特色，其难点和解决方案也各有差异"⑤。第四，不同主体应急管理能力差别大。例如，有研究指出，"2020 年北京市应急管理形势平稳，安全生产事故起数和死亡人数连续 4 年下降，但在部分方面存在不

---

① 又例如《生产安全事故应急条例》《重大动物疫情应急条例》《铁路交通事故应急救援和调查处理条例》《电力安全事故应急处置和调查处理条例》《破坏性地震应急条例》《核电厂核事故应急管理条例》等。

② 《平安北京建设发展评估指标体系及得分（2021）》，载王建新主编《平安中国蓝皮书：平安北京建设发展报告（2021）》，社会科学文献出版社，2021，第 251~255 页。

③ 北京市统计局、国家统计局北京调查总队编《北京统计年鉴 2021》，中国统计出版社、北京数通电子出版社，2021。

④ 参考国务院第七次全国人口普查领导小组办公室编《中国人口普查年鉴-2020》，中国统计出版社，2022。

⑤ 张漾文、李凯、张浩楠：《北京城市更新发展历程与典型案例剖析》，载刘承水主编《城市管理蓝皮书：中国城市管理报告（2022）》，社会科学文献出版社，2022，第 204~226 页。

足，应急管理制度有待完善，企业应急管理能力和基层应急管理能力仍需提升"①。

（三）北京居住环境优化的特色措施

北京关于居住环境优化的特色措施也可以从物业管理、社会治安、应急管理等方面具体展开。

第一，物业管理方面的制度创新。2020 年 5 月 1 日《北京市物业管理条例》开始实施。该条例将原来《北京市物业管理办法》由地方政府规章上升为省级地方性法规，对物业管理体系进行了规定。其中，有以下几方面创新。其一，党建引领的制度创新。《北京市物业管理条例》"明确要求将物业管理纳入社区治理体系，构建党建引领、多方共同参与的社区治理架构"，②为党建引领的物业管理提供了制度支撑。其二，创新了业主组织形式，设立了物业管理委员会。物业管理委员会是临时机构，不同于业主大会，可以解决业主大会难以成立时的一些问题。

第二，社会治安方面的立法创新。北京社会治安方面有较多地方性法规，涉及禁毒、非机动车管理、烟花爆竹安全管理等各个方面。主要可以分为以下几类。第一类是禁止性规定。例如，《北京市禁毒条例》、《北京市禁止赌博条例》（2016 年修正）。第二类是非禁止，但也不是完全放开式管理而是有序引导类的规定。例如《北京市养犬管理规定》、《北京市烟花爆竹安全管理规定》（2017 年修正）。第三类是普通管理类规定，例如《北京市非机动车管理条例》、《北京市轨道交通运营安全条例》、《北京市消防条例》（2011 年修订）等。③第四类是鼓励类规定，例如《北京市见义勇为人员

---

① 刘晓栋、刘艺：《北京市应急管理调查报告（2021）》，载王建新主编《平安中国蓝皮书：平安北京建设发展报告（2021）》，社会科学文献出版社，2021，第 88~123 页。

② 李文兵、徐胤：《北京市朝阳区党建引领物业参与社区治理的实践与思考》，载袁振龙主编《北京蓝皮书：北京社会治理发展报告（2021~2022）》，社会科学文献出版社，2022，第 321~339 页。

③ 又例如《北京市大型群众性活动安全管理条例》（2010 年修订）、《北京市大型社会活动安全管理条例》等。

奖励和保护条例》（2016年修正）。总之，北京在社会治安方面通过对普通行为的规范化管理、对禁止性行为的严格防范、对英勇行为的积极鼓励等方式构造了较为完善的治安体系，从而为平安北京打造了良好的法治基础。

第三，应急管理方面的立法创新。有研究指出首都应急救援组织体系不断健全、法律制度体系进程持续推进、救援队伍体系逐步完善、科技支撑体系有所创新，取得显著成效。[①]《北京市突发公共卫生事件应急条例》从应急准备、监测预警、应急处置、应急保障等方面规定了统一高效的公共卫生应急管理体系。《北京市实施〈中华人民共和国防洪法〉办法》（2019年修正）从防洪规范、防洪工程设施建设与管理、防汛抗洪、保障措施等方面对北京防洪工作进行了制度安排，明确了永定河等为重点区域。《北京市气象灾害防御条例》对北京区域内气象灾害的预防、预报报警与应急处置、隐患治理等方面进行了安排。《北京市实施〈中华人民共和国防震减灾法〉规定》对北京防震减灾活动中领导机制、工作机构、职责分工等方面进行了细化规定。《北京市实施〈中华人民共和国突发事件应对法〉办法》对北京区域内突发事件的预防与应急准备、监测与预警、应急处置与救援、事后恢复与重建等应对进行了规定。

五　营商环境优化的制度保障

（一）关于营商环境优化的一般规范

目前关于营商环境方面的主要规范是《优化营商环境条例》。该条例对营商环境的概念、基本制度要求等方面进行了明确。此外，国务院还通过《国务院办公厅关于复制推广营商环境创新试点改革举措的通知》等规范性

---

① 杨慧：《北京市应急救援体系建设现状与对策研究》，载袁振龙主编《北京蓝皮书：北京社会治理发展报告（2021~2022）》，社会科学文献出版社，2022，第264~274页。

文件针对营商环境中的具体问题做了进一步规定。①

此外，各部委也针对具体所涉职责对于营商环境优化的保障有特别规范，例如《海关总署、发展改革委、财政部等关于进一步深化跨境贸易便利化改革优化口岸营商环境的通知》等。②

（二）北京营商环境优化的难点分析

北京作为营商环境评估重点城市，营商环境优化取得了诸多成就。而其继续优化过程的难点也不得忽视。有研究总结北京营商环境继续优化"面临着市场环境需改善、融资难待解决、政务服务效能需提升、严格公正执法应加强、政务诚信建设要推进的挑战"③。

（三）北京营商环境优化的特色措施

北京营商环境优化措施也可以从一般规范和特别规范的角度介绍。从一般规范来看，北京市关于营商环境优化的基本规范是《北京市优化营商环

---

① 又例如，《国务院办公厅关于部分地方优化营商环境典型做法的通报》、《国务院关于推进国内贸易流通现代化建设法治化营商环境的意见》、《国务院办公厅关于进一步优化营商环境降低市场主体制度性交易成本的意见》、《国务院关于开展营商环境创新试点工作的意见》、《国务院办公厅关于印发全国深化"放管服"改革优化营商环境电视电话会议重点任务分工方案的通知》（2020）、《国务院办公厅关于进一步优化营商环境更好服务市场主体的实施意见》、《国务院办公厅关于做好优化营商环境改革举措复制推广借鉴工作的通知》、《国务院办公厅关于印发全国深化"放管服"改革优化营商环境电视电话会议重点任务分工方案的通知》、《国务院办公厅关于聚焦企业关切进一步推动优化营商环境政策落实的通知》、《国务院关于印发优化口岸营商环境促进跨境贸易便利化工作方案的通知》等。

② 又例如，《文化和旅游部关于进一步优化营商环境推动互联网上网服务行业规范发展的通知》《国家知识产权局关于深化知识产权领域"放管服"改革优化创新环境和营商环境的通知》《国家发展改革委、工业和信息化部、住房城乡建设部等关于建立健全招标投标领域优化营商环境长效机制的通知》《中国银保监会办公厅关于深化银行业保险业"放管服"改革优化营商环境的通知》《国家发展改革委、国家能源局关于全面提升"获得电力"服务水平持续优化用电营商环境的意见》《交通运输部关于做好公路养护工程招标投标工作进一步推动优化营商环境政策落实的通知》等。

③ 成协中、陈刻勤：《北京市营商环境的立法、实践与评估（2020）》，载中国政法大学法治政府研究院主编《法治政府蓝皮书：中国法治政府发展报告（2020）》，社会科学文献出版社，2021，第353~380页。

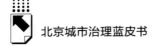

境条例》。从特别规范来分析，各政府组成部门依据具体情况有进一步规定，主要体现在以下方面。

第一，落实关于市场主体服务的特别规定。例如，《北京市西城区人民政府办公室关于印发〈北京市西城区进一步优化营商环境更好服务市场主体实施方案〉的通知》《北京市石景山区人民政府办公室关于印发〈石景山区进一步优化营商环境更好服务市场主体实施方案〉的通知》。① 此外，监管机构也有针对性规定，例如，北京市市场监督管理总局在市场主体登记方面的优化规定。②

第二，政府采购是营商环境优化中的重要方面，北京关于政府采购也有特别规定。例如，北京市财政局及各区财政局的具体安排。③

第三，关于招投标领域的特别规定在营商环境优化中同样是非常重要的指标，北京相关部门对此也有具体规定。例如，《北京市发展和改革委员会〈关于进一步推动优化招标投标领域营商环境改革的通知〉》等。④

第四，关于贸易便利化方面的特别规定。例如，《北京海关关于进一步优化口岸营商环境促进跨境贸易便利化若干措施的公告》等。⑤

此外，还有涉及破产等方面的专门优化措施，例如，《国家税务总局北京市税务局〈关于进一步推进破产便利化优化营商环境的公告〉》。

---

① 又例如，《北京市门头沟区人民政府办公室关于印发〈门头沟区进一步优化营商环境更好服务市场主体实施方案的通知〉》《北京市延庆区人民政府办公室关于印发〈延庆区落实《北京市进一步优化营商环境更好服务市场主体实施方案》重点任务分工方案〉的通知》等。

② 例如，《北京市市场监督管理局关于印发〈进一步推进市场主体登记便利化优化营商环境实施办法的通知〉》。

③ 具体例如，《北京市财政局转发财政部关于促进政府采购公平竞争优化营商环境的通知》《北京市大兴区财政局关于进一步优化政府采购营商环境的通知》《北京市通州区财政局转发北京市财政局关于进一步优化政府采购营商环境的通知》《北京市昌平区财政局关于转发〈北京市财政局关于进一步优化政府采购营商环境的通知〉的通知》等。

④ 又例如，《北京市住房和城乡建设委员会关于优化建设工程招投标营商环境有关问题的通知》等。

⑤ 又例如，《中华人民共和国北京海关公告2021年第1号——关于进一步优化口岸营商环境促进跨境贸易便利化若干措施的公告》《北京市商务局、天津市商务局、中华人民共和国北京海关、中华人民共和国天津海关、北京市交通委员会、天津市交通运输委员会、北京市市场监督管理局、天津市市场监督管理委员会、国家税务总局北京市税务局、国家税务总局天津市税务局关于进一步优化京津口岸营商环境促进跨境贸易便利化若干措施的公告》等。

六　智慧城市建设的制度保障

（一）关于智慧城市建设的一般规范

"全球进入数字技术赋能城市治理新时期",① 国家也从宏观层面对于智慧社会建设进行了一系列规划，例如，《中华人民共和国国民经济和社会发展第十四个五年规划和 2035 年远景目标纲要》第五篇第十八章"营造良好数字生态"中提到了智慧交通等 10 个典型的数字化应用场景。又例如，《国务院关于印发"十四五"数字经济发展规划的通知》中关于智慧城市着重从两个方面进行了安排：一方面是分级分类推进新型智慧城市建设,② 另一方面是强化新型智慧城市统筹规划和建设运营。③

（二）北京智慧城市建设的难点分析

北京智慧城市的建设将促进北京成为科技创新中心。有研究指出，"在发展数字经济方面北京市具有政策支持力度日益增强、投资长期处于较高水平、研发创新动力充足、龙头企业集聚、国际开放持续深化、数据共享引领全国、数字化应用基础雄厚的基础条件和优势"④。其难点主要体现在科学规划顶层设计、夯实智慧基础、实现长效运营、明确服务对象以及形成智慧

---

① 梁冬晗：《人工智能驱动城市治理从被动治理向主动治理转变》，载赵岩主编《工业和信息化蓝皮书：人工智能发展报告（2021~2022）》，社会科学文献出版社，2022，第 125~137 页。

② 《国务院关于印发"十四五"数字经济发展规划的通知》指出"围绕惠民服务、精准治理、产业发展、生态宜居、应急管理等领域打造高水平新型智慧城市样板，着力突破数据融合难、业务协同难、应急联动难等痛点问题"。

③ 《国务院关于印发"十四五"数字经济发展规划的通知》指出"加强新型智慧城市总体规划与顶层设计，创新智慧城市建设、应用、运营等模式，建立完善智慧城市的绩效管理、发展评价、标准规范体系，推进智慧城市规划、设计、建设、运营的一体化、协同化，建立智慧城市长效发展的运营机制"。

④ 蓝庆新、韩雅雯、胡江林：《北京市打造全球数字经济标杆城市政策体系研究》，载黄宝印、夏文斌主编《对外开放蓝皮书：北京对外开放发展报告（2022）》，社会科学文献出版社，2023，第 73~93 页。

创新生态等几个方面。① 具体地，第一，智慧城市涉及交通、能源、教育、医疗、社区、政务等各方面智慧化数字化，需要科学顶层设计避免资源浪费。第二，智慧城市建设涉及数字化基础的完善，需要夯实智慧基础。第三，智慧城市建设应当有长远安排持续运营。第四，不同的智慧场景需要有明确的服务对象，从而更有针对性提升服务对象感受。第五，智慧创新生态的形成，涉及智慧城市与电子商务移动支付等数字化领域的相互影响与促进。

（三）北京智慧城市建设的特色措施

北京于 2022 年 11 月 25 日公布了《北京市数字经济促进条例》。其中，关于智慧城市建设主要有以下几方面创新。

首先，从宏观方面明确了智慧城市的基本范畴。第一，明确了智慧城市目标，即优政、惠民、兴业、安全。第二，明确了智慧城市应用领域，即交通体系、生态环保、空间治理、执法司法、人文环境、商务服务、终身教育、医疗健康等。第三，指明了智慧城市基础建设的主要组成，涉及城市码、空间图、基础工具库、算力设施、感知体系、通信网络、政务云、大数据平台以及智慧终端等。

其次，对于智慧城市建设的具体主体有明确职责分工。第一，市人民政府主要职责是统筹调度机制、建立健全城市规划体系。第二，市经济和信息化部门主要职责为全市智慧城市发展规划、市级控制性规划编制，并且要负责对信息化项目的技术评审。第三，区人民政府、市人民政府有关部门主要职责为编制区域控制性规划、专项规划并组织实施；依托智慧决策应用统一平台推进各级决策，深化数据赋能基层治理。第四，政务服务部门主要职责为推进数字政务"一网通办"领域相关工作，促进电子证照、电子印章、电子档案等广泛应用和互信互认。第五，市发展改革部门主要职责为营商环境的监测分析、综合管理、"互联网+"评价，从而建设整体联动的营商环

---

① 北京交通大学北京综合交通发展研究院：《北京智慧城市建设管理研究》，载北京交通大学北京综合交通发展研究院主编《北京交通蓝皮书：北京交通发展报告（2022）》，社会科学文献出版社，2022，第 266~297 页。

境体系。第六，城市管理部门主要职责为推进城市运行"一网统管"领域相关工作，建设城市运行管理平台，实现重大突发事件的快速响应和应急联动。第七，市场监管部门主要职责为一体化综合监管工作。第八，经济和信息化部门主要职责为推进各级决策"一网慧治"相关工作，建设智慧决策应用统一平台。

最后，对于其他公共机构参与智慧城市建设持鼓励态度。鼓励不同公共主体、事业单位、国有企业持开放态度创造应用条件，通过市场化方式提升数字化应用水平。

B.3
北京城市更新的实践探索与典型经验

姜玲 李鑫*

摘　要： 新发展阶段我国城市更新行动更加强调应对各类城市问题的系统化解决方案。作为第一批城市更新试点，北京努力探索适合首都特点的城市更新之路，密集出台了系列政策，形成了"劲松模式""首开经验"等具有首都特色的城市更新创新模式。北京是我国的政治中心、文化中心、国际交往中心和科技创新中心，在推进特大城市更新行动的过程中发挥着先行探索和示范引领作用。系统梳理北京城市更新演进历程、更新类型及实践探索，全面总结北京城市更新经验具有重要意义。

关键词： 城市更新　特大城市　北京

　　基于 20 世纪 80~90 年代的"旧改"，2000 年的"棚改""危改"，2015 年的"双修"工作以及 2019 年全面开启的城镇老旧小区改造，我国城市更新正在实现系统性转型。"十四五"规划和 2035 年远景目标纲要确立实施城市更新行动，2021 年 11 月，住建部发布《关于开展第一批城市更新试点工作的通知》。① 作为第一批城市更新试点，北京努力探索适合首都特点的城市更新之路，围绕老旧小区改造、老旧厂房"腾笼换鸟"等重点任务密

---

　　*　姜玲，中央财经大学政府管理学院院长，教授、博士生导师，主要研究方向为城市与区域治理；李鑫，清华大学公共管理学院博士生。
　　①　住房和城乡建设部：《住房和城乡建设部办公厅关于开展第一批城市更新试点工作的通知》，http://www.gov.cn/zhengce/zhengceku/2021-11/06/content_5649443.htm。

集出台了系列政策，形成了"劲松模式""首开经验"等具有首都特色的城市更新创新模式。系统梳理北京城市更新演进历程、更新类型及实践探索，全面总结北京城市更新经验具有十分重要的意义。

一 城市更新的起源与发展

城市更新具有悠久的历史，虽源起于西方，但在中西方实践探索中不断丰富完善，不断被赋予新的时代内涵。回顾城市更新的概念演进情况及实践历程，能够为客观认识北京城市更新的过程、机制等提供学理性支撑。

（一）城市更新概念与起源

关于城市更新的探索可以追溯到工业革命时期。1958 年，在荷兰海牙召开的城市更新第一次研究会上，首次给出了"城市更新"的界定[1]。2000年，英国《城市更新手册》给出了当前使用较为广泛的城市更新概念，"用综合、整体的观念和行动解决各类城市问题，推动经济、社会、物质环境等方面长远、可持续的改善和提高"[2]。

然而，在城市更新相关的学术研究中，学者们使用的术语并不一致，涉及城市重建、城市再生、城市再开发、城市改造等。不同术语虽含义相近，但涉及的空间尺度有所差异。城市重建（Urban Renewal）和城市再生（Urban Regeneration）均为较大尺度上的更新工作。其中，城市重建的范畴可能小到对于楼梯的修复，大到一个地区的土地利用方式与规划调整[3]，常

---

① 吴冠岑、牛星、田伟利：《我国特大型城市的城市更新机制探讨：全球城市经验比较与借鉴》，《中国软科学》2016 年第 9 期，第 88~98 页。

② Roberts P. Evolution，Definition and Purpose of Urban Regeneration ［M］// Roberts P W，Sykes H. Urban Regeneration：A handbook. London：SAGE Publications，2000：9-36.

③ Miller J M. Part one：Background and Conclusions ［R］//New Life for Cities Around the World：International Handbook on Urban Renewal：Books International，1959.

被用于指代贫民窟清理和物理重建过程①；城市再生侧重于一个地区经济社会的持续改善，主体更加多元，突出合作、赋权、可持续发展的重要性②。相较而言，城市再开发（Urban Redevelopment）涉及的尺度小且较为具体，强调在现有场地上的改造行为，常常与土地的再次开发利用有关③。例如，将联排别墅街区改建为大型公寓楼④。城市改造（Urban Rehabilitation）聚焦建筑物修复工作，包括依法对建筑物进行扩建、拆除和保护等，强调在保留建筑基本特征的基础上优化建筑功能⑤。

总体而言，城市更新可以被理解为借助重建、修复、遗产保护在内的各种行动，从社会经济、文化、生态等方面对城市地区进行综合改善的系统性过程⑥。

（二）西方国家城市更新的实践历程

工业革命后，随着呈现近乎"野蛮"发展趋势的工业化城市逐渐取代文艺复兴后形成的商业化城市，人民逐渐开始关注贫民窟、交通拥挤、建筑

---

① Couch C, Sykes O, Borstinghaus W. "Thirty Years of Urban Regeneration in Britain, Germany and France: The Importance of Context and Path Dependency" [J]. *Progress in Planning*, 2011, 75 (1): 1-52.

② Peter J, Peter G. "A Review of the BURA Awards for the Best Practice in Urban Regeneration" [J]. *Property Management*, 2000, 18 (4): 218 – 229. Knights C. Urban Regeneration: A Theological Perspective from the West End of Newcastle-upon-Tyne [J]. *The Expository Times*, 2008, 119 (5): 217 – 225. Ercan M A. "Challenges and Conflicts in Achieving Sustainable Communities in Historic Neighbourhoods of Istanbul" [J]. *Habitat International*, 2011, 35 (2): 295-306.

③ Keith N S. "Rebuilding American Cities: The Challenge of Urban Redevelopment" [J]. *The American Scholar*, 1954, 23 (3): 341-352.

④ De Sousa C A. *Brownfields Redevelopment and the Quest for Sustainability* (Vol. 3) [M]. Emerald Group Publishing, 2008.

⑤ Pipa H, de Brito J, Oliveira Cruz C. "Sustainable Rehabilitation of Historical Urban Areas: Portuguese Case of the Urban Rehabilitation Societies" [J]. *Journal of Urban Planning and Development*, 2017, 143 (1): 1-10.

⑥ Zheng H W, Shen G Q, Wang H. "A Review of Recent Studies on Sustainable Urban Renewal" [J]. *Habitat International*, 2014, 41: 272-279.

艺术衰退等问题①。19 世纪 80 年代，英国阳光法律（Sunlight Law）通过对工人住宅区的环境优化行动，着力改善城市贫困人群的物质生活条件，成为现代城市史上首次由政府主导的系统性城市更新②。这一时期，围绕城市发展问题形成了诸多理论，旨在应对大城市过分膨胀的弊病③。

各国现代意义上的城市更新开启于第二次世界大战前后，按照不同时期城市更新目标、任务、参与主体等方面的差异，大致可以划分为四个阶段。

第一阶段：二战前后"以清除贫民窟为代表的物质更新"

面对城市数量快速增加、人口迅速膨胀带来的物质空间衰退等问题，加之战争破坏后的重建需求，"清理贫民窟，全面提升城市形象，振兴城市经济、解决住房紧张问题"是这一阶段城市更新的主要特征。19 世纪 30 年代英国和美国都曾开展大规模清除贫民窟的城市更新运动。然而，这种粗犷的更新方式未能实质性消灭贫民窟，并从根本上改善居民生活，反而带来城市特色丧失、资源浪费、邻里关系破坏等一系列问题。

第二阶段：20世纪60~70年代"政府主导、具有福利主义色彩的社区更新"

20 世纪 60 年代，"重新发现和消除贫穷"的思潮在西方国家兴起④。基于对上一阶段的反思，这一时期的更新运动具有一些新的特点：首先，更加强调对综合性规划的通盘考虑，将其纳入就业、教育、安全等多种因素的考量中；其次，更加关注社会公平和福利，注重对弱势群体的关注；最后，更新方式从推倒重建逐步转向注重对现存建筑质量和环境质量的提高。20世纪 60 年代中期，美国"社区行动计划"（the Community Action Program）以"赋权"弱势群体的方式，成为一项创新性反贫策略。这一时期，英国、

---

① 于涛方、彭震、方澜：《从城市地理学角度论国外城市更新历程》，《人文地理》2001 年第 3 期，第 41~43+20 页。

② 杨帆：《城市更新中蕴含的理论和实践性议题——英国中央政府层面干预城市更新的政策分析》，《上海城市规划》2017 年第 5 期，第 57~62 页。

③ 吴冠岑、牛星、田伟利：《我国特大型城市的城市更新机制探讨：全球城市经验比较与借鉴》，《中国软科学》2016 年第 9 期，第 88~98 页。

④ 董玛力、陈田、王丽艳：《西方城市更新发展历程和政策演变》，《人文地理》2009 年第 5 期，第 42~46 页。

瑞士、荷兰、法国、德国、加拿大等国也开展了带有福利色彩的社区更新。

第三阶段：20世纪80年代"市场导向的旧城再开发"

以 20 世纪 70 年代末 80 年代初的石油危机为导火索，西方国家经济发展陷入困境，刺激经济增长成为首要任务，加之新自由主义思潮兴起，城市更新更加强调小规模的项目改造以及政府与私人部门的合作伙伴关系[1]，同时通过在市中心修建标志建筑和豪华服务娱乐设施吸引中产阶级回归，催生了大量商业地产旗舰项目、水岸振兴工程等项目[2]。1980 年，英国出台《规划和土地法》，鼓励公私合作的股份制公司（如城市开发公司等）参与城市更新[3]。

第四阶段：20世纪90年代以来"以可持续为导向的有机更新"

进入 20 世纪 90 年代，人本主义思想和可持续发展观逐渐成为各国城市更新的核心理念，公、私、社区三者的合作伙伴关系进一步强化，城市更新运动范围更加广泛，更新目标涵盖物质环境改善、产业复兴、社会全面发展、社区公众参与、历史文化保护传承等多元维度。1996 年，联合国在伊斯坦纳布尔召开"人居二"（HABITAT II）会议，探讨"人人有适当住房"和"在不断变化的世界中建设可行的人类住区并实现全面城市化"两大主题，并通过《伊斯坦布尔宣言》和《人居议程》，"实现人人享有适当住房和建设可持续人类住区"成为各国城市更新的共同目标。[4] 美国、英国、法国等国家的实践均注重面向可持续发展与和谐邻里建设的城市有机更新。

（三）我国城市更新的实践历程

在我国，城市更新行动是一项系统工程，[5] 按照阶段重点任务的不同，

① 董玛力、陈田、王丽艳：《西方城市更新发展历程和政策演变》，《人文地理》2009 年第 5 期，第 42~46 页。
② 曹可心、邓羽：《可持续城市更新的时空演进路径及驱动机理研究进展与展望》，《地理科学进展》2021 年第 11 期，第 1942~1955 页。
③ 秦虹、苏鑫：《城市更新》，中信出版社，2018。
④ 第二届联合国人类住区会议（人居二）｜联合国，https://www.un.org/zh/node/172581。
⑤ 国务院新闻办就"推动住房和城乡建设高质量发展"举行发布会，http://www.gov.cn/xinwen/2022-02/26/content_5676490.htm。

我国城市更新的阶段演进大致可以划分为新中国成立初期以解决最基本的卫生、安全、合理分居等问题为重点的旧城改造（1949~1977 年）、改革开放至 20 世纪 80 年代末期以解决住房紧张和偿还基础设施欠账为重点的过渡缓冲（1978~1989 年）、90 年代至"十二五"开局之年人口城镇化与土地财政双重驱动下的大规模旧城再开发（1990~2011 年），以及党的十八大以来更加强调内涵发展、品质提升的城市高质量发展（2012 年以来）四个阶段①（见表 1）。尤其是党的十九大以来，党和国家高度重视城市更新工作，相继部署"三线划定"、建设用地总量和利用强度"双控"等，聚焦以城市更新行动推动城市空间结构优化和品质提升。

表 1 中国城市更新的历史阶段与政策脉络

发展阶段	第一阶段	第二阶段	第三阶段	第四阶段
时间跨度	1949~1977 年	1978~1989 年	1990~2011 年	2012 年至今
城镇化水平	10.64%~17.92%	17.92%~26.21%	26.21%~52.57%	52.57%~63.89%
城市更新阶段	改革开放前的保守型政策探索阶段	改革开放下的开放型政策学习阶段	住房改革下的激进型政策革新阶段	以人民为中心的治理型更新阶段
城市更新逻辑	变消费城市为生产城市	完善城市功能、改善居住、出行需求	经营城市、土地财政、用地置换	以人民为中心,实现治理体系与治理能力现代化
重大政策事件	第一、二次全国城市工作会议等	第三次城市工作会议、《城市规划条例》等	城市规划法、住房制度改革、物权法、城乡规划法等	中央城市工作会议、《上海市城市更新实施办法》、《广州市城市更新办法》等

---

① 阳建强、陈月：《1949-2019 年中国城市更新的发展与回顾》，《城市规划》2020 年第 2 期，第 9~19+31 页。赵万民、李震、李云燕：《当代中国城市更新研究评述与展望——暨制度供给与产权挑战的协同思考》，《城市规划学刊》2021 年第 5 期，第 92~100 页。王嘉、白韵溪、宋聚生：《我国城市更新演进历程、挑战与建议》，《规划师》2021 年第 24 期，第 21~27 页。

续表

发展阶段	第一阶段	第二阶段	第三阶段	第四阶段
典型更新案例	北京龙须沟棚改、上海肇家浜棚改等	上海南京路改造，北京菊儿胡同有机更新改造等	上海新天地改造、北京798艺术区更新、广东"三旧"改造等	北京城市公共空间改造提升示范工程、三亚"城市双修"、上海社区微更新、广州社区微更新共同缔造等

资料来源：根据阳建强和陈月《1949-2019年中国城市更新的发展与回顾》，《城市规划》2020年第2期，第9~19+31页以及相关公开资料整理。

二 北京城市更新的演进历程

北京的城市更新实践在一定程度上体现着国家城市更新实践历程的阶段性特征，同时也因北京作为我国政治、文化中心而具有一些独特性。按照不同时期城市更新目标、任务、参与主体等方面的差异，北京城市更新大致可以划分为四个阶段。

（一）新中国成立初期的旧城改造阶段

新中国成立初期，城市改造任务围绕中央办公设施的布局以及相关旧城保护与重建展开。1953年，北京市委规划小组编制《改建与扩建北京市规划草案要点》，确定了古建筑"拆除、改造、迁移、保留"几类处理方针①。这一时期，针对"整体保护与精华保护""保护性利用与重点地区改建""有特色的现代化与一流现代化"等改造导向的争论一直未断②。

---

① 徐向东：《建国后北京城市建设方针的演变》，《北京党史研究》1996年第2期，第28~31页。

② 刘欣葵：《北京城市更新的思想发展与实践特征》，《城市发展研究》2012年第10期，第129~132+136页。

（二）短暂破坏与恢复重建阶段

1968 年北京市规划局撤销，开启了无规划指导的"低效"城市建设阶段，住宅违规建设、基础设施投资建设不足、居民区拥挤破败等问题日益突出。改革开放后，城市建设发展迎来新的阶段。随着 1982 年《北京城市建设总体规划方案》的编制完成以及 1990 年危旧房改造的启动，旧城更新加速推进，1992~1994 年第一批危旧房改造工作全面推开①。2000 年印发《关于印发北京市加快城市危旧房改造实施办法（试行）的通知》（京政办〔2000〕19 号），提出"房改带危改"的改造新思路②。

（三）文化引领内外联动阶段

"开发带危改""房改带危改"等"大规模拆除重建"模式引起了专家学者们的关注。2002 年 9 月，侯仁之、吴良镛等 25 位专家致信中央，建议"立即停止二环路以内所有成片的拆迁工作"。③ 从 2004 年开始，北京市政府停止审批成片拆除旧街区的项目，开始在旧城尝试"微循环"改造模式，鼓励多方参与④。2006 年前后，相继出台《北京市促进文化创意产业发展的若干政策》（京办发〔2006〕30 号）、《北京市保护利用工业资源发展文化创意产业指导意见》（京工促发〔2007〕129 号），城市更新从旧城保护拓展到工业遗产的保护利用。例如，首钢、焦化厂的大规模腾退疏解、北京798 艺术中心的蓬勃发展。

---

① 徐向东：《建国后北京城市建设方针的演变》，《北京党史研究》1996 年第 2 期，第 28 ~ 31 页。
② 王崇烈、陈思伽：《北京城市更新实践历程回顾》，《北京规划建设》2021 年第 6 期，第 26 ~ 32 页。
③ 《单霁翔撰文怀念文物保护专家郑孝燮先生》，https：//www.rmzxb.com.cn/c/2017-02-20/ 1352904.shtml。
④ 张路峰、刘贺：《上世纪 80 年代末北京旧城危旧房改造试点研究——对现阶段北京旧城危旧房改造的反思与探索》，《北京规划建设》2016 年第 6 期，第 73~76 页。

（四）以人为本精细治理阶段

作为全国首个减量发展的城市，近年来北京密集出台一系列政策文件，逐渐将城市更新提高到立法层面，奠定了当前和未来一段时期北京城市更新的整体基调。2022 年 7 月，首届北京城市更新论坛宣布成立"北京城市更新联盟"，发布《北京城市更新联盟倡议书》，旨在通过包括实施主体、规划设计单位和咨询管理单位在内的 100 余家成员单位共研市场化机制、共推多方参与、共建开放生态三大倡议及实践，助力北京城市更新工作平稳有序开展。[①]

从实践看，通过各地实践经验的积极探索，北京在推进小规模、渐进式、可持续更新方面活力持续彰显，老旧小区、老旧平房区、老工业区、老商业区、老旧楼宇等改造更新取得实质性进展。[②] 数据显示，截至 2022 年 7 月，北京先后启动菜西地区、砖塔地区、钟鼓楼周边等 14 项改造项目，推动申请式退租签约 4061 户，修缮 5100 户；逐步推进老旧小区改造，其中 2021 年以来已被纳入改造计划小区 924 个。[③] 另外，这一阶段的城市更新也进一步与疏解首都非核心功能的目标定位实现深度融合，通过腾退土地增绿、精品街巷打造等，在推进城市瘦身的同时，不断释放的城市新空间也逐渐被赋予了新的功能。

三　北京城市更新的类型及探索

"城市更新主要是指对城市建成区（规划基本实现地区）城市空间形态和城市功能的持续完善和优化调整，是小规模、渐进式、可持续的更新。"

---

① 《北京城市更新联盟成立　中粮勇担央企责任实力引领》，http：//www.xinhuanet.com/house/20220713/e04028fbfe9c41518bd26fcf8f9bef11/c.html。

② 《首都城市更新，他们在现场》，https：//epaper.gmw.cn/gmrb/html/2021-01/19/nw.D110000gmrb_20210119_1-16.htm。

③ 《北京：城市更新要传承历史文脉》，https：//news.gmw.cn/2022-07/14/content_35881756.htm。

以建设国际一流的和谐宜居之都为目标，聚焦疏解非首都功能、严格控制人口过快增长等重点任务，北京城市更新主要包括居住类、产业类、设施类、公共空间类以及区域综合性等类型。围绕这几类主要的城市更新，北京密集出台有针对性的指导文件、完善政策支持体系，积极鼓励相关实践探索，形成了一系列典型经验做法。

（一）居住类城市更新

居住类城市更新以保障老旧平房院落、危旧楼房、老旧小区等房屋安全，提升居住品质为主。这类城市更新涉及的问题都与群众切身利益密切相关，也是城市基层治理的难点、痛点。

胡同、四合院是北京老城空间格局的物质载体，随着人口增长、自建房增多，房屋老化、配套设施不健全、违章搭建、环境脏乱差等问题较为普遍①。从 1978 年什刹海 "类四合院" 设想，到菊儿胡同有机更新，再到 21 世纪初什刹海等地区的小规模渐进式有机更新、微循环式保护等，老旧平房院落改造问题始终是北京城市更新的一大难题②。近年来，北京持续推进老城整体保护，深化历史文化街区特别是老城平房区城市更新。2017～2019 年，东城区通过 "百街千巷" 治理提升，171 条大街、1004 条背街小巷焕新；③ 2020 年在全区 7 个街道选取 44 个试点平房区院落进行 "微整"，启动 "美丽院落" 更新改造。④ 2019 年 6 月，西城区在全市率先启动了菜西片区平房直管公房申请式退租试点项目，成为全市平房直管公房申请式退租的范本。2021 年 6 月，全市首例银企合作 "促整院" 模式正式在西城区菜西片

---

① 张晓妍：《促进北京老城平房区复兴的思考》，《中国工程咨询》2018 年第 1 期，第 79～81 页。赵蕊、赵幸、惠晓曦：《自治能力培育视角下的传统平房区院落公共空间提升——以北京东城区 "美丽院落" 实践为例》，《北京规划建设》2021 年第 S1 期，第 86～93 页。

② 石炀：《院落碎片化：北京老城居住院落的社会-空间特征及其动力机制》，《北京建筑大学学报》2022 年第 2 期，第 48～58 页。

③ 《三年内北京东城将改造百余个 "美丽院落"》，https：//www.163.com/dy/article/FS6G4E JD05346936.html。

④ 《东城 44 个 "美丽院落" 年内 "绽放"》，http：//www.bjdch.gov.cn/n3952/n9279005/c10 164048/content.html。

区落地。①

对建成年代较早、建设标准较低、基础设施老化、配套设施不完善、未建立长效管理机制的老旧小区进行综合整治也是近年来北京市城市更新的一个重要主题。自 2012 年以来，围绕老旧小区综合整治，北京市政府出台了一系列政策文件（见图 1）。探索形成政府主导下的毛纺北社区综合整治、单位支持下的西王庄小区室内改造、跨学科团队推动下的清河街道参与式社区规划等模式②，着力推广"探索社会力量参与后期管理"的"劲松模式"和"市属国有企业参与老旧小区综合整治"的"首开经验"③。

对危旧楼房通过翻建、改建或适当扩建方式进行改造是老旧小区综合整治的重要组成部分。2018 年，北京市明确指出"各区政府对简易住宅楼和没有加固价值的危险房屋，可通过解危排险、拆除重建等方式进行整治"。④2020 年，颁布《关于开展危旧楼房改建试点工作的意见》，进一步推动危旧楼房改建工作有序开展。⑤ 光华里 5、6 号楼是北京市第一个正式启动的危旧楼房改建试点项目，形成了以政府顶层设计、实施主体牵头推进、原居民参与协商、责任规划师团队全程陪伴的北京老旧小区危房改造"朝阳首开模式"。⑥

另外，棚户区改造作为关系首都城市形象以及社会安全稳定的民生工程也备受重视。2013 年，北京市将中心城区平房院落修缮、危改项目、城中村

① 《银企合作，平房院落持续改造，全市首例"促整院"落地西城！》，https：//baijiahao. baidu. com/s？id = 1710886677382945089&wfr = spider&for = pc。
② 刘佳燕、张英杰、冉奥博：《北京老旧小区更新改造研究：基于特征-困境-政策分析框架》，《社会治理》2020 年第 2 期，第 64~73 页。
③ 李嘉珣：《我国一线城市老旧小区改造路径探究——以北京、广州为例》，《城乡建设》2021 年第 5 期，第 16~18 页。
④ 《北京市人民政府办公厅关于印发〈老旧小区综合整治工作方案（2018-2020 年）〉的通知》，https：//www. beijing. gov. cn/zhengce/zhengcefagui/201905/t20190522_ 60968. html。
⑤ 《北京市住房和城乡建设委员会　北京市规划和自然资源委员会　北京市发展和改革委员会　北京市财政局关于开展危旧楼房改建试点工作的意见》，https：//www. beijing. gov. cn/zhengce/zhengcefagui/202007/t20200701_ 1936239. html。
⑥ 《规划解读｜〈银发人的梦（二）〉光华里老旧小区改造项目》，http：//news. sohu. com/a/518766548_ 121106842。

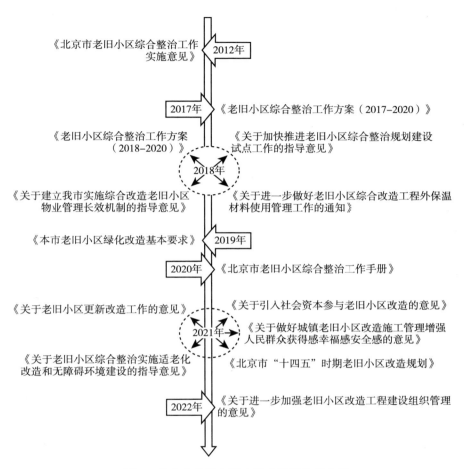

图 1　北京市关于老旧小区改造的政策文件

资料来源：根据北京市政府公开文件整理。

边角地、新增棚户区改造和环境整治项目等列入中心城区棚户区改造和环境整治工作，涉及居民 9 万多户。首个中心城区棚改项目——百万庄北里，共涉及被征收居民 1242 户，约 4400 人。① "十三五"期间，北京市棚户区改造工作由重数量向重质量转变。截至 2020 年底，完成棚户区改造约 15 万户，超

---

① 《北京中心城区首个棚改项目年底入住》，https：//www.chinaxiaokang.com/chengshi/2017/1015/265730_1.html。

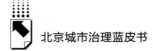
额完成计划任务的 30%，惠及群众大约 62 万人，累计实现投资超 2000亿元。①

（二）产业类城市更新

根据《北京市城市更新条例》，"产业类城市更新以推动老旧厂房、低效产业园区、老旧低效楼宇、传统商业设施等存量空间资源提质增效为主"。②

北京正处于从集聚资源求增长到疏解功能谋发展的转型期，一个重点任务就是保护利用好老旧厂房，这也是落实减量发展、盘活存量资源的重要手段。③ 北京老旧厂房的改造起步较早，从 20 世纪 90 年代开始，以 798 艺术区、751 时尚设计广场为代表的一批老旧厂房率先被改造。近年来，北京在老旧厂房转型利用上进行了大量探索。例如，首钢老厂区的改造通过老工业用地与奥运体育元素的有机融合，被国际奥委会主席巴赫称为奇迹。④ 同时也出台了一系列政策文件，《关于保护利用老旧厂房拓展文化空间的指导意见》（京政办发〔2017〕53 号）强调"保护利用老旧厂房要严格按照分级分类标准实施"；《关于开展老旧厂房更新改造工作的意见》（京规自发〔2021〕139 号）强调"优化中央政务功能、产业转型升级、增加公共空间、补齐城市配套短板、发展经营性用途"；《北京市城市更新行动计划（2021-2025 年）》提出，到 2025 年，北京将有序推进 700 处老旧厂房更新改造、低效产业园区"腾笼换鸟"。

---

① 《"十三五"期间　北京完成棚户区改造 15 万户惠及 62 万人》，https：//news. sina. com. cn/o/2021-01-29/doc-ikftssap1781215. shtml。

② 《北京市城市更新条例》，https：//www. beijing. gov. cn/zhengce/zhengcefagui/202212/t20221206_ 2871600. html。

③ 《七成老旧厂房有待保护利用　北京释放工业遗存改造积极信号》，https：//www. 163. com/dy/article/ERB2CASQ051795KB. html。

④ 《百年首钢　百炼成钢——从钢铁强国"梦工厂"到改革转型"排头兵"》，http：//www. gov. cn/xinwen/2019-09/06/content_ 5427875. htm。

（三）设施类城市更新

"设施类城市更新以更新改造老旧市政基础设施、公共服务设施、公共安全设施，保障安全、补足短板为主。"①

2022 年 6 月，北京住建委发布《北京市城市更新条例（征求意见稿）》，对设施类城市更新的重点任务做了明确规定。② 从具体实践看，2021 年，北京市推动交通、水务、园林绿化等基础设施建设更新高质量进展，为市民打造出更多"开窗见绿""出门见园"的就近休闲活动空间。③④《2022 年北京市交通综合治理行动计划》提出"启动北京交通绿色出行一体化服务平台（MaaS）2.0 建设，组建 MaaS 联盟论坛，丰富拓展'轨道+'、无障碍出行等功能，'门到门'一体化出行服务占比提升至 23%"。⑤ "十三五"期间，北京市陆续建成了一批有代表性的综合管廊项目，干/支线型市政综合管廊建成约 200 千米，为北京市新建功能区的基础设施高质量发展打下坚实的基础。《北京市"十四五"时期重大基础设施发展规划》《北京市重点公共场所社会急救能力建设三年行动方案（2021 年-2023 年）》也对具体领域、重点区域的城市基础设施建设进行了布局。

（四）公共空间类城市更新

公共空间类城市更新以提升绿色空间、滨水空间、慢行系统等环境品质为主。

---

① 《北京：城市更新实行"留改拆"并举》，http：//www. news. cn/politics/2022-11/25/c_1129160257. htm。
② 《关于对〈北京市城市更新条例〉公开征求意见的公告》，http：//zjw. beijing. gov. cn/bjjs/zmhd/yjzj/325855915/index. shtml。
③ 《北京同步开通 9 条（段）地铁新线　总运营里程达 783 千米》，http：//www. gov. cn/xinwen/2021-12/31/content_5665841. htm。
④ 《北京：基础设施建设更新实现高质量进展》，http：//fgw. beijing. gov. cn/gzdt/fgzs/mtbdx/bzwlxw/202201/t20220104_2581998. htm。
⑤ 《〈2022 年北京市交通综合治理行动计划〉发布　中心城区绿色出行比例提至 74.6%》，http：//www. gov. cn/xinwen/2022-05/11/content_5689607. htm。

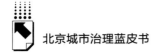
2017 年，北京在东城区和西城区率先启动杨梅竹斜街智慧人本空间、前门地区桥湾地铁站周边公共空间改造等 10 个示范试点项目，2018 年试点范围拓展至城六区和通州区。① 2021 年，全市新建设口袋公园及小微绿地 50 处，为更多的居民提供了家门口的"会客厅"，东城龙潭中湖、海淀西冉等新建成的 26 处休闲公园成为市民徒步、骑行、游乐的好去处，朝阳康城、石景山衙门口等 4 处城市森林给鳞次栉比的现代城市建筑群带来了清风和鸟鸣。② 目前，北京已有公园超过 1000 个，成为名副其实的"千园之城"。③

慢行系统品质提升是近几年北京交通治理的一项重点工作，也是城市更新的重要任务之一。2019 年底，北京市提出"慢行优先，公交优先，绿色优先"的交通发展理念，强调从"以车为本"向"以人为本"的转变。2020 年印发《北京市城市慢行交通品质提升工作方案》，首次将"慢行"放在交通发展理念首位。《2021 年北京市城市慢行系统品质提升行动工作方案》明确提出"推进全市道路停车改革全覆盖"。2022 年，北京市第 1 号总河长令强调"进一步突出治水为民，全面开展滨水慢行系统试点建设"。根据《北京市城市河湖滨水慢行系统规划》，到 2035 年，北京将在 554.8 千米的河道长度内建设长 1109.6 千米的城市滨水慢行系统。④

（五）区域综合性城市更新

区域综合性城市更新的目的在于统筹存量资源配置，优化功能布局，实现片区可持续发展。

从近年来北京城市更新的实践看，北大西门片区城市更新升级项目包含

---

① 《北京：公共空间改造提升试点启动》，http://www.gov.cn/xinwen/2019-08/14/content_5421052.htm。
② 《贯彻新发展理念 推动高质量发展 实现园林绿化工作"十四五"良好开局》，https://www.beijing.gov.cn/ywdt/gzdt/202201/t20220117_2592486.html。
③ 《北京成为名副其实的"千园之城" 去年超 4 亿人次逛公园》，http://yllhj.beijing.gov.cn/hdjl/zxft/202211/t20221117_2861211.shtml。
④ 《9 条骑行线路串起五大水系 滨水慢行系统将达千余千米 滨水慢行赏京城别样水韵》，https://www.beijing.gov.cn/fuwu/bmfw/sy/jrts/202304/t20230421_3062495.html。

东南广场改造、架空线入地、颐和园路空间改造等。项目自 2020 年初启动施工，在区城市管理委（交通委）的牵头统筹下，克服疫情、停工保障重大活动、雨季、施工条件差等诸多困难，于 2021 年 10 月底完成了包括新建城市公园广场、城市道路大修、新建地下管线、整合现有杆线探头等在内的一系列土建施工工作。① 另外，朝阳区将以推动"南城崛起"为目标，重点打造南磨房的出版产业基地、小红门的北京城环城项目、王四营的智能信息服务创业园和黑庄户乡的北京音乐产业园四大片区。作为目前朝阳南部最大的"四大城乡接合部"，这些地区一旦进入大规模开发，一大批用地就会入市。②

另外，2019 年 4 月，"街区更新"被正式纳入《北京市城乡规划条例》。③ "街区"是北京推行城市更新的基本单元，体现了"成片统筹"的更新改造理念。④ 大兴区依托"区级统筹、部门协同、企业参与、社区协调、居民议事"的"五方联动"，以清源街道枣园小区、兴丰街道三合南里社区为试点，引入社会资本愿景集团，打破小区之间的物理界限，通过跨社区资源共享，开创"片区统筹、街区更新"的老旧小区有机更新"大兴模式"。⑤

四　北京城市更新的多元主体实践经验

近年来，北京围绕居住类、产业类、设施类、公共空间类、区域综合性等城市更新类型积极探索，形成了各级政府、城市更新运营商、责任规划师、社会组织以及公众等多元主体合作共治的实践经验。

---

① 《北大西门片区城市更新升级》，https：//baijiahao.baidu.com/s？id=1715553803563466307。
② 《朝阳区的"城市化"：19 个村庄拆迁，四大片区升级，大量土地将入市！》，https：//new.qq.com/omn/20220314/20220314A06LVK00.html。
③ 《北京市城乡规划条例》，http：//www.beijing.gov.cn/zhengce/dfxfg/201905/t20190522_61987.html。
④ 《北京街区更新的制度探索与政策优化》，https：//www.sohu.com/a/486649822_121124601。
⑤ 《"片区统筹、街区更新"实现社区内外资源共享　大兴创新老旧小区有机更新模式》，https：//www.sohu.com/a/432366502_115865。

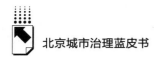

（一）各级政府：城市更新的"掌舵者"

随着《北京城市总体规划（2016年—2035年）》《北京城市副中心控制性详细规划（街区层面）（2016年—2035年）》《首都功能核心区控制性详细规划（街区层面）（2018年—2035年）》《北京历史文化名城保护条例》相继批复实施，北京城市规划体系的"四梁八柱"已经形成，为城市更新的顺利推进提供了方向和根本政策遵循。

围绕城市更新具体实践，北京不断完善相关制度与政策法规配套，搭建起"核心指导文件+配套文件"的城市更新政策体系。《北京市人民政府关于实施城市更新行动的指导意见》（京政发〔2021〕10号）等为当前和未来一段时期北京城市更新工作指明了目标和方向；针对老旧小区改造、低效楼宇改造、老旧厂房更新等具体更新对象分类出台配套政策，包括《关于开展老旧厂房更新改造工作的意见》（京规自发〔2021〕139号）、《关于开展老旧楼宇更新改造工作的意见》（京规自发〔2021〕140号）、《关于印发加强腾退空间和低效楼宇改造利用促进高精尖产业发展工作方案（试行）的通知》（京发改规〔2021〕1号）、《关于进一步加强老旧小区更新改造工程质量管理工作的通知》（京建发〔2021〕242号）、《关于进一步加强老旧小区改造工程建设组织管理的意见》（京建发〔2022〕67号）等政策文件。

（二）城市更新运营商：市场化改造中的关键社会力量

城市更新运营商指在参与城市更新过程中，那些具备资金能力、专业技术及社会责任感且不依赖于政府直接出资，以市场化的改造、运营方式运作城市更新项目的企业[①]。城市更新运营商作为项目的改造、运营主体通过用者付费、物业服务、闲置空间租赁置换、社区商业营运等收益实现改造资金回收及项目的可持续运营。例如，愿景集团参与形成的"劲松模式"，通过对社区低效空间进行改造提升将其变为养老中心、社区食堂等可长期运营的

---

① Shen et al.，2021.

便民商业或将改造后的空间进行租赁从而获得持续利润，形成"区级统筹、街乡主导、社区协调、居民议事、企业运作"五方联动、微利可持续的市场化机制。① 首开集团以石景山区老山东里北社区为试点，通过"政企合作"的方式，探索"首开模式"，推进老旧小区改造，实现长效管理。宣房大德集团不断探索老城保护与民生改善的城市更新模式，利用已腾退共生院落打造片区红色会客厅党建中心，通过烂缦胡同甲 130 号、91 号"共生院"设计，构建了一个互惠互利可持续的共生系统，形成了街区智慧运管体系。

（三）责任规划师：多元参与的"破冰者"

我国的社区规划师制度最先由台湾地区于 20 世纪 90 年代建立，1999 年，台北市政府提出"社区规划师系统"（CPS），推动建立公民、专业人士和政府之间的伙伴关系。近年来，我国社区规划逐渐转向通过社区规划师制度创新推动系统和全域社区规划行动的"制度引领模式"，北京、上海、成都、武汉等地积极探索。② 2004 年，北京市首次形成了有关责任规划师的构想，并以东城区菊儿社区、朝阳门街道史家胡同等地区作为试点，摸索规划师带动下的多方合作共治模式。2017 年北京市"新总规"颁布后，明确了在推进城市更新时强化公众参与的发展方向，"基层规划师"制度的实践推广阶段也随之开启。2017 年 8 月，东城区率先启动面向 17 个街道的街巷精细化管理行动。2019 年，《北京市责任规划师制度实施办法（试行）》（京规自发〔2019〕182 号）颁布，标志着责任规划师制度正式确立。③

东城区朝阳门街道是最早试点责任规划师制度的街道。在居民的大力支持下，扎根基层的规划师团队不断拓展工作领域，与居民共同修院子、建花

---

① 《周刊｜城市更新步入"运营时代"》，https：//new.qq.com/omn/20211213/20211213A02 3PN00.html。

② 《【规划师论坛】我国责任规划师制度的建设成效、挑战与体系构建思考》，http：//www.planners.com.cn/a/2254.html。

③ 《北京市规划和自然资源委员会关于发布〈北京市责任规划师制度实施办法（试行）〉的通知》，https：//www.beijing.gov.cn/zhengce/zhengcefagui/201905/t20190522_ 62041.html。

园、改造菜市场、讲社区故事、制定社区公约、举办各种社区文化活动,[1]
编制东四南历史文化街区保护规划,促进成立史家胡同风貌保护协会,与街
道共建和运营史家胡同博物馆等。[2] 2017 年,东城区建立责任规划师制度
后,朝阳门街道探索形成自己的责任规划师工作机制。例如,责任规划师深
度参与到街道整体工作中,协助街道共同搭建东四南精华治理创新平台,协
助街道将自上而下的任务和自下而上的需求进行合理对接,同时建立专家
库、媒体库、合作资源库,梳理可利用空间资源库和孵化项目库,不仅发挥
专业力量下沉智库的作用,也为街区发展引入和积累更多资源(见图2)。

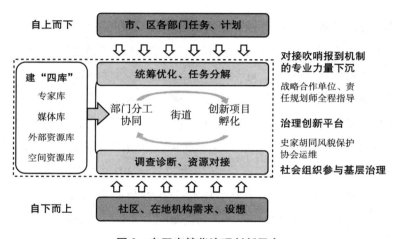

图 2 东四南精华治理创新平台

资料来源:《规划解读 | 相约史家胡同,用文化与交流续写新的传奇》,
https://www.sohu.com/a/452380200_ 120209831。

(四)社会组织:社区治理中的重要力量

近年来,社会组织也在城市更新中积极寻找"一席之地",通过居民参

---

① 《论坛回顾 | 菊儿胡同到史家胡同——东城区责任规划师制度发展与探索》,https://ishare.
ifeng.com/c/s/7q6er1KgDWz。

② 《北京市责任规划师制度实施一周年,描绘人民幸福生活新画卷》,https://www.sohu.
com/a/394168716_ 120209831。

与动力的激发，成为社区治理中的一股"清流"。北京夕阳再晨社会工作服务中心（以下简称"夕阳再晨"）遵循"社区体检—社区发现—社区规划—社区赋能—社区孵化—社区服务—社区自治—社区共享"的社区营造工作路径，盘活社区资源，打造社区生态，"赋能"二里庄社区成为海淀区社区治理样板小区和垃圾分类示范小区。①

二里庄社区隶属于海淀区学院路街道，是典型的老旧小区。社区有 16 栋楼，1938 户，共 5000 多人，人口杂，老龄化严重，共有 6 家物业公司，没有统一物业管理，甚至有 5 栋楼没有物业管理，一度面临诸多治理问题。"夕阳再晨"以老旧小区改造为契机进入二里庄社区，采用"党建引领—社会协同—多方参与"的方式，把社区活动广场营造为垃圾分类的宣教中心，并通过"垃圾分类站点布局—楼门桶站宣传指导管理—垃圾分类主题广场—广场上厨余资源就地转化—转化的营养土拿到屋顶花园共建—志愿服务花果分享会—社区美食邻里文化节"等，打造闭合的绿色微循环。"夕阳再晨"还在二里庄社区建立了"双鲤"志愿服务总队，充分彰显了志愿服务力量在社区治理的独特力量（见图 3）。②

---

① 《小康之治的北京样本丨二里庄：垃圾分类的社区画像》，https://www.163.com/dy/article/FJEBJ2TR0519DFFO.html。

② 《李紫莹丨北京二里庄社区垃圾分类实践分享》，https://mp.weixin.qq.com/s/kuady65f8hUf5VUXci7wA。

二里庄社区"双鲤"志愿服务总队

橙色中队	绿色中队	蓝色中队	红色中队	黄色中队
包含社区导览队、随手拍俱尔部等	包含社区所有环境治理服务队伍，例如：垃圾分类先锋队、阳光花园（菜园）志愿服务队、厨余堆肥志愿服务队、环境维护志愿服务队等	包含社区所有爱志愿服务，例如：青年志愿者科技助老服务队、楼门"E先锋"志愿服务队、党员关爱服务队等	包含所有社区共建志愿服务，例如：养老院助老志愿服务、学校青少年志愿服务、菜站垃圾分类志愿服务、停车护管志愿服务、企事业单位共建共制等	包含所有文体队伍、文化志愿服务队

图3 "夕阳再晨"——二里庄社区改造

资料来源：《李紫莹丨北京二里庄社区垃圾分类实践分享》，https：//mp. weixin. qq. com/s/kuadGy65f8hUf5VUXci7wA。

（五）居民：做城市的主人

在各类城市地区中，老城胡同平房区具有社会关注度高、历史遗留问题多、利益相关方复杂的特点，因此其规划中的居民参与同一般街区相比具有更大的必要性和推进难度。

在北京老城 62.5 平方千米范围内，现存 33 片历史文化街区、5 片风貌协调区和其他一般平房区，总面积 26.2 平方千米，约占老城总面积的 42%，因此通过参与式手段推动胡同平房区的规划实施与社会治理创新也是实现老城整体保护的关键。

近十余年，北京市规划和国土资源管理委员会及北京市城市规划设计研究院以北京老城历史文化街区为重点，开展了控规公示工作坊、什刹海地区责任规划师制度试点、交道口街道菊儿社区活动用房改造、新太仓历史文化街区保护规划公众参与等一系列公众参与规划的尝试。[1] 另外，朝阳区双井街道小微空间改造项目也体现了近年来居民参与城市更新的作用发挥日益凸

---

[1] 《北京东四南历史文化街区的参与式更新的公众参与背景是什么？》，https：//mp. weixin. qq. com/s/8fKqS0lsoLUkI1btpnigEw。

显。在归纳、总结各年龄段居民需求后，责任规划师和设计师提出方案，同时在方案落地过程中，广泛听取了社区居民的意见。①

五　北京城市更新的经验

基于北京独特的角色功能定位，在保护传承好历史文化的基础上科学有效地推进以人民为中心的城市更新，始终是贯穿北京城市功能完善和品质提升过程中的一条主线。具体而言，北京城市更新具有以下几方面独特性。

（一）面向首都特殊功能定位的五大更新体系

北京城市更新承载着服务于首都特殊功能定位以及推动解决长期以来积累的"大城市病"等使命。首先，随着北京中心城区人口膨胀、居住紧张、环境污染、资源浪费等一系列问题叠加累积，功能过载和空间有限导致核心区陷入了空间持续性困境，推动非核心功能疏解成为重中之重。其次，北京部分产业仍集中在核心区，而其他城区除居住功能外的其他生活服务功能相对匮乏，导致核心区的职住分离现象较为严重，如何建立职住分离财税互补机制成为亟待解决的问题。

在此背景下，北京在城市更新中严格贯彻落实总体规划"控增量、促减量、优存量"的工作要求，在建立更新工作体系、探索更新方法体系、强化更新组织体系、构建更新动力体系、完善更新实施体系等五大更新体系支撑下不断改革探索、凝聚共识。因地制宜，积极探索能够满足各类更新改造项目需求的弹性化治理体系以及具体投融资模式、科技创新模式等，贡献了"劲松模式""首开经验"以及首钢老厂区改造、法源寺历史文化街区更新、石油共生大院、真武庙租赁置换等典型经验做法。

---

① 《大数据参与更新改造　双井小微空间人气增五成》，https：//www.163.com/dy/article/FR9AB1P70519DFFO.html。

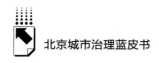
（二）减量发展、疏解整治与有机更新的深度融合

基于减量发展、高质量发展的目标定位，系统推进延续历史文脉的保护性更新、促进产业新旧动能转换的功能性更新、提升公共服务质量的保障性更新、精准对接居民需求的社会性更新，并依托"疏解整治促提升"专项行动，探索形成一系列典型案例。例如，西单更新场是疏解非首都功能、优化提升西单地区商业品质的重点工程，采用"主体—资金—空间—运维"四位一体的方式，以"减量""提质""增绿"为核心理念进行全方位的升级改造，实现城市价值、休闲价值、人本价值等多维度的价值再造；① 石景山区模式口历史文化街区修缮，以保留历史街区肌理、整体减量，打造了北京街巷治理成果的新名片和共建共治共享美好家园的新典范；② 长城海纳加速器园区由存放海洋生物化肥的仓库改造升级为"高精尖"科技园区。③

（三）包容性治理模式下社会主体的多元参与

践行首都高质量发展、创新发展、以人民为中心的发展理念，北京城市更新走出了一条包容性治理模式下的社会主体多元参与路径。充分体现以人为本的发展理念，以满足个体差异化需求为导向，以促进产业升级、完善参与制度、保护历史文化遗产等为依托，旨在追求经济效益、社会效益、环境效益的有机统一。

例如"石油共生大院"打破街区、园区、校区和社区的行政壁垒，"四区协同"共治，形成区域治理共同体，实现大院与街区内各层各界人士的联合共治，最大限度地激发地区活力；④ 中仓街道北小园小区改造项目，广

---

① 《北京城市更新"最佳实践"系列｜西单更新场 探索减量发展下的城市更新路径》，https：//difang. gmw. cn/bj/2022-07/19/content_ 35902795. htm。

② 《疏整促剪影｜变化天天看：模式口大街的古道新韵》，http：//www. beijing. gov. cn/ywdt/zwzt/sjzzcts/jy/201112/t20211222_ 2569154. html。

③ 《疏整促剪影｜变化天天看：旧厂焕新颜 "高精尖"科技园活力"加满"》，http：//www. beijing. gov. cn/ywdt/zwzt/sjzzcts/jy/201112/t20211201_ 2551330. html。

④ 《疏整促剪影｜变化天天看："大杂院"变身共享家园》，http：//www. beijing. gov. cn/ywdt/zwzt/sjzzcts/jy/201112/t20211214_ 2561043. html。

泛动员小区党员、志愿者、楼门长等骨干成员成立"6组1队"居民组织，统筹推进小区改造过程中的通知宣传、意见征集、秩序引导、矛盾调解、文明施工、质量监督以及志愿服务工作。①

（四）深耕精细化运营的可持续城市更新

当前，城市更新正从粗放式拆建阶段步入精细化运营阶段，北京坚持"小规模、渐进式、可持续"的城市更新原则，注重全生命周期管理，助力城市功能和价值提升，围绕老旧小区改造、低效产业园区和老旧低效楼宇提质增效等形成一系列可推广经验。劲松北社区老旧小区改造作为北京市首例社会资本参与老旧小区改造试点项目，通过"先尝后买"引入专业化物业服务，通过对社区低效空间改造提升和长期运营，形成"微利可持续"的投资回报模式；金隅智造工场构建"物理空间租赁+产业投资（孵化）+创新产业服务"园区运营服务模式，提升园区基金投资拉动产业孵化、促进创新成果转化落地的能力；中粮广场项目搭建了"3C"运营服务体系，即COFCO LIFE 中粮生活、COFCO FANTASY 中粮共享办公、COFFIC 智慧办公，三者联动形成办公生活生态闭环，给入驻客户最佳体验，大幅提升楼宇租金水平和出租率。②

参考文献

Shen T Y, Yao X Y, Wen F H. "The Urban Regeneration Engine Model：An Analytical Framework and Case Study of the Renewal of Old Communities"［J］. *Land Use Policy*, 2021, 108: 1-11.

朱启勋：《都市更新——理论与范例》，台隆书店，1982。

---

① 《首届北京城市更新"最佳实践"评选揭晓，16个项目获表彰！》，https：//www.sohu.com/a/567342997_ 121106842。
② 《首届北京城市更新"最佳实践"评选揭晓，16个项目获表彰！》，https：//www.sohu.com/a/567342997_ 121106842。

B.4
北京智慧城市建设的回顾与展望[*]

王 伟 江 燕 刘博雅 张晓东 吴运超[**]

摘 要： "十四五"是北京落实首都城市战略定位、建设国际一流的和谐宜居之都的关键时期，也是北京智慧城市建设成果验收和进一步探索的重要阶段。自 2012 年北京市首次提出智慧城市建设已过去 10 年，在此背景下本文旨在实现三个研究目标：一是通过对相关政策文件进行文本分析，归纳北京智慧城市建设的发展路径和演进特点；二是从制度、硬件、管理、经济、社会和创新等"六态"维度梳理北京智慧城市建设实践成果；三是在回顾历程、总结经验的基础上，对北京未来智慧城市建设提出展望与建议。

关键词： 智慧城市 政策工具 北京

2008 年，IBM 率先提出"智慧地球"，致力于将智慧技术推广至各行各业。同一时期，依托光纤宽带、无线互联网、GIS 和 GPS 等技术手段，各国政府开始主导在其管理的垂直行业进行数字化和网络化改造，这一变革使得城市初具智慧化的身影，其本质上是利用物联网、大数据等新一代信息技

* 中央财经大学一流学科建设项目资助（项目编号：CUFEZF202201）；中央财经大学 2022 年度教学方法研究项目。

** 王伟，中央财经大学政府管理学院城市管理系主任，副教授，主要研究方向为空间规划与治理、大数据与智慧城市管理；江燕，中央财经大学政府管理学院城市管理系硕士研究生；刘博雅，中国科学院大学中国科学院地理科学与资源研究所硕士研究生；张晓东，北京市城市规划设计研究院科技委员会副总规划师，数字技术规划中心主任；吴运超，北京市城市规划设计研究院数字技术规划中心副主任，高级工程师。

术，以一种更智慧的方式改变政府、企业和人们相互交往的方式①。2012年，住建部开展国家智慧城市试点工作，之后，我国智慧城市建设进入快车道。2019年，国家发展改革委提出建设新型智慧城市，在全面建设社会主义现代化国家的"十四五"时期，面对当今世界百年未有之大变局、新一轮科技和产业变革，以及我国经济社会高质量发展的新要求，新型智慧城市已成为激发内需潜力、构建国内国际双循环新发展格局的重要支点，促进政府职能转变、推进城市治理体系与治理能力现代化的关键抓手，壮大数据要素市场、赋能数字经济发展的前沿阵地，系统布局新型基础设施、支撑城市能级跃升的重要载体。

在全国智慧城市建设的浪潮中，2012年，北京市政府印发了第一份关于智慧城市建设的文件《智慧北京行动纲要》，提出抓住信息技术发展机遇，建设人人享有信息化成果的智慧城市，以专项规划的形式展现了北京智慧城市建设的雏形。2013年，北京市政府工作报告对智慧城市建设进行了具体细化。2016年，北京市政府印发《北京市"十三五"时期信息化发展规划》，提出以建设新型"智慧北京"为主线，推进城市智慧管理。"十四五"是北京落实首都城市战略定位、建设国际一流的和谐宜居之都的关键时期，《北京市"十四五"时期智慧城市发展行动纲要》提出到2025年，将北京建设成为全球新型智慧城市的标杆城市，对全市智慧城市规划和各级设计分别提出管控要求，构建相互贯通的统一体系，促进部门协同联动、条块有机结合。在此关键时点，对北京市智慧城市建设进行回顾与展望具有重要意义。

一 基于政策文本分析的北京智慧城市建设演进

智慧城市建设离不开顶层设计驱动，而政策文件则是城市管理者对于城

---

① 巫细波、杨再高：《智慧城市理念与未来城市发展》，《城市发展研究》2010年第11期，第56-60+40页。

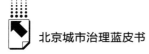
市未来总体和局部发展规划理念的载体。自 2012 年首次印发《智慧北京行动纲要》以来，北京市围绕智慧城市建设进行了一系列部署规划，本研究对相关政策进行内容分析，梳理归纳北京智慧城市建设历程并为未来发展总结经验。

本次政策文本分析来源，主要通过北大法宝、北京市政府网等网站，通过对"智慧城市""信息化"等关键词对标题进行检索获得相关政策文件。一方面，搜集整理北京市"十二五"至"十四五"期间"国民经济和社会发展规划纲要"文件与"智慧城市"直接相关的纲领性文件，形成总体规划层面的文件库，共 7 份（见表 1），旨在分析智慧城市建设在北京市近五年规划中的关键词演进特点，进而得到智慧城市建设的发展趋势。另一方面，搜集整理"十四五"时期北京市不同领域的专项发展规划，涉及城市管理、产业发展、基础设施、公共服务、环境保护等方面，共收集 29 份文件，通过对智慧城市相关关键词的编码，得到不同领域对于智慧化发展的探索，并且得出智慧城市建设在不同领域的重点发展方向。

表 1　总体规划层面文件

年份	发文机构	政策名称
2011	北京市发改委	《北京市"十二五"时期城市信息化及重大信息基础设施建设规划》
2011	北京市发改委	《北京市国民经济和社会发展第十二个五年规划纲要》
2012	北京市人民政府	《关于印发智慧北京行动纲要的通知》
2016	北京市人民政府	《北京市"十三五"时期信息化发展规划》
2016	北京市人民政府办公厅	《北京市国民经济和社会发展第十三个五年规划纲要》
2017	北京市人民政府办公厅	《北京市加快推进"互联网+政务服务"工作方案》
2021	北京市大数据工作推进小组办公室	《北京市"十四五"时期智慧城市发展行动纲要》
2021	北京市人民政府	《北京市国民经济和社会发展第十四个五年规划和二○三五年远景目标纲要》

（一）市级总体纲领政策文件分析

笔者借助 Nvivo 软件对表 1 中 7 份纲领性文件开展词频分析，并将与本研究相关度高的关键词词频进行统计。

通过提取关键词频数排名前 24 的词语，如表 2 所示，可以看出，北京市智慧城市建设以"发展"和"服务"为导向，以"创新""国际""安全""合作""绿色"等理念为指导，"信息""科技""网络""数据"等重点关键词的高频出现，反映出北京市重大战略对于城市信息化和智慧化发展的重视和政策支持。

表 2　总体分析：2011~2021 年总体规划层面文件词频排名前 24 的关键词

单位：次

序号	关键词	词频	序号	关键词	词频
1	发展	1760	13	安全	450
2	服务	1719	14	科技	420
3	创新	1001	15	交通	346
4	文化	909	16	改革	322
5	产业	802	17	合作	310
6	社会	787	18	教育	306
7	国际	708	19	网络	305
8	信息	525	20	市场	271
9	环境	521	21	绿色	270
10	设施	516	22	应用	266
11	生态	503	23	协同	260
12	经济	482	24	数据	256

通过提取与本研究高度相关的 24 个关键词词频，如表 3 所示，可以看出，在 7 份关键文件中，"基础设施""智慧""互联网"等出现频率都超过 50 次，"十二五"总体规划提出建设智慧城市，信息化和信息基础设施建设规划提出从"数字北京"向"智慧北京"迈进，到"十三五"总体规划指出要推进北京市成为智慧城市建设示范区，再到"十四五"总体规划向新型智慧城市进军，在数字政府模块提出建立物联、数联、智联三联一本的新型智慧城市感

知体系，实施"城市码"体系建设工程和"时空一张图"工程。值得关注的是，"5G""接诉即办／'12345'""新型基础设施""城市大脑""智慧社区"等也逐渐受到关注，说明北京市新型智慧城市不仅"自上而下"按照一张图系统推进，同时也注重"自下而上"的需求牵引。

表3 总体分析：2011～2021年总体规划层面文件中与智慧城市相关关键词词频

单位：次

序号	关键词	词频	序号	关键词	词频
1	基础设施	189	13	信息平台	21
2	共享	181	14	接诉即办/"12345"	19
3	智慧	173	15	5G	16
4	互联网	130	16	工业互联网	14
5	云	110	17	数字孪生	8
6	大数据	73	18	新型基础设施	6
7	精细	61	19	智慧服务	6
8	感知	50	20	一网统管	5
9	智慧城市	48	21	城市大脑	5
10	数字经济	37	22	一网通办	5
11	人工智能	28	23	智慧应用	3
12	应用场景	22	24	智慧社区	3

1. "十二五"时期北京智慧城市政策文本分析

"十二五"时期，通过分析《北京市国民经济和社会发展第十二个五年规划纲要》、《北京市"十二五"时期城市信息化及重大信息基础设施建设规划》和《智慧北京行动纲要》三份规划文件，提取出词频排名前24的关键词及词频如表4所示。结合国内政策背景，"十二五"时期大力推进国家电子政务发展是重要国家任务，同时自2008年"智慧城市"概念在全球诞生，至2014年，我国逐步形成并推出一系列智慧城市试点和规划战略，北京市被列为住房和城乡建设部公布的首批国家智慧城市试点之一。可以看出，这一时期北京城市发展的主要任务在于"信息化"和"电子化"，注重战略新兴产业和经济，诸如电子信息产业等发展，并且社会层面以基础型应用为主，以"创新""安全"为指导思想。

表4 "十二五"时期词频分析：词频排名前24的关键词

单位：次

序号	关键词	词频	序号	关键词	词频
1	发展	700	13	安全	149
2	服务	566	14	应用	108
3	文化	346	15	生活	96
4	社会	344	16	市场	94
5	信息	307	17	标准	94
6	产业	295	18	交通	91
7	创新	240	19	人口	90
8	经济	207	20	城乡	90
9	国际	185	21	合作	80
10	技术	170	22	社区	80
11	网络	163	23	电子	77
12	环境	151	24	教育	76

从表5可知，"十二五"时期智慧城市还处于起步阶段，"智慧城市"概念出现频率较少，基础设施建设、信息产业较多，而"5G""应用场景""数字经济"等还未提及，应用落地较少。

表5 "十二五"时期词频分析：与智慧城市相关的24个关键词

单位：次

序号	关键词	词频	序号	关键词	词频
1	基础设施	79	13	大数据	0
2	智慧	45	14	数字经济	0
3	共享	44	15	人工智能	0
4	互联网	28	16	应用场景	0
5	云	24	17	5G	0
6	精细	24	18	工业互联网	0
7	感知	14	19	数字孪生	0
8	智慧城市	8	20	新型基础设施	0
9	信息平台	6	21	智慧服务	0
10	接诉即办/"12345"	2	22	一网统管	0
11	智慧应用	2	23	城市大脑	0
12	智慧社区	1	24	一网通办	0

2. "十三五"时期北京智慧城市政策文本分析

"十三五"时期，通过分析《北京市国民经济和社会发展第十三个五年规划纲要》和《北京市"十三五"时期信息化发展规划》两份重要政策文件，提取出词频排名前 24 的关键词及词频如表 6 所示。张伯旭①总结"十二五"北京市智慧城市建设面临共享开放不够、智能应用水平不高、基层应用环境不足等挑战，还处于起步发展阶段。总结不足，面对挑战，这一阶段国家层面自 2015 年到 2017 年，逐步将新型智慧城市上升为国家重点战略，而北京城市建设的重点更多地转移到社会、文化、生态方面，注重推进信息化基础设施建设和高新产业发展的同时，积极提升科技水平和数据应用能力，将"合作""共享""协同"等理念植入智慧城市建设中来。

表 6 "十三五"时期词频分析：词频排名前 24 的关键词

单位：次

序号	关键词	词频	序号	关键词	词频
1	服务	503	13	教育	121
2	发展	455	14	交通	120
3	文化	277	15	经济	117
4	创新	265	16	科技	105
5	社会	248	17	改革	103
6	生态	177	18	数据	100
7	产业	173	19	平台	91
8	环境	173	20	医疗	88
9	设施	148	21	合作	88
10	国际	147	22	协同	82
11	信息	136	23	市场	78
12	安全	122	24	共享	76

从表 7 可知，由于北京市"十三五"时期处于试点和推广阶段，政策层面高度关注实际应用，"5G""接诉即办／'12345'""工业互联网"等出现频次有所提高。

---

① 张伯旭：《"十三五"：北京智慧城市建设机遇期》，《中国建设信息化》2016 年第 11 期。

表 7 "十三五"时期词频分析：与智慧城市相关的 24 个关键词

单位：次

序号	关键词	词频	序号	关键词	词频
1	共享	76	13	接诉即办／"12345"	2
2	互联网	52	14	人工智能	2
3	基础设施	45	15	工业互联网	2
4	云	42	16	智慧社区	1
5	大数据	35	17	智慧应用	0
6	智慧	30	18	数字经济	0
7	精细	19	19	应用场景	0
8	信息平台	12	20	数字孪生	0
9	感知	11	21	新型基础设施	0
10	智慧服务	5	22	一网统管	0
11	5G	3	23	城市大脑	0
12	智慧城市	2	24	一网通办	0

3. "十四五"时期北京智慧城市政策文本分析

"十四五"时期，北京市智慧城市建设步入新阶段。不仅国家层面，我国以更明确的战略和更成熟的路径面对智慧城市建设，在"十四五"规划和 2035 年远景目标中明确指出，"分级分类推进新型智慧城市建设""建设智慧城市和数字乡村"，而且全市层面，《北京市"十四五"时期智慧城市发展行动纲要》采用明确的目标规划政策工具，提出到 2025 年，将北京建设成为全球新型智慧城市的标杆城市。通过分析两份重点政策文件，提取出词频排名前 24 的关键词及词频如表 8 所示，这一阶段北京市将以"国际"水平对标全球各地智慧城市，促进产业、文化、生态、社会全面发展，将"绿色"理念更多植入智慧城市内涵中。

从表 9 可以看出，"十四五"时期，智慧城市的应用得到更多推广，"共享""精细""智慧"理念得以彰显和强化，词频相较以前得到很大提升。"城市大脑""信息平台""智慧服务""一网通办、一网统管"等初次出现，说明在新型智慧城市阶段，北京市顶层布局和基层应用都逐渐获得政策保障。

表 8　"十四五"时期词频分析：词频排名前 24 的关键词

单位：次

序号	关键词	词频	序号	关键词	词频
1	服务	650	13	安全	179
2	发展	605	14	协同	162
3	创新	496	15	经济	158
4	国际	376	16	绿色	150
5	产业	334	17	合作	142
6	文化	286	18	改革	136
7	生态	259	19	交通	135
8	技术	226	20	数据	134
9	设施	204	21	制度	133
10	环境	197	22	数字	132
11	社会	195	23	金融	120
12	平台	184	24	应用	108

表 9　"十四五"时期词频分析：与智慧城市相关的 24 个关键词

单位：次

序号	关键词	词频	序号	关键词	词频
1	智慧	98	13	接诉即办/"12345"	15
2	基础设施	65	14	5G	13
3	共享	61	15	工业互联网	12
4	互联网	50	16	数字孪生	8
5	云	44	17	新型基础设施	6
6	大数据	38	18	一网统管	5
7	智慧城市	38	19	城市大脑	5
8	数字经济	37	20	一网通办	5
9	人工智能	26	21	信息平台	3
10	感知	25	22	智慧服务	1
11	应用场景	22	23	智慧社区	1
12	精细	20	24	智慧应用	1

（二）市级专项领域规划文件分析

除《北京市"十四五"时期智慧城市发展行动纲要》外，本文将 28 份北京市"十四五"专项规划分为产业类、城市规划管理类、基础设施类、公共服务类、环境保护类等五大类，在不同的类别中进行关键词词频分析。

1. 产业类规划中"智慧城市"相关关键词

本文将《北京市"十四五"时期农业科技发展规划》《北京市"十四五"时期商业服务业发展规划》《北京市"十四五"时期高精尖产业发展规划》《北京市"十四五"时期现代服务业发展规划》划分到此类政策文件中。"创新"作为最高词频出现，创新成果、创新应用、创新发展、技术创新、打造科技创新中心以及补足创新不足短板均在不同维度体现产业创新的重要性。联系5G技术、人工智能、区块链、大数据、云计算、工业互联网等新型信息技术，建设云平台，加强云覆盖，超前布局6G，为产业发展提供广阔的技术空间。通过技术突破、科技赋能为不同产业营造良好的创新生态，实现产业良性循环。另外，产业业态的智能化、数字化、绿色化是重要发展方向，重点培育数字经济产业集群，探索互联网+医疗、互联网+教育、互联网+培训等新业态、新形式（见表10）。

表10 产业类规划关键词及词频

单位：次

关键词	词频	关键词	词频	关键词	词频	关键词	词频
创新	460	基础设施	31	物联网	13	城市感知	5
示范	124	统筹	29	信息化	12	绿色低碳	5
协同	118	示范区	29	产业互联网	12	信息平台	4
智慧	95	数字经济	28	绿色化	10	研究院	4
互联网	56	应用场景	27	民生	10	智慧化	4
人工智能	49	技术创新	23	协同创新	10	6G	4
数字化	47	感知	23	信息安全	7	智慧能源	4
智能化	45	工业互联网	21	云计算	6	智慧医疗	3
创新中心	45	5G	18	韧性	6	智慧生活	3
信息技术	41	协调	18	创新生态	6	智慧物流	3
区块链	38	网络安全	18	城市更新	6	数字产业化	3
大数据	37	智慧城市	14	研发机构	6	数字孪生	2
云	34	通信	14	智慧农业	6	智慧交通	2
制度	32	宜居	14	互联网+	6	智慧社区	2

2. 城市规划管理类中"智慧城市"相关关键词

本文将《北京市"十四五"时期老旧小区改造规划》《北京市"十四五"

城乡社区服务体系建设规划》《北京市"十四五"时期城市管理发展规划》
《北京市"十四五"时期提升农村人居环境建设美丽乡村行动方案》《北京市
城市更新专项规划〈北京市"十四五"时期城市更新规划〉》《北京市"十
四五"时期城乡环境建设管理规划》《北京市"十四五"时期土地资源保护
利用规划》划分到此类文件中。城市更新是北京市建设国际一流和谐宜居之
都的重要手段，在智慧城建背景下，北京市在探索实践新时期城市更新的过
程中提出智慧城市管理，智慧城市建设与城市更新双线并进、相辅相成。在城
市建设方面，以技术助力城市更新智慧化、绿色化，利用大数据、云计算、人
工智能、区块链等新型信息技术打造智慧能源示范区，建设智慧交通、智慧社
区、智慧物业等。在城市管理方面，统一城乡建设，创新管理模式，在信息化
时代提升城市管理效率，推动城市更新工作，以网格化城市管理平台为基础，
建立城市运行感知体系，构建"一网统揽全局、一网统领行业、一网统管全城"
的管理新模式，以统筹发挥多主体积极性，完善相关制度。在城市理念方面，
重视民生保障工作，完善惠民服务，始终营造以人为本的公共空间（见表11）。

表11　城市规划类关键词及词频

单位：次

关键词	词频	关键词	词频	关键词	词频	关键词	词频
统筹	218	韧性	28	云计算	6	智慧交通	3
城市更新	202	一网统管	24	互联网	6	智慧社区	3
协调	77	绿色低碳	23	创新中心	6	示范村	3
制度	69	大数据	21	物联网	5	数字经济	2
示范	67	示范区	18	信息技术	5	数字贸易	2
创新	59	信息化	14	应用场景	5	智能制造	2
协同	49	数字化	9	区块链	4	制度建设	2
智慧	48	云	8	城市感知	4	智慧物业	2
基础设施	46	通信	7	以人为本	4	数据库	2
宜居	45	绿色化	6	智慧能源	4	5G	2
感知	41	人工智能	6	技术创新	3		
智能化	40	智慧化	6	惠民	3		
民生	34	智慧城市	6	一网统领	3		

3. 基础设施类中"智慧城市"相关关键词

本文将《北京市"十四五"时期能源发展规划》《北京市"十四五"信

息通信行业发展规划》《北京市"十四五"时期电力发展规划》《北京市"十四五"时期供热发展建设规划》《北京市"十四五"时期建筑业发展规划》《北京市"十四五"时期交通发展建设规划》《北京市"十四五"时期智慧交通发展规划》《北京市"十四五"时期重大基础设施发展规划》划到此类政策文件中。智慧城市建设的一个重要方面便是基础设施的更新和完善，作为城市运行的基础，完善的基础设施以硬件的智慧化水平支撑起整体智慧城市运行。一方面，需要提升传统基础设施智能化水平，全面提升针对基础设施运行、安全、监管、决策等的全周期智慧管理服务能力；另一方面，通过技术创新，打造云脑，建设一批新型数字基础设施，包括 5G 基础设施、工业互联网基础设施等，为城市更新注入新活力。以通信网络、通信技术的优化，能源、电力、供热体系的绿色化、智能化，交通体系运营建设的智慧化，从城市底层推动智慧治理（见表 12）。

表 12　基础设施类关键词及词频

单位：次

关键词	词频	关键词	词频	关键词	词频	关键词	词频
智慧	353	网络安全	72	信息技术	27	数据云脑	11
基础设施	238	大数据	66	宜居	27	数字基础设施	11
创新	205	感知	59	智能供热	24	信息平台	10
协同	163	信息化	50	示范区	25	智慧工地	9
示范	160	人工智能	45	智慧城市	23	互联网+	7
统筹	120	工业互联网	42	应用场景	22	信息安全	5
云	114	智能化	40	物联网	19	创新中心	5
制度	107	智慧化	38	数字经济	19	城市感知	4
绿色低碳	100	云脑	38	绿色化	18	以人为本	3
通信	92	协同创新	36	技术创新	18	数字孪生	3
互联网	90	韧性	35	云计算	18	城市大脑	3
智慧交通	75	光伏	33	5G	17	一网通办	3
数字化	75	城市更新	33	智慧能源	15	智慧园区	2
协调	74	区块链	32	民生	12	智慧医疗	2

4. 公共服务类中"智慧城市"相关关键词

本文将《"十四五"时期健康北京建设规划》《北京市"十四五"时期

公共财政发展规划》《北京市"十四五"时期教育改革和发展规划》《关于"十四五"时期深化推进"疏解整治促提升"专项行动的实施意见》《北京市"十四五"时期社会公共服务发展规划》《北京市"十四五"时期教育科学研究规划纲要》划入此类政策文件中。智慧城市建设不仅与产业结构、生态环境、基础设施密切相关,同样与城市运行内部逻辑、科教文化、公共服务等方面相联系,通过信息技术的应用和发展,提高信息资源整合和利用水平,为其提供了全新的制度模式,在医药健康领域,提出互联网+康养服务、互联网+健身;在教育研究方面,提出"互联网+教育";在财政领域,推进区块链技术在财政电子票据方面的应用。智慧城市建设重塑着城市内外部环境的运行逻辑,助推不同领域探索信息化、智慧化发展(见表13)。

表13 公共服务类关键词及词频

单位:次

关键词	词频	关键词	词频	关键词	词频
创新	154	智能化	20	区块链	6
制度	95	人工智能	20	智慧校园	6
信息化	66	基础设施	19	互联网+	5
统筹	64	数字化	18	物联网	5
协同	61	云	14	应用场景	4
智慧	48	互联网	14	智慧化	4
民生	39	信息平台	12	5G	3
示范	38	宜居	12	技术创新	3
协调	34	创新中心	8	政策创新	3
大数据	33	智慧医疗	8	数字基础设施	2
信息技术	21	感知	7	智慧医院	2
网络安全	21	数字经济	7	智慧城市	2

5. 环境保护类中"智慧城市"相关关键词

本文将《北京市"十四五"时期生态环境保护规划》《北京市"十四五"时期污水处理及资源化利用发展规划》《北京市"十四五"时期制造业绿色低碳发展行动方案》划分到此类文件中。"绿色低碳"是这一类文件的主旋律,绿色化是智慧城市建设的重要方面。北京市鼓励发展绿色低碳技术,利用自身资源优势建设数据中心，加快智慧生态环保建设，积极落地"互联网+环保"等新型应用场景。推动能源结构向绿色低碳转型，加大光伏、光热、地热等可再生能源的使用比例，有序替代行业化石燃料使用；推动产业向绿色低碳发展，包括构建绿色低碳的供应链管理体系，数字化赋能产品全生命周期绿色低碳，实施工业"互联网+绿色制造"，建设智慧能源管控系统、智能用水管理系统、智慧水务系统等，以智慧化推动产业向绿色可持续发展迈进。倡导绿色低碳生活方式，推进创建绿色家庭、绿色社区、绿色学校，做好绿色低碳宣传工作，将绿色低碳的理念植入智慧城市建设的全过程中（见表14）。

表 14　环境保护类关键词及词频

单位：次

关键词	词频	关键词	词频	关键词	词频
绿色低碳	66	绿色化	8	创新中心	3
示范	62	宜居	5	智慧能源	3
协同	60	智慧生态环保	5	云	3
统筹	49	城市更新	5	互联网+	2
创新	48	大数据	4	工业互联网	2
制度	47	应用场景	4	数字孪生	2
基础设施	22	制度建设	4	智慧水务	2
智慧	17	数字化	4	协调	2
示范区	14	数据中心	4	感知	2
智能化	10	互联网	3	民生	1
技术创新	8	信息化	3		
光伏	8	信息技术	3		

（三）小结

通过对北京智慧城市总体纲领政策以及专项领域规划政策的分析，可大致发现协同、统筹、示范、创新、设施、平台以及各类信息技术等均是高频词。结合发展实际，可以看出北京智慧城市建设整体以城市总体规划为统领，重视示范作用，以核心区、副中心示范先行，结合数字化转型发展和数字政府建设，通过"三网多节点"智慧城市基础设施的建设，将数据汇集于智慧城市管理平台，实现数字孪生，通过统筹空间、平台和服务场景落地，推进智慧化基础设施建设和智慧化城市治理体系完善。

二 多态并进：北京智慧城市建设的实践探索

北京智慧城市建设经过十余年的探索，上至城市政策顶层设计，下至城市运行基础设施，涉及城市规划、建设、管理的方方面面，在纷繁复杂之中，总体呈现"制度、硬件、管理、经济、社会和创新"六条前行的脉络，这些脉络也塑造着智慧北京的不同形态侧面，而在这些不同形态侧面的交融之下，一座整体性的智慧北京在逐步孕育和浮现。通过制度建设设计顶层条例；通过更新传统基础设施、建设新型数字化基础设施搭建城市运行的坚实底座，顶层设计与硬件底座为智慧城市探索构筑起基本保障，一网统管、数字经济、智慧社区、多维创新等则从不同方面支撑起城市发展的脉络，"顶—基—脉"共同构成北京智慧城市建设的系统发展框架，最终推动将北京打造成为我国乃至世界新型智慧城市的标杆（见图1）。

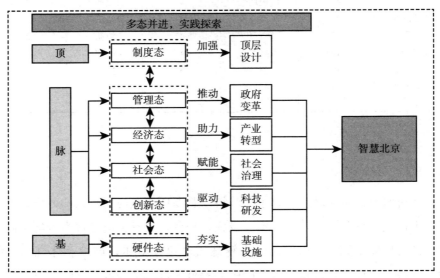

图 1 北京智慧城市建设"多态并进"示意

（一）制度态：加强顶层设计，指引"智慧北京"建设

2005 年，北京市人民政府公布《北京市公共服务网络与信息系统安全管理规定》，对北京市公共服务网络与信息系统的安全管理进行约束，规范信息时代下的网络安全行为。"十二五"期间，"智慧城市"正式被提到国家建设层面，成为未来城市经营的重要方面。2012 年 11 月，住建部印发《国家智慧城市试点暂行管理办法》，文件指出智慧城市建设是贯彻党中央、国务院关于创新驱动发展、推动新型城镇化、全面建成小康社会的重要举措；2014 年 8 月，国家发改委等 8 部门联合发布《关于促进智慧城市健康发展的指导意见》，这是我国第一份对智慧城市建设做出全面部署的权威文件，旨在规范和推动智慧城市的健康发展。随后"促进智慧城市健康发展部际协调工作组"成立，智慧城市建设自此有了部门联动机制保障，迈入了发展的新阶段。2022 年 7 月，北京市十五届人大常委会第四十一次会议听取了《北京市数字经济促进条例（草案）》，北京进一步规范全市平台企业持续发展，建立起良性生态系统，优化数字经济发展环境，赋能智慧城市建设，为后续智慧城市立法打下基础，保障其在更完整的制度规范下发展（见表 15）。

表 15 北京市智慧化建设相关政策

类型	年份	政策名称	主要内容
智慧政务	2012	《智慧北京行动纲要》	政府整合服务行动计划，以市民需求为中心，以信息化为手段
	2018	《北京市进一步优化营商环境行动计划（2018 年—2020 年）》	"六个统一"的智慧型政务服务体系，加强智慧政务顶层设计
智慧社区	2014	《北京市智慧社区建设指导标准》	推进智慧社区基础设施建设、服务体系建设、管理体系建设，实现生活七大要素的数字化、网络化、智能化
	2019	《北京市 5G 产业发展行动方案（2019—2022 年）》	推进将 5G 技术在智慧社区、智慧家庭等领域广泛应用

类型	年份	政策名称	主要内容
智慧医疗	2017	《关于在深化医改中推进北京地区医疗机构公用移动宽带网络基础设施建设的通知》	北京市将积极促进信息通信行业与医疗行业的深度融合,进一步推动信息技术在医疗领域的应用,更好地满足人民群众的医疗卫生需求
	2017	《进一步加强北京地区互联网+健康医疗信息便民服务实施方案》	落实信息技术在多项医疗服务中的应用,建立北京地区"互联网+健康医疗"信息惠民服务管理体系
智慧教育	2019	《北京促进人工智能与教育融合发展行动计划》	到2025年,人工智能领域人才培养质量和科技创新能力显著提升;到2035年,北京人工智能与教育相互高效赋能
智慧交通	2016	《北京城市总体规划(2016年—2035年)》	倡导智慧出行,实现交通建设、运行、服务、管理全链条信息化和智慧化
	2022	《2022年北京市交通综合治理行动计划》	推进智慧交通基础设施建设,加强智慧交通大脑建设,打造智慧交通应用场景

(二)硬件态:完善基础设施,夯实"智慧北京"底座

近年来,北京市信息通信服务向高质量、高效率方向发展,传统业务更新迭代,新兴业务快速成长,为智慧城市建设构建起夯实的信息基础设施。北京市积极构建大容量、多业务承载、网络智能化的光传送平台,重点提高固定宽带用户100M接入能力,推动其向高速率迁移。截至2022年7月,全市100M及以上的宽带接入用户总量达到818.7万户,占总用户数的95.6%;全市1000M及以上的宽带接入用户占总用户数的12.3%。在此基础上,北京市IPTV用户和物联网用户数量稳步提升,截至2022年7月,IPTV总用户数达到395.3万户,同比增长9.5%,始终保持国内领先优势。北京市大力推动光纤网络覆盖城乡,截至2022年7月底,光纤接入端口达到2007.2万个,占互联网宽带接入端口的95.8%,远高于全国平均水平,具备千兆网络服务能力的10G PON端口达到32.9万个。同时,北京市积极

部署 5G、大数据、云计算等新兴服务。坚持 5G 建设与应用并进，截至 2022 年 7 月，5G 基站累计建设 6.3 万个，基本覆盖全市重点区域，为自动驾驶、健康医疗、工业互联网、智慧城市、超高清视频等五大应用场景发展提供支持。规模化部署数据中心，全市各类数据中心达数百个，大多集中在长安街、酒仙桥、亦庄、昌平等地区，通过多点集中布局，致力于打造高速互联、数据流通的数据中心"集聚圈"。云计算平台广泛应用，先后布局云产业园、云产业基地，通过深入实施祥云工程升级版，重大云应用、云服务落地并取得实效。物联网深入发展，在连同云技术的应用下，开展车路云一体化技术方面的前沿探索，以经开区为核心启动建设全球首个网联云控式高级别自动驾驶示范区，开展"车、路、云、网、图"五大体系建设。从传统宽带网络到 5G 建设、物联网搭建，多样化信息基础设施愈加高效的集中数据、互联互通，为智慧北京建设提供了必不可少的底层硬件支持。

（三）管理态：促进政府变革，提升"智慧北京"效能

政府作为城市这个大综合体的管理者，在城市建设中发挥着举足轻重的统筹作用。为满足智慧城市建设需要，在提升智慧城市管理新能级方面，北京市将"京通""京办""京智"这"三京"平台作为智慧城市管理和服务的统一入口，提出以网格化城市管理平台为基础，推动城市管理、综合执法、应急管理等多运行领域"一网统管"，构建"一网统揽全局、一网统领行业、一网统管全城"的管理新模式。2004 年，东城区率先应用网格化城市管理系统，创新了以"万米单元网格管理法"和事部件管理法等为代表的"东城区网格化城市管理新模式"，并在全国范围内进行推广；2010 年，东城区被确定为全国和北京市"社会管理创新综合试点区"，将城市基本信息全部纳入数据库，实现"网格全覆盖、工作零缝隙"；2019 年，北京市建立"接诉即办"机制，将"12345"市民服务热线接入网格化管理，构建了"热线+网络"为民服务模式。截至 2022 年 1 月，全市各区已完成统一网格划分工作，并共享给市大数据平台，统一网格划分综合考虑生产、生活和生态空间，兼顾管理需求和现状，实现全域覆盖、全要素统筹、全信息共享，

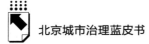

构建了城市运行"一网统管"的一张网基础。下一步，各行业部门将会同各属地，根据行业需求划定管理网格，落实各级各类管理责任和力量，明确管理职责和分工，实现"人在格中、事在格上"。通过信息平台建设，全市实现 16 区与市级平台互联互通，初步建成覆盖全市的"1+16+33+N"的网格化城市管理体系。与此同时，2021 年 2 月，海淀城市大脑智能运营指挥中心（IOCC）建成投入使用，这是北京首个城市大脑智能运营指挥中心，标志着以人工智能和大数据作为重要支撑的海淀城市大脑"1+1+2+N"总体框架已基本搭建完成。具有显著数字化特征的网格化管理模式适应了大数据背景下城市发展的需要，将进一步配合"城市大脑"为智慧城市建设赋能，为政府建设智慧城市、统筹协调各级信息、制定系统整体决策、发挥各部门联合行动中各自优势提供高效管理模式。

（四）经济态：融入产业转型，构筑"智慧北京"动力

智慧城市建设与区域经济发展存在密不可分的关系，一方面，城市的智慧化可以为某个企业甚至某个产业提供智能化基础设施、创新型管理模式，创造更良性的营商环境，保证信息时代下市场经济的发展活力；另一方面，战略性新兴产业，包括数字产业、人工智能产业等的布局发展为智慧城市建设提供技术支持和经济动力，开拓智慧城建的多维空间。北京市重视顺应第四次信息革命浪潮，积极培育创新产业业态，推动全市产业数字化转型。重点完善 5G 网络建设，以 5G 为出发点，构建起 5G+医疗、5G+金融、5G+教育、5G+农业等多领域产业生态，丰富多元化应用场景。深入发展工业互联网，工业互联网标识解析国家顶级节点（北京）系统已上线，为北京乃至全国的工业互联网互联互通构建起神经中枢；与此同时，北京市开展工业互联网企业库组建工作，截至 2021 年已有 360 家企业加入企业库。促进数字经济发展，北京市充分发挥科创中心的优势，利用数据中心、云产业区、数字贸易中小企业的集群效应进一步助力大数据、云计算、智能制造等新技术进而培育数字化新业态新模式；并以中关村软件园国家数字服务出口基地、金盏国际合作服务区、自贸区大兴机场片区构建数字贸易试验区，探索数字

经济，建设高端数字经济新兴产业集群。在多方支持下，北京市数字经济发展领跑全国，2021 年提出打造数字贸易示范区、建设全球数字经济标杆城市的目标。根据 2022 全球数字经济大会数据要素峰会会议报告，2021 年，北京数字经济增加值规模达到 1.6 万亿元，实现全国领先，占全市 GDP 比重为 40.4%；2022 年一季度，数字经济实现增加值 3873 亿元，同比增长 7.2%，占 GDP 比重上升到 41.2%。新业态为城市发展注入数字化、科学化、智慧化经济发展活力。

（五）社会态：坚持以人为本，赋能"智慧北京"治理

城市是人民的城市，城市建设归根结底是为了满足人民利益，提高人民生活满意度，因此基层治理、民生服务是智慧城市建设探索中的关键一环。2013 年，全市认定星级智慧社区 524 个，2014 年新建星级智慧社区 508 个，升星建设星级智慧社区 274 个。2018 年，海淀区提出启动 40 个智慧社区建设，并将 5G 智慧社区试点选在属于老旧小区的志强北园小区；2019 年 7 月，海淀区北太平庄街道志强北园小区成为全国首个建成的"5G＋AIOT（智能物联网）智慧社区"，北京市重视完善建设城乡社会服务体系，扩大民生服务覆盖面，截至 2020 年底，全市累计建成"一刻钟社区服务圈"1772 个，城市社区覆盖率达到 98% 以上；并以"互联网＋基层社会治理"的模式不断增强全响应服务群众能力。作为"城市大脑"建设的重要组成部分，智慧社区是智慧城市建设向下延伸的关键举措。利用互联网、区块链、大数据、云计算等现代信息技术，推动"互联网＋政务服务"下沉基层，实行城乡社区数据综合采集；同时依托智慧社区建设，构筑数字化社区服务场景，完善社区在养老、托育、卫生、应急、文体等惠民服务方面的建设，推动社区设施设备智能化改造升级。

（六）创新态：激活科技研发，驱动"智慧北京"先行

智慧城市建设需要坚持创新引领不动摇，"理论创新＋技术创新"可以突破现有管理框架，为城市发展提供更多的可能性。北京市依托优质的产业

基础、雄厚的经济实力以及各高校、研究所等集聚的高质量人才资源，创新能力居于全国前列。2010~2020年，北京市R&D投入从1063.4亿元提高到2326.6亿元，万人发明专利拥有量从33.6件提高到185件，国家级高新技术企业数量从0.33万家提高到2.76万家，高技术产业增加值从1139.2亿元提高到10866.9亿元，整体科技创新能力呈现倍数增长。2021年，北京市R&D投入总量为2629.3亿元，增速较上年提高8.8个百分点，其中基础研究经费422.5亿元，增速较上年提高8.2个百分点，社会研发动力持续高涨。2020年北京市高精尖产业研发经费投入占收入比重为7.3%，创建国家级制造业创新中心3个、企业技术中心92个、工业设计中心8个，布局了人工智能、量子、脑科学等一批新型研发机构，涌现出大量具有全球影响力的创新成果，其中包括柔性显示屏、5G+8K超高清制作传输设备、手术机器人等，底层技术创新为产业创新积蓄了基础力量。北京市重视培育创新创业生态，建设中关村科学城、怀柔科学城、未来科学城以及北京经济技术开发区"三城一区"发展局面；做强创新主体，释放市场创新活力，北京以其优势区位条件孵化出一批优质企业，包括百度、小米、京东、美团、字节跳动等头部互联网大厂，"众星云集"的中关村是市场创新的重要驱动器，2022年7月，北京市推动小米等7家企业组建创新联合体，聚焦智能制造，加速科技成果转化，推动中关村开展新一轮先行先试改革。发挥大学城人才汇聚的重要作用，并且实施海聚工程等人才计划，聚拢国内人才与国际人才，构筑国际化一流人才高地，为创新提供充分的人力资源。"企业+研究院+人才+互联网"为北京市创新搭建了良性知识生态平台，为技术创新提供多样化、综合性载体，进而拓宽城市建设的多维边界，为智慧城市的探索实践提供理念与技术上的支持。

北京市智慧城市"六态并进"的建设，取得一系列成效。在由北京大学中外人文交流研究基地和港湾海外联合发布的"2022年亚洲智慧城市排名"中，全球专家为亚洲各国共48个重点城市打分，北京市智慧城市综合排名第二，仅次于上海市，而在数字基础设施、传统基础设施、制度基础设施、人民参与领域四个分维度中，北京市分别位列第五、第二、第一、第二。虽然北京市智慧城市建设成果在亚洲重点城市中非常突出，相比而言，制度优势尤其突出，政府政策和对行业巨头监管方面优于其他城市，而移动终端、摄像头等感知体系相对还有欠缺，数据融合与计算类应用具有较大提升空间。

三　形神归一：北京智慧城市建设的未来展望

习近平总书记在党的二十大报告中指出必须坚持人民至上，站好人民立场，集中人民智慧；必须坚持系统观念，用联系的、发展的观点看问题，把握事物发展规律；必须坚持守正创新，以满腔热忱对待一切新生事物，不断拓展认识的广度和深度；必须坚持问题导向，不断提出真正解决问题的新理念新思路新办法，整体推进实践基础上的理论创新。深入贯彻党的二十大精神内核，未来北京市新型智慧城市建设可从价值导向、运行逻辑、制度保障、技术创新、生态营造等五个方面进一步统筹推进，真正建设一座"形神归一"的智慧城市（见图2）。

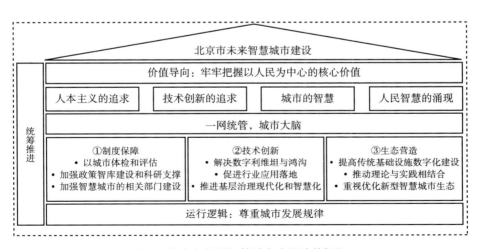

图2　北京市新型智慧城市建设统筹框架

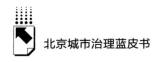

（一）价值导向：牢守"以人民为中心"

传统智慧城市并未较好地做到以人民为中心：治理理念方面，以经济建设为先的竞争思维仍然存在，使得服务成果不能人人共享；治理效能方面，多群体、多场景、多变化应接不暇，智慧服务的应用效能不尽如人意。如何公平公正地"兜底线、保品质"成为迫切挑战①。

北京市新型智慧城市应牢牢把握以人民为中心的核心价值，明确"好的城市首先是对人本主义的追求，然后是对技术创新的追求，最后是实现城市的智慧成为人民智慧的涌现"的进阶原则，从生产思维转向服务思维，聚焦于使用者的需求和公民的期望，在公共政策的制定和公共服务的提供上，应充分听取公民的意见，并依据他们的需求，用数字化的方式提供优质的服务，包括跨机关的整合服务、自助式服务、个性化服务和高附加值的服务②。建立以人民为中心的科学评价体系，以科学的价值导向和指标体系指导智慧城市、智慧社区、智慧产业等规范发展。

（二）运行逻辑：尊重城市发展的规律

伴随城镇化快速发展，北京城市的可持续发展面临交通拥堵、资源短缺、环境污染、高房价等一系列"大城市病"的困扰，智慧技术似乎成为所有问题的解决手段，然而判断一个城市的智慧水平不能单纯地只看其技术设施的先进程度，要避免掉入"技术万能"的幻象。

万事万物是相互联系的，城市作为一个综合系统存在其自身运行的规律。北京市新型智慧城市应认识、尊重、顺应城市发展的规律，注重整体性治理。一方面，治理理念向整体性治理转型，协调体制上，政府部门之

① 王伟、王瑞莹、单峰、徐大鹏：《中国特色未来城市：人民城市与智慧城市的互构体》，《未来城市设计与运营》2020 年第 1 期，第 53~60 页。
② 张成福、谢侃侃：《数字化时代的政府转型与数字政府》，《行政论坛》2020 年第 6 期，第 34~41 页。

间及政府与社会之间协调整合①；治理内容上，实现经济、生态、社会、管理等多方面智慧化。另一方面，治理方式向连接治理转型，不浮于解决技术不足的表面问题，以数据诊疗、以数据定性、以治理创新根治城市病，使城市治理不再有盲点、堵点和断点，提升城市治理的连接度、流畅性与高效能②。

（三）制度保障：健全智慧化政策体系

传统智慧城市存在"顶层不顶"和"设计缺陷"等问题③，政策设计方面，智慧城市同质化和照搬照抄的政策安排使得其发展脱离城市实际；政策过程方面，存在居民缺位和专业性不足的问题，智慧城市建设偏离为人民服务的根本宗旨；政策落实方面，存在成效片面和效率低下等问题。

北京市新型智慧城市应当加强制度保障，培养长远视野、积极参与设计和提供执行保障。一是以城市体检和评估保障智慧城市战略特色化、全面化、精细化。二是以技术创新撬动制度创新，促进人民参与、人民治理、人民共享，加强政策智库建设和科研支撑。三是中国智慧城市建设不仅仅是由技术理性推动的，行政领导也很重要④，因此应当加强智慧城市的相关部门建设，提升行政团队的领导能力。

（四）技术创新：需求牵引与业务驱动

北京市新型智慧城市应以需求牵引、业务驱动，促进行业应用场景细化、深化，让更多人可知、可感、可用。随着未来各级政府推动智慧城市建

---

① 张亨明、章皓月：《城市治理智慧化的理论分析与实践探索》，《求索》2021年第6期，第156~164页。
② 陈水生：《迈向数字时代的城市智慧治理：内在理路与转型路径》，《上海行政学院学报》2021年第5期，第48~57页。
③ 陈德权、王欢、温祖卿：《我国智慧城市建设中的顶层设计问题研究》，《电子政务》2017年第10期，第70~78页。
④ 于文轩、许成委：《中国智慧城市建设的技术理性与政治理性——基于147个城市的实证分析》，《公共管理学报》2016年第4期，第127~138、159~160页。

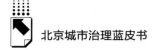

设，智慧应用逐渐趋于多元化，而更加细致的服务需求和不断衍变的科技创新能力，倒逼智慧城市产业供给能力持续分化，服务链条不断延伸，更加贴近细分领域和微场景需求，引领行业新需求落地。以人本和协调为指导，推动发展成果全民共享，改变城市治理的技术环境及条件，通过推进区县、镇街、乡村、社区等基层治理现代化和智慧化，切实提升一线工作人员的效率，提升人民群众的获得感、幸福感和安全感，推动智慧城市发展延伸至社会治理"最后一千米"，推动城市发展成果全民共享。

与此同时，传统智慧城市容易陷入唯技术论的发展困局，产生数字"利维坦"和数字鸿沟问题。一方面，技术发展不够成熟，产生数据孤岛、部门打架等低效现象，在不能充分竞争的前提下，各大电信运营商之间存在融合难题[①]，造成资金浪费、重复建设等问题。另一方面，技术发展不协调，导致个人与个人、个人与国家信息不对称，产生"接入鸿沟""使用鸿沟""数字利维坦"[②]，公民等技术弱势群体需要服从技术安排，同时需要面对数据安全和隐私保护问题。

（五）生态营造：构建数字化发展生态

城市问题一环紧扣一环，数据孤岛和管理割裂既是技术局限的结果，也是生态营造欠缺的结果，传统智慧城市发展没有形成集成系统，没有建设相互联系、相互促进、安全良好的发展生态；不仅存在法律规范漏洞，对个人和产业发展造成威胁，而且缺乏合作开发的数字生态，没有消除技术壁垒和鸿沟。

北京市新型智慧城市应建立一套完善的数字发展生态，从产业层面看，由于数字经济的发展须建立在一套完善的数字经济生态体系之上，发展的各

① 吴岩、许光建：《我国智慧型城市建设：模式、困境与展望》，《管理现代化》2017年第2期，第61~64页。
② 郝宇青、王海建：《人工智能进入基层社会治理的限度》，《苏州大学学报》（哲学社会科学版）2021年第5期，第18~25页。

个环节都存在规模经济效应①，因此应深化高数字化行业投资②，以实现规模经济效应，降低运行成本和提高发展质效。从公共服务层面看，推进传统基础设施数字化建设和新型基础设施配套布局，服务好数字化企业发展和智慧治理需求，加强制度基建，确保智慧产业和数字行业得以规范发展。从研究范式层面看，推动理论与实践相结合，城市大脑开启了智慧城市建设的第二波浪潮，以其为自变量、城市治理为因变量的研究为智慧城市发展提供了发展路径启示③，要把握北京市城市大脑建设契机，将智慧城市治理集成化。最后，还应当重视优化新型智慧城市生态，发展新型智慧城市群和加强国际交流合作。

参考文献

熊翔宇、郑建明：《国外智慧城市研究述评及其启示》，《新世纪图书馆》2017 年第12 期。

王伟、刘博雅、宋瑞珏、单峰：《技术·制度·人：人民中心视角下智慧社区建设困境与路径创新》，《未来城市设计与运营》2022 年第 5 期。

沈昊婧：《基于公共风险应对的城市整体性治理》，《宏观经济管理》2021 年第10 期。

唐斯斯、张延强、单志广、王威、张雅琪：《我国新型智慧城市发展现状、形势与政策建议》，《电子政务》2020 年第 4 期。

吕文晶、陈劲、刘进：《政策工具视角的中国人工智能产业政策量化分析》，《科学学研究》2019 年第 10 期。

赵筱媛、苏竣：《基于政策工具的公共科技政策分析框架研究》，《科学学研究》2007 年第 1 期。

---

① 王玉柱：《数字经济重塑全球经济格局——政策竞赛和规模经济驱动下的分化与整合》，《国际展望》2018 年第 4 期，第 60-79+154-155 页。
② 郑江淮、张睿、陈英武：《中国经济发展的数字化转型：新阶段、新理念、新格局》，《学术月刊》2021 年第 7 期，第 45-54+66 页。
③ 李文钊：《数字界面视角下超大城市治理数字化转型原理——以城市大脑为例》，《电子政务》2021 年第 3 期，第 2~16 页。

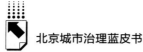

宁甜甜、张再生：《基于政策工具视角的我国人才政策分析》，《中国行政管理》2014 年第 4 期。

刘贵文、易志勇、魏骊臻、胡鑫瑜：《基于政策工具视角的城市更新政策研究：以深圳为例》，《城市发展研究》2017 年第 3 期。

孟凡坤：《我国智慧城市政策演进特征及规律研究——基于政策文献的量化考察》，《情报杂志》2020 年第 5 期。

Rothwell, R. and Zegveld, W., *Industrial Innovation and Public Policy：Preparing for the 1980s and 1990s*（London：Frances Printer，1981），pp. 10-12.

B.5

北京城市社区治理探索与实践

耿 云　胡洋溢*

摘　要： 社区是社会构成的基本单元，是国家社会治理的重要抓手，也是新时期推动我国社会建设的重要内容之一。党的十九大以来，我国党和政府一直在探索完善社区治理体系，推动社会治理重心向基层下移，建立共建共治共享的社区治理格局。北京市也结合自身"四个中心"战略定位和都市辖区社区类型多样、人口结构多元、资源碎片化、存在超大体量同质社区等特征，以基层党组织建设为引领、政府治理为主导、居民需求为中心不断完善社区治理体制，探索"街乡吹哨、部门报到""接诉即办""城市议事厅"等一系列创新举措，在社区治理法治化、数字化、民主化等方面进行积极实践，为全国城市社区治理探索给出了"北京答卷"。

关键词： 城市社区　社区治理　北京

人类进入 21 世纪以来，社会治理体制创新的重心已由追求政府管理的高绩效转向社会治理结构的变革。① 随着我国国家治理体系和治理能力现代化建设的不断推进，基层社会治理现代化已成为大势所趋，社区是城市治理

---

* 耿云，中央财经大学政府管理学院副教授，主要研究方向为基层治理、公益慈善；胡洋溢，中央财经大学政府管理学院行政管理专业研究生。

① 姜晓萍：《国家治理现代化进程中的社会治理体制创新》，《中国行政管理》2014 年第 2 期，第 24~28 页。

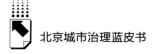

体系的最基本单元，也是基层社会治理的重要基础。为提升社区治理效能，全国各地在社区治理实践创新方面呈现百花齐放的局面，涌现枫桥经验（诸暨）、吹哨报到（北京）、精细化治理（上海）、多元融合（广州）等典型模式。其中，北京市由于首都"四个中心"的特殊战略定位、较高的经济社会发展水平及其多元的历史文化环境，其城市社区治理既具有较强的代表性，又具有一定的独特性。

党的十八大以来，习近平总书记先后 10 次考察北京，18 次对北京工作发表重要讲话，对"建设一个什么样的首都，怎样建设首都"这一重大时代课题进行把关定向。北京市作为国家首都，在全国城市中具有风向标作用，有责任与义务为探索更有效的城市社区治理贡献更多"北京经验"，拿出更多"北京方案"。

一 北京城市社区的特征

改革开放以来，我国社会治理格局发生了全局性的深刻历史变革，从计划经济时期的"管控型"社会管理，到十七大期间的党委和政府主导型社会管理，再到十八大期间的社会治理体制创新，如今正向十九大提出的打造共建共治共享的社会治理格局目标不断前进。在这个过程中，我国城市社区的地位和作用不断凸显。北京市作为一座超大型城市，城市社区呈现类型多样、人口结构多元、资源分布碎片化、同质社区超大体量等特征，治理难度也较一般城市要大。

（一）社区类型多样化

随着我国经济社会转型和社会治理创新进程不断推进，不同城市涌现出形态丰富多样的城市社区，城市社区类型呈现多样化发展趋势，逐渐趋于城市"兼容并蓄"之特征。① 北京作为特大型都会和超大城市，总计有 165 个

---

① 原珂：《中国特大城市社区类型及其特征探究》，《学习论坛》2019 年第 2 期，第 71~76 页。

街道办事处和 3422 个城市社区居委会①（见图 1），社区数量庞大且类型多元，大致可以分为单位制社区、商品房社区、老旧社区、保障房社区、城乡混合社区等。②③

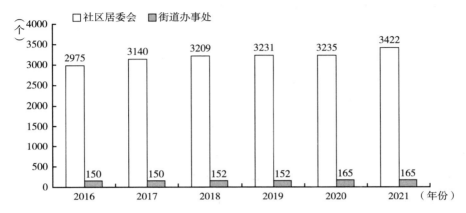

图 1　2016～2021 年北京市社区居委会与街道办事处总数

资料来源：作者根据《北京市统计年鉴 2022》数据绘制。

此外，随着经济社会的快速发展、城市化进程的加快和各项土地、住房制度改革的不断推陈出新，北京市近来还出现了回迁房社区、村转居社区、商务楼宇社区等新兴社区类型。庞大的社区数量和多样化的社区类型使得北京市城市社区情况十分复杂，差异化明显，也使得单一的社区治理模式无法满足城市社区多样化的治理需求④，这为北京市城市社区治理增加了特殊性与治理难度。

① 《北京市统计年鉴 2022》，北京市统计局网站（2022 年 12 月 12 日），http：//nj. tjj. beijing. gov. cn/nj/main/2021-tjnj/zk/indexch. htm，最后检索时间：2023 年 7 月 5 日。
② 沈原、李伟东、唐军等：《北京市社区治理发展趋势及对策研究》，《北京工业大学学报》（社会科学版）2017 年第 1 期，第 12～16 页。
③ 高晓路、吴丹贤、颜秉秋：《北京城市老年贫困人口识别与空间分布》，《地理学报》2020 年第 8 期，第 1557～1571 页。
④ 严志兰、邓伟志：《中国城市社区治理面临的挑战与路径创新探析》，《上海行政学院学报》2014 年第 4 期，第 40～48 页。

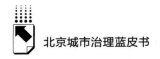

（二）社区人口结构多元化

截至 2021 年，北京市全市下辖 16 个区，总面积 16410.54 平方千米，常住人口 2188.6 万人，其中城镇人口 1916.1 万人。[①] 北京市城市社区人口来源复杂，居民在年龄、地缘、生活方式、行为习惯等方面存在较大差异。主要体现在以下三个方面。

一是流动人口众多。截至第七次人口普查，北京市流动人口共有 1340.96 万人，其中省外流动人口有 841.84 万人，省外流动人口占常住人口的比重达到 38.45%[②]。流动人口群体进入城市后需要在经济、社会、文化等层面进行沉淀与融合[③]，而大量流动人口所带来的多元文化与生活方式会带来一定的社会矛盾，这也增加了社区在治安维护、卫生管理、文化建设等方面的治理难度。

二是人口老龄化问题突出。北京是我国较早进入人口老龄化的城市之一，目前已正式进入中度老龄化社会。（见图 2）2021 年，北京市 60 岁及以上常住人口占比首次突破 20%，正式跨入中度老龄化社会，2022 年，全市 60 岁及以上常住人口占比达到 21.3%，相比全国平均水平高出 1.5 个百分点[④]，这表明在北京市的城市社区中存在大量的老年人群体，这对北京市城市社区治理在养老服务、公共卫生和文化娱乐等方面提出了更高要求。

三是市民化任务艰巨。北京有 800 多万"新市民"，即通过就业、就学等方式转入城镇的农村人口，约占全部常住人口的四成[⑤]，仅靠户籍制度改革并不能完全实现市民化这一目标，因此北京市城市社区治理还承担着改变新市民观念、提高居民素质、构建社会网络等市民化任务。

[①] 《北京市统计年鉴 2022》，北京市统计局网站（2022 年 12 月 12 日），http://nj.tjj.beijing.gov.cn/nj/main/2021-tjnj/zk/indexch.htm，最后检索时间：2023 年 7 月 5 日。

[②] 《北京市统计年鉴 2022》，北京市统计局网站（2022 年 12 月 12 日），http://nj.tjj.beijing.gov.cn/nj/main/2021-tjnj/zk/indexch.htm，最后检索时间：2023 年 7 月 5 日。

[③] 任远、邬民乐：《城市流动人口的社会融合：文献述评》，《人口研究》2006 年第 3 期，第 87~94 页。

[④] 王琪鹏：《本市常住老年人达 465.1 万人》，《北京日报》2023 年 6 月 30 日，第 13 版。

[⑤] 李东泉：《新型城镇化进程中社区治理促进市民化目标实现的条件、机制与路径》，《同济大学学报》（社会科学版）2021 年第 3 期，第 82~91 页。

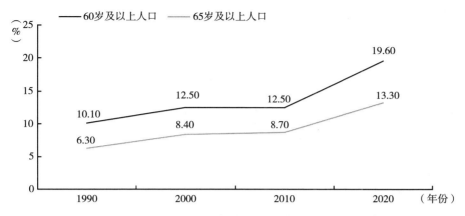

图 2　1990~2020 年北京市 60 岁及以上人口及 65 岁及以上人口比重

资料来源：作者根据《2020 中国人口普查年鉴》数据绘制。

（三）社区资源碎片化

北京市是全国的政治、文化、国际交往和科技创新中心，拥有"得天独厚"的资源优势，既有悠久深厚的历史文化底蕴，也有朝气蓬勃的现代科技创新活力。因此，北京城市社区往往能够链接到丰富的物质资源、组织资源、文化教育资源、社会资本资源、人才资源等社会资源，而这些社会资源只有经过整合才能成为社区资源①，但目前北京城市社区资源的分布仍呈现碎片化的特征，主要体现在以下三个方面。

一是资源持有主体分散。北京市城市社区资源通常分散在党支部、居委会、社会组织、原产权单位、物业公司等不同主体手中，众多的资源持有主体在进行资源供给时容易导致供给不均匀、不连续、供给错位等问题。

二是资源过度使用和长期闲置情况并存。以小微公共空间资源为例，北京市公共空间一直处于稀缺紧张状态，却同时存在公共空间利用率低、街道空间连续性差等问题。2019 年底，北京市发起"百姓身边微空间改造行动

① 李伟梁：《社区资源整合略论》，《重庆邮电大学学报》（社会科学版）2010 年第 4 期，第 123~128 页。

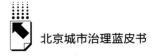
计划"，项目选择的 7 个试点小区中所改造的边角地、畸零地、废弃地、裸露荒地等消极空间就达 2.28 万平方米，资源碎片化问题突出。

三是资源整合机制有待加强。北京市大多数城市社区在链接丰富多元的资源的同时，缺乏有效的治理机制对资源进行整合与合理配置，多元的社区资源与多元的居民需求匹配程度较低，容易出现资源配置的重复性与交叉性，社区资源利用效率有待进一步提升。

（四）存在超大体量同质社区

北京市的街道、社区在辖区面积、常住人口、总住户数等方面差异较大，截至 2020 年底，全市 3000 户以上的社区就达到 617 个（标准为 1000~3000 户设立一个社区），占全市社区总数的近 1/5，其中 5000 户以上的社区有 70 个。[①] 北京市有回龙观社区、天通苑社区、望京社区、亚运村社区、方庄社区等一系列大型社区，甚至是超大社区。以位于北京市昌平区的天通苑社区为例，这是中国最大的社区，也被称为"亚洲最大的生活社区"，临近回龙观、立水桥等多个大型社区，天通苑周边集聚了近 90 万常住人口，是北京最大的经济适用房聚集地，占地面积约 8 平方千米，规划建筑面积 600 多万平方米。这些超大体量社区大多数住户是外来务工人员，社区用地性质单一，同质化现象突出。同时，由于社区体量庞大，这些超大型社区内部关系复杂、社会矛盾突出、公共服务供给困难，极大提高了城市社区治理成本。

二　北京城市社区治理现状

近年来，北京市紧紧围绕坚持和发展新时代中国特色社会主义、探索新时代特大城市基层治理的有效路径等问题出台了一系列改革政策，坚持党建

---

① 《北京市社区居民委员会设立标准》，北京市民政局网站（2021 年 1 月 13 日），http：//mzj. beijing. gov. cn/art/2021/1/13/art_ 4494_ 8872. html，最后检索时间：2022 年 10 月 11 日。

引领，推进社会治理重心向基层下移，推行"街乡吹哨、部门报到"、"12345 接诉即办"、"每月一题"等创新举措，积极建设"城市议事厅"、社区"数字大脑"、民主法治示范社区，在多元主体共治、智慧社区建设、社区治理法治化等多个方面取得显著成果，有效推动首都城市社区治理开创新局面。

（一）下移治理重心，理顺城市基层治理体制

在积极探索具有首都特色的超大城市基层治理新路径过程中，北京市积极推动治理重心向基层下移，将"治理末梢"逐步转为"治理靶心"，理顺了现有城市基层治理体制。

1. 推行"街乡吹哨、部门报到"机制

2017 年 9 月，北京市推出"街乡吹哨、部门报到"机制，并将其作为2018 年全市"一号改革课题"。其基本做法是将执法主导权下放到街道乡镇，街乡在遇到难题时先"吹哨"，随后相关执法部门在"召唤"的 30 分钟内到达，形成破解难题的合力，部门在问题解决后各自归位。这项机制源于平谷区金海湖镇的一次"倒逼"式整改，金海湖镇的黄金盗采现象屡禁不止，区委、区政府发现原因主要在于乡镇一线能够发现问题却没有执法权。此外，基层部门条块分割、管理分散，也不利于问题的解决。因此，平谷区决定赋予乡镇领导权、指挥权和考核权，促进各部门共同发力解决问题。"街乡吹哨、部门报到"机制的核心就是推动基层治理中心下移，破除基层条块分割状态，着力解决跨部门、跨区域合作难题。2018 年 11 月，中央全面深化改革委员会第五次会议审议通过了《"街乡吹哨、部门报到"——北京市推进党建引领基层治理体制机制创新的探索》，肯定了这一机制创新，北京各地也正在围绕这一机制展开更多积极探索与实践。

2. 推动"12345 接诉即办"改革

"12345 服务热线"是北京市设立的非紧急救助服务，前身是 1987 年设立的"市长热线"，热线主要任务是通过接听市民来电回应市民咨询，受理市民的诉求、问题与建议等。2019 年 1 月起，"12345 服务热线"开始将街

道管辖权属明晰的群众诉求直接派给街道，由街道进行回应与解决，即"接诉即办"机制。"接诉即办"机制的核心任务就是倾听民情民意和马上行动解决问题，坚持"民有所呼、我有所应"。2019 年以来，北京市持续深化党建引领"接诉即办"改革，2021 年 9 月 24 日，《北京市接诉即办工作条例》开始施行。这部首都原创的为民服务法规的落地表明北京"接诉即办"改革已经进入法治化发展新阶段。2022 年 1～12 月，共受理群众反映问题 7592.4 万件，同比上升 411.01%。内容覆盖疫情防控、市场管理、公共服务等多个方面。经过全市"接诉即办"工作人员的不懈努力，群众诉求解决率、满意率分别提升至 92.72% 和 93.63%[①]（见图 3）。

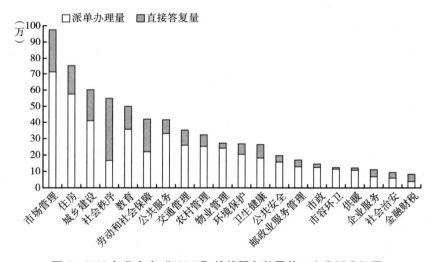

图 3 2022 年北京市"12345"热线服务数量前二十类诉求问题

资料来源：《2022 年北京 12345 市民服务热线年度数据分析报告》，北京市人民政府网站（2023 年 5 月 11 日），https：//www.beijing.gov.cn/hudong/jpzt/2022ndsjbg/202303/P020230511527564585566.pdf，最后检索时间：2023 年 7 月 5 日。

---

① 《2022 年北京 12345 市民服务热线年度数据分析报告》，北京市人民政府网站（2023 年 5 月 11 日），https：//www.beijing.gov.cn/hudong/jpzt/2022ndsjbg/202303/P020230511527564585 566.pdf，最后检索时间：2023 年 7 月 5 日。

3. 建立"每月一题"工作机制

为了有效利用公共资源，持续回应民众诉求，实现"接诉即办"改革的可持续发展，北京市于 2021 年起开始建立"每月一题"机制，推动"接诉即办"改革向主动治理、未诉先办深化。"每月一题"工作机制利用"12345 服务热线"所收集的民生数据和"接诉即办"的年度报告，梳理出市民诉求集中的 12 类 27 个高频难点问题，每月围绕 1 个主题，选取 2~3 个具体的民生问题，每项民生问题都明确一个市级部门牵头负责，相关部门进行协同，推动问题有效解决。"每月一题"治理机制将民生问题与治理单位进行匹配，通过政策和制度设计推动问题从源头上解决并降低类似问题的产生概率，实现了上层治理和基层治理的良性互动。

（二）强化党建引领，发挥基层党组织的链接功能

北京市一直坚持党建引领基层治理体制机制创新，发挥党组织在社区治理中的政治和组织优势，并推动其转化为基层治理效能。2018 年初，北京市委提出的"街乡吹哨、部门报到"工作机制强调要将党建引领与社区治理紧密结合。近年来，北京市在城市社区治理中进一步强化党建引领，并着力发挥基层党组织的链接功能。

1. 实现社区党组织全覆盖

在我国，社区党组织在社区多中心秩序中处在思想领导、政策指导、组织保障地位[①]，在社区治理中发挥着"一核多元"与"一核多能"的治理新核心作用和多重服务功能[②]。北京市在社区治理中一直强调社区党组织对基层各类组织和工作的统一领导，同时重点提升社区党组织的引导服务功能。2019 年初，北京市在全市范围内选择 100 个小区开展党建引领社区治理试点工作，通过推动社区成立党组织、派驻党建指导员等方式加强党建引

---

① 张洪武：《社区治理的多中心秩序与制度安排》，《广东社会科学》2007 年第 1 期，第 182~187 页。

② 曹海军：《党建引领下的社区治理和服务创新》，《政治学研究》2018 年第 1 期，第 95~98 页。

领。目前，北京市社区党组织基本实现 100% 全覆盖，全市社区党委、总支、支部已达 3400 个，回社区报到的党员达 43.3 万人。[①] 通过全覆盖的社区党组织，北京市有效强化了街道、社区党组织统筹协调功能，并持续完善党建协调委员会、"双报到"、大院单位沟通协调等工作机制。

2. 推进社区党建品牌建设

在城市社区治理强化党建引领的背景下，为了充分发挥社区党组织的战斗堡垒作用，探索服务于民的新方法，北京市积极推进社区党建品牌建设，在文化生活、邻里交流、志愿服务等多个方面强化党的政治引领、组织引领、能力引领和机制引领，并通过品牌建设形成影响力大、推广度高的工作经验助力社区治理。例如北京市怀柔区龙湖新村社区创建社区党建品牌项目——"龙湖一家人"，通过开展"邻里学""邻里帮""邻里乐""邻里赞"四个板块丰富多彩的活动，提升社区居民综合素质，加快和谐社区建设；朝阳区酒仙桥街道培育打造"九桥连心久久爱"党建创新品牌，动员社会力量参与治理，培育了便民维修、垃圾分类、助老互助、议事协商、治安巡逻等 9 支志愿服务队伍，涵盖了居民生活的主要方面。

3. 构建党建引领物业管理体系

物业管理是社区中直接关系群众日常生活的"关键小事"，也是城市社区治理的重要一环。北京市于 2020 年 5 月起开始实施《北京市物业管理条例》，正式将全市物业管理纳入社区治理体系，其中建设的核心内容之一就是"构建党建引领社区治理框架下的物业管理体系"，推动在物业服务企业、业主委员会、物业管理委员会中建立党组织，发挥党建引领作用。全市范围内的社区在实践中形成了多种多样的党建引领机制，例如朝阳区六里屯街道晨光社区成立由社区党委、物业项目部与居委会、业委会、居民代表五方组成的社区物业融合服务中心，探索"社区物业融合"机制；海淀区曙光街道上河村社区依托区域化党建协调委员会，完善社区治理合伙人机制；

---

① 王琪鹏：《今年将建不少于 300 个楼门治理示范点》，《北京日报》2021 年 4 月 11 日，第 2 版。

昌平区霍营街道华龙苑北里社区搭建社区党支部、物业公司、居委会、业委会、社会组织"五方共建"平台等。

（三）赋能群众自治，建立城市"社区议事厅"

党的十七大报告将基层群众自治制度纳入中国特色政治制度范畴，与人民代表大会制度、中国共产党领导的多党合作和政治协商制度、民族区域自治制度并列为当代中国四大政治制度，而基层群众自治在城市中主要体现为社区自治，对社区发展和国家政治发展都具有重要意义。[①] 北京市在推进赋权街道和给社区减负的工作中，积极探索通过激活社区自治提升社区治理能力的新路径，打破社区治理中原有的"政府为主体、社会为客体"模式，在问题发现、服务供给、治理监督等过程中，充分发挥社区中的群众力量。

1. 打造"小巷管家"等群众自治品牌

北京市为打造群众广泛参与、社会普遍认可的群众自治品牌，积极发挥居民在社区治理中的信息优势、奉献精神和主人公意识，目前在东城区、丰台区等城区打造了"小巷管家""社区新闻发声人""周末卫生大扫除"等群众自治品牌。以"小巷管家"为例，北京市在 2018 年 9 月完成了全市所有背街小巷的"小巷管家"全覆盖，"小巷管家"一般由在辖区居住、生活和工作的居民担任，在日常社区治理中承担街巷巡视、垃圾分类、社区防疫等方面的多个岗位职责。究其本质，"小巷管家"就是通过志愿服务的形式为社区居民创造参与社区治理事务的机会和途径，通过号召熟悉社区环境的当地居民群众参与社区治理，助力社区环境乱象整治等常态化管理，完善城市社区治理与服务的"最后一千米"。

2. 建立城市"社区议事厅"

城市"社区议事厅"是为居民进行社区议事协商而专门设立的平台，主要是在社区党组织领导下，由社区居民委员会负责组织开展各项社区协商

[①] 黄国平、孙荣：《基层群众自治的发展、困境与路径选择——"城市治理与社区发展"学术研讨会综述》，《中国行政管理》2009 年第 3 期，第 128 页。

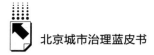
活动，分为民意征集、民主协商、民意公开和民主监督四个阶段，其中的民主协商过程主要包括议题收集确定、协商会议公示、多方协商讨论、达成共识、协商成果落实等。城市"社区议事厅"的设立能够引导居民围绕社区事务中的公共议题或者与自身利益相关的问题进行沟通交流，这种民主协商的方式能够在共同理性讨论的基础上最后做出民主合法的决策，兼顾考虑不同利益相关者的偏好要求和满足民众的多元化诉求。① 2016 年 6 月，北京市出台《关于加强城乡社区协商的实施意见》，按照民事民议、民事民决的方式，推进全市社区普遍设立"社区议事厅"。截至 2019 年，全市 3177 个城市社区全部建立议事厅②，居民通过议事协商的方式实现自我管理、自我服务。近年来，北京市继续拓宽社区议事协商的范围与渠道，同时丰富社区议事协商内容与形式，推广"五民协商""拉家常""老街坊"等议事方式，让居民真正参与到社区治理的决策过程中。

3. 开展社区"居民提案"活动

社区"居民提案"活动起源于北京市朝阳区的"社区创享"计划，"社区创享"计划主要是动员居民发现社区问题和提出自身需求，并将其转化为具体的居民提案，由街道和社区寻求和利用资源以项目化的方式推进，以此解决社区问题和满足居民需求。"居民提案"是"社区创享"计划的第一步，通过居民提案征集活动、居民提案大赛等形式，居民、社会组织等主体提出社区中存在的普遍问题、焦点问题等，并对问题的解决建言献策，提出解决方法或思路。2013 年初，朝阳区安贞街道开展"居民提案"活动，当年即收集到 177 件居民意见建议，最终形成 18 件有效提案，下一年收到 8577 件意见建议，形成 39 件规范提案，后续全区 93 个社区逐步开始试点。③ 北京市朝

① 王雅楠、宋博、杜仕菊：《我国基层协商民主的困境与出路》，《上海市社会主义学院报》2011 年第 1 期，第 40~44 页。

② 《加强基层社会治理，夯实社会和谐基础》，北京市民政局网站（2019 年 1 月 10 日），https：//www.beijing.gov.cn/ywdt/jiedu/zxjd/201901/t20190110_1835173.html，最后检索时间：2022 年 10 月 11 日。

③ 杨丽、王悦晖、李金清：《"居民提案"激活社区自治——北京市朝阳区探索协商式基层社会治理新模式》，《社会治理》2016 年第 2 期，第 83~87 页。

阳区在开展社区"居民提案"活动时，利用小区业委会、社区议事厅等组织建立楼院、社区、街道和区四级提案议事平台，提高居民的议事协商能力，并规范居民提案活动开展步骤，为激发居民参与社区治理注入了新的活力。

（四）兜底政府保障，推广一刻钟社区服务圈

党的十九大以来，北京市在党的十九大报告中所提出的"七有"的基础上提出"五性"，形成"七有五性"首善标准，即北京市民对美好生活的需要呈现"便利性、宜居性、多样性、公正性、安全性"的新特点，强化社区为民、便民、安民功能。

1. 社区基本公共服务全覆盖

北京市在推进社区基本公共服务全覆盖工作中一直利用"政府兜底"缩小区域间基本公共服务差距，保障社区服务的基本供给。2021 年 12 月，北京市发布《北京市"十四五"时期社会公共服务发展规划》，从"保基本、扩普惠、提品质、优布局"四个方面提出 40 项重点举措，以构建公共服务体系建设的任务框架，并指出聚焦群众基本生存和发展需求的基本公共服务，将主要由政府兜底保障。近年来，北京市通过印发《北京市社区基本公共服务指导目录》规范劳动就业、社会保险、养老、社会救助等 10 大类 60 个方面的内容，通过《北京市基本公共服务实施标准（2021 年版）》明确界定了北京基本公共服务的范围。截至 2022 年，北京市已基本实现城市社区基本公共服务全覆盖。

2. 推广一刻钟社区服务圈

为了推动生活服务业转型升级，满足市民日益增长的生活需求，助力北京国际消费中心和国际一流的和谐宜居之都建设，北京市将建设"一刻钟社区服务圈"作为为民办实事的重点举措，旨在使社区居民在步行 15 分钟范围内，享受"菜单式"社区便民服务，满足休闲、生活、购物、教育、医疗等需求。截至 2020 年底，北京市累计建成"一刻钟社区服务圈"1772

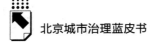

个，覆盖 3182 个社区，覆盖 98%以上的城市社区①，预计到 2025 年，全市实现一刻钟便民生活圈全覆盖，较大程度完善了"小需求不出社区，大需求不远离社区"的社区服务体系。此外，北京市还继续延伸服务范围和丰富服务内容，尝试建设"一刻钟政务服务圈""十分钟文化圈""15 分钟健身圈"等社区服务圈，进一步强化社区便民服务圈功能。

3. 推进家庭医生签约服务

家庭医生签约服务是指居民与家庭医生团队签订一定期限的服务协议以建立长期稳定的契约关系，家庭医生团队需要为签约居民提供基本医疗服务、公共卫生服务、健康管理服务等连续性健康服务。2017 年 6 月，北京市卫生计生委、发改委等 7 部门联合出台《北京市推进家庭医生签约服务实施意见》，正式在全市范围开展家庭医生签约服务，并对服务内容、收费标准、团队管理等内容进行明确。居民在使用家庭医生签约服务时，仅需前往就近居住地所属的社区卫生服务中心或社区卫生服务站办理手续，家庭医生签约服务费由医保基金、基本公共卫生服务经费和居民付费共同承担。截至 2021 年 6 月，北京市家庭医生签约服务已覆盖 210.2 万 65 岁以上的老年人。② 此外，北京市正在着力提升家庭医生签约服务质量与规模，在增加签约服务供给与优化服务内容以外，探索发展"互联网+家庭医生"签约服务，推出全市统一的家庭医生签约服务 App，并打通医联体个人电子健康档案、电子病历和电子医学影像等数据信息③，进一步提高基层卫生信息系统水平，增强签约居民获得感。

---

① 《北京市"十四五"城乡社区服务体系建设规划》（京政办发〔2022〕25 号），北京市人民政府网站（2022 年 9 月 21 日），http：//www. beijing. gov. cn/zhengce/zhengcefagui/202209/t20220921_ 2819861. html，最后检索时间：2022 年 10 月 11 日。

② 《全市医疗机构均已建立老年人"无健康码"绿色通道》，北京市卫生健康委员会网站（2021 年 6 月 17 日），http：//www. beijing. gov. cn/fuwu/bmfw/shbz/ggts/202106/t20210617_ 2414483. html，最后检索时间：2022 年 10 月 11 日。

③ 《北京市提升家庭医生签约服务质量与规模工作方案》（京卫基层〔2021〕14 号），北京市卫生健康委员会网站（2021 年 6 月 30 日），http：//www. beijing. gov. cn/zhengce/gfxwj/202107/t20210707_ 2430612. html，最后检索时间：2022 年 10 月 11 日。

（五）培育社会组织，"五社联动"促进社区发展

党的十九大报告中提出"发挥社会组织作用，实现政府治理和社会调节、居民自治良性互动"，社会组织日益成为城市社区治理的重要主体之一。目前，北京市社会组织覆盖了教育、科技、体育、文化、卫生、法律、社会服务等行业和领域。在社区层面，社会组织的专业能力通过"五社联动"等机制发挥着越来越重要的作用。

1. 健全"五社联动"机制

北京市自 2013 年起开始推动"三社联动"工作，强调社区、社工、社会组织三方联动。其中，社会组织的专业能力优势能够扩展社会服务供给和弥补市场的不足，促进社区治理水平提升。2021 年 7 月，中共中央、国务院发布《关于加强基层治理体系和治理能力现代化建设的意见》，进一步提出要"创新社区与社会组织、社会工作者、社区志愿者、社会慈善资源的联动机制"。与"三社联动"相比，"五社联动"增加了社区志愿者和社会慈善资源两个主体，而作为首善之区的北京市在这两方面有着突出优势。以"公益 1+1"之绿缘计划为例，2021 年 5 月至 2022 年 4 月，绿缘计划共资助21 家社会组织服务覆盖北京市 36 个社区，集中开展垃圾分类志愿者队伍培育、空间改造、多方联席会议、垃圾分类打卡、堆肥讲座等活动逾 300 次，直接服务 1.8 万余人，培育社区志愿者超过 1000 人，提高社区资源利用效率的同时还增强了居民参与社区环境治理的积极性。①

2. 完善政府向社会组织购买服务政策

在《北京市社区社会组织备案工作规则》《关于培育发展社区社会组织的实施意见》等政策的规范与支持下，城市社区已经成为各领域社会组织的重要工作场域。作为较早探索政府购买社会组织服务的城市之一，北京市于2014 年、2017 年先后出台《北京市人民政府办公厅关于政府向社会力量购买服务的实施意见》《关于通过政府购买服务支持社会组织培育发展的实施意

---

① 任可馨：《"公益 1+1"之绿缘计划："五社联动"推动社区可持续发展》，《北京社区报》2022 年 4 月 21 日，第 7 版。

见》等政策培育和促进社会组织发展。2019 年，北京市进一步出台《关于培育发展社区社会组织的实施意见》，指出统筹使用社区公益事业补助资金、党组织服务群众经费等市、区两级相关经费用于购买社区社会组织服务，并将政府购买社区社会组织服务项目纳入街道（乡镇）年度财政预算，以支持党组织健全的社区社会组织有序承接政府转移职能、社区减负事项和有关服务项目。在此背景下，北京市各类社会组织数量稳步增长（见图 4）。2022 年 7 月，北京市出台《北京市政府购买社会工作服务预算管理实施细则》，明确了政府向社会组织购买服务的适用范围、预算的编制、执行、绩效评价等环节，进一步健全政府购买社会工作服务制度。

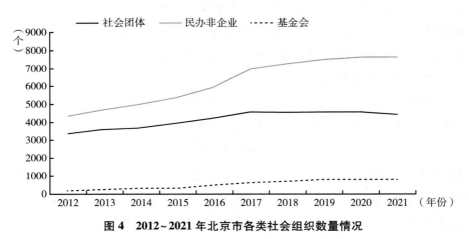

图 4 2012~2021 年北京市各类社会组织数量情况

资料来源：《二〇二一年北京市社会建设和民政事业发展统计公报》，北京市民政局网站（2022 年 7 月 27 日），http：//mzj. beijing. gov. cn/art/2022/7/27/art_ 659_ 633016. html，最后检索时间：2022 年 10 月 11 日。

3. 建立社会组织孵化基地

截至 2021 年底，北京市拥有依法登记的社会组织 12858 家，备案社区社会组织达 56333 家。① 社会组织孵化基地是为培育和支持社会组织发展而

---

① 资料来源：《二〇二一年北京市社会建设和民政事业发展统计公报》，北京市民政局网站（2022 年 7 月 27 日），http：//mzj. beijing. gov. cn/art/2022/7/27/art_ 659_ 633016. html，最后检索时间：2022 年 10 月 11 日。

组建的载体和社会组织公共服务平台①，涵盖社会组织孵化培育、能力建设、评估定级、信息交流等公共职能，北京市各区为培育社会组织也形成了多种特色的社区社会组织孵化体系。以北京市昌平区的三级支持孵化体系为例，区级层面，昌平区建成投用了超过 2000 平方米的社会组织孵化基地，累计孵化 500 余家社会组织；街道层面，包括回龙观和天通苑两个超大型社区的回天地区的 6 个街道全部组建了社区社会组织联合会，推进社区社会组织备案，将社区资源、居民需求与社区社会组织进行对接；社区层面，扩大社会组织的服务范围，社会组织承担部分事务性管理工作与公共服务，同时促进相关专项服务项目落地。此外还有海淀区的"人才孵化、项目孵化和组织孵化"三位一体的孵化体系、通州区创新发展园的"政府购买服务、民间力量运作、专业团队管理、政府公众监督、社会民众受益"运营模式等。目前，北京市昌平区的天通苑北街道率先开始试点在社会组织联合会与社会组织孵化基地的基础上建立社区发展促进会，直接服务于本社区的社会组织，继续探索社会组织体系建设。

（六）推广智慧社区，社区上线"数字大脑"

北京市于 2021 年 7 月发布《关于加快建设全球数字经济标杆城市的实施方案》，提出打造中国数字经济发展"北京样板"、全球数字经济发展"北京标杆"，建成超大城市数字化治理体系，提升城市治理能力现代化水平。社区作为城市治理体系的重要组成部分，也是数字治理的重要应用场景。

1. 全面推广智慧社区

《北京市"十四五"智慧城市发展行动纲要》提出，到 2025 年要建设成为全球新型智慧城市的标杆，智慧社区建设是其中的重要环节和抓手之一。北京市自 2012 年 9 月起就全面启动智慧社区建设试点工作，在全市 16

---

① 李劲夫：《发力供给侧改革　助力社会组织孵化》，《中国社会组织》2016 年第 7 期，第32~34 页。

个区县中选择 400 个试点社区，按照《智慧北京行动纲要》《北京市智慧社区指导标准》等的要求，以政府为主导，动员多方参与推进智慧社区建设，着力打造社区设施高端化、政府服务协同化、社区管理智能化、公共服务网格化、居民生活现代化、社区服务集成化。截至 2017 年底，北京共建成智慧社区 2221 个，覆盖全市 75% 的社区。① 目前，北京市智慧社区通过云计算、物联网、大数据等信息通信技术手段的应用，覆盖了物业服务、便民服务、养老服务、健康医疗服务等多个领域。

2. 构建社区"数字大脑"

近年来，北京市有"回天大脑""政务晓屋""智慧村章"等一系列数字政务应用落地，这些社区"数字大脑"在基层上岗，发挥数字治理的便捷性、可及性和低成本等优势，方便社区零散资源整合和信息共享，极大提升了社区治理效率。以"回天大脑"平台为例，平台在横向上将基层治理分为"社区管理、社区治理、社区服务"三个维度，纵向上将基层治理分为"回天地区—镇街—社区"三个层次，利用云计算、大数据、物联网、人工智能、数字孪生等新一代信息技术，汇总辖区内的政务数据、基层业务数据和社会第三方数据，为基层工作人员提供"信息管理终端"以缩减沟通成本和处理时间，为居民群众在接诉即办、疫情防控、人口管理、交通出行等方面提供一站式服务。2021 年，回天城市大脑指挥调度中心正式运行，在基层治理、社区管理、交通出行三个领域建设 9 个应用场景，以科技赋能服务社区群众。

3. 搭建"一库两平台"信息系统

社区治理信息系统"一库两平台"中的"一库"是指城乡社区基础数据信息库，"两平台"是指社区服务平台和社区管理平台。在抗击新冠疫情的过程中，北京市信息化建设在社区防控中发挥了重要作用，北京健康宝、"京心相助"小程序、人脸识别等信息技术加强了疫情防控中的社区精细化

---

① 梁丽：《"十三五"时期北京市智慧社区建设创新发展研究》，《电子政务》2017 年第 12 期，第 54~63 页。

管理。但在实际应用中，社区信息化建设仍存在基础数据信息不准确、数据共享机制不完善、信息技术应用层次较浅等问题。因此，北京市着手推进全市统一的社区治理信息系统建设，搭建"一库两平台"社区治理信息系统。其中，城乡社区基础数据信息库完善社区居民基础信息，社区服务平台加强部门间沟通和居民参与，社区管理平台加强对社区人员、组织的日常管理。北京市"一库两平台"的搭建，在了解社区居民基本情况、搭建平台促进居民参与社区治理、增强部门间数据共享、规范社区人员和组织管理等方面发挥了积极作用。

（七）推进社区立法，创建民主法治示范社区

北京市法治政府建设水平位于全国前列，海淀区、西城区、朝阳区被命名为全国首批法治政府建设示范区，在基层社区法治建设中形成了"千名法官进社区""家庭律师进万家"等典型项目。

1.积极推进社区治理立法

北京市近年来积极立法保障社区规范发展，先后出台《北京市社区管理办法》《北京市物业管理条例》《北京市生活垃圾管理条例》《北京市街道办事处条例》《北京市社区工作者管理办法》等多项法律法规。以物业管理和垃圾分类这两件民生领域的"关键小事"为例，2020年5月，《北京市生活垃圾管理条例》及《北京市物业管理条例》正式开始施行。一年后，北京市垃圾分类知晓率达到98%，参与率达到90%，准确投放率达到85%。物业管理方面，业委会（物管会）组建率达到91.9%，物业服务覆盖率达到94.1%，党的组织覆盖率达到98.3%。[①]

2.创建民主法治示范社区

为了进一步推进社区基层民主法治建设，北京市出台《关于进一步加强北京市民主法治示范社区建设工作的意见》，开展民主法治示范社区创建

---

① 高枝：《两个"关键小事"迈进一大步　九成问题已整改完成》，《北京日报》2021年7月29日，第5版。

工作。经过"七五"普法，截至 2020 年底，全市社区（村）法律顾问配备率全部达到 100%，全市被命名的"全国民主法治示范村（社区）"达到 76 个，市级民主法治示范村和社区分别达到 586 个和 102 个。① 此外，北京市还研究制定了北京市民主法治示范村（社区）评查指标体系，设立三级指标约 20 个，采取核查、评查、调查三种执行方式，并发布市级民主示范村（社区）评查材料清单，增强创建工作透明度、精准性。北京市民主法治示范社区建设工作以党建引领、联动社区自治、创新基础设施、强化考核监督为特色，在全市范围内涌现出多样化的建设经验，例如顺义区的"部门联动+动态监管+法治引领"模式、房山区的"全面部署、建立机制、动态管理"模式等，有效推进了法治、德治、自治有机融合。

3. 开展社区"诉源治理"工作模式

为了妥善解决社区矛盾纠纷，保障居民合法权益，北京市积极推进"诉源治理"模式，让法官走出法庭，到社区报到，从社会纠纷的源头着手，利用非诉讼纠纷解决机制畅通司法服务参与社区治理的路径，形成了"源头预防为先、非诉机制挺前、法院裁判终局"的"北京经验"。以北京市朝阳区为例，朝阳区自 2019 年以来高度重视诉源治理，成立了社会矛盾纠纷源头预防调处化解专项工作组，并将诉源治理工作纳入"平安朝阳"工作体系，在区、街道和社区三级分别搭建矛盾纠纷源头预防调处化解平台。截至 2022 年 9 月，朝阳区已经建成 16 个矛调平台，各分平台共接收委派案件 5271 件，目前已调解成功 1484 件案件。自诉源治理工作开展以来，朝阳区法院新接收案件量同比下降 15%。其中，新接收民商事案件同比下降 11%，新接收执行案件同比下降 22%，诉源治理工作取得积极成效。②

---

① 《北京市召开"七五"普法总结暨"八五"普法启动大会》，北京市司法局网站（2021 年 8 月 26 日），http://sfj.beijing.gov.cn/sfj/sfdt/sfxzyw59/11065444/index.html，最后检索时间：2022 年 10 月 11 日。
② 徐美慧：《社会矛盾纠纷该如何治理，北京朝阳这样从源头化解》，《新京报》2022 年 9 月 22 日，第 A04 版。

三　北京城市社区治理存在的主要问题

北京市城市社区治理工作在党建引领、多元共治、数字治理、法治建设等方面取得了显著成效，但是在制度与实践层面也面临着一些问题与挑战，如何有效平衡标准化治理与社区异质性，如何处理治理重心下移与现有科层管理体制间的矛盾，如何科学融合社区中的自治、法治和德治，如何促进社区治理中的多元治理主体协同等，都是北京城市社区治理中亟待解决的问题。

（一）社区治理标准化与社区异质性之间的矛盾

2015 年，国务院先后制定《深化标准化工作改革方案》和《国家标准化体系建设发展规划》，在社区治理中引入市场自主制定的标准，让政府、市场和社会力量共同参与到社区标准化治理中，2017 年新修订颁布实施的《中华人民共和国标准化法》为城市社区治理标准化提供了法律保障[1]。北京市近年来也将标准化建设作为社区治理高质量发展的重要手段，以国家标准、行业标准为基础，在街道社区、社会组织、社会工作队伍、网格化体系建设等方面制定、修订多项地方标准，对社区服务目标、管理、评价等内容进行规范和保障。

然而，随着城市化进程的加快，北京市内出现大量村改居社区、回迁房社区、商品房社区等新型社区，与此同时，北京市内超大体量社区与小型社区并存的现象仍将长期存在，使得社区间与社区内部的异质性进一步增加。社区异质性是指社区的差异程度，主要体现在成员职业、收入、社会地位等社会结构差异，社区空间、社区规模等社区环境差异和社区成员民族、宗教

---

① 姜胜辉：《标准化治理：城市社区治理新模式》，《中共天津市委党校学报》2019 年第 5 期，第 88~95 页。

等社区文化差异。①②③ 北京市城市社区的异质性主要体现在：一方面，不同社区间社区人口、地域、资源和文化等要素存在差异，使得各社区的管理运行、治理环境和服务对象等方面具有较强的异质性；另一方面，社区内部则因城市居民生活与工作区域重合度低，居民阶层、职业、收入等均存在较大差异，导致社区内部资源异质性强。社区间和社区内部的异质性使得社区治理中的公共性需求更加复杂多元，社区治理供需双方的信息更难适配，形成了社区治理标准化与异质性之间的悖论。

（二）社会治理重心下移与科层管理体制之间的矛盾

北京市积极探索社会治理体制机制和社区治理模式创新，通过"街乡吹哨、部门报到"一号改革课题、"接诉即办"机制、"街巷长"、城市议事厅、网格化管理等举措，逐步推进社会治理重心下移，将治理末梢转为治理靶心，同时积极推行基层群众民主，引导社区居民参与社区治理事务。

然而，社会治理重心的下移需要面对与现有科层管理体制之间的矛盾。科层制的概念由"组织理论之父"马克斯·韦伯提出，是现代政府机构的主要组织形式。④ 现有科层管理体制以三个假设为基础：价值中立的执行体系、垄断的公共执行体系和自上而下的层级结构和控制体系。⑤ 这三个假设表明社会治理重心下移与现有管理体制之间存在天然的矛盾。以北京网格化管理为例，自东城区 2004 年首创"网格化城市管理新模式"起，网格化城市管理系统已覆盖全市 16 个区，同时该模式还与"街乡吹哨、部门报到"等进

① 马戎：《论中国的民族社会学研究》，《北京大学学报》（哲学社会科学版）2001 年第 5 期，第 5~16 页。

② Sako Musterd, Rinus Deurloo, "Unstable Immigrant Concentrations in Amsterdam: Spatial Segregation and Integration of Newcomers", *Housing Studies*, 17 (2002): pp. 487-503.

③ 高永久、刘庸：《西北民族地区城市社区多元类型及演化趋势》，《城市发展研究》2005 年第 6 期，第 49~54 页。

④ 王浦劬、汤彬：《当代中国治理的党政结构与功能机制分析》，《中国社会科学》2019 年第 9 期，第 4-24+204 页。

⑤ 敬乂嘉：《政府扁平化：通向后科层制的改革与挑战》，《中国行政管理》2010 年第 10 期，第 105~111 页。

行联动，使得社会治理更加精细化。但在网格化管理模式的实施过程中一直存在强烈的行政色彩与薄弱的社区自治之间的"管理"与"自治"悖论①，即社区作为"国家治理单元"的管理职能与"社会共同体"的自治本质双重属性之间的矛盾。究其原因，主要是现有管理体制中存在的条块分割、事权下移、责任界定不清、公众参与不足等现象，导致社会治理重心下移受阻。

（三）社区"三治融合"之间的矛盾

党的十九届四中全会中提出健全党组织领导的自治、法治、德治相结合的城乡基层治理体系。如前文所述，北京市通过健全城乡社区议事协商机制、推动社区服务站改革等举措健全基层群众自治制度；通过推进民主法治示范社区创建活动、深化"诉源治理"工作机制等举措推进基层法治建设；通过发布《北京市文明行为促进条例》、构建社区道德评议机制等举措加强基层德治建设，计划到 2025 年，率先形成自治、法治、德治相结合的基层治理体系。②

然而，由于经济社会的快速发展和城市化进程的加快，北京城市社区治理中的社会关系、组织结构和制度建设日新月异，社区"三治融合"正面临着一系列现实困境。一是"三治融合"的渠道不够通畅。目前，北京市的社区中存在多种类型的组织，组织间的职责界定不够清晰，容易形成各行其是的局面，各类组织间的沟通、合作的渠道尚待健全和完善。二是部分组织共治动力不足。由于资源利用诉求各异，同时存在社区自治能力不足等问题，一定程度上阻碍了"三治融合"的发展进程。三是"三治融合"中的治理规则供给不足。"三治融合"需要有效的制度规则规范各方行为与责任，但目前北京市相关的制度体系仍在建设过程中。

---

① 连宏萍：《管理还是自治？——审视网格在基层治理中的作用》，《行政管理改革》2021 年第 7 期，第 89~99 页。

② 《关于加强基层治理体系和治理能力现代化建设的实施意见》，北京市人民政府网站（2022 年 5 月 30 日），http://www.beijing.gov.cn/zhengce/zhengcefagui/202205/t20220530_2723740.html，最后检索时间：2022 年 9 月 10 日。

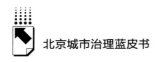
（四）社区多元治理主体之间的协同矛盾

北京市近年来一直努力打造首都共建共享共治的基层治理新格局，充分发挥基层政府、社区党组织、社区居委会、社会组织、业委会（物管会）、物业公司、居民等不同主体的作用。丰富多元的社区治理主体在共同助力社区治理的同时，也带来一些协同矛盾：一是理念方面，不同的社区治理主体有不同的价值诉求、工作方式和运作机制等，这可能导致不同社区主体在资源分配、利益协调、服务供给等社区治理活动中发生冲突；二是目标方面，各社区治理主体组织性质、服务方式等的不同，可能导致其在参与社区治理时目标定位差异，例如社会组织关注服务满意度，而政府更加关注政策的执行落实情况，从而导致难以形成治理"合力"；三是职责方面，社区治理中，各主体的职责界限存在交叉和模糊地带，这可能导致基层政府在协同治理中过于强势，社区居民、社会组织等被动参与或参与不足，使得共建共治共享机制推行受阻。

（五）社区党建引领需求强烈与党组织引领能力不足之间的矛盾

北京在城市社区治理中一直坚持党建引领，积极实现社区、社会组织、党组织全覆盖，通过发挥党组织链接优势提升城市社区治理效能。然而，北京市的社区党建也在一定程度上存在"强建设，弱治理"现象。一方面，北京市社区已经基本实现党组织全覆盖，截至 2021 年，全市165 个城市街道、178 个乡镇、3464 个社区（居委会）、3776 个行政村全部建立了党组织[①]，社区党建引领需求强烈；另一方面，社区党组织在社区治理中的参与范围有限、渗透深度较浅，部分社区党组织存在虚化、边缘化等问题。

究其原因，一是部分社区党组织定位模糊、功能不完善，尤其是服务功能、业务功能的不成熟，导致其在社区治理中或是不能实现功能，或是难以

---

① 武红利：《本市中国共产党党员 247.3 万名》，《北京日报》2022 年 7 月 1 日，第 7 版。

寻到实现路径；二是在职党员、学生党员等年轻、能力强的社区党员在社区党组织中的参与度不高，城市社区党组织成员主要是基层工作人员与社区内的离退休群体，导致党组织在引领构建多元主体协同治理机制时效果欠佳。

四 完善北京城市社区治理的建议

为进一步提升北京城市社区治理效能，北京市应针对上述制度与实践中遇到的主要问题，结合自身类型多样、人口多元、资源零散、存在超大体量同质社区等特征，从明确战略定位、加强党建引领、盘活社区资源、提升社区韧性、完善分类治理、数据赋能驱动等方面进行完善，力争贡献更加科学、合理、高效的"北京经验"。

（一）服务"四个中心"目标，加强社区服务保障功能建设

《北京市城市总体规划（2016年-2035年）》提出北京城市战略定位是全国政治中心、文化中心、国际交往中心、科技创新中心，社区作为城市治理的基层单元，也应以北京"四个中心"战略定位为指导并与之保持协调一致，加强社区服务保障功能的建设。首先，应当厘清社区内各类组织现有职能，多类整合医疗卫生、养老助残、文化娱乐、治安保障等公共服务，提高现有资源与服务的利用效率；其次，应当增加社区服务的丰富度与覆盖范围，鼓励社会组织、物业公司等不同主体的参与，加强针对特殊对象、特殊场景的服务供给，使社区多元诉求能够得到更好的反馈和回应；最后，应当增强社区服务功能建设的制度保障，加强社区服务标准化、规范化建设，提升社区服务的均等化水平。

（二）强化党建引领和组织渗透，构建多元主体协同治理机制

基层党组织是目前社区治理的领导力量，在积极推行和健全共建共治共享社会治理格局的当下，更应强化社区治理中的党建引领与渗透。首先，应当完善社区党组织的自身功能，继续加强社区党组织的标准化、规

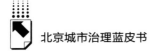

范化建设，激发社区党员参与社区治理的积极性；其次，应当明确基层党组织在社区治理中的权力与职责界限，将党建工作渗透至社区治理、社区服务、社区活动等多方面工作的同时，关注基层党组织的职能定位和建设重点，着重提高基层党组织在社区治理中的领导能力；再次，应当推进党建工作转型，由传统型党建模式向服务型党建模式转变，除政治、组织功能外加强党组织的服务功能建设，在社区治理中贯彻服务理念，从而更好地促进党建工作引领、渗透、融入基层社区治理之中；最后，应当发挥基层党组织的政治核心领导作用，通过社区党组织牵头，构建居委会、社会组织、业委会、居民等多元主体共同参与的协同治理机制，同时畅通各主体共同参与社区治理的通道，从而将党组织的政治、组织优势进一步转化为基层治理优势。

（三）盘活社区治理资源，实现社区整体性治理

面对北京市社区资源零散化、碎片化，社区居民需求日益多元的现状，在进行社区治理时应当盘活社区治理资源，实现社区整体性治理。首先，盘点社区内现有资源清单，挖掘人力、物力、财力、文化、环境等有利于社区发展的多元资源，重点关注社区闲置资源，盘活社区资源存量；其次，对隐形社区资源进行挖掘和开发，利用社区内的多元主体、多元服务整合已有资源并进一步开发，将社区内正式资源与非正式资源进行有效衔接，促进邻里、家庭等非正式资源更积极地参与社区治理，以此盘活社区资源增量；最后，构建社区整体性治理体制，通过整合与利用社区各类资源，促进社区不同治理主体树立社区共同体理念，调整与创新社区治理组织结构，重新整合社区治理中的层级与部门，最终实现多方参与、资源整合的社区整体性治理。

（四）提升社区多维韧性，增强社区风险应对能力

对于北京市这类超大城市，加强城市公共安全风险管理，把问题解决在

萌芽之时、成灾之前，是其重要任务之一。^① 新冠疫情期间，社区在我国疫情防控中发挥了重要的基础性作用。但在疫情暴发初期，基于社区组织管理能力不足、应急资源缺乏、居民防灾意识薄弱等原因，社区出现防疫漏洞、责任推诿等治理短板。因此，应当提升社区多维韧性，增强社区风险应对能力。社区韧性由多个维度构成，包括稳定能力、适应能力和恢复能力等。^②首先，应丰富社区资源种类，巩固社区应对风险的物质基础，建设具有混合功能的多样化社区公共空间，完善社区生活圈内的生活所需以及应急基础设施，优化社区内自然环境与公共卫生环境，同步提升社区空间韧性、设施韧性和服务韧性；其次，在社区日常管理中建立"全周期管理"理念，将风险应对的预防、发现、决策、行动、恢复等环节相连接，并明确各环节中多元治理主体的权责界限，增加社区治理和服务的灵活性与包容性；最后，培养居民风险应对意识，通过组织面向居民防灾自救、公共卫生等内容的培训，加强居民的风险认知，从而利用居民自治、社区自组织等形式发挥社区风险应对中的居民主观能动性，助力相关工作开展。

（五）加强城乡统筹联动，促进特定类型社区治理探索

针对北京市社区间与社区内的强异质性这一短时间内难以改变的特点，应当充分认识到北京城市社区治理的多样性，加强城乡统筹联动，鼓励探索特定类型的社区治理。一方面，北京市社区强异质性与城市化进程有着密切关系，北京目前已经处于高水平城乡统筹阶段，但城乡统筹质量相较于其他城市较低^①，市民化任务艰巨，因此应当将城市与乡村作为有机整体强化城乡社区统筹联动发展，推进农村城市化与农民市民化的同时，继续加强中心城区非首都功能和人口疏解，促进城乡间教育、医疗、文化等优质公共资源的一体化配置，逐步降低社区异质性。另一方面，就北京市社区治理标准化

① 张丽娜、孙书琦：《超大城市基层社区公共安全风险治理困境与提升研究——基于北京市社区的调查分析》，《中国行政管理》2021 年第 12 期，第 142~147 页。
② 王怡睿、黄煌、石培基：《中国城镇化质量时空演变研究》，《经济地理》2017 年第 1 期，第 90~97 页。

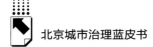
与社区异质性之间的矛盾，应当针对不同类型社区采取分类治理的原则，明确社区分类治理的标准与依据，注意辨别不同社区的治理对象差异，明确社区间的结构、矛盾、需求等的差异，探索适应特定类型社区治理的个性化方案。

（六）依托数据赋能驱动，完善社区精细化治理

在城市治理中，智能化与精细化具有良性互动的逻辑关系和作用机理，智能化是基础和手段，精细化是目标和方向，社区是平台和场域。[1] 北京市在智慧社区、城市"微空间"、城市"社区大脑"等领域的建设取得了积极的效果，应进一步依托数据赋能驱动，促进社区精细化治理。首先，提高基础信息的获取效率，从数据赋能源头出发，注重社区治理基础信息的采集与整理，例如人口流动、人口特征、居民需求等，打破数据孤岛，推动建立基层政府、社区、社会组织等多元主体之间的数据共享平台，畅通数据上传下达的渠道；其次，增强信息与服务的匹配程度，利用大数据、云计算、智能算法等技术，分析采集到的基础信息与居民需求，同时梳理社区的服务与资源，将社区治理中的供需双方进行精准匹配，从供给端发力，为社区精细化治理提供动力；最后，提升社区治理的绩效评估精准度，利用大数据平台所收集的数据对社区治理的投入、产出和满意度等进行量化与分析，同时合理设置评价指标权重，从而实现对社区治理绩效多主体、多方位的实时动态评估。

参考文献

陈水生：《技术、制度与人本：城市精细化治理的取向及调适》，《山西大学学报》（哲学社会科学版）2021年第3期。

---

[1]　张锋：《以智能化助推城市社区治理精细化研究——基于上海杨浦区控江路街道的实证分析》，《城市发展研究》，2019年第3期，第6~9页。

崔志梅：《条块职责转换的组织学分析：基于地方国土部门的实证研究》，《公共行政评论》2018 年第 6 期。

李友梅：《中国社会治理的新内涵与新作为》，《社会学研究》2017 年第 6 期。

彭翀、郭祖源、彭仲仁：《国外社区韧性的理论与实践进展》，《国际城市规划》2017 年第 4 期。

王立峰、潘博：《社会整合：新时代推进党建引领城市基层治理的有效路径》，《求实》2020 年第 2 期。

徐林、许鹿、薛圣凡：《殊途同归：异质资源禀赋下的社区社会组织发展路径》，《公共管理学报》2015 年第 4 期。

张康之：《论社会治理模式的转变：从制度到行动》，《探索》2019 年第 3 期。

张雷：《构建基于社区治理理念的居民自治新体系》，《政治学研究》2018 年第 1 期。

张平、贾晨阳、赵晶：《城市社区协商议事的推进难题分析——基于 35 名社区书记的深度访谈调查》，《东北大学学报》（社会科学版）2018 年第 2 期。

张强：《新形势下推进社区治理创新的重心和基本面》，《国家治理》2020 年第 40 期。

张贤明、张力伟：《风险治理的责任政治逻辑》，《理论探讨》2021 年第 2 期。

杨贵华：《社区共同体的资源整合及其能力建设——社区自组织能力建设路径研究》，《社会科学》2010 年第 1 期。

周雪光：《中国国家治理的制度逻辑》，生活·读书·新知三联书店，2017。

朱前星：《中国共产党的社会整合及其功能调适研究——社会治理现代化视角》，《宁夏社会科学》2018 年第 4 期。

Coffé H. & Geys B. "Community Heterogeneity：A Burden for the Creation of Social Capital?" *Social Science Quarterly*，87（2006）.

Hanna Gendel-Guterman & Miriam Billig. "Increasing Citizen Satisfaction with Municipal Services：the Function of Intangible Factors" *International Review on Public and Nonprofit Marketing*，18（2020）.

Liwei Zhang，Huijie Li and Kelin Chen. "Effective Risk Communication for Public Health Emergency：Reflection on the COVID – 19（2019 – nCoV）Outbreak in Wuhan，China" *Healthcare*，8（2020）.

B.6

北京城市公共空间治理

杨　鑫*

摘　要： 本文梳理城市公共空间治理的发展历程、主要特点及模式，总结北京城市公共空间治理现存问题与治理难点，包括私属化、碎片化、品质低、管理粗放等问题；针对北京现阶段城市公共空间治理的一系列挑战，提出公众参与多方协同、治理智慧化、公共空间资源共享、主动式治理模式以及法制化治理途径的对策建议，以期为北京城市公共空间治理的未来发展提供借鉴参考。

关键词： 城市公共空间　城市治理　北京

城市公共空间是指城市中的建筑之间开放的空间体，是居民们进行公共交往、休闲娱乐、举办活动的开放性场所，城市公共空间为广大公众服务，具有公共性。狭义的城市公共空间主要包括城市广场、街道、公园绿地等空间类型，广义的城市公共空间是除私有化以外的所有城市空间。城市公共空间的"公共"属性赋予了它独特内涵与作用，自城市出现以来，公共空间往往是城市最具活力的地方，也正是这样的属性展现了城市公共空间更多的复杂性，提高了城市公共空间治理的难度。

---

* 杨鑫，北方工业大学建筑与艺术学院教授，主要研究方向为城市绿地空间与气候环境。

一　城市公共空间治理概述

（一）城市公共空间治理的发展历程

西方最早的城市公共空间出现在公元前 8 世纪的古希腊时期，被称为"Agora"，意思是"集中"，和其周边的公共建筑一起作为城市的核心，同时也是现代城市公共广场的雏形。我国古代最早的城市公共空间出现在 5000 多年前的夏商时期，在农业与手工业、手工业与商业逐步分工的大背景下，城市中开始出现了越来越多的商业活动，作为载体的相对固定的商品交换场所"市"出现了。西周时期已设官吏及相应的管理制度对"市"进行管理，监管人员、货物进出城门，整顿货品摆放，限制物价，监管违禁品买卖等。汉代以"里"确定基本居住单元，形成严格的市场管理制度。隋唐时期以相对封闭的市坊制度把城市居民生活和商业活动限定在一定的城市公共空间内，实行时间与空间上的双重制约。唐末至宋，市坊边界被突破，允许民间在道旁营建房屋，新的街道制度得以形成，以更开放的街道地区为单位的城市公共空间管理取代了更为封闭的里坊制城市公共空间管理。明清时期出现了很多人口众多、规模宏大、工商业发达的大型城市，店铺沿街开设，城市公共空间从集中变得分散，布局更加合理，按等级划分交通道路，为居民提供生活服务更加便捷[①]。随着社会的发展，如今的城市公共空间治理变得更加合理、科学、高效，精细化的城市公共空间治理使得城市居民的生活资源配置更为优化，生活质量提高，生活环境更优美。《论我国城市公共空间治理的经验借鉴与路径选择》一文中提出了代表当今世界城市公共空间治理的三种不同类型，分别是以新加坡为典型代表的政府行政导向型城市公共空间治理、以美国为典型代表的市场

---

① 王鹏：《城市公共空间的系统化建设》，东南大学出版社，2002。许凯、Klaus Semsroth：《"公共性"的没落到复兴——与欧洲城市公共空间对照下的中国城市公共空间》，《城市规划学刊》2013 年第 3 期，第 61~69 页。

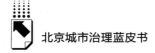
运作导向型城市公共空间治理和以日本为典型代表的社会自治导向型城市公共空间治理①。

（二）城市公共空间治理的特点

1. 保持公共性

城市公共空间的首要功能就是公共性，这是城市凸显包容性和开放性的代表属性，为城市居民提供公共活动空间，使所有的社会成员都可以平等自由地成为城市公共空间的使用者，吸引公众主动走进并使用城市公共空间，进而催生丰富多彩的社会文化②。

2. 延续独特性

作为一种特殊的空间，城市公共空间治理必然受到空间设计的深刻影响③。需根据不同城市的文化特征、地域特点和人文因素，对城市公共空间进行差别化治理，保留其地域特色，适应当地不同城市公共空间使用者的习惯需求，为每一个城市都保留其独有的城市公共空间文化烙印，使其可以更好地承载城市情感精神，实现城市公共空间使用者对"文化性"这一重要的城市公共空间属性的追求，营造不同城市公共空间的地域特色，提升城市公共空间整体的内涵，打造更加人性化、具有公共性的特色城市公共空间。

3. 精细化治理

习近平总书记曾说过，"城市管理应该像绣花一样精细"，而城市公共空间的治理则更应如此。现今正处于城市公共空间发展与建设的存量时代，着力打造、改造、升级小微绿地，"针灸治疗"小微城市公共空间。在此过程中强调公众参与的重要性与资源共享的必要性，以此激励人们的公共空间

① 王海稳、郭胜甫：《论我国城市公共空间治理的经验借鉴与路径选择》，《云南行政学院学报》2022年第1期，第37~45页。

② 陈水生：《中国城市公共空间治理模式创新研究》，《江苏行政学院学报》2018年第5期，第99~107页。

③ 孙志建：《悖论性、议题张力与中国城市公共空间治理创新谱系》，《甘肃行政学院学报》2019年第2期，第12~24+126页。

交往，并获取有效沟通与多方支持，坚持以人为本的治理理念，更加精细化地进行城市公共空间的治理。

（三）城市公共空间治理的模式与评价

1. 使用情况

使用访谈法、问卷调查法、行为调查法等方法深入调查研究城市公共空间的使用情况及使用者满意度，量化使用情况评价体系，更全面地了解城市公共空间使用者的使用想法。通过调查记录使用者的行为痕迹，分析其使用的行为模式及背后意义，从而进一步优化城市公共空间治理模式。

2. 空间活力

应制定设计标准，对城市公共空间的活力建构、活力营造等空间要素进行评估，深入量化对城市公共空间的环境、设施、形态的评价标准，通过表现形态评价法、网络效率评价法、环境感知评价法等评价方法，总体把握深入规划时间、空间、强度三个方面的空间指标，使城市公共空间的活力可以得到准确的评估①。

3. 公民满意度

调研并统计城市公共空间的公民满意度，公民作为城市公共空间的使用者，占据城市公共空间治理评价的主导地位，公民满意度也应作为重要的城市公共空间治理的评判标准。调查中应尽量多地涵盖各个年龄层的不同样本，做到更加贴合实际的城市公共空间治理的公民满意度评价结论。

二　北京城市公共空间治理的问题与难点

（一）城市公共空间总量不足，存在私属化现象

封闭圈地和私搭乱建现象明显，尤其是一些住宅楼一层，将门前的空地

---

① 杨超：《城市治理视角下的公共空间规划模式与方法探索——以北京城市副中心为例》，《城市发展研究》2022 年第 4 期，第 93~101+2+44~45 页。

圈起来设上栅栏，建起亭台花架，种上绿植，改造成自家的小花园，蚕食着社区内的城市公共空间，将其转变为私属化的个人空间，进一步缩减了城市公共空间的面积。除了地面空间，建筑顶层同样存在私搭乱建的侵占现象，不符合结构要求的私家"悬空房"、私家屋顶花园，不仅侵蚀公共空间，还造成了严重的安全隐患。另外，北京很多城市公共空间如轨道站点、背街小巷、高架桥下空间等诸多类型空间，缺少进一步开发利用，加之封闭圈地和私搭乱建行为，极大缩减城市公共空间存量，同时也进一步导致了城市公共空间公共性的缺失。城市公共空间治理须从"政府—市场—社会"共治视角重构公共空间作为公共产品、生活场所和人文载体三重属性的价值伦理，重塑中国特色的公共空间生产模式①。

（二）城市公共空间布局不均衡，碎片化严重

在飞速城市化的过程中，北京城市经历了"摊大饼"式的城市空间发展，无序蔓延的同时，各类优质资源不断向城市中心聚集②。城市公共空间的有机连接被交通网络系统分割，带状公园等街边绿化带被道路规划、区域入口等打断，每一单元的面积都相对较小，同时布局不够均衡，没有流畅的连通性，碎片化严重。使用功能相对单一，复合使用率不高，无法做到同一城市公共空间不同时段、面对不同人群的高使用频率，也是某种意义上城市公共空间的浪费③。

现有公共空间的城市区域分布不均衡，城市公共空间产生了整体分配不均、空间私有化、情感认同缺失、过渡商业化等一系列空间正义不足的现实表现。一些建设高档的小区及其周边通常有较为充足的休闲娱乐空间，但是

① 王海稳、郭胜甫：《论我国城市公共空间治理的经验借鉴与路径选择》，《云南行政学院学报》2022 年第 1 期，第 37~45 页。杨超：《公共空间治理的顶层设计刍议——以〈北京城市公共空间发展纲要研究〉为例》，《城市发展研究》2021 年第 10 期，第 65~72 页。
② 李茂、何仁伟：《北京城市空间发展问题与对策》，《中国市场》2015 年第 18 期，第 99~103 页。
③ 郑婷婷、徐磊青：《空间正义理论视角下城市公共空间公共性的重构》，《建筑学报》2020 年第 5 期，第 96~100 页。

利用率与共享性并不充分，而一些老旧住宅区的公共空间则相对较少，往往仅能满足周边居民的必要性活动需求，无法促进居民自发性活动的发生，也满足不了社会性活动的需求①。不对等的城市公共空间使用情况，不同人群对北京城市公共空间大相径庭的使用观感，地图上明显集中的公共空间分布，这些都体现了北京城市公共空间正义有待加强的特点②。

（三）城市公共空间品质有待提升，文化治理不受重视

城市公共空间的品质决定了一个城市的文明程度，而人文精神则是城市公共空间品质塑造中的重要一环。北京的城市公共空间治理经常出现对于统一性、整齐性和流行性的追求，各种各样快速建立、只重视营销而无实际内涵的网红打卡地纷至沓来，风潮散尽之后便被弃之不用，更拉低了北京城市公共空间的整体品质。同时，北京的城市公共空间发展越来越趋于同质化，对城市公共空间大致相同的设计与规划手法，商业公共空间出现同样的连锁品牌，不同街区一致的沿街立面规划等都导致了北京城市公共空间差异性与特色的进一步缺失。

城市公共空间的治理者没有意识到城市文化治理的重要性，文化内涵挖掘不足，文化宣传力度薄弱。城市公共空间设计与治理中城市文化融入程度也远远不足，许多公共空间的营造并未有意识地加入城市文化等艺术形式③。

（四）城市公共空间管理粗放，体制有待完善

部分北京城市公共空间管理粗放，机动车占道停车，残障设施损耗严重逐渐无法使用，城市公共空间私有化现象普遍等，反映了城市公共空间治理

---

① 曹现强、王超：《公共性视角下的城市公共空间发展路径探究》，《城市发展研究》2013年第8期，第30~33页。
② 裴昱、阚长城、党安荣：《基于街景地图数据的北京市东城区街道绿色空间正义评估研究》，《中国园林》2020年第11期，第51~56页。
③ 廖晓明、周芯如：《文化引领城市公共空间治理研究》，《长白学刊》2022年第2期，第148~156页。

的管理维护不力，应建立有效的管理维护体制。同时，北京城市公共空间的发展建设并不均衡，面临的现状问题复杂多样，为解决基本公共服务资源在不同区域、城乡和人群之间分配不均衡问题而产生的标准化供给体系，较难满足公共空间的复杂多样需求。即使是同一功能职责的城市公共空间，因外部环境、人文因素等差异，也很容易形成对公共资源的不同要求。

另外，治理主体权责边界不清晰是管理效率低下的又一原因。社区、街道、社会组织、市政部门等城市公共空间治理的职权部门，应对城市公共空间进行职能明确、责任清晰的分工管理，一方面厘清不同层级、部门、岗位之间的职责边界，另一方面做好衔接工作，建立部门间协调配合机制，解决职能交叉与重叠，以及权责不清等问题。城市公共空间的治理需要推动有效市场和有为政府的有机结合，在深化"放管服"改革的同时，重点解决城市公共空间治理的切实问题，尤其是公众需求层面的问题[①]。

三　北京城市公共空间治理的对策建议

（一）基于公众参与的多方协同治理

公众是城市公共空间治理的多元主体之一，城市公共空间的基本功能就是为公众服务，作为城市公共空间的主要使用者，公众是能够体察出城市公共空间使用矛盾的第一线人群。党的十九大报告提出："推动社会治理重心向基层下移，发挥社会组织作用，实现政府治理和社会调节、居民自治良性互动。"因此，推动公众参与城市公共空间治理，提高积极性与治理素养，是城市公共空间治理水平提升的重要途径之一[②]。

为了更好地连接公众与城市公共空间治理工作，应进行多方面多渠道、

---

① 高聪颖、侯德贤：《城市公共空间合作治理的发展机制研究》，《湘潭大学学报》（哲学社会科学版）2019年第2期，第28~33页。
② 杨鑫、黄智鹏、马健、李莎、傅凡：《精细化尺度下的城市绿地建设公众参与途径——以柏林、伦敦"植树计划"为例》，《中国园林》2022年第7期，第109~114页。

针对公众城市公共空间知识与权益的宣讲，与城市公共空间的使用者们进行深度交流学习①。充分利用信息化网络平台，将现场宣讲与网络宣传相结合，营造有利于公众参与到城市公共空间治理过程的整体环境氛围，理解在空间治理过程中居民具有平等的话语权以及应承担的社会责任与义务，提高公众参与城市公共空间治理的质量②。通过大数据互联网等技术手段构建公民参与城市公共空间治理的公共平台，吸纳最广泛的公众参与到城市公共空间的治理中来，推动建设发展"人人有责、人人尽责、人人享有"的城市公共空间治理共同体。

鼓励企业和社会组织参与到城市公共空间治理中，以充分发挥基层组织的自主性与民主性，合理引导民间资本和多元市场主体的介入，形成多样化的建设模式与运营模式。随着我国改革开放的发展，企业的社会影响力也日益增长，企业在追求利润的同时也应具有相应的道德义务和社会责任，企业与社会形成"命运共同体"，参与城市公共空间的治理工作。在快速城市化发展的进程中，"城中村"成为一类特殊的城市发展产物，其城市公共空间发展不充分的问题较为突出，而今也成为城市公共空间治理的"顽疾"。应鼓励企业和社会组织更多地参与进城市公共空间的治理中来，合理引导民间资本和多元市场主体的介入，构建多样化的运营模式和建设模式，与参与的企业合作共赢，完成城市公共空间的共同治理。同时，随着科技的发展，某些企业与社会平台所提供的产品和服务都与社会公众深度绑定，大众化和普及化的特点让企业和社会平台与城市公共空间的治理产生了多样化的联系。企业可以发展自身优势，灵活提供丰富多样的城市公共空间治理模式和管理经营策略，以实现城市公共空间治理的多样化建设模式和运营模式③（见图1）。

社会组织的引入也是城市公共空间治理的关键。社会组织即由公民自发

---

① 任宁：《在决策保密与信息公开之间：我国公民参与城市治理的制度空间研究》，浙江大学硕士学位论文，2015，第50~56页。

② 严晶：《走向空间正义的城市公共空间规划路径》，《苏州大学学报》（社会科学版）2020年第6期，第23~30页。

③ 张静波、周亚权：《城市公共空间治理体系与治理方式创新的路径》，《云南行政学院学报》2018年第4期，第132~137页。

图1 无界景观发起的北京杨梅竹斜街胡同花草堂活动

图片来源：无界景观提供。

成立的，具有非营利性、非政府性、独立性和公益性等特征的各种组织和网络形态，是城市公共空间治理的重要多元主体之一，具有提供各种公共服务、化解社会矛盾、提高参与度与积极性等作用，在城市公共空间治理的决策过程中为实现公共利益和多种主体协同决策达成共识做出重要贡献。社会组织的参与也可以使城市公共空间的治理变得更加开放和包容，推动城市公共空间治理的优化改造，缓解政府对于城市公共空间治理的投资压力。同时也能弥补政府对城市公共空间治理下沉不足等问题，以迅速回应城市公共空间治理方面的精细化问题，得以从源头解决各类复杂问题，有利于促进城市公共空间治理的时效性、专业性及社会化。

（二）公共空间治理的智慧化创新途径

现代城市公共空间治理需要通过基于数据、信息、知识综合集成的智慧工程实现，城市公共空间的治理可以运用大数据、人工智能、云计算等智慧化治理手段，坚持全市"一盘棋""一体化"原则①。建立健全大数据平台以辅助城市公共空间治理形成科学化决策机制，把握城市公共空间治理的时代新途径。智慧化城市的大数据平台具有信息化时代的独特优势，能将城市公共空间运行的实时性关键指标进行可视化处理，从而实现从宏观、中观和微观各个层面对运行态势的掌握和洞察，科学化地减少人为主观因素或认知不全面等复杂情况的出现。实时性的数据能够及时发现城市公共空间的安全隐患与风险，促进治理工作更为理性客观，为城市公共空间治理的决策处置提供数据支撑，使城市公共空间治理可以更加全面有效地推进解决。

打通社会参与的信息入口，激活政府、市场、社会各方参与城市公共空间共治。建设收集社会信息的网络平台，在智慧城市大数据的服务构架下，充分利用5G、大数据、云计算、人工智能、物联网、区块链等新一代信息技术，建设完善的城市公共空间治理信息化平台，分类汇总并进行分析计算，线上精准对接城市公共空间的治理需求，通过相关程序收集汇总②。充分利用以数据分析绩效评估为功能的决策指挥平台，以事项处置扁平化为特征的业务协同平台，以信息收集多元化为途径的大数据整合平台，达到激活政府、市场、社会各方参与城市公共空间共治的管理目的③。同时积极解决城市公共空间协同治理工作中面临的问题与矛盾，做到优势互补、合作共赢，城市公共空间多元主体共同治理，维护保障城市秩序稳定发展。

以智慧化手段推动城市公共空间运维管理的社会化、专业化、精细化。

---

① 丁萌潇：《城市公共空间治理困境与对策研究——以淮安市为例》，中国矿业大学硕士学位论文，2021，第40~50页。

② 李伟健、龙瀛：《空间智能体：技术驱动下的城市公共空间精细化治理方案》，《未来城市设计与运营》2022年第1期，第61~68页。

③ 丁萌潇、张长立、熊亚超：《城市公共空间治理困境与对策研究——以江苏省H市为例》，《领导科学》2022年第3期，第138~141页。

城市公共空间治理的社会化是通过推动全社会对于城市公共空间的共建、共治、共享，加强基层组织建设，推动健全基层群众参与城市公共空间治理工作，从而提高城市公共空间治理的效率与能力。例如在智能治理工具支持下，通过人与人的连接、人与服务的连接，以及人与场景的连接实现治理过程的参与式工具开发，可进一步促进公众参与的实效性[1]。同时，贯穿公共治理的理念，数据化平台可以实现多元的社会职能部门积极参与城市公共空间治理，吸纳社会组织、企事业单位、居民志愿者等各个多元主体，以优化城市公共空间治理的团队结构，促进城市公共空间治理的社会化进程。同时也要发挥不同多元主体的不同优势，全面有效落实各项城市公共空间的治理方案，进行专业化与精细化的城市公共空间治理。

基于网络平台、基础数据分析等信息化手段，可以在一定程度上确保政府在城市公共空间治理工作中由"控制"转向"引导"，利用信息优势精准定位治理问题，差异化、个性化地精准解决[2]（见图2）。

图2 北京双井社区智慧化管理平台

图片来源：城市象限公司提供。

---

① 周悦、陶珊珊、段雷晴、茅明睿：《有机更新背景下的社区智能治理探索》，《时代建筑》2021年第4期，第62~69页。

② 韩志明：《从粗放式管理到精细化治理——迈向复杂社会的治理转型》，《云南大学学报》（社会科学版）2019年第1期，第107~114页。

同时，借助互联网技术和智能建造手段，提高城市公共空间治理的效率，建立起城市公共空间综合信息数据库，实现城市公共空间治理资源的共享共治，达到空间治理的精细化、智能化和高效化（见图3）。

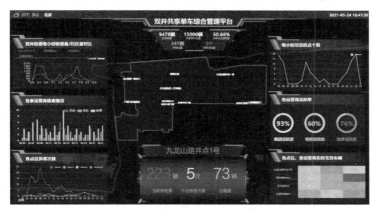

图3　北京双井社区共享单车管理平台

图片来源：城市象限公司提供。

（三）基于空间认同的资源共享

城市公共空间的治理也需要强化使用者对空间的情感认同。城市公共空间中情感空间的营造深刻影响着城市公共空间治理的效果，通过保留场地记忆、设计塑造独特的人文交往空间、创作历史文化纪念空间等治理手法，使城市公共空间的使用者们产生"归属感""认同感"和"安全感"[1]。深刻与每一个人进行文化情感的链接，使公民可以在自我审视中加深群体文化认同，使空间治理内化[2]。如在疫情等特殊时期，城市公共空间治理应及时回应居民的情感需求，建立健全城市公共空间问题的及时反馈与快速处理机制，切实关注解决从社会层面、群体层面到个体层面的不同需求，走好群众路线，增加居民对城市公共空间治理的情感认同。同时，也可以用人文精神

---

① 刘超、罗巧惠：《环境冲突的情感治理及其实现机制》，《湖北职业技术学院学报》2022年第2期，第91~97页。

② 孟耕合：《城市公共文化空间治理的三个维度》，《理论月刊》2022年第4期，第69~77页。

增加城市公共空间的魅力，多点建设"城市书屋"、公共区域的母婴室、环卫工人驿站等实际为城市公共空间的使用者们解决切身问题的公共资源，发挥人文主义精神的情感滋养。

共享是城市公共空间的核心，也是公共性的价值体现。在空间情感认同的基础上，实现城市公共空间资源共享，可以强化空间公共性，并实现资源的高效节约利用。同时，共享的城市公共空间还可以进一步促进文化的认同与情感的共鸣，使城市公共空间自治形成内在良性循环（见图4）。在规划改造层面，可更多创造共享空间，统筹社会各项资源，创新复合共享的设施建设模式，强调设施间的联动共享，引导布局和建设一体化[①]。

图4　北京国际设计周展览广场共享装置

图片来源：作者拍摄。

（四）治理模式变被动式为主动式

明确各级政府部门、市场和社会力量对于城市公共空间治理的责任分工，强化城市公共空间治理的技能培训和服务意识，将公共空间健康发展和多元维护落到实处。倡导和实施城市公共空间主动治理，可以从根本上解决城市公共空间失管弃管、封闭圈地和私搭乱建、管理维护不利等治理问题；以创建"文明城市"为抓手，找出城市公共空间治理的问题共识，组织引

---

① 吴志强、王凯、陈韦等：《"社区空间精细化治理的创新思考"学术笔谈》，《城市规划学刊》2020年第3期，第1~14页。

领凝聚民心力量；通过各个社区服务站，积极组织开展各类文化活动，搭建居民交流平台，增进居民对城市公共空间的情感认同，从而得以建设全员主动参与城市公共空间治理的管理生态；管理知识体系应及时升级，以应对城市公共空间的迅速发展。

同时也应充分承担城市公共空间管理整体规划责任，引入专业的设计规划团队对各个城市公共空间进行一体化改造，使城市公共空间更能适应城市居民的需求，让"事后被动管理"变为"事前主动防御"，利用先进的管理体系和人工智能等科技手段，提前评估城市公共空间的潜在治理风险，让城市公共空间实现前移治理，防患于未然，打造高效、简便、快捷的治理新模式。

通过城市设计治理手段进行精细化分类以制定管控要求与设计标准，打造可行的实施策略。城市公共空间的治理应从传统粗放式治理模式转变为精细化治理，针对不同种类功能的城市公共空间提供"定制化"的治理标准，提供针对性服务和采取更加细化的治理手段①。例如针对私搭乱建现象就可以成立专门的工作小组，全面深入摸排占用公共空间的私搭乱建和封闭圈地现象并分类建账，做到"违规必拆"，使楼体外墙得到修复，连通所占用的城市公共空间，使城市公共空间得到优化改进。也可以将城市公共空间治理与互联网相结合，推行网格化管理模式，以"热线+网格"的基层治理模式，实现城市公共空间治理与居民的直接对话，力求做到"未诉先办"的精细化城市公共空间治理，把治理问题及矛盾解决在萌芽状态。

设置管理监察机制，并制定相应的可量化的细节规范标准，将城市公共空间治理纳入北京市接诉即办体系，细化居民诉求处置工作机制及标准，聚焦破解疑难复杂问题，建立重难点问题提级响应、应急管理协同联动、司法服务基层社会治理响应等工作机制，升级优化各环节工作流程，对城市公共空间存在的问题进行分类处理，分别细化处置流程和步骤，统筹规划，打造可行的城市公共空间治理实施策略②。

① 钟科：《构建公共资源交易标准体系的研究》，《商品与质量》2017年第32期，第71页。
② 《北京：出台推动主动治理未诉先办指导意见》，《北京青年报》2022年3月17日，第2版。

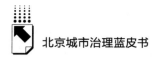
（五）城市公共空间治理的法治化途径

城市公共空间治理是一项复杂的、涉及多元主体的系统工程，强调合作、协调、参与的同时也应制定相应的城市公共空间治理政策法规，依法保障城市公共空间使用、管理各方的切实权益①。城市公共空间治理在实际问题上面临执法任务重、要求高、治理手段缺乏等内部压力，同时也与同市民现实生活需求相矛盾、执法环境欠佳等外部环境并存，例如面对社区居民违法私搭乱建的拆除方面，执法管理与城市居民切实利益存在冲突，容易产生纠纷，带来治理隐患，使得城市公共空间治理执法长期面临尴尬。解决这一系列问题，首先应法治化、规范化城市公共空间治理规定，制定更加全面、完善的城市公共空间治理规范，从而解决城市公共空间治理无法可依、部门职责混杂、执法步骤无从遵循等治理过程中存在的问题，树立城市公共空间治理的法律权威，维持城市公共空间治理秩序，营造浓厚的城市公共空间治理的法治化氛围。

同时也应细化落实城市管理者、企业、社会组织、居民等各方对城市公共空间的治理权责，严格依法执法，做到法规精准量化，避免治理死角，消除城市公共空间的三不管地带，实现有法可依的城市公共空间治理策略。建立城市公共空间治理的科学管理体系，推进城市公共空间治理体系和治理能力的现代化发展。以公众诉求为基本出发点，力求做到城市公共空间治理问题"受理有人，处理有主"，形成多部门联合开展的城市公共空间治理问题采集受理体系，推选牵头组织解决城市公共空间治理问题，对反映出的问题多向派遣，成为与各个职能部门沟通解决问题的桥梁，保障问题的处理时效。在收集问题的同时对大量同类问题进行系统的总结归纳，量身定制更加详细的法规保障体系，使城市公共空间治理的法治建设更加完善。

① 陈仲、郭轶博：《面向城市治理的老城区街道更新设计——以北京市东四南北大街为例》，《城市交通》2022 年第 4 期，第 80~85、110 页。

B.7
北京城市营商环境治理
与"放管服"改革研究

王　宁*

摘　要： 在当前百年未有之大变局下，国际形势复杂严峻，贸易保护主义、脱钩断链的不和谐声音甚嚣尘上，冲击人们改善和维系全球营商环境的努力。在这样的背景下，中国做好自己的事，努力推进营商环境治理改革和高水平开放，向世界传达我国坚持对外开放的决心并掌握开放的主动性，为世界传递更多的稳定性和可预期信心，为维护正常的国际贸易投资秩序做出更多贡献。北京作为中国的首都、国际交往中心，其营商环境治理水平是对外展示国内整体营商环境水平和开放水平的重要窗口。过去五年，通过 6 轮营商环境改革滚动升级，北京成为全国最受欢迎的投资城市之一。

关键词： 营商环境　治理改革　放管服　北京

引　言

根据《优化营商环境条例》，营商环境是指企业等市场主体在市场经济活动中所涉及的体制机制性因素和条件①。良好的营商环境是一地经济软实

---

* 王宁，经济学博士，商务部国际贸易经济合作研究院世界经济研究所副研究员，主要研究方向为区域经济发展。

① 《优化营商环境条例》2019 年 10 月 8 日已经国务院第 66 次常务会议通过，自 2020 年 1 月 1 日起施行，http：//www.gov.cn/zhengce/content/2019-10/23/content_ 5443963.htm。

力的重要体现，也是提升综合竞争力的重要内容。通过创造更加有吸引力的投资环境，加快对外开放步伐，降低市场运行制度成本，营造稳定公平透明、可预期的营商环境，加快建设开放型经济新体制，推动我国经济持续健康发展[1]。为此，党中央、国务院根据新形势新发展新要求做出了优化营商环境的重大决策部署。

近年来，我国营商环境改革工作持续向规范化、制度化、法治化方向转型。根据世界银行评估，2017年我国营商环境排名第78位，在全球只处在中等水平。认识到我国营商环境与国际先进水平的差距与短板，2018年上半年，国家发展改革委牵头，在充分借鉴世界银行营商环境评价指标体系的基础上，通过纳入具有中国特色和标准的指标，初步构建了中国特色、国际可比的指标体系，并在东、中、西部和东北地区选取22个城市进行了试评价[2]。通过发布中国营商环境评价报告，以评价指标来引导和督促国内城市推动全国营商环境持续优化，以此逐步形成了中央引导、地方反馈互动的灵活务实的改革推进方式。同时，在制度层面，以国家层面《优化营商环境条例》为基础，各地出台配套法规政策，为国内营商环境工作提供制度基础，并填补了我国营商环境领域的立法空白。

北京作为中国的首都、国际交往中心，其营商环境治理水平是对外展示国内整体营商环境水平和开放水平的重要窗口。尤其是在当前百年未有之大变局背景下，世界经济复苏乏力、经济衰退风险加大、不确定和不稳定因素增加，中国经济进入新发展阶段、中国的改革开放步入由倒逼型改革向主动推进制度型开放的新阶段，中国全面开启中国式全面现代化第二个百年奋斗目标新征程。北京需要进一步把握好改革的节奏、率先垂范，为全国提供更多可复制、可推广的方案。可以说，北京在优化营商环境改革中压力与动力十足。

---

① 孙百昌：《市场监管的三点体会——纪念改革开放40周年》，《中国市场监管研究》2018年第12期，第61~64页。
② 《优化营商环境的"中国密码"》，中国国家发展和改革委员会网站，https：//www. ndrc. gov. cn/xwdt/ztzl/xhyshj/zygz/202010/t20201021_ 1248664. html。

一 北京城市营商环境治理：6轮改革滚动升级

北京市作为参与 2018 年国家发改委组织的营商环境试评价的城市之一，在首次试评价中排名第一，也借机精准制定"9+N"系列政策措施，并在前期工作基础上开启了第 1 版的北京营商环境改革方案①。此后连续 5 年，北京市不断升级营商环境改革方案，继 1.0 版后，有了 2.0、3.0、4.0、5.0 和 6.0 版改革方案，并在 2022 年 9 月出台《北京优化营商环境条例》，走在全国营商环境改革的前列。5 年多来，北京营商环境改革实现了全国领先示范的华丽转身，提出的众多举措全国首创，改革经验向全国推广，北京也成为全国最受欢迎的投资城市之一。

（一）北京6版营商环境改革方案接连出台

1.营商环境1.0版改革方案，率先行动

2017 年 9 月，北京率先出台《关于率先行动改革优化营商环境实施方案》，推出了 26 项改革措施和 136 条政策清单，系统部署改革任务②。2018 年 3 月，北京借发改委营商环境评价之机，聚焦"办理施工许可、开办企业、获得电力等重点环节"，精准制定了"9+N"③系列政策措施，更有针对性地解决痛点难点问题④。

2018 年，北京发布《北京市进一步优化营商环境行动计划（2018—

---

① 《国家发展改革委有关负责人出席全国营商环境评价现场会暨优化营商环境工作推进会并发表主旨讲话》，国家发改委法规司，2018 年 8 月 29 日，https：//www.ndrc.gov.cn/fzggw/jgsj/fgs/sjdt/201808/t20180829_1107160.html？code=&state=123。

② 《北京排名第一！全国营商环境试评价结果发布》，北京市发展和改革委员会网站，2018 年 8 月 27 日，http：//fgw.beijing.gov.cn/fzggzl/yshjzcjc/mtbd/201912/t20191220_1343216.htm。

③ "9+N"政策体系中，"9"指北京在行政审批流程、缩短不动产登记办理时限、推进"互联网+不动产登记"、电水气热接入、电力可靠性赔偿、全面提供服务质量、纳税、提升企业开办效率以及优化金融信贷 9 个方面的政策；"N"指多项配套措施。

④ 《北京排名第一！全国营商环境试评价结果发布》，北京市发展和改革委员会网站，2018 年 8 月 27 日，http：//fgw.beijing.gov.cn/fzggzl/yshjzcjc/mtbd/201912/t20191220_1343216.htm。

2020年）》，提出打造北京效率、北京服务、北京标准和北京诚信"四大示范工程"和建设国际一流营商环境高地的目标，并安排了22项主要任务、梳理细化298项具体任务清单，明确了之后三年优化营商环境的时间表和施工图①。

2. 营商环境2.0版改革方案，坚持问题导向

2019年北京推出"9+N"政策的2.0版，旨在帮助企业降低经营成本，为其创造舒适的营商环境。"9+N"政策2.0版坚持问题导向，聚焦"简流程、优服务、降成本、强监管"四大方面②。

在简化流程方面，对政务审批和服务事项进行梳理，优化审批流程。在优化服务方面，充分运用信息化手段帮助企业和群众解决面临的问题。在降低成本方面，大幅降低企业经营成本，提升企业在京生产经营的舒适感。此外，2.0版还对事中事后监管体系进行完善，创新监管方式。信用监管方面，实施信用数据融合工程，实现"全程可查、结果可核、过程可溯、安全可靠"，通过"信易+"和"个人诚信分"工程，推行"守法便利"原则，实施信用等级梯次分类管理，为高信用等级企业提供全方位便捷服务，同时加大信用记录运用，让失信者寸步难行，进一步打造"北京诚信"品牌。③

3. 营商环境3.0版改革方案，进一步突破

2019年6月以来，按照全国深化"放管服"、优化营商环境电视电话会精神和要求，结合北京实际，在广泛听取社会各界意见建议的基础上，北京市编制完成了《北京市新一轮深化"放管服"改革优化营商环境重点任务》，以市政府办公厅名义印发，称之为营商环境3.0版改革。

① 《〈北京市进一步优化营商环境行动计划（2018—2020年）〉新闻发布会》，首都之窗，北京市发展改革委员会网站，2018年11月19日，https：//www.beijing.gov.cn/shipin/szfxwfbh/16169.html。

② 《北京市优化营商环境措施2.0版发布办事提供材料减少60%以上》，首都之窗，北京市发展改革委员会网站，2019年1月18日，http：//fgw.beijing.gov.cn/fzggzl/jjbjlh/mtbd_9944/qsfzgggz/201912/t20191220_1374542.htm。

③ 《北京市优化营商环境措施2.0版发布办事提供材料减少60%以上》，首都之窗，北京市发展改革委员会网站，2019年1月18日，http：//fgw.beijing.gov.cn/fzggzl/jjbjlh/mtbd_9944/qsfzgggz/201912/t20191220_1374542.htm。

3.0版改革目标是坚持解放思想、探索创新,大力推进新一轮深化"放管服"和营商环境改革。3.0版改革主要包括12个方面204项任务,从三个维度进行任务安排。力争在七个方面取得新突破,即关键环节和难点问题、"互联网+政务服务"、综合窗口建设、"四减一增"、事中事后监管、政务科技场景应用和法治建设取得突破。[①]

4. 营商环境4.0版改革方案,提升整体营商环境

2021年2月,北京市发改委发布《北京市进一步优化营商环境更好服务市场主体实施方案》,也就是营商环境4.0版改革方案。此轮方案共推出277项措施,力度较以往更大。[②]

优化营商环境改革4.0版在巩固既有改革成果基础上,着力从整体营商环境的角度寻求新的提升,增强企业的获得感,围绕投资建设、外资外贸、监管执法等7个大环境全面推进改革。

对照落实国家相关要求,4.0版政策对涉及地方事权的114项重点任务予以细化[③]。进一步聚焦市场主体关切,以破除体制机制障碍和制度创新为核心,坚决清除市场准入的隐形壁垒,优化再造政府审批流程,加强事中事后监管和加快数字政府建设,为企业在京发展创造更好的条件[④]。

5. 营商环境5.0版改革方案,"创新+活力"[⑤]成为主旋律

北京作为全国6个创新试点城市之一,根据国务院于2021年发布的《关于开展营商环境创新试点工作的意见》及相关工作精神,高效开启建设市场化法治化国际化一流营商环境研究与落地工作。

2021年8月,北京市出台了全国首个省级"十四五"优化营商环境规

---

① 《营商环境3.0版改革主要内容》,北京市发展和改革委员会网站,2019年11月14日,http://fgw.beijing.gov.cn/gzdt/fgzs/gzdt/202004/t20200417_1815255.htm。

② 《北京优化营商环境4.0版发布推出277项任务》,BTV-北京新闻网,http://fgw.beijing.gov.cn/gzdt/fgzs/mtbdx/bzwlxw/202102/t20210202_2251769.htm。

③ 《北京制定优化营商环境4.0版》,《中国工商时报》2020年12月23日。

④ 《北京优化营商环境4.0版发布推出277项任务》,BTV-北京新闻网,http://fgw.beijing.gov.cn/gzdt/fgzs/mtbdx/bzwlxw/202102/t20210202_2251769.htm。

⑤ 《再发力 十个关键词擘画北京营商环境5.0时代》,《北京日报》2021年12月24日。

划。之后，北京市印发了《北京市培育和激发市场主体活力持续优化营商环境实施方案》。① 4 个月后，市政府常务会议审议通过《关于开展北京市营商环境创新试点工作的实施方案》②。

此轮优化营商环境改革举措，被称为"创新+活力"北京营商环境 5.0版改革。5.0 版改革方案包括 12 个方面 362 项任务，覆盖保护市场主体、维护公平竞争、知识产权保护、行政审批、投资建设、政务服务、监管执法、外资外贸等③。通过增强对市场主体权益保护、创造更加公平的市场环境、由侧重监管到侧重服务，激发市场主体创新与经济活力。

《北京市优化营商环境条例》于 2020 年 3 月 27 日由北京市十五届人大常委会第二十次会议通过，是北京市优化营商环境重要的制度基础，为切实降低制度性交易成本、打造国际一流的营商环境提供了有力的法治保障④（见表 1）。

表 1　2017~2022 年北京市出台的营商环境相关政策文件

年份	文件及主要内容
2017	《关于率先行动改革优化营商环境实施方案》
2018	《北京市进一步优化营商环境行动计划(2018—2020 年)》
2019	《北京市新一轮深化"放管服"改革优化营商环境重点任务》
2020	《北京市优化营商环境条例》
2021	《北京市进一步优化营商环境更好服务市场主体实施方案》
2021	北京市出台了全国省级首个"十四五"优化营商环境规划;印发了《北京市培育和激发市场主体活力持续优化营商环境实施方案》
2021	《关于开展营商环境创新试点工作的意见》
2021	《关于开展北京市营商环境创新试点工作的实施方案》
2022	《北京市助企纾困优化营商环境若干措施》提出"助企纾困优化营商 34 条"
2022	财政部　税务总局关于企业投入基础研究税收优惠政策的公告,推广中关村的改革经验

资料来源：根据北京市发展和改革委官网相关文件整理。

① 《再发力 十个关键词擘画北京营商环境 5.0 时代》，《北京日报》2021 年 12 月 24 日。
② 《北京营商环境 5.0 版改革正式发布》，《北京日报》2021 年 12 月 16 日。
③ 《北京营商环境 5.0 版改革正式发布》，《北京日报》2021 年 12 月 16 日。
④ 寇佳丽：《营商环境"优"无止境　访北京市商务局环境协调推进处处长柏际平》，《经济》2022 年第 10 期。

6. 营商环境6.0版：助力企业高质量发展

2023 年 4 月 12 日，北京市印发《北京市全面优化营商环境助力企业高质量发展实施方案》，即北京优化营商环境的第 6 版改革方案：方案以公平竞争、市场准入、产权保护、信用监管等体制机制改革为重点，以破除一体化综合监管机制障碍、建设智慧便利高效的现代政务服务体系、打通政策落地"最后一千米"、统筹推动政策精准直达快享为目标，并且方案首次从京津冀区域协同发展的角度，将京津冀营商环境一体化发展列为重要任务：如进一步加强区域制度协同改革，推进京津冀协同监管，强化政务服务合作，支持三地海关通关效率提升，推进三地知识产权全链条协同保护等①。

（二）北京整体营商环境提升成效显著

近年来，北京以制度创新为核心，坚持推进简政放权、优化服务，推进北京效率、北京服务、北京标准和北京诚信"四大示范工程"迭代升级②，陆续出台优化营商环境改革举措。通过适时跟进企业需求、增加涉外业务及合规监管等方面的改革措施，北京整体的营商环境得到了显著改善，市场化、法治化和国际化水平不断提升。

1. 营商环境得到检验，全国排名前列

北京市在 2018 年国家发改委牵头的营商环境试评价城市中总排名第一，并在衡量企业全生命周期、反映城市投资吸引力两个维度排名首位③。之后，北京连续三年在正式发布的中国营商环境评价综合排名中成绩优异。

2019 年 10 月，世界银行发布《2020 年营商环境报告》，北京作为样本城市列全球第 28 位，开办企业、获得电力、登记财产、保护中小投资者、执行合同等 5 个指标进入全球前 30 位。

---

① 方彬楠、陆珊珊：《从 5.0 版到 6.0 版，北京优化营商环境改革"升级"了哪?》，《北京商报》2023 年 4 月 12 日。
② 池梦蕊：《北京创建营商环境创新试点城市 打造可复制可推广的"北京经验"》，人民网，2021 年 11 月 29 日，http://bj.people.com.cn/n2/2021/1129/c233088-35027700.html。
③ 《全国营商环境 22 个试评城市北京排名第一》，北京市发展和改革委员会网站，2018 年 8 月 28 日，http://fgw.beijing.gov.cn/gzdt/fgzs/mtbdx/bzwlxw/201912/-20191221_1396671.htm。

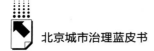
2021 年 5 月，由中科院营商环境大数据研究院编写的《中国营商环境指数蓝皮书（2021）》中，北京位列全国第 2；2021 年 11 月，全国工商联对外发布《2021 年"万家民营企业评价营商环境"报告》，北京在排名前十的省份中位列第 6；2021 年 11 月，由中国社会科学院财经战略研究院与中国社会科学出版社共同发布了《中国城市竞争力第 19 次报告》，北京为城市竞争力表现最为突出的 5 个城市之一①。

2021 年 10 月底，《关于开展营商环境创新试点工作的意见》公布北京获得了开展营商环境创新试点的资格。

2. 全国领先示范，提供更多"北京经验"

北京经济规模大，市场主体多，改革基础好，国际化程度高。经过多年的改革创新，已经在营商环境建设方面取得重大进展。在改革机制上，北京探索出"顶层设计+压茬推进"的改革模式②。北京市学习借鉴国内外的先进经验，并结合自身的实际探索改革创新。2018 年，在世界银行营商环境评价之际，聚焦改革领域。

"十三五"期间，获批国家服务业扩大开放综合示范区和中国（北京）自由贸易试验区，在服务业及制度型开放方面为全国提供试验。5 年来，北京营商环境改革从摸索直到在全国领先示范。北京作为我国首批营商环境创新试点的 6 座城市之一，其营商环境经营 6 轮改革政策推进，取得的成效显著，为国家营商环境整体提升和促进新一轮高水平扩大开放作出了北京贡献。

作为我国营商环境创新试点城市之一，截至 2022 年 8 月，北京市 2022 年国家营商环境创新试点城市建设任务已基本完成，完成营商环境 5.0 版改革任务 299 项，占总任务量的 83%③。北京市发改委相关负责人介绍，北京

---

① 《社科院中国城市竞争力报告发布　大庆 7 项"指数"排全国前列》，央广网，2021 年 11 月 9 日，http：//hlj. cnr. cn/dsdt/20211109/t20211109_ 525656110. shtml。

② 池梦蕊：《北京创建营商环境创新试点城市　打造可复制可推广的"北京经验"》人民网，2021 年 11 月 29 日，http：//bj. people. com. cn/n2/2021/1129/c233088-35027700. html。

③ 李博：《北京：基本完成国家营商环境创新试点城市建设任务》，人民网，2022 年 8 月 17 日，http：//bj. people. com. cn/n2/2022/0817/c233088-40084806. html。

将进一步滚动推进营商环境创新试点改革，为全国营商环境改革探索更多可复制可推广的"北京经验"，成为我国营商环境试点改革的"导向标"①。

3. 坚持问题导向，以人民为中心

营商环境改革中重要的内容是发挥市场主体在资源配置中的主体作用，处理好政府与市场的关系，找准政府与企业职能定位。北京市在推进营商环境治理改革过程中，坚持做好企业的"服务管家"，以问题为导向，根据市场主体关切的领域聚焦改革任务，着力破解一批制约企业群众办事创业的体制机制性障碍，以切实降低企业成本、提高企业的获得感。以 5.0 版营商环境改革方案为例，北京市发改委会同 80 余家单位，对标对表国家 37 个涉及营商环境文件要求，梳理汇总人大、政协、"12345"热线等渠道提出的 800 多条意见建议，召开企业座谈会、专题调度会 280 余场，才得以编制完成《北京市培育和激发市场主体活力持续优化营商环境实施方案》②。

疫情期间，北京各部门、各区更是加强主动服务意识，全面做好涉企服务，从企业"找服务"向政府"送服务"转变。2022 年 8 月，北京市推出了一批优化营商的新举措——"助企纾困优化营商 34 条"，围绕涉企服务、网上办事、准入准营、扩大经营等 5 个方面，帮助企业加快恢复发展。对于企业关心的惠企政策，北京力争精准直达。北京还将歇业备案的新举措拓展至全市范围，并纳入"助企纾困优化营商 34 条"中推进实施，允许企业办理歇业登记，歇业半年到三年，其间保留执照，经营地址可以换成居住地址。如此，既保留了企业的注册信息，也省掉租赁房屋的成本。对未按时申报 2021 年度年报的市场主体，北京免予相关行政处罚或不予执行列入企业经营异常名录，只此一项就惠及 17.4 万户市场主体。企业经营异常名录移出办理时间被压减至 3 个工作日，已有 5147 户企业被快速移出经营异常名

---

① 《为营商环境改革创新探索更多"北京经验"》，《中国青年报》2022 年 7 月 21 日。
② 《一图看懂〈北京市培育和激发市场主体活力持续优化营商环境实施方案〉》，首都之窗，北京市发展和改革委员会网站，2021 年 12 月 15 日，http://fgw.beijing.gov.cn/fzggzl/yshjzcjc/xwjd/202112/t20211217_2563200.htm。

录并实现信用修复。①

面对京津冀协同发展过程中，北京疏解至津、冀两地企业面临的各种问题，北京第 6 轮改革方案特别将京津冀营商环境一体化发展作为重要任务来抓。如，推进三地电子营业执照互认互通、企业跨区域迁移后税收优惠资质的三地共认，实现行政许可、行政处罚等首批 8 类公共信用信息的跨区共享，新增 19 项"跨省通办"事项等，务实解决了企业的难题。②

4. 完善法治，推进营商环境法治化水平

法治是最好的营商环境，也是推进北京营商环境国际化的重要内容。北京市着力推进法治化营商环境建设，以法治推动和保障改革，构建稳定公开透明、可预期的制度环境。

在 5.0 版改革中，北京法院切实抓好人民群众关注的"小问题"③。在全国范围内率先通过联合发文的形式，明确自 2022 年 9 月 1 日起全市法院受理的适用小额诉讼程序审理的案件按件收取受理费，每件 10 元；以调解方式结案或者当事人申请撤诉的，收费标准降为 0 元。出台《北京法院诉讼费收缴及退付办理暂行规定》，严格落实"胜诉退费"④。

为科技创新企业提供全链条知识产权保护。中国（北京）自由贸易试验区高端产业片区建立北京市知识产权保护中心经开区分中心和大兴分中心，为区域内创新主体、重大项目提供综合服务。此举通过整合市区两级知识产权资源，协调司法联动，助力知识产权纠纷一站式解决机制作用的有效发挥⑤。

推进智慧法院建设。2021 年全市法院网上立案 39.8 万件，同比增长

---

① 曹政：《北京：前 8 月为纳税人减免"六税两费"33.1 亿元》，《北京城市副中心报》2022 年 10 月 11 日。

② 方彬楠、陆珊珊：《从 5.0 版到 6.0 版，北京优化营商环境改革"升级"了哪？》，《北京商报》2023 年 4 月 12 日。

③ 赵岩：《北京法院发布营商环境 5.0 版改革成效》，《人民法院报》2022 年 8 月 12 日。

④ 粟玉晨：《为改革营商环境提供更优更好司法保障》，北京政法网，2022 年 8 月 15 日，https://www.bj148.org/gfpl/202208/t20220815_ 1637910. html。

⑤ 曹政：《营商改革：从跟跑摸索到领先示范》，《北京日报》2022 年 10 月 12 日。

57.3%。同时，在全国率先推出"电子律师调查令在线查询不动产登记信息"服务，便利律师查询信息。上线运行全国首个金融案件多元解纷一体化平台，加强北京国际商事法庭、北京法院国际商事纠纷一站式多元解纷中心建设；上线执行案款线上发还系统，确保具备条件的执行案款在法院收到后 20 日内完成发放，让胜诉当事人权益得到及时兑现①。

5. 对标国际，提升营商环境国际化水平

近年来，北京通过持续改善推进改革、对标国际通行经贸规则，为外商贸易投资提供透明、可预期的营商环境服务。

优化外资企业投资环境。推广"提前申报""两步申报"，配套实施报关单优先审核等便利化措施，享受汇总征税、多元化税收担保等优惠政策。②"投资北京地图"数字服务平台，汇集全市投资领域的政策、空间和服务资源；外商投资企业一站式服务体系实现境外投资企业备案"全程网办"；国际商事法庭和国际商事纠纷一站式多元解纷中心，为企业提供涉外商事案件诉讼、调解、仲裁"一站式"服务；中国（北京）自贸区首个国际人才一站式服务中心实现外籍人才工作许可、居留许可"一窗受理"③。

推进 RCEP 落地实施。2021 年 12 月，北京市发布《北京市推进"一带一路"高质量发展行动计划（2021—2025 年）》，提出未来五年 89 项任务清单。建设"RCEP+"先行示范区和服务中心，探索在贸易投资便利化、电子商务、跨境服务贸易、保护产权等领域先行先试制度创新。④

二 "放管服"改革：取得突出成效

"放管服"改革是"加快政府职能转变、促进政府治理体系和治理能力

---

① 张蕾：《北京法院发布营商环境 5.0 版改革成效，9 月 1 日起小额诉讼调解结案不收费》，《北京日报》2022 年 8 月 1 日，第 2 版。
② 李博：《北京：基本完成国家营商环境创新试点城市建设任务》。
③ 曹政：《营商改革：从跟跑摸索到领先示范》，《北京日报》2022 年 10 月 12 日。
④ 曹政：《北京将打造丝路创新合作枢纽》，《北京日报》2021 年 12 月 19 日，第 1 版。

现代化的重要举措，是政府刀刃向内的一场自我革新"①。即"放管服"是针对政府职能转变的改革，是理顺政府与市场关系的重要举措，并通过深化"放管服"改革实现优化营商环境的目标。北京市通过 6 版营商环境改革政策，坚持以人民为中心、以企业需求和满意为导向，在"放""管""服"三方面取得突出成果，为北京高质量发展提供了保障。

（一）简政放权，"放"出市场活力

北京以制度创新为核心，坚持推进简政放权、放管结合、优化服务，滚动出台优化营商环境 1.0 到 6.0 连续 6 版改革政策，促进企业经营"放出活力、放出创造力"。

2018 年，北京推出第一版营商改革方案时，其中就包括在全国首推小微企业接入电力的"零审批、零上门、零投资"服务。企业所需电力，由电力公司负责建设，审批时长压缩至 15 天。这项举措直接让北京在 2018 年的世行评价"获得电力"指标中获得 95.4 分的高分，达到全球最佳水平。2020 年，北京又在全国率先推行"非禁免批"改革，除禁止区域外，免除低压电力"三零"服务客户占掘路行政审批；2021 年还明确将 35 千伏及以下高压电力接入工程的占掘路审批纳入"非禁免批"范畴，直接让审批时长变成 0 天②。五年来，北京在企业开办等领域共压减审批环节 42 个、压缩审批时间 656 天。推进小微工程供电、供水、供气"三零"服务。在进出口环节，进口、出口整体通关埋单分别压缩至 30 小时以下和 1.1 小时以下，口岸通关综合费用再压缩 20% 以上③。

5.0 版改革以告知承诺制为基础，在更大范围推动简化涉企审批，着力推进照后减证并证，进一步降低企业制度性交易成本，持续深化商事制度改

① 中共中央政治局常委、国务院副总理、国务院推进政府职能转变和"放管服"改革协调小组组长韩正 2018 年 7 月 27 日主持召开国务院推进政府职能转变和"放管服"改革协调小组全体会议时的讲话。
② 曹政：《营商改革：从跟跑摸索到领先示范》，《北京日报》2022 年 10 月 12 日。
③ 《营商改革：从跟跑摸索到领先示范（非凡十年　首善答卷）》，《北京日报》2022 年 10 月 12 日。《再发力 十个关键词擘画北京营商环境 5.0 时代》，《北京日报》2021 年 12 月 24 日。

革，让更多市场主体"准入即准营"。通过简政放权，北京的营商环境明显改善，越来越多企业的"以脚投票"选择北京、扎根北京：平均每天会新增650多家企业；仅2021年就新设25.8万户，比"十三五"年均新设数量多4万户；2021年全市实际利用外资155.6亿美元，为2012年的2.3倍①。

（二）数字赋能，"管"住企业急需

政务事项全程网办。数字政务的推广，让政务服务环境更加便捷高效。"一门、一网、一窗、一次"集成化改革，让越来越多的企业感受到方便。"只进一门"，压减各部门专业审批大厅，市级56个部门、96%的政务服务事项进驻市级政务服务大厅，解决企业群众办事"多头跑""来回跑"的问题。尤其在疫情期间，市级政务服务大厅设立全国首家首贷服务中心，29家金融机构进驻，市场监管、社保、医保等27个政府部门数据打通共享，为金融机构发放信用贷款提供信息支撑②。"一网通办"，覆盖市、区、乡街、村居四级的网上政务服务大厅建成③。"一窗通办"，北京市全面实施"前台综合受理、后台分类审批、窗口统一出件"的综合窗口工作模式，取消过去的部门摆摊设窗，实现所有事项均可在任一窗口"一次"办理，避免了企业群众重复取号、排队，奔波于不同窗口④。

满足疫情期间企业远程办公需求。疫情期间，北京加快建设"全程网办、集成联办、跨省通办、移动可办"的数字服务平台。同时，持续推动中小微企业首贷补贴和贷款延期还本付息等事项网上办理，加快实现全部涉企服务事项"全程网办"。受益于"一照（证）通办"改革，企业办理缓缴社会保险费和住房公积金、增值税预缴申报等事项仅需使用电子营业执照

① 《再发力 十个关键词擘画北京营商环境5.0时代》，《北京日报》2021年12月24日。
② 曹政：《以首善标准探索一流营商环境》，《北京日报》2022年6月17日。
③ 韩秉志：《北京实施重点领域改革 营造高标准国际化营商环境》，《经济日报》2022年12月27日。
④ 韩秉志：《北京实施重点领域改革 营造高标准国际化营商环境》，《经济日报》2022年12月27日。

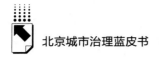

即可办理。①

数字经济下的创新。"北京云法庭"实现疫情期间线上开庭。针对"直播带货"等新兴业态主体适用监管规则不清晰的问题，北京市还将中关村科学城范围内的直播和短视频购物纳入"沙盒监管"范畴，引导新消费模式健康发展②。

专栏　数字政务

数字经济的快速发展，对营商环境提出了新的要求。为此，2021年，北京大力推进首个自主可控的区块链技术"长安链"在政务服务领域应用。"长安链"由北京微芯片区块链与边缘计算研究院等单位共同发起。北京市的日常防疫实现了数字化。例如，以"长安链"为基础建立的进口食品追溯体系，在实现可追溯的同时，也确保了供应链上经营者的数据安全隐私。通过数字政务建设，北京全面实行"不见面审批"，公积金、社保等事项实现掌上可办③。

（三）优化服务，"服"务营商便利

北京通过多轮营商环境改革措施的出台，想群众所想、急群众所急，不断提升服务水平与质量，便利个人与企业的营商活动。

2020年，《北京市优化营商环境条例》（以下简称《条例》）出台，为市场主体投资兴业提供坚实的制度保障④。特别是围绕市场主体反映强烈的隐性壁垒、重复检查、缺失信用修复渠道等问题，《条例》提出40余项创

① 《北京出台助企纾困优化营商环境举措　加大支持中小微企业》，新华网，2022年8月17日，http://m.ce.cn/sh/sgg/202208/17/t20220817_38034844.shtml。
② 韩秉志：《北京实施重点领域改革　营造高标准国际化营商环境》，《经济日报》2022年12月27日。
③ 郭宇靖：《提升"软"环境　升级硬政策》，《经济参考报》2021年12月2日。
④ 曹政：《以首善标准探索一流营商环境》，《北京日报》2022年6月17日。

新性改革举措，在商事制度改革、审批制度改革、监管制度改革、企业办理破产等方面形成了新的突破。其中在商事制度改革方面，北京将推进照后减证和简化审批，实现更多市场主体"准入即准营"，进一步降低企业制度性交易成本。2020年底，北京经济技术开发区作为北京市首个产业用地改革的试点地区，将原本多个独立环节打通，采用"政府定标准、企业作承诺、过程强监管、信用有奖惩"的新型管理模式，实现产业项目全生命周期服务链、土地利用全过程监管链①。

疫情期间，政府服务线上办。2022年8月，北京市政府印发《北京市助企纾困优化营商环境若干措施》，为企业纾困解忧。重点围绕涉企服务、网上办事、准入准营、扩大经营等方面，提出了34条改革举措，以稳市场增长、解企业困境②。

推进以标准化、规范化、便利化为导向的"大政府"理念。整合部门系统和服务资源，加强业务协调与协同合作，优化办事流程③。围绕企业从准入到退出的"全生命周期"，推出集成服务。推进政府服务标准化建设，深化"多规合一""多测合一""多验合一"改革，实现各部门高效并联审批。深入推进社会投资综合审批改革，在"三城一区"和自贸区试点基础上，向全市推行"区域评估+标准地+承诺制+政府综合服务"改革模式④。

推进科技赋能和数字政务建设。如在企业关心的办税缴费便利度方面，北京不断扩大线上办税事项范围，优化纳税人网上办、掌上办体验⑤。持电子营业执照、身份证等即可办理经营许可、纳税、社保、医疗、民政、养老等高频政务服务事项⑥。

---

① 郭宇靖：《提升"软"环境 升级硬政策》，《经济参考报》2021年12月2日。
② 《北京出台助企纾困优化营商环境举措 加大支持中小微企业》，新华网，2022年8月17日，http://m.ce.cn/sh/sgg/202208/17/t20220817_38034844.shtml。
③ 《再发力 十个关键词擘画北京营商环境5.0时代》，《北京日报》2021年12月24日。
④ 杜兰：《北京推出优化营商环境改革5.0版》，《首都建设报》2021年12月16日。
⑤ 曹政：《34条营商举措助企业纾困稳增长》，《北京日报》2022年8月18日。
⑥ 《再发力 十个关键词擘画北京营商环境5.0时代》，《北京日报》2021年12月24日。

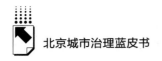

三 新问题新挑战

北京作为首都，从自身高质量发展的内在需求和示范全国城市的外在动力，都需要在营商环境改善中发挥积极主动与示范作用。但营商环境的优化是一个持续的过程，在这样的背景下，北京需要对可能面临的改革任务和更大挑战做到有准备、有预案。

（一）高水平开放对营商环境提出了更高要求

一方面，世界银行评价营商环境的领域大幅拓展，新增了国际贸易、服务贸易、知识产权保护、跨境破产等领域，需要在营商环境评价中进一步与国际接轨；另一方面，推进营商环境改革与制度型开放结合，对标高水平的自由贸易协定，需要提高营商环境治理的规范性、标准化、系统性和国际化水平，并为推动落实 RCEP、共建"一带一路"，探索更多务实经贸实践，形成"北京经验""中国方案"。

（二）数字经济发展为营商环境提出了新挑战

数字时代，大量平台企业的发展，带来了灵活就业人员社会保障不足、违法广告和虚假宣传行为增多、平台企业垄断、网络维权难等问题；个人信息保护、跨境数据流动，对数字经济和数字贸易安全提出了新议题。数字经济的发展，对政府治理能力提出更高要求。

（三）新发展阶段要对营商环境改革的作用有新认识

营商环境是软实力。营商环境改革，一方面，要着眼于企业关切，这涉及如何让企业减环节、减时间、减成本、减材料，从小处着眼，切实减轻企业运营的制度性成本；另一方面，在新的发展阶段，营商环境改革要上升到治理层面，必须服务整体国家经济社会发展的战略部署和国家与城市治理现代化任务。如何在推进营商环境改革的过程中，通过改革提升北京城市政府治理现代化，并为全国提供样板，是一个值得探讨的新课题。

（四）专业化的评价需要专业知识和人才

随着营商环境改革的深入，地方政府会面临越来越多的专业性问题。尤其是当前国家借鉴世界银行营商环境评价指标体系，以指标引导地方营商环境改革，导致在这一过程中大量引用国际先进规则和专业领域比较权威的标准。这就要求包括北京在内的地方政府，在营商环境改革进程中要有国际化视野，加大研究力量、提高专业性和业务能力，重视人才问题。

四　未来展望

北京作为中国的首都，全国的政治中心、国际交往中心、科技中心、文化中心，引领制度性改革、为全国提供营商环境改革治理"北京经验"的任务重、挑战大。作为营商环境改革创新试点城市之一，北京应紧抓营商环境创新试点重大政策机遇，不断深化改革、敢于探索、先行先试，用好用足国家政策先行先试授权，为全国营商环境改革治理创新起到引领与示范作用。

一是充分发掘政策优势，引领全国制度性改革。以自由贸易试验区和服务贸易创新示范城市政策优势，推进"两区"建设，深入开展国际高水平自由贸易协定规则对接先行先试。一方面，RCEP作为中国当前加入的最大自由贸易协定，其落地实践将为中国加入CPTPP和DEPA提供积极经验，并将实践经验升华成为"中国方案"。另一方面，加强服务领域规则建设，在服务贸易和数字贸易领域提供先行示范，利用好国际服务贸易博览会平台，在人才服务、知识产权、国际收支、跨境贸易等领域实现改革突破。

二是有序推进改革任务，服务国家高质量发展大局。扎实推进6.0版改革。推进一体化综合监管体系建设，强化事中事后监管，带动更大范围的告知承诺审批制度改革；加快数字经济服务与监管建设，提升服务便利化水

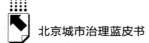

平；出台支持中小企业高质量发展的系列政策，激发市场主体活力与创新力；加快落实京津冀营商环境发展"1+5"合作框架协议，着力破解制约区域市场主体经营发展的体制机制障碍。通过有序推进，探索城市政府现代化治理，引领全国改革，助力国家高质量发展。

三是加大专业人才供给，形成人才储备网络。随着营商环境改革的规范化、专业化、法治化、国际化发展，各界对专业与综合知识的要求越来越高，需要加大对专业化与综合性人才的培养与引进，挖掘既熟悉业务又懂专业领域知识的人才。与国家高端智库和高校合作，引入专家库和人才库。与国际组织合作，以中国经验对国际营商环境评价进行改进。

四是以评价引领全市改革，完善市域营商环境评价体系。对标对表国家营商环境评价相关文件，结合北京实际，形成有国际范，标准化、规范化、法治化，能够突出北京比较优势和特色的营商环境评价体系，引导全市营商环境治理改革和"放管服"改革，并与国家营商环境改革形成深入互动。

五是探索数字经济下的改革创新，提升数字治理水平。北京需要不断完善对平台经济的综合监管服务系统，开展常态化、周期性的平台经济运行监测和风险评估，推动全链条监管；配合国家数字立法，完善市域相关配套规章条例；借助"两区"建设，为数字经济和数字贸易发展探索安全、可持续的政策方案；探索"社会共治"可行路径，提高企业与社会的治理参与度。

B.8
北京城市治理"接诉即办"的实践探索

周睿志*

摘　要：　"接诉即办"制度是北京城市治理领域的关键制度。自从 2019 年实施以来，"接诉即办"在北京城市治理领域形成了显著治理绩效。在过去四年多的实践中，该制度经历了制度初建、配套改革、规范化建设和拓展延伸四个发展阶段。依托党的领导、高位接诉、精准派单和严格考核四项机制，"接诉即办"实现了高效运行。特别值得注意的，"接诉即办"充分贯彻了"以人民为中心"的治理理念，在中国社会治理、城市治理领域具有突破性的价值。立足发展远景，"接诉即办"在接下来的实践过程中，应当着眼于制度自身的协调性建设、执行力建设和可持续性建设，采取精准措施，不断提升制度品质。

关键词：　接诉即办　城市治理　北京

近四年来，北京市的"接诉即办"制度获得了巨大的成功。"接诉即办"以极高的效能，有力地推进了北京市的城市治理工作，显著提升了北京市的城市治理水平。"接诉即办"的有效展开，使它获得了中央层面的充分肯定。具体来看，"接诉即办"一方面取得了显著成就，是一个高效的制度；但另一方面，它又是一个"发展中"的制度，还存在很大的发展空间。为此，对这一制度及其实践进行系统研究，梳理其具体的演进历程，说明其

---

* 周睿志，北方工业大学宪法与行政法研究中心执行主任，讲师，法学博士、政治学博士后，主要研究方向为政府法治、纪检监察。

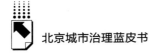

具体的实践效能，透视其关键性的制度机理，阐明其突破性的政治意义，分析其优化发展措施，不仅有利于持续完善这一制度形态，也有利于将它所蕴含的成功经验在更大范围内进行推广。

一 演进历程

"接诉即办"作为一个系统的制度，它的发展并不是一蹴而就的。2019~2022年，它经历了一系列的发展演进历程。我们可以把这段演进历程分为四个阶段。通过对演进历程的分析，能够有力地透视这一制度在各个层面的内涵，进而加深对它的认知，增强制度实践的自觉性。

（一）制度初建阶段

"接诉即办"制度发端于2019年。它以"12345"市民服务热线为基础，逐渐发展完善。

在"接诉即办"制度初建的阶段，主要解决了两个关键问题。

第一个关键问题是市民服务热线整合的问题。发展初期，北京市通过"12345"整合了54条市民热线。[①] 市民服务热线是一种连通政府和民众的渠道。它的关键在于通畅性。在"接诉即办"制度确立之前，"12345"市民服务热线已经运行多年，其他具体领域也建立了很多服务热线。然而，这些分散存在的服务热线存在几个方面的问题。一是缺乏统一的受理标准，它们的"接诉"状况参差不齐。有的热线很好接通，得以发挥实效；有的热线则很难打通，成为摆设。二是各条热线的回应程度参差不齐。有的热线能够进行较为实质的回应，切实办理群众诉求；有的热线则仅仅只具有初步的咨询功能。市民服务热线整合不仅是对各种市民诉求渠道的整合，更是对热线标准的统一化管理和品质提升。

第二个关键问题是强化对诉求的回应。热线整合解决的是"接诉"问

---

① 《〈北京市接诉即办工作条例〉解读》，《北京日报》2021年9月26日，第5版。

题,除此以外,这一阶段的另一个关键是"即办"问题。所谓"即办",就是立刻办的意思。将市民诉求纳入治理体系之后,接下来的重点就是如何回应办理这些诉求。"接诉即办"通过建立有效的办理机制,使接纳进来的诉求得到实质性办理。具体而言,"接诉即办"通过热线统一受理市民诉求后,又通过"派单"分流机制将诉求分配给具有办理职能的承办部门。另外,对承办部门的办理时限进行了规定,办理结束后还对办理效果进行考核。"即办"层面的一系列努力使"接"和"办"两个环节基本实现了衔接,避免了"接而不办""接而慢办"等问题。

(二)配套改革阶段

"接诉即办"是一个系统工程,它涉及多种制度要素之间的协同匹配。2020年通过的《北京市街道办事处条例》是"接诉即办"制度发展过程中的一个重大环节。它被视为"接诉即办"制度发展的一项关键性的配套改革措施。

《北京市街道办事处条例》的立法说明指出:"(条例)以理顺街道办事处与区政府工作部门之间的条块关系为核心,固化党建引领'街乡吹哨、部门报到'以及接诉即办机制经验,解决基层治理难题。"[1] 具体而言,《北京市街道办事处条例》规定了街道办事处坚持以人民为中心,按照民有所呼、我有所应的要求,对居民诉求接诉即办;明确居民诉求处置派单制度和激励、督查、考核工作的基本要求,要求政府有关部门、公共服务组织快速响应居民诉求。[2]

另外,《北京市街道办事处条例》通过强化街道、乡镇的能力,对"接诉即办"的"执行端"进行了有效赋能,使大量需要由街道、乡镇办理的诉求具有了办理能力层面的扎实保障。从系统的角度看,《北京市街道办事处条例》的出台有力推进了"接诉即办"制度建设。

---

[1] 北京市人大常委会:《北京市街道办事处条例》立法说明。
[2] 北京市人大常委会:《北京市街道办事处条例》立法说明。

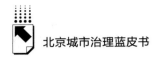

（三）规范化建设阶段

"接诉即办"是一个综合性的制度，它的效能发挥依赖多元主体的协同。为此，只有具有了法定的、规范的形式，才能确保各责任主体职责清晰，整个运行流程明确。

基于这一原因，北京市自 2020 年底就启动了"接诉即办"的立法工作。2020 年 12 月，市人大常委会对接诉即办立法进行立项，成立了立法工作专班，政府和人大相关部门就立法主题展开调研工作，并开始起草文本。[①] 作为立法主体的北京市人大常委会围绕"接诉即办"立法主题，展开了各种形式的立法调研，并经过三次审议后，不断优化完善了立法草案。2021 年 9 月，北京市人大常委会表决通过了条例。

《北京市接诉即办工作条例》（以下简称《条例》）的出台具有两个层面的意义。其一，将两年多的制度探索进行了固化。使《条例》成为"固化改革成果的'制度保障法'，在总结改革成果的同时，进一步完善制度设计，提升、凸显接诉即办制度的功能定位"。[②] 其二，通过立法过程中的民主化努力，切实解决了"接诉即办"实践过程中的一些重大问题，使《条例》成为"破解难点痛点的'深化改革法'。"[③]

在"接诉即办"发展演进过程中，《北京市接诉即办工作条例》的出台是一个重要环节。它不仅使"接诉即办"获得了法律地位，提升了制度权威，还使"接诉即办"具有了规范化的形态，从而使其规范化运行、可持续发展具有了明确保障。

（四）拓展延伸阶段

通过不断的实践探索，"接诉即办"制度实现了内涵的拓展延伸。它的拓展延伸使其进一步发挥了回应群众、服务人民、提升首都城市治理品质的

---

① 《〈北京市接诉即办工作条例〉解读》，《北京日报》2021 年 9 月 26 日，第 5 版。
② 《〈北京市接诉即办工作条例〉解读》，《北京日报》2021 年 9 月 26 日，第 5 版。
③ 《〈北京市接诉即办工作条例〉解读》，《北京日报》2021 年 9 月 26 日，第 5 版。

制度潜能。总体看来，它的延伸拓展主要包含两个方面。

第一，从"接诉即办"向"未诉先办"延伸。"接诉即办"是一种开门接诉的制度，它向广大市民进行了一项庄严的政治承诺，即只要市民有诉求，党领导的治理体系就积极予以回应。依靠这种开门接诉的现代化机制，治理主体深入掌握了城市治理方面的总体情况，切实了解了城市治理、服务人民过程中的问题和短板。在此基础上，治理主体展开了"未诉先办"，对一些普遍性的问题积极主动进行治理，从源头上解决诸多矛盾。"未诉先办"一方面使"接诉即办"从"末端"向"中端"和"前端"延伸，增强了"接诉即办"处置问题的能力，另一方面，使"接诉即办"更加具有治理主动性和治理前瞻性，从而使整个制度活力得到显著提升。

第二，与其他的制度机制衔接协调。在实践探索中，"接诉即办"不断与其他的社会治理机制衔接协调，使北京市城市治理、社会治理的统筹性和系统性得到了强化。例如，"接诉即办"制度与公共法律服务制度的衔接能够将法治资源引入"接诉即办"系统中，增强"接诉即办"的实践规范化，提升"接诉即办"的法治品质。又如，"接诉即办"制度与信访制度、复议制度、诉讼制度的衔接，能够增强实质化解矛盾纠纷的合力，及时处置相关问题矛盾，从而有力地维护首都的和谐安定。总之，与其他制度机制的协调衔接，可以将更多的治理资源"引进来"和"带出去"，从而使"接诉即办"产生更大的治理效能。

二　实践效能

判断一个制度好坏的标准有多重维度，其中一个重要的维度就是效能。具体言之，一个制度只有具备较高效能，才能成为一个好的制度。过去三四年，北京市"接诉即办"制度展现了较高的实践效能，有力地支撑了北京的城市治理，充分回应了人民群众的诉求。我们可以从三个方面来理解"接诉即办"的效能状况。

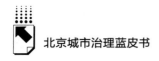

（一）受案效能

根据北京市政务服务管理局发布的报告，整个 2020 年，接诉即办制度共受理市民来电 1103.94 万件。[1] 这些受理的来电中，一部分是咨询类的，它需要"接诉即办"予以回答解释；另一部分是诉求办理的，它要求"接诉即办"进行具体办理。"市民热线服务中心通过派单方式，交由各区、市属机构、国有企业、街道（乡镇）办理 448.71 万件，占比 40.65%。"[2] 根据北京市政务服务管理局发布的报告，整个 2021 年，接诉即办共受理市民来电 1485.8 万件。[3] 在这些来电中，"诉求反映 665.8 万件，同比上升48.48%。"[4] 2022 年，受疫情冲击，市民诉求进一步增多。接诉即办制度共受理群众反映 7592.4 万件。其中，直接答复 6708.9 万件，共形成工单4147.3 万件。[5] 无论是单纯的咨询类诉求，还是办理类诉求，数量都是巨大的。基于北京市特定的人口规模，"接诉即办"在诉求受理层面展现出来的效能是非常可观的。

（二）回应效能

在过去几年，"接诉即办"制度展现出了较为强大的诉求回应能力。据统计，"在 2020 年，通过派单方式办理的 448.71 万件群众诉求中，区级部门办理 168.9 万件，占比 37.64%；街道（乡镇）办理 165.3 万件，占比36.84%；市属机构办理 53.8 万件，占比 11.99%；国有企业办理 60.71 万件，占比 13.53%。"[6] 2021 年，"接诉即办"的诉求回应能力进一步提升。"2021 年热线派单处理的 665.8 万件诉求，区级部门共办理 270.3 万件，占比 40.60%；街道乡镇共办理 203.3 万件，占比 30.53%；市属机构共办理

---

① 北京市政务服务管理局：《2020 年北京市"接诉即办"改革年度工作报告》。
② 北京市政务服务管理局：《2020 年北京市"接诉即办"改革年度工作报告》。
③ 北京市政务服务管理局：《2021 年北京市 12345 市民服务热线年度数据分析报告》。
④ 北京市政务服务管理局：《2021 年北京市 12345 市民服务热线年度数据分析报告》。
⑤ 北京市政务服务管理局：《2022 年北京市 12345 市民服务热线年度数据分析报告》。
⑥ 北京市政务服务管理局：《2020 年北京市"接诉即办"改革年度工作报告》。

132.1万件，占比19.84%；国有企业及其他单位办理60.1万件，占比9.03%。"① 到了2022年，"接诉即办"回应效能持续提升。"2022年12345热线派单处理的883.5万件诉求，区级部门共办理452.5万件，占比51.22%；街道乡镇共办理253.6万件，占比28.70%；市属机构共办理131.8万件，占比14.92%；国有企业共办理28.2万件，占比3.19%。"② 在"接诉即办"制度体系中，案件受理环节总体上是集中统一的。虽然具有热线、网络等多种受理渠道，但不同渠道的案件被整合在一起。诉求办理环节则是根据责任主体的职能分工进行的，不同的诉求被分配给相应的责任主体。从统计数据看，多层级、多类型的责任主体共同担负办理职责，实现了对市民诉求的较高程度的回应。

（三）满意度

检验一个制度的效能，除了客观层面的受案效能、办理效能之外，还得看相关主体的满意度。满意度是衡量公共服务供需匹配的关键指标。据统计，"在2020年办理的448.71万件群众诉求中，重点对群众来电诉求直接办理的366.78万件进行考核，电话回访接通359.6万件，有效回访（来电市民对反映诉求明确表达是否满意和是否解决的意见）260.79万件。根据回访统计情况，对各区、市属机构、国有企业、街道（乡镇）办理群众诉求的解决率、满意率做考核排名。总体看，全年群众诉求解决率、满意率均呈逐月上升趋势，满意率高于解决率。"③ "接诉即办"展现了较高的回应质量，它所提供的公共服务得到了市民的充分认可。2021年，"接诉即办"所办理案件，有4.2万件受到群众的主动表扬。④

除了受到市民的充分肯定外，"接诉即办"还受到中央层面和其他方面的充分肯定。比如，习近平总书记充分肯定北京的接诉即办改革，指出

---

① 北京市政务服务管理局：《2021年北京市12345市民服务热线年度数据分析报告》。
② 北京市政务服务管理局：《2022年北京市12345市民服务热线年度数据分析报告》。
③ 北京市政务服务管理局：《2020年北京市"接诉即办"改革年度工作报告》。
④ 北京市政务服务管理局：《2021年北京市12345市民服务热线年度数据分析报告》。

"这个很好",并强调北京要继续沿着这条路走下去。① 又如,北京市在2021 年全国城市政府热线评比中继续位列榜首,"接诉即办"荣获中央网信办"全国百个成绩突出账号"等多个奖项。② 再如,第 27 届"中国五四青年奖章"评选结果已经揭晓,北京市市民热线服务中心"12345"网络班组入选。③

三　核心机制

作为一种城市治理的创新体系,"接诉即办"包含着多种内在支撑机制。恰恰是因为这些机制的支撑,"接诉即办"才得以高效运行。

(一)党的领导机制

在"接诉即办"制度中,党的领导不是一种泛泛的政治原则,而是一种切实的实践机制。《北京市接诉即办工作条例》规定:"本市在中共北京市委的统一领导下,建立健全接诉即办领导体系和工作机制,整体谋划、统筹推进接诉即办工作。"④ 这是党的领导机制在立法上的具体体现。

党的领导是"接诉即办"制度有效运转的前提。恰恰是由于党对整个制度的领导、统筹和推动,作为一个综合系统的"接诉即办"才能顺畅运行。在实践中,北京市委、市政府的主要领导亲自统筹、推动接诉即办相关工作,为接诉即办提供强有力的政治支持。⑤ 有学者对党的领导的具体机制和具体表现做出分析:"'接诉即办'最为重要的要素包括市委主要领导注意力分配、成立专项小组、区委书记/市直部门党组(党委)书记月度工作

① 《〈北京市接诉即办工作条例〉解读》,《北京日报》2021 年 9 月 26 日,第 5 版。
② 北京市政务服务管理局:《2021 年北京市 12345 市民服务热线年度数据分析报告》。
③ 《12345 网络班组获评"中国青年五四奖章集体"每天网上受理 11.6 万件市民诉求》,《北京日报》2023 年 5 月 4 日,第 2 版。
④ 《北京市接诉即办工作条例》第四条。
⑤ 北京市政务服务管理局:《关于贯彻〈北京市接诉即办工作条例〉实施情况的报告》,2022 年 9 月 21 日。

点评会、压实各级党组织书记责任。……调动起北京市各区区委书记、市直部门党组（党委）书记、343 个街道乡镇书记、3400 多个社区书记的积极性。"① 党的领导是全方位全要素的，它贯穿该制度的各个方面和各个环节。

此外，值得注意的是，"接诉即办"所处理的诉求，一部分属于执法"末端"层面的问题，另一部分则属于政策、体制"前端"层面的问题。对于执法"末端"层面的问题，可以通过考核、激励等一般性的措施督促执法机关、基层部门去处置解决。然而，对于政策、体制层面引发的问题，则需要通过高位统筹、各方面的协同配合，较为有效地予以解决。对于这部分诉求，党对"接诉即办"的领导统筹就成为"接诉即办"有效运转的必要条件。

"接诉即办"以充分回应人民群众为目标，相应地，它自身就需要具备较强的资源调动能力。就此而言，我们可以说党的强有力的领导是"接诉即办"制度的"标配"。

（二）高位接诉机制

"接诉即办"的第二个重要机制是高位接诉。所谓高位接诉，是指人民群众的诉求由北京市层级的机构统一受理，通过分类后再"派单"给各具体办理部门。

《北京市接诉即办工作条例》（以下简称《条例》）规定："本市设立'12345'市民服务热线及其网络平台，作为受理诉求人诉求的主渠道。"② 除此以外，《条例》从人民群众权利的角度进行了规定："诉求人为了维护自身、他人正当权益或者公共利益，可以就经济发展、城市建设、社会管理、公共服务、民生需求等方面的事项提出诉求。"③ 诉求人正当的诉求提起权利受到《条例》的明确保护，任何妨碍诉求提起的行为要承担相应的法律责任和政治责任。

---

① 李文钊：《北京市接诉即办的治理经验》，《前线》2022 年第 2 期，第 70~76 页。
② 《北京市接诉即办工作条例》第二条。
③ 《北京市接诉即办工作条例》第八条。

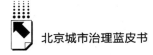
高位接诉机制是一种特殊机制，具有特殊的意义。一般情况下，人民群众的诉求直接向具有相关职能的公共机构反映，由其负责答复或办理。然而，在实践中，这种向职能机构直接反映问题的方式经常会遭遇推诿、扯皮等官僚主义阻力。"门难进、脸难看、事难办"现象在一些部门中还存在。对比之下，"接诉即办"的高位接诉机制就具有了非常重要的意义。第一，高位接诉机制能够有效避免诉求被拒绝、推诿的情形。通过"12345"热线这一规范权威的接诉渠道，人民群众的诉求被高层级的机构统一受理。在统一受理之后，又通过精准的"派单"机制把诉求分配给责任部门。这是对"水塔原理"的巧用。在水塔系统中，居民用水被抽送到水塔中，水塔抬高了水的位置、形成了水的势能，使水能够自然地流淌到各个居民家中。人民群众的诉求被高位阶的机构受理并"派单"之后，对于承办机构来说，这些诉求不仅是群众诉求，同时也是"上级交办"的任务。高层机构一经手，这些诉求便获得了更高的政治权重。通过高位接诉，人民群众的诉求变成了自上而下的治理任务，基层部门或一线执法部门需要对它们高度重视。

第二，高位接诉机制能够为诉求办理集结更多资源。人民群众所提出的诉求，在办理过程中，有相当一部分需要进行政策调整、制度机制优化、多部门协同，有的还需要增加财政投入。当高位阶的接诉机构向下布置办理任务时，它及其所属的机构（主要是北京市党委、政府）也有责任为承办机构提供支持和保障。从这个层面看，高位接诉机制不仅把人民群众的诉求办理变成了重大的政治任务，同时还为诉求办理带来了更多的资源和保障。

（三）精准派单机制

"接诉即办"的第三个核心机制是精准派单机制。这一机制使人民群众的诉求与承办机构的职能实现了科学匹配。

《北京市接诉即办工作条例》（以下简称《条例》）规定："市民热线服务工作机构应当按照以下流程派单：（一）对权责明确、管辖清晰的，直接派单至承办单位；其中，直接派单至街道办事处、乡镇人民政府的，同时送区人民政府督促协调解决；（二）无法直接派单至具体承办单位，但能够确定诉求所属行政区域的，派单至区人民政府协调办理。区人民政府应当组织相关单位推动诉求解决。"① 另外，《条例》还规定，市级的政务服务管理部门对于派单异议，承担协调解决的责任。从而避免了派单环节的"梗阻"。② 在"派单"机制中，对于可直接明确派出的诉求，直接派给承办机构；对于那些比较复杂的诉求，则由人民政府进行办理责任的分配。这样的机制可以有效避免因办理职责模糊而导致的各种推诿扯皮。

在这里，特别值得注意的是，"派单"最先是由企业所运用的机制，那些依赖高科技、大数据支撑的现代企业平台，例如京东、美团、滴滴等，通过"派单"机制实现了业务分配的高效性和精准性，从而大大提高了企业的管理效率。"接诉即办"作为一个公共服务机制，借鉴了企业的"派单"机制，实现了人民群众诉求办理的科学分流和精准派送，这是"社会"对"国家"的一种"反哺"。它一方面说明我国社会治理领域的大胆创新，另一方面也说明我国社会治理现代化具有了内生性的动力。

（四）严格考核机制

严格有效的考核机制是"接诉即办"顺利运行的第四项关键支撑。在四年多的"接诉即办"实践探索中，逐步形成了多层次、多维度的考核机制。

首先，"接诉即办"将考核和政府绩效、管党治党、干部任用密切挂钩，使考核具有了充分的权威性。具体而言，相关部门每个月对接诉即办办理责任单位进行考核排名，并将办理绩效和干部选拔任用、评选先进挂钩。③ 依托这种严格的考核机制，各类责任主体高度重视"接诉即办"工作。其次，不断创新考核方式。在考核实践中，采用了末位约谈、集体约

---

① 《北京市接诉即办工作条例》第十二条。
② 《北京市接诉即办工作条例》第十二条。
③ 北京市政务服务管理局：《关于贯彻〈北京市接诉即办工作条例〉实施情况的报告》，2022年9月21日。

谈、监督问责等措施，使考核立体化、动态化。① 最后，充分利用激励机制。例如，2021 年，北京市制定《接诉即办工作先进典型评选实施方案》，在市的层面"召开接诉即办表彰大会，以市委办公厅、市政府办公厅名义对全市接诉即办工作 199 个先进集体、399 名先进个人、100 个优秀案例进行表彰。"② 北京市各区也随即展开了各种形式的表彰激励工作。

（五）主动治理

在"接诉即办"的体系中，"未诉先办"不是一种独立制度，而是"接诉即办"的一种自身拓展。"未诉先办"的实施表明"接诉即办"逐渐走向了治理的主动化和深层化。在"未诉先办"领域，"接诉即办"主要处理的是那些普遍性的、前端性的、源头性的问题。

在实践中，"北京市委以'每月一题'为重要抓手，推动主动治理、未诉先办……市、区人民政府应当聚焦诉求反映集中的高频次、共性问题，开展重点领域和区域治理；对持续时间长、解决难度大的诉求开展专题研究，制定解决方案，完善政策措施，明确主责单位，市、区、街道（乡镇）三级协同联动，集中力量推动问题解决。"③ 主动治理取得了非常显著的治理效果。例如，"2021 年房产证办理难、预付式消费退费难等 27 个问题，共计完成 600 余项工作任务，出台 110 余项政策法规。2022 年老楼加装电梯、居住区电动自行车集中充电设施建设等 17 个问题，已完成 303 项工作任务，出台 83 项政策，第三方调查公众满意度为 90.64%。"④

另外，"未诉先办"的主动治理，不仅解决了一些"老大难"问题，而且还推动政策、法律法规的优化发展。它使营商环境、新业态监管、食品安

---

① 北京市政务服务管理局：《关于贯彻〈北京市接诉即办工作条例〉实施情况的报告》，2022 年 9 月 21 日。
② 北京市政务服务管理局：《关于贯彻〈北京市接诉即办工作条例〉实施情况的报告》，2022 年 9 月 21 日。
③ 《〈北京市接诉即办工作条例〉解读》，《北京日报》2021 年 9 月 26 日，第 5 版。
④ 北京市政务服务管理局：《关于贯彻〈北京市接诉即办工作条例〉实施情况的报告》，2022 年 9 月 21 日。

全、风险预防、供热采暖、公交运输等领域的政策法规进一步完善。① "未诉先办"通过发现和解决那些普遍性问题,推进了北京市相关各项治理制度的优化发展。

四　重大意义

在北京城市治理,甚至中国社会治理领域,"接诉即办"制度的展开具有突破性的意义。它有力地践行了"以人民为中心"的治理理念,将治理的焦点集中到人民群众切身"小事"上来。

我们需要从理论的层面来把握这一重大意义。在我国普遍的社会治理实践中,由于治理资源总体有限,治理主体往往无法同时兼顾社会经济发展和民众诉求回应两个方面。据学者对我国基层治理状况的考察,我国基层治理实践中普遍形成了一种"强治理-弱治理"的格局。"'强治理'是指涉及政绩和上级问责的治理事务,即(各级党和政府的)'中心工作',如争资跑项、城镇建设等。由于中心工作受领导重视,政府就会调动力所能及的组织、机制和资源进行治理,因而呈现'强治理'效果。'弱治理'主要是指涉及民众日常生活小事的治理,由于这方面的治理不能显示政绩,因此不被党政领导重视,而政府的各职能部门又常因科层制的惰性而无法企及,使得这些涉及民众日常生活的小事得不到治理。"② 这样的一种治理格局意味着,虽然党和政府——尤其是基层的党和政府机关——在治理工作中付出了巨大的精力,但治理的回应性往往不足,党和政府的服务与民众的切实需求之间存在较大偏差。③ 在这样的背景下,"接诉即办"制度的展开意味着北京的城市治理出现了格局翻转。它不是将绝大部分的精力放在招商引资、城市建

---

① 北京市政务服务管理局:《关于贯彻〈北京市接诉即办工作条例〉实施情况的报告》,2022年9月21日。
② 欧阳静:《中心工作与县域政府的强治理》,《云南行政学院学报》2017年第6期,第5~13页。
③ 欧阳静:《中心工作与县域政府的强治理》,《云南行政学院学报》2017年第6期,第5~13页。

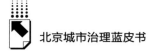
设等"大事"上，而是放在了回应基层民众需求的"小事"上。回应基层民众诉求获得了党和政府的"强治理"。

在实践过程中，"接诉即办"制度使北京市治理体系将最为重要的治理资源投放到人民群众的"小事"上。对于这一情况，有学者指出，"从历史来看，解决群众生活中的'小事'是革命年代我党获得民众支持的重要合法性来源。从现实来看，能否解决与老百姓生活密切相关的'小事'及其实际问题仍然关系着百姓对政府的认同。"①"接诉即办"对于优化首都城市治理、增强人民群众对党和政府的认同具有非常积极的价值。

"接诉即办"之所以能够推动治理格局转换，主要基于三个方面的原因。

第一，北京市城市建设基本处于"建成"状态。和那些正在急速扩张的城市不同，北京市已经走上了内涵型发展的道路。除了通州区因为副中心建设还需要大拆大建外，北京市整体上已经告别了大拆大建、大发展的阶段了。这意味着，治理工作在党和政府工作议程中的地位越来越重要。北京市各级治理主体也有更多的资源投入到治理工作中，投入回应群众诉求的"小事"上。

第二，北京市不再将"经济中心"作为城市功能定位。"经济中心"的定位意味着需要保持较高的经济增速，也意味着党和政府需要把主要的资源和精力用于发展经济、招商引资、修桥铺路等方面。当北京市不再把"经济中心"作为专门的定位时，它就能够卸下追求经济高速增长这一负担，专心致志、精细化地解决人民群众身边的"小事"、充分地回应人民群众的诉求。

第三，首都社会的安定和谐具有极为重要的政治价值。和其他城市相比，首都北京的安定和谐是一种更加宝贵的财富，通过有效回应人民群众诉求，维持和巩固首都的社会安定，把首都北京建设成为名副其实的"首善

---

① 欧阳静：《中心工作与县域政府的强治理》，《云南行政学院学报》2017年第6期，第5～13页。

之区",其本身就是首都城市治理的根本目标。从这个层面看,"接诉即办"把更多的治理资源投入到人民群众的"小事"上,是一种"划算"的选择。

总体看来,党和政府"谋发展"追求的是人民群众的长远利益、根本利益;党和政府"兴治理"追求的是人民群众的切身利益、现实利益。两者在根本上是一致的,都是为人民服务的表现形式。然而,在治理资源有限的情况下,两者也会具有一定程度的张力,党和政府必须进行轻重权衡。北京作为中国的首都所在地,具有独特的地位,也具有较高的发展程度。北京市党和政府大力推进"接诉即办",把更多治理资源用于回应人民群众的具体诉求,这是一种因地制宜、与时俱进的政治抉择。

对于中国其他各大城市来说,城市"建成"之后怎么办?北京市的"接诉即办"给予了我们很大的启发,那就是,应当适时调整政策方向,把更多的治理资源投入到为人民群众办"小事"当中。

五 发展优化

一方面,"接诉即办"已经取得较好的治理绩效,自身形态也得到重大发展;另一方面,"接诉即办"在实践中还面临着一系列问题,制度本身还需要不断完善。

(一)优化发展的着力点

总体看来,在体系协调性、体系执行力和体系可持续发展三个关键点位上,"接诉即办"还存在较大的发展改进空间。

第一,着力于增强"接诉即办"的协调性。"接诉即办"涉及诉、接、派、办、考各个环节,制度的顺利运行需要各个环节实现有机协同。一旦某些环节出现问题,整个制度的运行就会受到影响,制度的回应效能和服务效能也会降低。在具体的实践中,还存在一些协调不畅的问题。例如,电话接通率不高,妨碍了群众在运用接诉即办制度过程中的获得感;派单精准性在某些领域不够,妨碍了办理的顺畅度;重复回访、不规范回访造成一定的扰民效应。① 为此，需要从协调性的原则出发，对相关问题进行认真分析，确认其堵点所在，从而精准施策，进一步打通体系脉络。

第二，着力于增强"接诉即办"的执行力。"接诉即办"最终的落脚点在诉求的切实办理方面。办理的环节直接决定着"接诉即办"的制度效能。为此，需要不断增强"接诉即办"的执行力。在实践中，执行的环节还存在一系列的问题，例如，人民群众参与治理的渠道和机制不畅，导致事务办理过多地依赖政府部门和基层组织；又如，基层办理力量不足，对基层的保障与指导不够，导致对很多派单下来的事务"接不住"。② 为此，需要将执行力作为着眼点，通过强化"执行端"建设，夯实基层的诉求办理能力，使整个制度在"出口"环节通畅高效。

第三，着力于增强"接诉即办"的可持续性。所谓可持续性，是指"接诉即办"能够持续运行、持续输出较高治理效能。可持续性意味着"接诉即办"具有较强的制度生命力。在目前的实践中，由于制度的规范化水平还不高，运行中诸多问题的解决处理依赖市、区党委和政府的临时统筹决策。另外，由于制度发展不够成熟，诉求分类、诉求办理的经济成本还比较高。这种政治、经济成本较高的状况，不利于"接诉即办"制度效能的充分发挥，也不利于"接诉即办"制度的进一步发展。为此，在接下来的阶段，应当着力关注"接诉即办"的可持续问题。一方面，继续加强规范性建设，使制度的运行具有更高的"自动化"水平；另一方面，通过体制机制建设，降低制度运行的经济成本，争取以较小的投入获得更多的公共服务输出。

（二）优化发展的措施

围绕以上三个方面的着力点，在推进"接诉即办"优化发展过程中，

---

① 北京市政务服务管理局：《关于贯彻〈北京市接诉即办工作条例〉实施情况的报告》，2022年9月21日。

② 北京市政务服务管理局：《关于贯彻〈北京市接诉即办工作条例〉实施情况的报告》，2022年9月21日。

可采取以下措施。

第一，依托现代科技，进一步做好流程优化和环节衔接。现代科技是"接诉即办"制度协调性的重要支撑，应当从科技入手，不断优化制度流程，不断加强环节衔接。首先，应当提升接诉即办的智能化水平，使之在快速受理、精准派单、科学考评方面都提升效能。其次，通过智能化，使接诉即办制度能够进一步把握普遍性问题、查找薄弱环节，推动共性问题、重点难点问题得到确实、精准的解决。某种程度上，"接诉即办"是一个大数据支撑起来的全息系统。它在运行过程中出现的很多问题是可以通过科技的方式来解决的。深刻把握"接诉即办"的科技化特征，善于从科技的层面谋出路、想对策，这是优化发展"接诉即办"制度的一条重要路径。

第二，提升基层能力与活力，进一步增强制度执行力。基层部门是"接诉即办"的"执行端"和效能出口，应当不断加强基层部门建设，使之具有更强的执行力。为此，应当加强整体统筹，使横向的各个部门之间，纵向的各个层级之间，以及其他各种社会的、市场的力量都能在事务办理中发挥自己的潜能，最终形成办理合力。在理解"接诉即办"执行力的时候，应当充分意识到，"接诉即办"是一项"以人民为中心"的制度，它不仅需要"为了人民"，也要"依靠人民"。应当持续畅通人民群众和社会力量参与"接诉即办"的渠道，壮大"接诉即办"的有生力量，使"接诉即办"既是党和政府为人民群众办事的制度，又是人民群众积极为自己办事的制度。

第三，推进规范化建设、提升体系运行"自动化"水平。规范化建设关系"接诉即办"的"自动化"水平，也关系"接诉即办"的可持续发展程度。只有通过不断加强规范化建设，"接诉即办"制度才能减少对临时性统筹协调因素的依赖，进而才能在治理"常态"中稳定持续地高效运行。在接下来的实践中，应当发挥人大监督、纪检监察的作用，通过监督推进责任部门积极履行职责。另外，通过规范化建设，可以逐渐稳定市民对"接诉即办"的预期，逐渐稳定"接诉即办"的接诉和办理"流量"，为"接诉即办"与诉讼制度、行政复议制度、仲裁制度、信访制度的协同发展创造良好的环境。

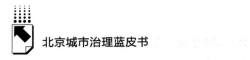
北京城市治理蓝皮书

参考文献

周睿志、沙雪良：《北京将推动出台"接诉即办条例"，为什么？有什么作用？》，《新京报》2021年1月23日。

周睿志、沙雪良：《北京"未诉先办"将聚焦27个问题》，《新京报》2021年2月6日。

周睿志、沙雪良：《为何说北京的"接诉即办"是一场城市管理的深刻变革》，《新京报》2021年9月24日。

B.9
北京冬奥会可持续性管理实践

刘新平　杨欢　夏亮　邓文杰[*]

摘　要： 可持续发展是我国的国家战略，也是国际奥委会 2015 年发布的《奥林匹克 2020 议程》三大主题之一。北京冬奥会近 7 年的筹办历程中，深入践行习近平生态文明思想和"绿色、共享、开放、廉洁"的办奥理念，将"绿色办奥"从理念到行动、由愿景变现实，向世界奉献了一届简约、安全、精彩的奥运盛会，全面兑现了对国际社会的庄严承诺[①]，成为第一届全过程实现碳中和的冬奥会，为世界贡献了一整套可持续性办奥的中国方案，形成了《大型活动可持续评价指南》国家标准，创造了丰厚的大型活动可持续性实践成果。

关键词： 北京冬奥会　可持续性　管理实践

作为第一届从申办、筹办到举办全过程践行《奥林匹克 2020 议程》和《奥林匹克 2020+5 议程》的奥运赛事，北京冬奥会申办时将"可持续发展"作为三大理念之一，并提出了"更快的环境改善进程、更高的区域发展水平、更强的公众参与力度"等目标，希望通过冬奥会加速推进京津冀协同发展国家战略的实施，使之成为中国经济增长的新引擎、世界特大都市群绿

---

* 刘新平，北京冬奥组委总体策划部可持续发展处处长；杨欢、夏亮，北京冬奥组委总体策划部可持续发展处项目主管；邓文杰，责扬天下管理顾问有限公司天津办总经理。

① 《在北京冬奥会、冬残奥会总结表彰大会上的讲话》（2022 年 4 月 8 日），光明网，https：// news. gmw. cn/2022-04/09/content_ 35646088. htm，最后检索时间 2023 年 5 月 20 日。

色崛起和可持续发展的新典范，创造奥林匹克运动与城市互动、协调发展的范例①。

在筹办过程中，北京冬奥组委围绕全面落实可持续性申办承诺的总体要求，参照国际标准创新建立可持续性管理体系，将可持续性融入赛事筹办和举办全过程；综合考虑全球可持续发展的重点关注、北京冬奥会筹办工作以及北京和张家口地区的发展规划，研究制定《北京冬奥会和冬残奥会可持续性计划》（以下简称《可持续性计划》，核心框架见图1），与各合作伙伴、利益相关方共同推进可持续性措施，实现可持续发展目标②。

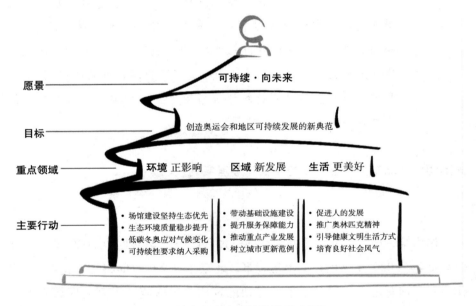

图1　北京冬奥会可持续性战略框架

① 邓文杰：《北京冬奥会的"六有"可持续性管理经验》，《可持续发展经济导刊》2022年第Z1期，第38~39页。
② 北京冬奥组委：《北京2022年冬奥会和冬残奥会可持续性计划》。

一 北京冬奥会可持续性管理机制

北京冬奥会通过制定系统性、全方位、全过程的可持续性规划和管理机制，建立并运行了独具特色的可持续性管理体系，创新实践了奥林匹克历史上第一个覆盖奥运会筹办和举办全领域、全范围的可持续性管理，为国际大型活动举办全过程践行可持续性管理提供了科学、可行、规范的"北京模式"。

（一）健全可持续性工作组织架构

为保障北京冬奥会各项可持续性工作的有效落实，北京冬奥组委 2017 年成立"可持续性工作领导小组"，负责可持续性重大事项及工作文件、报告的审议；在总体策划部专门设立可持续发展处，负责可持续性各项工作的策划、组织协调等；在各部门设立可持续性内审员，负责在各业务领域推动可持续性措施实施，评估可持续工作成效。同时，总体策划部、规划建设部与政府主管部门、场馆业主单位等重要利益相关方共同组建场馆可持续性管理团队，重点推进场馆规划、建设及运行过程中全面落实可持续性要求。此外，北京冬奥组委邀请来自联合国环境署、中国高等院校、学术研究机构以及相关政府部门的 26 位资深专家组成可持续性咨询和建议委员会，形成了集咨询建议、工作监督、重点协助、信息共享多种形式于一体，来源更加广泛、更具包容性的利益相关方参与机制。

（二）建立可持续性管理体系

北京冬奥组委创新融合 ISO 20121：2012《大型活动可持续性管理体系要求和使用指南》、ISO 14001：2015《环境管理体系要求和使用指南》、ISO 26000：2010《社会责任指南》三个标准建立可持续性管理机制，构建了自上而下、多方参与，覆盖全业务领域、全办赛流程的可持续性管理体系，将可持续性要求融入北京冬奥会筹办举办的所有方面和日常运作（见图 2）。北京冬奥组委于 2019 年 11 月获得了第三方机构颁发的 ISO 20121（GB/

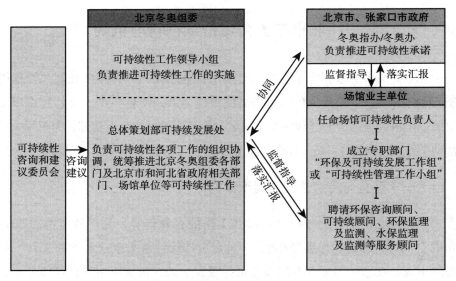

图2 北京冬奥组委可持续性工作组织架构

T31598）大型活动可持续性管理体系认证证书和 ISO 14001（GB/T24001）环境管理体系认证证书，ISO 26000 社会责任绩效评估表现水平为五星级。北京冬奥会筹办全过程中可持续性管理体系持续符合并有效。

（三）构建可持续性规则体系

北京冬奥组委围绕场馆规划建设和管理的可持续性要求，研究制定了《北京 2022 年冬奥会和残奥会场馆和基础设施可持续性指南》（以下简称《场馆可持续性指南》）；针对低碳管理工作要求编制了《北京 2022 年冬奥会和残奥会低碳管理工作方案》（以下简称《低碳管理工作方案》）；针对可持续采购的工作要求，编制了《北京 2022 年冬奥会和残奥会可持续采购指南》（以下简称《可持续采购指南》），以及可持续采购实施细则、技术准则等系列文件；此外，根据全球社会各界对减塑的关注，主动编制了《北京 2022 年冬奥会和残奥会加强塑料污染治理工作方案》，形成全面的可持续性规则体系（见图3）。

策划	实施
• 开展全面调研访谈，系统识别可持续性议题、风险及机遇等并制定相应措施 • 融合ISO 20121、ISO 14001、ISO 26000三个国际标准建立可持续性管理体系 • 制定《场馆和基础设施可持续性指南》《低碳管理工作方案》《可持续采购指南》等一系列文件，形成一套完善的可持续性管理规则	• 积极与利益相关方开展沟通，逐步探索建立了"上下联动、内外协同、专家支撑、合力推进"的工作机制 • 将可持续性内容纳入业务领域的基础规划、运行计划、场馆运行计划及其他筹办工作方案中 • 推进可持续性承诺、可持续性计划、低碳管理工作方案、场馆可持续性措施等落实
检查	改进
• 根据工作需要适时召开可持续性工作调度和信息沟通会 • 适时开展场馆可持续性现场检查和评审 • 每年开展可持续性管理体系内审、管理评审，并委托第三方开展ISO 20121/ISO 14001的认证评审和监督审核及ISO 26000绩效评估	• 根据现场检查和评审、内审和管理评审、第三方认证评审、监督审核及绩效评估中的不足进行改进 • 在日常工作调度及沟通中提出不足并推进改进，如开展可持续采购抽查等 • 根据内外部变化更新、补充或调整可持续性目标、指标及实施方案，如根据国家关于限塑要求，制定限塑工作方案等

图3　北京冬奥会可持续性管理规则

（四）利益相关方沟通参与

北京冬奥组委通过设立官方网站、媒体报道、发布报告等方式，持续向利益相关方传达其在可持续性方面的战略计划、进展成果等。在官方网站设置可持续性专页，展示可持续性相关文件、视频及重要进展等内容；先后编制发布赛前可持续发展报告和赛后可持续发展报告，系统介绍北京冬奥会可持续性工作及成果；编制可持续性宣传手册，赛时期间作为重要资料提供给媒体等重要利益相关方；设置可持续性宣传展板、制作可持续性视频、举办新闻发布会等，持续与社会各界沟通可持续性工作思路、进展及成果。

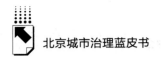

二　北京冬奥会可持续性实践

（一）全过程实现碳中和

北京冬奥组委积极应对气候变化，建立、健全低碳管理机制，创新实施多种碳减排和碳中和等措施，在筹办和举办全过程融入绿色可持续发展理念，兑现了全部实现碳中和的承诺，成为奥运会历史上第一届全过程实现碳中和的冬奥会，为之后举办奥运会和其他大型活动低碳管理工作提供了可借鉴的经验及案例，也展示了中国积极应对气候变化的重要实践。

1.多方参与开展低碳管理

2019 年，北京冬奥组委发布《低碳管理工作方案》，重点围绕低碳能源、低碳场馆、低碳交通、低碳行动等四大方面制定碳减排措施，围绕林业碳汇、企业捐赠、碳普惠制等三大方面制定碳抵消措施，将低碳理念融入冬奥会筹办全过程①。同时，结合国际奥林匹克委员会碳足迹方法学、往届奥运会温室气体核算方法学和北京市温室气体核算方法学，建立了全流程碳核算、碳中和方法学。赛前发布的《北京冬奥会和冬残奥会低碳管理报告》，为我国大型体育赛事和重大活动实现碳中和提供了管理机制、方法和经验。

北京冬奥组委将低碳管理工作方案相关任务与北京市大气污染综合治理及应对气候变化工作小组和河北省应对气候变化领导小组工作中心工作相融合，作为北京市、河北省应对气候变化重点任务，协调推进各项减碳工作任务。加强对各项任务落实情况的督查考核，强化冬奥会筹办和举办过程中相关减碳措施工作进展情况和数据信息的收集、整理，确保实现北京冬奥会低碳目标。

2.多措并举践行碳减排

（1）建设绿色低碳场馆

北京冬奥会场馆将反复利用、综合利用、持久利用的绿色和可持续发展

---

① 《北京 2022 年冬奥会和冬残奥会低碳管理工作方案》。

理念融入场馆建设和运营，通过夏奥遗产改造再利用、创新使用二氧化碳直冷制冰技术、设计和运行过程节能节材、使用临时设施和兼顾赛后利用等举措，全面兑现绿色奥运的承诺，推动场馆绿色低碳转型，打造低碳建筑新典范。

北京冬奥会7个雪上运动场馆全部获得《绿色雪上运动场馆评价标准》中最高的三星级绿色建筑设计标识证书，国家速滑馆、延庆冬奥村、张家口冬奥村等6个新建场馆均获得《绿色建筑评价标准》中最高的三星级绿色建筑设计标识证书；北京冬奥会改造场馆（群）获得绿色建筑二星级标识证书。[①]

夏奥遗产升级改造成为双奥场馆。北京冬奥组委践行节俭办奥，坚持生态优先、资源节约、环境友好，充分利用2008年北京奥运会的场馆遗产及其他现有场馆和设施，积极探索奥运场馆"反复利用、综合利用、持久利用"方案，减少新建场馆带来的碳排放。除国家速滑馆新建冰上竞赛场馆外，其他冰上运动竞赛场馆全部利用北京2008年奥运会场馆。国家游泳中心在原有游泳池中搭建可转换的支撑结构，覆盖临时冰面，成为首个在泳池上架设冰壶赛道的奥运场馆。五棵松体育中心通过对原有冰面、更衣室、看台、照明设施、音响扩声系统和显示屏等进行改造，6小时内即可完成冰球和篮球两种比赛模式的转换。国家体育馆通过改造，具备了开展冰上项目比赛、训练的条件，其更衣室通过采用装配式集装箱模块化工艺，模块重复利用率达95%以上，便于体育馆在文化、体育等各类功能间转换。国家体育场通过景观照明、空调和热力、无障碍设施等37项系统改造，成功举办北京冬奥会开闭幕式。

创新采用二氧化碳直冷制冰技术。北京冬奥会首次使用二氧化碳制冷剂，该制冷剂的全球变暖潜能值（GWP）为1、臭氧消耗潜能值（ODP）为0。北京冬奥会和冬残奥会期间，国家速滑馆、首都体育馆、首体短道速滑训练馆以及五棵松冰上运行中心4个冰上场馆，采用二氧化碳跨临界直冷

[①] 北京冬奥组委、国际奥委会、国际残奥委会：《可持续·向未来北京冬奥会可持续发展报告（赛后）》，2023年2月1日。

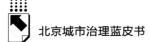

制冰技术，打造多功能转换标准冰场，其碳排放趋近于零。

场馆设计与运行阶段实现节能节材。在场馆规划、设计、建设运行和赛后利用全过程中，注重节能节材的低碳环保理念，减少对自然资源的消耗。充分利用物联网和大数据信息技术，优先采购低碳材料、采用可再生/可循环利用材料和以废弃物为原料生产的建筑材料。在保证建筑安全的前提下，2018~2020年，场馆建设及改造利用了约24.6%的建筑废弃物。国家速滑馆采用钢索编织成柔性的索网屋面，较传统钢屋面减少用钢量约75%，节约钢材约3200吨；将制冷产生的余热进行回收利用，冷凝热回收率最高达到86%，每年可节电180万度。国家游泳中心建立能耗及碳排放总量控制监测平台，对建筑能耗及水资源使用进行分项分区精细化计量控制；采用LED节能灯具，结合膜结构特点尽可能地采用自然光，减少采光能源需求。五棵松冰上运动中心等场馆通过采用光伏屋顶、玻璃幕墙、中水回用、LED灯照明等多个绿色低碳技术进行场馆建设和改造，建成目前世界上单体面积最大的超低能耗场馆建筑。

创新绿色雪上运动场馆评价标准。北京冬奥会雪上运动场馆，除首钢滑雪大跳台坐落在北京市区外，其余6个均位于山部地区，相对于城市建成区的场馆建设，生态环境保护的必要性与迫切性更强。由于国内外都没有山地建筑的绿色标准，北京冬奥组委协同北京市、河北省、天津市三地相关政府部门及单位，创新编制《绿色雪上运动场馆评价标准》，贯穿冬奥场馆的规划、建设、运行全过程。通过实施水体、大气、土壤等生态环境保护和修复工程，以搭建临时设施以及水资源节约利用等方式，全面提升冬奥会雪上场馆绿色品质。北京冬奥会7个雪上场馆全部获得三星级绿色建筑设计标识证书。其中，国家雪车雪橇中心通过设计悬挑遮阳棚、配套遮阳帘等，实现南坡变北坡，降低能源消耗。云顶滑雪公园作为唯一改造的雪上场馆，充分改造利用原有赛道，减少对自然的破坏和干预。国家跳台滑雪中心通过使用风电和可再生建材、雨水资源循环利用等措施，推动场馆可持续发展。国家冬季两项中心通过避让原生树木、采取玻璃幕墙工艺、土石再利用等措施，实现人工环境与自然环境相融合。

更多使用临时设施。北京冬奥会为减少赛事碳排放，更多使用临时设施，包括服务于运动员和观众的系统，转播系统以及卫生防疫、安保设施等百余种设施。室外临时设施主要包括各类篷房、打包箱式房、集装箱房；临时龙门架；临时停车场、道路、仓储区；安保封闭围栏；临时形象景观设施和大型装置设施等。北京冬奥组委制定并实施了《临时场馆与基础设施可持续性指南》。临时设施在设计阶段、建造阶段、拆除恢复阶段，通过依托现有设施、避让关键文物和景观地带、优化交通流线、赛后回收或沿用等方式，实现临时设施的绿色、可持续发展。北京冬奥会赛时临时看台数量超过1.4万座，临时用房达3.8万多平方米，临时厕所达2600多平方米。

（2）全部使用可再生能源

建设张北柔性直流电网工程。为充分利用张北地区丰富的风能、太阳能等可再生能源，做好北京冬奥会电力保障工作，国家电网公司建设了张北柔性直流电网试验示范工程，利用能源互补技术，将具有间歇性和不稳定性的可再生能源高效地输送至北京、延庆、张家口三个赛区，也解决了张北地区绿色电力消纳难题。张北柔性直流电网工程创下12项世界第一，每年可输送绿电约225亿千瓦时，相当于北京年社会用电量的1/10。

建立跨区域绿电交易机制。北京冬奥组委联合北京、延庆、张家口等主办城市政府、电力交易中心以及电力公司等多家单位组建绿电交易工作组，通过实施跨区域绿电交易机制，明确了场馆等用户名单、用户注册等流程。依托电力交易平台，通过市场化直购绿电方式，为奥运场馆及其配套设施提供清洁能源，保障全部冬奥场馆及附属设施的建设期、测试赛期、正赛期100%的绿电供应。截至2022年6月，北京冬奥会筹办及赛事期间25个场馆使用绿色电力，绿色电力使用量合计约37388万千瓦时，减排温室气体228106吨二氧化碳当量。[1]

氢能点亮奥运会火炬。北京冬奥会开幕式以"不点火"代替"点燃"、

---

[1] 北京冬奥组委、国际奥委会、国际残奥委会：《可持续·向未来北京冬奥会可持续发展报告（赛后）》，2023年2月1日。

以"微火"取代熊熊大火，在100多年的奥林匹克运动史上第一次没有点火动作，且"微火"设计改变了主火炬熊熊燃烧的传统，明确传递低碳环保理念，成为奥运历史上的一次创新。同时，北京冬奥会境内接力火炬全部使用氢燃料，在开幕式上使用氢燃料点燃北京冬奥赛场的主火炬，替代以往奥运会采用的天然气或丙烷等燃料，成为历史上首次采用氢能作为火炬能源的奥运赛事。北京冬奥会将主火炬变"微火"，相比于2008年北京夏季奥运会，所产生的碳排放量只有之前的五千分之一，在奥运史上首次实现火炬零碳排放。

新能源发电。除张北地区传输的可再生清洁能源外，北京冬奥会场馆因地制宜，合理利用风能、太阳能等可再生能源，助力北京冬奥会场馆实现100%清洁能源供电。五棵松冰上运动中心在屋顶安装光伏发电晶硅组件，每年可产生清洁电力约70万千瓦时，减少二氧化碳排放约697.8吨。北京冬奥组委首钢办公区的几座办公楼楼顶上铺设光伏发电装置，每年可产生的清洁电力相当于节约标准煤0.6万吨，减排二氧化碳1.6万吨。[①]

（3）推行低碳交通

北京冬奥组委联合北京与张家口两个主办城市，充分利用京张高铁等公共交通，推广使用节能与清洁能源汽车等，采用智能交通管理系统，北京冬奥会赛事期间，交通运行安全、平稳、高效、及时地服务各类赛事群体。打造绿色物流供应链体系，倡导低碳出行等措施，成功保障北京冬奥会三大赛区交通物流运输，最大限度地降低了交通物流运输的碳排放。

最大化地利用节能与清洁能源车辆。北京冬奥会以"平原用电、山地用氢"为配置原则，综合考虑赛区车辆使用环境，完善配套基础设施，最大限度地推广应用新能源汽车。北京赛区主要使用纯电动、天然气车辆；延庆和张家口赛区主要使用氢燃料车辆。北京冬奥会期间，赛事服务交通用车4090辆，包括氢燃料车816辆、纯电动车370辆、天然气车478辆、混合动

---

① 北京冬奥组委、国际奥委会、国际残奥委会：《可持续·向未来北京冬奥会可持续发展报告（赛后）》，2023年2月1日。

力车 1807 辆、传统能源车 619 辆。北京冬奥会赛事服务用车中，小客车全部为节能与清洁能源车辆，占全部车辆比例为 85.8%，为历届冬奥会最高。

综合利用智能交通系统。为保障赛时交通安全、平稳、有序运行，交通运输部牵头组建北京市冬奥交通保障指挥调度中心和张家口市冬奥交通保障指挥调度中心，采用智能交通系统和管理措施，提高车辆运行效率。将交通、天气等信息整合到信息查询系统，实时分析研判人流车流情况，为北京冬奥会赛事观众提供交通信息服务。

构建多元便捷的公共交通。除了赛事闭环范围内的服务保障用车外，北京冬奥会还构建了丰富多元、方便快捷、低碳环保的公共交通服务体系，大力倡导绿色低碳出行，鼓励观众优先选择高铁、地铁、公交出行。不同赛区间的转运充分利用公共交通工具，连接三大赛区的京张高铁 2019 年底正式通车，实现从北京赛区到张家口赛区 1 小时通达。北京、张家口等城市还充分利用既有的清洁能源公交车和轨道交通车辆，为乘客提供低碳环保的出行服务。赛区之间设置了冬奥专用车道，通过路权保障，最大限度地提高车辆行驶效率。

打造绿色物流体系。搭建北京冬奥会绿色集约的一体化物流体系，联动供应链上下游，在仓储、运输、配送、包装等全环节实现低碳环保、节能降耗，降低物流运输碳排放量。在仓储环节使用可循环木托盘、应用智能设备、实施库内无纸化作业；在运输环节北京赛区合理使用新能源物流车辆，延庆、张家口赛区使用氢能源货车或满足国六标准车辆；在赛区城市配送 100% 使用电动物流车；在包装环节使用回收材料制成的可循环快递箱，在主物流中心和场馆内设立物资回收角，提升物流包装再利用率。

赛时提供绿色出行服务。主动引导工作人员、观众等采取低碳出行，尽可能地乘坐公众交通设施或以集中出行方式到达场馆观赛，减少碳排放和停车场地占用，营造全社会绿色低碳出行氛围。北京冬奥会赛事期间，累计为 1.5 万余名相关人员提供出行服务。

（4）推进绿色低碳办公

北京冬奥组委率先垂范，在厂房改造、办公运行、赛事组织和管理等方

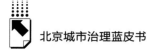
面，探索出了一条在大型赛事举办中主办方的节能减排之路，为大型赛事主办方提供了绿色低碳办公和低碳赛事的实践样本，对推动全社会践行绿色低碳生活方式具有重要意义。

利用高标准绿色办公区。北京冬奥组委办公区由首钢老工业遗存筒仓、料仓、联合泵站、转运站等联合改造而来，将首钢原来存放铁矿石的筒仓料仓改造成为北京冬奥会筹办工作的大本营。在保留原有结构基础上对主体结构进行加固；内装区域选用穿孔吸音的木饰面板满足隔音和美观需求，达到绿色建筑星级标准。利用光伏发电、太阳能热水、光纤照明、无负压供水系统、雨水收集和利用等节能减排新技术，完成厂房内部功能环保节能改造与空间更新，充分彰显"绿色办奥"理念。办公设备配置秉持"能租不买"的原则，在满足冬奥组委日常办公需求的同时，有效降低了日常办公所产生的碳排放。

采取现代化办公手段。北京冬奥组委坚持信息化办公，充分利用 OA 办公系统、视频会议系统等现代化办公手段，尽可能地减少纸张及办公用品使用，有效降低了办公过程中造成的碳排放。在赛事筹办和举办期间，北京冬奥组委各部门利用信息系统进行日常办公及信息传递，文件优先电子化处理，必要文件采用双面打印，减少纸张和墨盒硒鼓等办公用品的使用。在工作推进过程中，倡导各部门使用视频会议，远程参与会议，实现工作推动与减少交通出行碳排放的共赢。2018 年 12 月至 2022 年 3 月，北京冬奥组委通过瞩目系统召开视频会议 4 万多次，累计 6 万小时，总参会人次超过 80 万。倡导绿色低碳出行。

推动废弃物资源化减量化。北京冬奥组委严格实施限塑令，在所有的竞赛场馆、非竞赛场馆、签约酒店、服务场所以及相关业务领域、办赛环节，杜绝使用国家明令禁止生产、销售的塑料制品。采购可降解餐盒、餐具满足赛时需求，在北京冬奥组委办公区更换可降解垃圾袋；通过改变服务方式减少签约酒店一次性塑料制品用量。强化生活垃圾分类，针对场馆的清洁和废弃物管理，编制形成了一套清废作业标准，明确涉奥场所的生活垃圾"四分类"标准。通过参赛手册、冬奥通 App 等广泛告知闭环内的外籍人员垃垃分类办法、不同垃圾图标、垃圾桶样式，赛时实现废弃物品类、管理过程和场馆区域全覆盖，废弃物无害化率达到100%。

3. 多渠道实施碳补偿

北京冬奥组委在北京市、河北省政府相关部门以及赞助企业的积极支持下，采用多种形式进行碳补偿，包括林业碳汇、企业赞助核证自愿减排量等，抵消北京冬奥会筹办所产生的碳排放，助力北京冬奥会实现全部碳中和的目标。

北京冬奥组委制定《北京2022年冬奥会和冬残奥会碳中和实施方案》，确定了林业碳汇、赞助企业捐赠和碳普惠三种碳抵消产品。北京和张家口两市政府分别开展百万亩平原造林和京冀生态水源保护林建设工程，共捐赠110万吨的林业碳汇量用以中和北京冬奥会温室气体排放量；鼓励涉奥企业自主行动，中国石油、国家电网和三峡集团等三家官方合作伙伴以赞助核证碳减排量的形式，分别向北京冬奥组委捐赠20万吨碳抵消产品；合作开发面向公众参与的"低碳冬奥"小程序，推动形式多样的低碳冬奥行动。截至2022年2月底，超过270万人注册"低碳冬奥"小程序，带动社会公众践行绿色低碳生活方式，广泛培育社会公众的低碳责任感与荣誉感，产生良好的社会示范效应。

（二）全周期保护生态环境

实施环境影响评价。基于延庆赛区较丰富自然资源的实际情况，延庆区政府在2017年赛区建设前就聘请北京林业大学团队，对延庆赛区及周边20平方千米范围内的植物类型和分布情况进行本底基础调查。北京冬奥组委会同北京市生态环境部门、延庆区政府编制了赛区规划环境影响评价报告。同时，为推动规划环境影响评价报告书及审查意见的各项环保措施落实到设计、施工及运营各阶段，北京冬奥组委充分结合世界自然保护联盟（IUCN）研究项目建议，按照对生态环境的影响以及预防、管理、补救和补偿的优先顺序，编制了延庆赛区环境保护措施责任矩阵表，把生态环境保护的工程措施按照避让（预防）、减缓（管理）、重建（补救）、补偿四类，细化分解为生态环境、水环境、大气环境、声环境、固体废物、经济和社会可持续等54项具体任务，明确了每项环保措施的主责单位和时间进度要求，做到责任清晰、要求明确；减少了场馆建设运行对周边环境的影响，使周边自然环境和生物多样性实现近零损失，以最大化降低对赛区的生态环境影响。

创新可持续性设计。在北京冬奥会延庆赛区场馆规划设计工作中，开创性地将可持续性落实到设计图纸中，将生态、环境、能源、水资源和零排放、建筑可持续，以及赛后利用等方面的要求，梳理细化为105项可持续性设计的具体内容，为具体措施的落地提供有力支撑，实现可持续性措施工程化，即在工程初步设计阶段确定赛区所要达到的工程建设标准和可持续性具体落地措施。

保护赛区野生植物。在延庆赛区场馆建设全过程中，采取就地保护、近地保护、迁地保护等措施对树木灌草等生态实施有效保护。其中建设就地保护小区5个，保护植物包括适合低海拔区域生长的胡桃楸、脱皮榆、穿龙薯蓣、北京水毛茛等，适合中高海拔区域成片生长的五味子以及高山草甸区域的小丛红景天、狭叶红景天及胭脂花等；在赛区山下生境相近且受人为干扰较小的生态区域建设了近地保护小区，移植了赛区内的灌草、藤本类和幼树等保护植物11027株。在张山营镇上阪泉村建设了1个300亩的迁地保护基地，自2017年5月开始，陆续移植赛区保护树木24272株，移植树木存活率超过90%。

保护赛区及周边野生动物。组织场馆建设单位编制野生动物保护及栖息地建设方案和生态保护相关工作手册，并对施工人员开展相关培训。建成并运行延庆赛区生态环境监测站，布设红外触发相机等，持续监测野生动物活动轨迹，了解分布范围、种群数量等。结合赛区现场的地形特点，搭建野生动物通道，为野生动物自由通行活动提供便利；通过减少夜间施工、为路灯安装定向遮光罩等措施，减少光污染对动物活动的影响。

精细剥离回用表土资源。高山滑雪赛道工程建设前，建设人员合理制订不同剥离厚度的表土剥离方案。采取"应剥尽剥、能保尽保"的原则，实施表土剥离、分层剥离，共剥离表土 81848 立方米，按照"同区优先、需求优先、尽早利用、减少客土使用"原则，将剥离的表土资源 100% 回用于赛区内的造地复垦、景观重建与生态修复，有效减少了外来生物入侵风险，保护了区域生态资源。

实施生态修复。为保护延庆赛区自然资源，减少场馆建设带来的生态扰动，延庆赛区从建设伊始便同步启动生态修复工程。秉持原土覆盖、原貌修复的原则，通过回用表土资源、回铺亚高山草甸、修复边坡生态、在恢复养护雪道植被等措施，在恢复植被的同时避免水土流失。

（三）全方位带动区域发展

1. 京张交通设施互联互通

北京冬奥会的成功申办，推动了京张两地交通网络完善和相关基础设施建设，不仅满足了赛事需求，同时也实现了区域互联互通。京张高铁、京礼高速将张家口、崇礼、延庆与北京城区串成一线，形成交通、生态、产业一体化格局。从北京赛区到张家口赛区，乘坐京张高铁只需要 1 小时，大幅提升了京张两地通行能力，增加人员流动性。崇礼区内的交通网络四通八达，崇礼区用 2 条高速、1 条国道、6 条省道、4 条县道、14 条乡道、259 条村道，实现了七大雪场的全面贯通，从崇礼区的高铁终点站——太子城站乘坐接驳公交到达各大雪场只需要 15 分钟。

2. 生态环境联防联控

北京市与河北省加强京张地区生态环境联防联治，全面开展治气、治沙、治水专项工程，通过持续优化能源结构、开展工业污染源治理、严控机动车污染物排放，促进空气质量持续改善；大范围开展植树造林绿化工程，打造绿色生态走廊，减少风沙侵袭；通过生态清洁小流域建设、水体污染治理等，提高污水处理率，水环境质量和水源涵养功能得到持续改善。这些措施极大地改善了京张地区生态环境，北京冬奥会赛事期间，北京市 PM2.5 平均浓度为 36 微克/立方米、延庆区 PM2.5 平均浓度为 22 微克/立方米、张家口市 PM2.5 平均浓度为 20 微克/立方米，分别较 2013 年下降 63%、

34%和59%。

3.产业发展互补互促

（1）推进区域特色发展。张家口因北京冬奥会的带动，深入融入京津冀协同发展大局，冰雪运动全面普及，冰雪产业快速发展，装备制造落地生根，正在逐步打造成为全亚洲冰雪旅游度假目的地和"体育之城"。首钢园区不仅是北京冬奥组委总部的办公场所，还将两个25000平方米的精煤车间改造成为短道速滑、花样滑冰、冰壶、冰球等"四块冰"冬奥训练场馆，更在北京冬奥会中承担自由式滑雪大跳台比赛，吸引了全球的目光。赛后，首钢园区将会持续放大北京冬奥会的带动效应，承担体育休闲街区、单板与空中技巧研发中心及冬季运动展示等区域功能，释放产业园区持续发展活力。

（2）高质量建设京张体育文化旅游带。北京作为世界上第一座"双奥之城"（既举办过夏奥会又举办过冬奥会），双奥元素与城市发展融合，双奥遗产也将为公众和地区发展带来长远收益。延庆区以"延庆奥林匹克园区"为引领，推动冬奥、世园、长城三张"金名片"联动发展，以全域旅游为主导，实施"旅游+"战略，提升旅游综合配套服务功能，做强延庆民宿，做优特色美食，做精延庆礼物，做响全季活动，做靓生态旅游，成功创建国家全域旅游示范区，四季全域旅游获得高质量融合发展。围绕"一园五区"① 发展格局，形成以冰雪运动、文化体验、户外休闲、生态康养、旅居度假等为核心的多元化、个性化、可体验、可参与的产品体系，带动北京市和张家口市文化产业、体育产业、旅游产业的全面提升，进一步促进京津冀协同发展。

（3）冰雪装备产业实现快速突破。北京冬奥会成功申办以来，极大地促进了我国冰雪装备行业的发展。北京冬奥组委与工业和信息化部等联合印发的《冰雪装备器材产业发展行动计划（2019~2022年）》提到，到2022

---

① 长城国家文化公园和国家级冰雪旅游度假区、温泉葡萄（酒）康养休闲区、古堡民俗文化体验区、坝上草原生态旅游区、高端体育赛会聚集区。

年中国冰雪装备器材产业预计年销售收入超过 200 亿元人民币，年均增速在 20% 以上[①]。2017 年 2 月，张家口市启动建设冰雪运动装备产业园，重点发展滑雪服、滑雪板、滑雪鞋等个人轻装备，同时兼顾造雪机、压雪车、索道等重型装备制造产业。截至目前，该产业园已累计签约 51 个项目、注册 45 家公司，其中已有 13 家生产性项目投产，已有 14 家服务性项目投入运营。[②]

（4）冰雪运动与文化旅游融合发展。北京冬奥会带动冰雪运动的快速普及和冰雪产业的快速发展，推动形成了覆盖冰雪装备研发、生产、销售、冰雪运动体验、会议会展等领域的中国冰雪产业体系。同时，冰雪运动在学生群体中得到了有效普及，拓展了面向技能培养的教育培训市场；依托冰雪运动场地的自然、人文资源，拓宽了包括休闲、养生、观光、民俗等产品的冰雪旅游产业。2020~2021 年雪季，中国冰雪旅游人数达到 2.3 亿人次、冰雪旅游收入约为 3900 亿元[③]。

4. 公共服务共建共享

北京市发挥首都资源优势，对延庆、张家口地区进行帮扶，提升当地医疗、住宿、餐饮等公共服务能力和水平，实现公共服务设施的共建共享。

（1）通信服务方面，北京冬奥会以赛事举办场所为主要区域，稳步推进重点区域通信基础及服务设施建设，为赛事期间 5G 技术实现智慧观赛、智慧办赛、智慧参赛奠定了基础，加速推进城市智慧化建设，支持数字产业升级。

（2）医疗服务方面，北京冬奥会推进了京张地区医疗多方位深层次合作，建设和完善公共医疗卫生系统。北京市政府、河北省政府和北京冬奥组委共同签订《京冀医疗卫生保障合作协议》等相关协议，加强区域间医护

[①] 《九部门关于印发〈冰雪装备器材产业发展行动计划（2019-2022 年）〉的通知》（工信部联装〔2019〕106 号），工业和信息化部网站（2019 年 6 月 4 日发），https://wap.miit.gov.cn/zwgk/zcwj/wjfb/zbgy/art/2020/art_ 08da48bef8044df1ba4607b1a92d072b.html，最后检索时间：2023 年 5 月 25 日。

[②] 2022 河北张家口冰雪产业博览会【官网】（zjkicesnow.com），最后检索时间：2023 年 5 月 25 日。

[③] 中国旅游研究院：《中国冰雪旅游发展报告（2021）》。

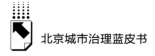
人员的培训交流，建立京张地区区域性医疗联合体，促进区域内医疗机构合作，提升区域医疗水平。

（3）住宿服务方面，作为北京冬奥会赛事期间住宿服务基础保障，延庆赛区新增五星级酒店2家，四星级酒店1家，升级改造4家三星级酒店；2015~2021年，张家口星级宾馆数量从48家增加到72家，四星级以上酒店数量从17家增至20家。为持续提升签约酒店的服务质量，特别是加强外语服务、客房服务、西餐服务，北京冬奥组委采取结对帮扶政策，将北京市有酒店管理经验的工作人员派驻到延庆和张家口对应酒店，针对特定岗位开展专业指导，提升酒店行业整体发展动力。延庆赛区搭建网络培训管理平台，以线上线下相结合的方式，年均开展行业培训5000人次；张家口市编制完成了包括住宿、餐饮在内的6项工作标准，以官方遴选促进服务质量提升。分批次组织开展北京冬奥会餐饮线上理论、线下实操培训，京冀两地1800余名保障骨干人员参加，提升餐饮服务水平能力。

（四）全领域提升公众福祉

1. 培养人才资源

北京冬奥组委与国家体育总局等共同印发《北京2022年冬奥会和冬残奥会人才行动计划》并推进落实，向竞赛管理人才、专业技术人才、合同商人员等提供了多样化、有针对性的培训，在保障人才发展提升的同时，为经济社会长远发展留下人才资源。例如，在冬季项目国内技术官员方面，通过举办专业知识和技能培训班，累计培养近5000名赛道执裁人员；在专业技术人才培养方面，支持各场馆业主单位，通过赛事观摩、专题研究、实战训练等方式，培养制冷、造雪领域相关专业工种人员；主办城市政府组织开展了赛会保障人员的培训，累计覆盖医疗、餐饮、住宿、安保、交通等领域达2.1万人次。

2. 助力脱贫攻坚

延庆区和张家口市紧抓筹办北京冬奥会这一历史机遇，加速推进贫困地区饮水、电力、通信等方面基础设施改造提升，大力推动绿色扶贫和产业扶贫，使当地群众获得了更多的就业机会，大幅改善了欠发达地区的落后面貌。2021 年 6 月底之前，张家口市实现全面脱贫。

3. 带动三亿人参与冰雪运动

根据国家统计局统计结果显示，自北京冬奥会申办成功至 2021 年 10 月，中国居民参与过冰雪运动的人数为 3.46 亿人，冰雪运动参与率达 24.56%[①]。组织开展丰富多彩的群众性冰雪活动，打造了 20 余项品牌活动，"全国大众冰雪季"连续举办 8 届，每年举办超千场次赛事活动，直接参与和间接影响的人数规模近亿人次。推动"百万青少年上冰雪"和"校园冰雪计划"，在全国遴选打造"冰雪运动特色学校"，激励青少年参与冰雪运动。2020~2021 年雪季，举办京津冀青少年 U 系列短道速滑冠军赛、青少年冰球邀请赛等冰雪赛事活动 14 项，参赛规模近 5000 人次。群众冰雪运动的广泛普及，促进了体育文化普及和产业升级，让"带动三亿人参与冰雪运动"从愿景逐步走向现实。

三　北京冬奥会可持续性管理实践的启示

北京冬奥会作为一项涉及单位、部门数量巨大，组织管理极其复杂的大型活动，将可持续性要求贯彻到办赛的各个方面，需要一整套成熟、科学的管理方法。在解决具体的可持续性问题时，也必然会产生大量宝贵的、值得借鉴的可持续性管理经验。《大型活动可持续性评价指南》（DB11/T 1892-2021）作为北京冬奥会可持续性工作经验的总结提升，正在形成国家标准，并已经引起国际上一些有识之士的关注。北京冬奥会在碳管理方面实施的可操作、可实施、可推广的工作模式，将为今后大型活动以及"碳达峰、碳中和"目标实现提供借鉴。

---

① 张一琪：《北京冬奥会，带动 3 亿人上冰雪》，人民网，2022 年 2 月 18 日，http：// ent. people. cn/n1/2022/0218/c1012-323 54705. html，最后检索时间：2023 年 5 月 25 日。

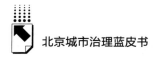
（一）为大型活动可持续性技术利用做出了示范

大型体育赛事是人类文明交流互鉴的重要平台，交流的主体必然包括以技术为载体的物质文明，越是万众瞩目的体育赛事，越是科技集中展示的舞台。在赛事筹办过程中，科技冬奥项目对不同领域碳减排起到了重要的支撑作用。这些技术具有先进性、前导性，代表了未来一段时间中国乃至世界在相关可持续领域的解决方案。

（二）为城市治理做出了示范

北京冬奥会利用大型运动会的巨大影响力，以自身的示范带动作用，推动可持续理念在社会上的传播，对社会理念与风气形成了正面影响。一是作为一届完全实现碳中和的奥运会，为全社会的碳减排措施、实现碳中和作出了示范。北京冬奥会采取了一系列的减碳、抵消措施，既为同类活动的碳中和工作提供了经验和借鉴，也对社会实现碳减排作出了示范。二是雪上场馆建设为山区生态开发作出示范。北京冬奥会的雪上场馆在施工建设过程中十分注意保护生态环境，维系生物多样性，建设过程管理、生态环境保护、生态修复方法等措施，都为今后山地施工建设提供了范本。三是为提高公众可持续性意识作出范例。北京冬奥会开展可持续宣传工作，通过多种形式与社会公众互动，向社会传递了可持续性意识。

（三）留下了实实在在的可持续性遗产

北京冬奥会的圆满成功，赢得了全世界的高度赞誉。一届简约、安全、精彩的奥运盛会，留给社会的不只是赛场内外的美好回忆，还包括实实在在的奥运遗产。一是留下了一批多元、节能运行的场馆。北京冬奥会成功改建并使用了北京 2008 年奥运会的 6 个场馆遗产，北京冬奥会赛时使用的 44 个场馆和设施，赛后以场馆持续运营为核心，促进了地区经济增长，成为推动京张冰雪旅游文化带动区域发展的新引擎。二是留下了一系列影响深远的技术。在保障北京冬奥会成功举办的过程中，既应用、展示了一大批业已成熟的科技，也由于绿色办奥的需求牵引，升级发展了一些新技术，推动了一些技术的"跨界"应用。三是形成了一系列值得借鉴的管理机制。北京冬奥会让绿色理念融入了场馆规划、设计、建设、运行以及赛后利用全过程，低碳管理模式、可持续采购管理、三标一体的可持续性管理体系运行和认证，所有场馆都获得了绿色建筑标准评价、100%使用可再生能源，以及"绿色"理念都形成了文件化管理，严格落实、全过程监督检查并认证评审的工作机制，这些都可以作为今后大型活动以及其他组织的借鉴参考。特别是，在北京冬奥会可持续性管理基础上形成并发布的《大型活动可持续性评价指南》国家标准，将作为北京冬奥会重要遗产，逐步推动国家大型活动的可持续性。

B.10
北京城市治理：由行政区治理
走向都市圈治理

宋迎昌*

摘　要： 新中国成立后至京津冀协同发展战略实施前，北京的城市治理经历了由中心城区城市治理向行政区全域城市治理的漫长探索。全域城市治理面临着土地资源和水资源供给刚性约束、人口规模膨胀无法控制、治理大气污染无法独善其身等问题。京津冀协同发展战略的实施为北京开启都市圈治理提供了方向指引。未来北京都市圈治理面临着新课题和新挑战，为此建议采取落实"国际科创中心"建设、强化"国际消费中心城市"功能、重点突出通州城市副中心和雄安新区的"高端产业"植入、全面开展"健康北京都市圈建设"、大力推进区域基本公共服务的均等化、全面推进北京与环京地区的同城化制度建设等措施予以积极应对。

关键词： 城市治理　都市圈　北京

都市圈和城市群在我国城镇化战略中扮演着越来越重要的角色。与此相对应，我国的城市治理也正在由行政区治理走向都市圈治理。北京作为国家首都和我国重要的中心城市，在城市治理由行政区治理向都市圈治理转型的

---

* 宋迎昌，中国社会科学院生态文明研究所城市群研究室研究员，主要研究方向为城市经济、城市治理、都市圈和城市群发展等。

过程中，经历了漫长的实践探索，成效和问题并存。未来面临着一系列新课题和新挑战，需要积极应对。北京由行政区治理走向都市圈治理的实践探索具有学术研究意义。

一 北京由行政区治理走向都市圈治理的漫长探索

（一）行政区治理的历史脉络（2014年以前）

1.改革开放前：基于城乡分割的"城—郊—乡"三重治理体系

新中国成立后至改革开放前，北京实行的是城乡分割的行政区治理体制。这段时期，我国实行高度集中的中央计划经济体制，北京作为国家首都，城市治理的首要目标是确保首都功能正常发挥，其次是要确保北京城市居民的就业和正常生活用品的供应以及教育、医疗等基本公共服务供给，受制于当时国家整体经济还不太富裕的状况，城市治理的主导思想是"两个严格限制"，即"严格限制城市非农业人口增长""严格限制城市行政区面积"，具体为：一是为保障首都功能正常发挥，最大限度地限制与首都功能无关的城市非农业人口增长。二是在保障首都功能正常发挥的前提下，为压缩消费开支而尽量缩减吃商品粮的城市非农业人口数量。三是严格限制城市非农业人口增量，特别是京外非农业户籍迁入和京内农转非户籍迁入，为此设置了严格的城市非农业户籍迁入准入门槛。四是为保障城市非农业人口充分就业，强化城市生产功能，鼓励城市行政区内大力兴办工业企业。

根据中国行政区划网相关数据，1949年底北京划定市区12个、郊区8个；1950年底调整合并为市区9个、郊区7个；1952年底市区调整合并为7个、郊区6个。当时的市区基本局限在如今二环路以内，郊区涵盖如今的海淀区、朝阳区、丰台区、石景山区、门头沟区的部分地区；1957年郊区新增昌平区；1958年行政区划大调整，河北省的通县、顺义、大兴、良乡、房山、怀柔、密云、平谷、延庆等9县及通州市划入北京市，同时市区调整为13个、辖县4个；1960年市区缩减为8个，辖县调整为9个；1967年底北京形成东城、西城、宣武、崇文、海淀、朝阳、丰台、门头沟、石景山等9区和昌平、延庆、怀柔、密云、顺义、平谷、通县、大兴、房山等9县的行政区划格局，一直维持到改革开放前的1978年底。

改革开放前北京市行政区划演变的基本趋势，一是城市行政区经过调整合并基本形成东城、西城、崇文、宣武四个中心城区的基本格局。二是城郊行政区经过调整扩充，基本形成海淀、朝阳、丰台、石景山、门头沟5个城乡结合且环绕在中心城区外围的市区。三是乡村行政区，在城郊行政区外围新增加了昌平、延庆、怀柔、密云、顺义、平谷、通县、大兴、房山等9辖县。据此形成了"城市行政区城市治理体制、城郊行政区城乡结合治理体制、乡村行政区乡村治理体制"三重治理体系。城市行政区的主要职能是支撑首都功能发挥，同时发展工商业；城郊行政区的主要职能是保障首都功能正常发挥，同时发展工商业和城郊农业，为城市非农业人口提供副食品供给；乡村行政区的主要职能是发展农业，提供粮食等农产品。

这段时期城市非农业人口增长缓慢，1949年户籍非农业人口164.94万人，1978年增长到467万人，29年间增加了302.06万人，平均每年增加10.42万人；非户籍暂住人口1949年6.1万人，1978年也只有21.8万人，非户籍暂住人口占总人口比重由1949年的2.9%降低到1978年的2.5%。

2. 改革开放后至1992年：城市型功能扩展视域下的城乡融合行政区治理

改革开放后，北京像全国绝大多数城市一样，破除了"城乡分割的篱笆"，允许外来务工经商者在城市就业、居住和生活，从此彻底改变了改革开放前基于户籍制度以"城乡分割"为特色的"城—郊—乡"三重治理体系，由此开启了城市型功能扩展视域下的城乡融合行政区治理的新时代，其显著特征如下。

（1）市域总人口快速增长。北京1978年以后没有进行过市域行政区划调整，市域总人口增长具有可比性。1978年北京市域总人口872万，到1992年增长到1102万，14年间增长了230万，平均每年增长16.43万人。

（2）非户籍常住人口占比迅速提高。1978年非户籍常住人口22万，占常住人口的比重是2.5%；1992年非户籍常住人口迅速提高到57万，占常住人口的比重提高到 5.2%。

（3）城镇化率大幅度提高。1978 年城镇化率为 54.9%，1992 年提高到 62.8%，14 年间提高了 7.9 个百分点，平均每年提高 0.56 个百分点。

（4）城市型功能向全域扩展。改革开放打破了"城市发展工业、乡村发展农业"的制度性约束，城郊行政区和乡村行政区大力发展工商业，使城市型功能向全域扩展，城乡融合的行政区治理日趋形成。

为了适应改革开放新形势、经济社会发展新变化和城市型功能全域扩展新态势，北京城市治理做出了新变革：一是增加市区的数量，1980 年将石油化工区办事处更名为"燕山区"，1986 年将房山县和燕山区合并为"房山区"，将北京市区数量确定为 10 个。二是在城郊行政区增设街道办事处，朝阳区劲松、团结湖及海淀区清华园等设立街道办事处。三是在城市行政区外围地区增设建制镇，房山区城关、良乡、新城、琉璃河、周口店，昌平县昌平、南口、沙河，大兴县黄村，顺义县城关，怀柔县城关，密云县城关等纷纷设立建制镇。四是城郊行政区的城市型职能不断强化，乡村行政区的农业生产职能不断退化，北京的粮食和蔬菜保障供应越来越依靠跨省调度。

3. 1993~2014年：城市治理向全域覆盖

1993 年国务院批复《北京城市总体规划（1991~2010 年）》，其中提及"城市建设的重点要从市区向远郊区转移，市区建设要从外延扩展向调整改造转移"①②。尤其是北京全部行政辖区被纳入"城市规划区"，标志着北京的城市治理已经打破"城乡分割"状态，进入"城乡统一的规划管理"新时期。

这段时期，传统意义上的诸如通州、大兴、顺义、昌平、房山、怀柔、密云、平谷、延庆等远郊区，不断承载城市新功能，非农产业不断发展，非农人口不断聚集，城市型治理的要求日益强烈。在这种背景下，1997 年撤销通县设立通州区，1998 年顺义撤县设区，1999 年昌平撤县设区，2001 年

---

① 张敬淦：《北京城市发展的两个战略转移》，《城市规划》1993 年第 5 期，第 5~9、62 页。

② 肖金成、张景秋：《北京城市发展与首都经济建设》，《北京联合大学学报》（人文社会科学版）2005 年第 2 期，第 14~17 页。

大兴、怀柔、平谷撤县设区。2004年《北京城市空间发展战略研究》提出"两轴、两带、多中心"空间发展战略构想，并将全部市域划分为"首都功能核心区"（东城、西城、崇文、宣武）、"城市功能拓展区"（朝阳、海淀、丰台、石景山）、"城市发展新区"（通州、顺义、大兴、昌平）、"生态涵养发展区"（门头沟、房山、平谷、怀柔、密云、延庆）四大空间地域单元并进行分类治理。2010年，为强化首都功能核心区管理，将东城区与崇文区合并，组建新的东城区；将西城区与宣武区合并，组建新的西城区。

（二）行政区治理的局限性

1. 土地资源和水资源供给遇到刚性约束

随着城市功能向全域不断扩展，土地非农化倾向越来越强烈，水资源消耗的强度越来越大，土地资源和水资源的供需矛盾越来越突出。土地资源和水资源的刚性约束、经济发展规模与人口发展规模不断膨胀导致的资源环境问题不断显现，资源环境承载能力不断下降不仅限制了首都功能的正常发挥，而且限制了整个城市经济社会的正常运转。

2. 人口规模膨胀无法控制

城乡要素流动日益频繁，传统依靠户籍制度限制人口数量增长的办法已经失灵。北京市统计局官网发布的有关数据显示，1992年北京户籍总人口1044.9万人，2014年1333.4万人，22年间增加288.5万人，平均每年增加13.1万人。与之对照，1992年非户籍常住人口57.1万人，2014年818.2万人，22年间增加761.1万人，平均每年增加34.6万人，非户籍常住人口比户籍人口有更快的增长，由此导致非户籍常住人口在总常住人口中的占比由1992年的5.2%提高到2014年的38.0%，北京城市总体规划确定的人口控制目标一再被突破。

3. 治理大气污染无法独善其身

北京经济和人口不断聚集与资源环境承载能力不断下降，导致的直接后果是大气污染物排放量远远超过大自然自身的净化能力。北京虽然一直在加大大气污染治理的力度，但是由于大气污染具有区域传输性质，京津冀任何一方单独治理都难以取得令人满意的效果。2014 年北京 PM2.5 年均浓度为 85.9 微克／立方米，同年全国空气质量最差的十大城市京津冀地区就有 8 个[①]。

北京发展与环境之间的矛盾如果局限在行政区范围内寻找解决办法，是没有出路的，寻求区域解决方案[②]不断成为社会共识，以京津冀协同发展破解北京自身发展难题给出了北京城市治理的方向。

（三）走向都市圈治理的初步探索

1. 京津冀协同发展战略的提出

2013 年 5 月，习近平总书记赴天津调研，提出要谱写新时期社会主义现代化的京津 "双城记"；同年 8 月，习总书记在北戴河主持研究河北发展问题时提出 "要推动京津冀协同发展"。2014 年 2 月 26 日，习近平总书记在京津冀协同发展座谈会（北京）上提出 "京津冀协同发展是一个重大国家战略"[③]。2015 年《京津冀协同发展规划纲要》颁布实施，标志着京津冀协同发展正式成为国家战略。由此，开启了北京城市治理由行政区治理走向京津冀协同治理的新时代。

2. 北京非首都功能疏解

2015 年 2 月 10 日，习近平总书记在中央财经领导小组第九次会议上进一步指出，要疏解北京 "非首都功能"，"作为一个有 13 亿人口大国的首都，不应承担也没有足够的能力承担过多的功能"。以习近平总书记的讲话精神为指引，北京将疏解 "非首都功能" 作为完善城市治理的重要抓手：一是制定产业政策，对不适合首都功能定位的产业发展做出限制。2014 年、2015 年连续两年颁布《北京市新增产业的禁止和限制目录》，明确规定哪些产业禁止发展、哪些产业限制发展。二是对聚集大量外来人口的小商品市场和批发市场进行疏解，动物园批发市场、天意小商品市场、大红门批发市

---

① 参见生态环境部发布的《2014 年中国环境状况公报》，2015 年 6 月 4 日。
② 吴良镛等：《京津冀地区城乡空间发展规划研究》，清华大学出版社，2002，第 60~75 页。
③ 宋迎昌：《京津冀协同发展的回顾与展望——兼论习近平总书记京津冀协同发展战略思想》，《城市与环境研究》2017 年第 2 期，第 3~15 页。

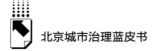
场、西直河石材市场等陆续迁离北京。三是高校疏解。北京一些高校的本科教学部已经疏解至市郊，如中国政法大学、北京邮电大学、北京理工大学、北京中医药大学、北京工商大学等，中国人民大学正在建设通州校区，河北省秦皇岛市也开辟了高教园区计划接纳北京高校搬迁落地。四是推动北京企业到津冀投资。滨海－中关村科技园、北京（曹妃甸）现代产业发展试验区、三元河北工业园、廊坊京冀电子商务协同发展示范区、北京现代沧州生产基地、亦庄—永清高新技术产业开发区、中关村海淀园秦皇岛分园、保定·中关村创新中心等落户津冀大地①。

3. 通州城市副中心的建设

2015 年北京市把加快通州城市副中心建设作为完善城市治理的一项重要举措，2016 年市级行政管理中心向通州搬迁被纳入议事议程。2017 年 2 月，习近平总书记亲临现场考察通州行政副中心建设工地，要求副中心建设不仅要搞好总体规划，还要加强主要功能区块、主要景观、主要建筑物的设计，体现城市精神、展现城市特色、提升城市魅力。2018 年《国务院关于同意北京市人民政府驻地迁移的批复》（国函〔2018〕103 号）同意北京市人民政府驻地迁址通州区。2019 年，通州城市副中心控制性详细规划获中央批复并正式实施。建设通州北京城市副中心，是北京建城立都以来城市治理方面具有里程碑意义的一件大事。

4. 雄安新区的设立

雄安地处北京南部，行政管理上原来隶属于河北省保定市。2017 年经中共中央、国务院批准设立雄安新区。该区起步区面积约 100 平方千米，中期发展区面积约 200 平方千米，远期控制区面积约 2000 平方千米。按照中央部署，未来的雄安新区既要着力打造绿色生态宜居新城区、创新驱动引领区、协调发展示范区、开放发展先行区，还将与北京中心城区、北京城市副

---

① 宋迎昌：《京津冀协同发展的回顾与展望——兼论习近平总书记京津冀协同发展战略思想》，《城市与环境研究》2017 年第 2 期，第 3~15 页。

中心错位发展，形成北京"一体两翼"发展新格局①。雄安新区虽然与北京没有直接行政隶属关系，但是雄安新区在功能定位方面已经与首都北京的发展息息相关，对北京跨界城市治理有探索意义。

5. 通州与北三县一体化

通州城市副中心建设给北三县（特指河北省廊坊市下辖的三河市、大厂县、香河县）的发展带来了显著机遇，同时也给市场投机炒作提供了机会，为了有效化解市场炒作风险，通州与北三县的规划一体化被提上议事日程。2020年3月，国家发改委发布了《北京市通州区与河北省三河、大厂、香河三县市协同发展规划》，提出到2025年协同发展机制建立并有效发挥作用，环境治理、基础设施、公共服务、工程技术等领域形成统一的标准体系。规划的一体化推进将为北京都市圈跨界治理探索出新路子，并为通州与北三县一体化发展积累可供复制的经验。

（四）都市圈治理的成效

北京由行政区治理走向都市圈治理，力图解决四大问题：一是北京的"大城市病"要明显缓解，高房价和交通拥堵治理效果要好，人口过度膨胀的势头要遏制住，中心城区人口密度要下降。二是生态环境保护要切实有效，空气污染程度要有明显下降，森林覆盖率和人均公共绿地面积要明显上升，能源消耗强度要明显下降。三是通州城市副中心建设要取得初步成效，经济和人口聚集能力要有明显提升。四是环京地区"灯下黑"现象要切实得到缓解，北京对周边地区的经济带动能力要明显上升。京津冀协同发展视域下北京的都市圈治理有成效，但也存在问题。

1. 北京的"大城市病"治理成效问题

北京实施都市圈治理以来，"大城市病"治理的成效可以用"喜忧参半"来形容。具体来看，一是高房价治理方面，2014年北京房价收入比为

---

① 宋迎昌：《京津冀协同发展背景下通州产业发展思路研究》，《城市》2021年第4期，第3~10页。

14.5，全国最高①；2020 年房价收入比为 23.8，仅次于深圳、三亚、上海，位居全国第四②。高房价对实体经济发展和民生改善，乃至启动内需的伤害作用显而易见，北京治理高房价的任务依然艰巨。二是交通拥堵治理方面，2015 年北京为全国最拥堵的城市，高峰拥堵延时指数为 2.06；2021 年北京高峰拥堵延时指数降为 1.87，仅次于重庆、长春，位居全国第三③，治堵效果比较明显。三是常住人口控制方面，北京统计局官网显示，2014 年北京常住人口为 2171.1 万人，2018 年为 2191.7 万人，2020 年为 2189 万人，2022 年为 2184.3 万人，2014~2022 年 8 年间共增长 13.2 万人，平均每年增长 1.65 万人，可以说常住人口过度膨胀的势头基本得到遏制。通过"北三县"日均疏解通勤人口 10 万人④，都市圈人口治理的效果比较明显。四是北京中心城区常住人口疏解方面，2014 年北京首都功能核心区（指东城区和西城区）常住人口密度为 2.4 万人／（千米）^{2}，2019 年降为 2.1 万人／（千米）^{2}，2021 年为 1.9 万人／（千米）^{2}，成效比较明显。

2. 北京的生态环境治理成效问题

大气污染治理方面，得益于京津冀地区大气污染治理联防联控机制的建立，北京的空气质量得到改善明显。北京市统计局发布的《北京市 2014 年国民经济和社会发展统计公报》《北京市 2018 年国民经济和社会发展统计公报》《北京市 2022 年国民经济和社会发展统计公报》显示，2014 年 PM2.5 年平均浓度为 85.9 微克／米^3，2018 年降低到 51 微克／米^3，2022 年进一步降低到 30 微克／米^3，已经低于国家确定的二级空气质量标准 35 微克／米^3 的上限。生态建设方面，得益于耗地产业向都市圈外围地区的疏解，北京可以拿出大片土地用于植树造林。根据北京市统计局官网公布的相关数据，2014~2022 年，北京森林覆盖率由 41% 提高到 44.8%，人均公园绿地

---

① 曹倪娜：《2014 年全国 35 个大中城市房价收入比排行榜》，《上海房地》2015 年第 8 期，第 10~12 页。
② 易居研究院：《2020 年全国 50 城房价收入比报告》，2021 年 3 月 30 日。
③ 高德地图：《2021 年度中国主要城市交通分析报告》，2022 年 1 月 28 日。
④ 孙宏阳：《日均到京通勤 10 万人，北三县年底实现京津冀交通一卡通互联互通》，京报网，https：//news.bjd.com.cn/2021/06/23/114442t100.html，2021 年 6 月 23 日。

面积由 2014 年的 15.9 平方米提高到 2022 年的 16.89 平方米。能源利用效率方面，得益于高耗能产业向都市圈外围地区的疏解，北京的能源利用效率得到持续改善，2014 年万元地区生产总值能源总消费量为 0.339 吨标准煤，2018 年降低到 0.241 吨标准煤，2021 年进一步降低到 0.182 吨标准煤。水资源利用方面，得益于高耗水产业向都市圈外围地区的疏解，北京的水资源利用效率持续提升，地下水位明显回升。2014 年万元地区生产总值水耗为 17.58 立方米，2018 年降低到 12.90 立方米，2022 年进一步降低到 9.61 立方米；平原地区 2014 年末地下水平均埋深 25.66 米，2018 年为 23.03 米，2022 年为 15.6 米，地下水位回升明显。

3. 通州城市副中心建设成效问题

通州城市副中心建设至今，只有短短几年时间。《北京城市副中心控制性详细规划（街区层面）（2016 年~2035 年）》已经获得批复，北京市级行政机关及其事业单位向通州搬迁已经顺利完成，大规模基础设施建设的框架已经拉开，预计未来几年基础设施建设和公共服务设施建设的力度还会不断加大，与城市副中心相匹配的产业体系将逐步形成，通州城市副中心对经济和人口的聚集能力有了明显提升。北京市统计局官网发布的有关数据显示，2014 年通州的地区生产总值占全市的 2.57%，常住人口占全市的 6.30%；2021 年通州地区生产总值占全市的比重提高到 2.99%，常住人口占全市比重提高到 8.42%。

4. 环京地区发展不平衡现象治理成效问题

环京地区包括河北省的张家口市、承德市、廊坊市和保定市等 4 个地级市。环京地区发展不平衡现象存在已久，北京实施都市圈治理的成效，应该体现在北京与环京地区共同发展，彻底消除发展不平衡现象。2014 年环京地区 4 个地级市的地区生产总值相当于北京市地区生产总值的 9.43%，常住人口相当于北京市的 111.34%；2020 年这两项数据分别是 28.82% 和 119.93%，尽管绝对差距依然较大，但是相对差距有缩小的趋势，发展不平衡现象有望逐步消除。

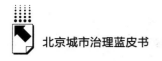

二 北京都市圈治理面临的新课题和新挑战

（一）从新发展格局看北京都市圈治理面临的新课题

2020 年新冠疫情席卷全球以来，我国经济发展的外部环境已经发生显著变化，逆全球化趋势日益明显，全球化时代形成的经济格局正在发生改变。"双循环"成为我国主动迎接全球化格局转变的应对策略。国家需求对北京都市圈治理提出了新的课题。

一是强化消费功能建设。"双循环"发展格局下"内循环"将成为主体，内需将成为拉动未来我国经济发展的主要动力。北京由行政区治理走向都市圈治理，关注并且致力于解决的主要问题是经济发展和资源环境承载能力的矛盾，通过跨行政区治理实现"空间拓展"，破解北京的"聚集不经济"问题和北京周边地区的"聚集不足"问题。这些问题从根本上说属于"供给"属性，不属于"需求"属性。"内循环"要求激活内需活力，并将消费需求纳入都市圈治理的目标内容。2021 年北京与上海、广州、天津、重庆等 5 个城市被国务院列入首批国际消费中心城市培育建设名单。这意味着"国际是方向，消费是核心，中心是关键"的强化消费功能建设举措成为未来北京都市圈治理的重要内容。

二是强化国际科创中心建设。《中共中央关于制定国民经济和社会发展第十四个五年规划和二〇三五年远景目标的建议》提出"产业链供应链自主可控、安全高效"的新要求。北京市是全国的科技创新中心，是我国解决重大"卡脖子"技术问题的希望所在。然而，北京的科技创新成果就地转化率不足，在构建自主可控、安全高效的产业链供应链方面还存在明显不足。北京"十四五"规划已经将"率先建成国际科创中心"作为重要目标，因此应该将其作为未来北京都市圈治理的重要内容。

三是进一步优化城市空间结构。《北京市国民经济和社会发展第十四个五年规划和二〇三五年远景目标纲要》提出高水平建设通州副中心、主动支持雄安新区建设等核心内容，未来北京都市圈治理应该将其作为空间治理的核心内容。

（二）从城市治理实践看北京都市圈治理面临的新挑战

京津冀协同发展战略的实施客观上加快了北京都市圈治理的步伐。近些年来，通过实施都市圈治理，北京的生态环境质量得到明显改善，市区交通拥堵状况有一定的缓解，低端低质低效产业向外疏解成效明显，城市空间结构明显得到优化，可持续发展能力明显增强。但是，从发展趋势看，北京都市圈治理的任务依然艰巨，需要逐一破解。

一是基本公共服务的区域均等化配置问题。由于历史原因，北京优质的基本公共服务资源大多集中在首都功能核心区所在的东城区和西城区以及城市功能拓展区所在的海淀区和朝阳区，都市圈紧密协作圈层的城市副中心和新城以及北京行政区域外部的环京地区与之相比差距显著。人是新型城镇化的核心，基本公共服务的区域不均等化配置对都市圈治理有可能产生显著的负面影响。为此，应该将基本公共服务的区域均等化配置纳入未来完善北京都市圈治理的政策考量范围。

二是北京与环京地区的同城化发展问题。京津冀协同发展战略的实施极大地提升了北京与环京地区的生产要素双向流动强度和频次，跨省市产业融合发展、上下班人员密集通勤、基础设施建设与管理跨界协调、污染物排放联防联控联治等需求客观上要求北京都市圈治理要尽快形成"同城化"治理方案。但当前还仅仅停留在通州与北三县规划一体化层面，远未构建起体系化、法治化的同城化发展机制，更没有成熟的"同城化"发展政策体系问世，这是未来必须尽快解决的问题。

三是健康北京都市圈建设问题。京津冀协同发展战略的实施极大地促进了区域视角下的生态建设和环境保护跨界治理和协调，但是由于机制构建和治理措施主要立足于局部地区、局部领域和局部环节，虽然有效地解决了业已存在的具体生态环境问题，然而全局掌控不足、站位不高、体系化防控不完善、经济发展与环境污染治理之间关系处理的简单粗暴等问题也不断暴露，迫切需要以更高的站位、更宏大的视野、更体系化的治理措施予以应对。我国"健康中国""健康城市"战略的提出为"健康北京都市圈建设"提供了很好的理论政策指导和行之有效的治理思路。

三　完善北京都市圈治理的应对策略

（一）完善北京都市圈治理的总体思路

未来北京都市圈治理，要总结历史经验，面向未来需求，将国家战略与地方需求有机融合，紧紧围绕国家和北京市"十四五"规划确立的目标任务和重点工作，厘清今后一段时期的主要思路，并采取分层、分区、分类的治理策略予以落实。

一是将"国际科创中心""国际消费中心城市"建设等国家战略意图作为完善北京都市圈治理的总体指导思想。以往北京都市圈治理更多关注的是区域协同发展问题，解决的是自身及环京地区的资源可持续利用、环境保护跨界协同、经济社会跨界融合发展等问题，"国际科创中心""国际消费中心城市"建设等国家战略的提出是今后一个时期国家赋予北京的重大使命，应该在北京都市圈治理工作中得到切实落实。

二是将"进一步优化城市空间结构""基本公共服务的区域均等化配置""北京与环京地区的同城化发展""健康北京都市圈建设"等区域协同发展问题作为完善北京都市圈治理的中心工作来抓。这些工作是针对北京都市圈治理实践中暴露出来的新问题和新要求而提出来的，应该成为深化北京都市圈治理工作的新内容。

三是将分层、分区、分类治理的思想作为完善北京都市圈治理的具体策略。北京都市圈的经济地域范围涵盖北京市行政辖区以及经济社会发展密切关联的环京地区，是跨省市的经济功能地区。由于各个发展主体的地理区位、经济发展条件、功能定位以及发展诉求各不相同，国家战略与地方需求有机融合的方式方法也各不相同，客观上要求北京都市圈治理应该考虑地区差异，而不应该搞一刀切，分层、分区、分类治理就是差异化治理的最好体现。

（二）完善北京都市圈治理的主要对策

综合上述分析，建议未来完善北京都市圈治理采取以下对策措施。

一是在区域产业协同发展中落实"国际科创中心"建设。产业协同发展是北京都市圈治理面临的永恒主题。北京中心城区具有科技研发的优势，有条件打造成为"国际科创中心"的科技研发基地；北京都市圈范围内的众多产业园区有条件打造成为科技成果就地转化的基地。以科技产业协同发展为主线，全面梳理产业链上游的科技研发和下游的科技成果就地转化涉及的各个环节，哪些是产业链供应链安全的风险点，是否可控，是否可以自主，是否高效，要做到心中有数。同时，对北京都市圈范围内现有重要产业园区（包括高新区、经开区、自贸区等）的产业发展状况进行全面评估，哪些产业符合"产业链供应链自主可控、安全高效"的原则，哪些产业关联性强，同样要心中有数[①]。按照优势互补、平等合作、成本分担、利益共享的原则积极构建"科技研发"和"科技成果就地转化"之间的协同机制，全面打造既符合国家科技创新战略需求又满足地方产业协同发展的现代产业体系。

二是在非首都功能疏解中强化"国际消费中心城市"功能。新发展格局下"内循环"的作用日益突出，"内需"对我国经济发展的拉动作用将日益得到重视。北京都市圈治理，既往重视的是财富创造的能力，新时代要更加重视"消费能力"建设。要把非首都功能疏解和"国际消费中心城市"建设有机结合起来，通过城市更新把非首都功能疏解腾退出来的空间转化为"国际消费中心城市"功能建设的载体，以此强化北京都市圈的消费能力建设。

三是在进一步优化城市空间结构中重点突出通州城市副中心和雄安新区

---

① 宋迎昌：《牵住牛鼻子，落子紧要处》，《前线》2021 年第 4 期，第 70~73 页。

的"高端产业"植入。通州和雄安作为北京城市总体规划确定的"一体两翼"中的两翼,其规划建设发展一直是党和国家领导人关注的大事。在京津冀协同发展战略的指引下,通州城市副中心和雄安新区的规划建设在如火如荼地进行,城市发展的基本架构已经建立,未来主要是高端产业的植入要落实。在党中央总览全局决策的基础上,北京及环京地区有关地方政府要齐心协力,协同共进,努力做好高端要素植入的全流程服务和管理,真正把通州城市副中心和雄安新区高端产业植入作为一项大事、要事办好,使北京都市圈的空间结构更加完善。

四是在习近平生态文明思想引领下全面开展"健康北京都市圈建设"。在坚持大气污染区域联防联控联治政策的基础上,在习近平生态文明思想指导下,以更高的站位整体推进山水林田湖草沙的一体化治理,构建人与自然生命共同体,全面打造"健康北京都市圈"。一是要打造生态宜居的北京都市圈。巩固北京及环京地区协同治理环境污染成果,继续强化生态环境保护工作力度,切实维护生物多样性,积极推进"无废城市"建设,推动绿色生活方式形成。二是要打造安全保障的北京都市圈。树牢安全发展理念,提升应对自然灾害和流行性疾病扩散预防的能力建设[1]。三是要打造低碳绿色的北京都市圈。全面落实国家碳达峰碳中和目标,细化北京都市圈碳达峰碳中和任务落实行动方案和实施机制。

五是在交通、环保、产业协同发展取得基本实效的基础上大力推进区域基本公共服务的均等化。在京津冀协同发展战略指引下,北京及环京地区在交通、环保、产业协同发展方面已经取得初步成效。下一步要将区域基本公共服务的均等化作为北京都市圈治理的重要目标。鼓励北京中心城区的优质教育、医疗等资源以整体搬迁或者兴办分校分院的形式向北京郊区及环京地区扩散,鼓励北京都市圈范围内的骨干教师和高级医护人员定期跨校跨院跨区交流。进一步加大北京郊区和环京地区教育、医疗等基本公共服务的政府财政投入力度。

---

① 宋迎昌:《牵住牛鼻子,落子紧要处》,《前线》2021年第4期,第70~73页。

六是在通州与北三县规划一体化的基础上全面推进北京与环京地区的同城化制度建设。在全面总结通州与北三县规划一体化经验的基础上，以通州与北三县的同城化制度建设为重点，分门别类地梳理目前阻碍同城化的"堵点"，会同相关政府管理部门寻找同城化的可行办法，制定同城化的实施方案。在条件成熟的基础上，全面构建北京与环京地区的同城化制度政策体系，将北京都市圈打造成为跨省市同城化发展的示范区。

B.11
城市治理现代化推进中的问题与思路

盛广耀*

摘　要： 中国推进城市治理现代化的政策与实践突出体现了城市治理的人民性、系统性和科学性等理念和思路。在推进城市治理体系和治理能力现代化的过程中，仍需关注城市管理体制改革、多元化治理体系构建、法律法规体系完善、智慧化治理手段运用、基层治理能力建设等方面的重点难点问题。为此，应推动中国城市治理理论与实践的创新，将创新性的实践经验转化为制度或规范；坚持"以人民为中心"的城市治理理念，在发展和改善民生中提升城市治理水平；鼓励各地持续推进城市治理体制机制改革，不断提高部门协同和社会协同治理的效能；加强城市治理的系统性法制建设，完善城市治理的法律法规体系；积极利用现代技术赋能城市治理，不断推进城市治理模式的创新。

关键词： 城市治理　治理现代化　治理体系

中国式现代化离不开城市的现代化，而城市现代化离不开城市治理的现代化。习近平总书记指出："城市治理是推进国家治理体系和治理能力现代化的重要内容"，要"提高城市治理现代化水平"[1]。近些年来，我国大力推

---

* 盛广耀，中国社会科学院生态文明研究所研究员、中国社会科学院大学经济学院教授，主要研究方向为城市与区域发展、城市管理。

[1] 《深入学习贯彻党的十九届四中全会精神　提高社会主义现代化国际大都市治理能力和水平》，《人民日报》2019年11月4日，第1版。

进新型城镇化，推动城市发展质量的提升，城市治理能力和水平不断提高。但也要看到，城市治理体系、管理体制、治理方式和手段等方面，与城市现代化的要求还不相适应。对此，本文将分析当前我国城市治理工作中需要重点关注的问题，并对城市治理现代化的推进思路进行探讨。

一 我国推进城市治理现代化的政策理念

党的十八大以来，我国城市治理现代化的步伐不断加快。国家和地方陆续出台了一系列相关政策文件，以推动完善城市治理体系、提高城市治理能力。习近平总书记对推进城市治理现代化的工作也十分关注，并发表了一系列重要论述。

2014 年党的十八届三中全会首次提出"推进国家治理体系和治理能力现代化"的重大命题。2019 年党的十九届四中全会对实现国家治理体系和治理能力现代化做出了全面部署。而作为国家治理体系的重要组成部分，加快推进城市治理现代化十分迫切。对此，习近平总书记多次强调，"推进国家治理体系和治理能力现代化，必须抓好城市治理体系和治理能力现代化"①。2015 年第四次中央城市工作会议提出"促进城市治理体系和治理能力现代化"和"完善城市治理体系，提高城市治理能力"的目标任务。同年发布的《中共中央　国务院关于深入推进城市执法体制改革改进城市管理工作的指导意见》，提出了以城市管理现代化为指向，构建权责明晰、服务为先、管理优化、执法规范、安全有序的城市管理体制，推动城市管理走向城市治理。2016 年 2 月印发《中共中央　国务院关于进一步加强城市规划建设管理工作的若干意见》，对推进依法治理城市、改革城市管理体制、完善城市治理机制、推进城市智慧管理等提出了明确要求。2020 年中央政法委出台《关于推进市域社会治理现代化的意见》，并在全国开展市域社会

---

① 《统筹推进疫情防控和经济社会发展工作　奋力实现今年经济社会发展目标任务》，《人民日报》2020 年 4 月 2 日，第 1 版。

治理现代化试点工作。2021 年中共中央、国务院发布《关于加强基层治理体系和治理能力现代化建设的意见》，就加强城乡基层治理现代化建设的诸多方面提出了指导性意见。与此同时，各地方也纷纷出台相关政策文件，积极推进城市治理体系和治理能力现代化进程。例如，北京市出台了《关于加强城市精细化管理工作的意见》（2019 年）、杭州市发布了《关于高水平推进杭州城市治理现代化的决定》（2019 年）等。

我国城市治理现代化的推进，秉承了社会制度和国家治理体制的优势，在相关政策与实践中突出体现了城市治理的人民性、系统性和科学性等理念和思路。

一是强调以人民为中心的原则。以人民为中心是我国城市治理的核心理念。习近平总书记在中央城市工作会议上提出："做好城市工作，要顺应城市工作新形势、改革发展新要求、人民群众新期待，坚持以人民为中心的发展思想，坚持人民城市为人民。这是我们做好城市工作的出发点和落脚点"[1]。同时，他还多次明确提出："推进城市治理，根本目的是提升人民群众获得感、幸福感、安全感"[2]；"要坚持以人民为中心，聚焦人民群众的需求"[3]。近些年来在推动传统城市管理向现代城市治理转变的过程中，城市政府管理职能的重心加速向以服务为主转型，服务型管理的理念逐步在城市公共管理的各个方面得到落实。总之，我国的城市治理工作秉承"城市是人民的城市、人民城市为人民"的思想，并以此为指导推行共建共治共享的治理理念。

二是强调系统治理的工作思路。城市治理工作涉及城市发展的各个方面和过程，同时城市中的各种问题又是相互关联的，因此现代化的城市治理必须树立系统思维，对影响城市健康发展的重大问题进行系统性治理。习近平

---

[1] 习近平：《做好城市工作的基本思路》，载中共中央党史和文献研究院编《十八大以来重要文献选编（下）》，中央文献出版社，2018，第 78 页。

[2] 习近平：《在浦东开发开放 30 周年庆祝大会上的讲话》，《人民日报》2020 年 11 月 13 日，第 2 版。

[3] 《深入学习贯彻党的十九届四中全会精神 提高社会主义现代化国际大都市治理能力和水平》，《人民日报》2019 年 11 月 4 日，第 1 版。

总书记多次强调"全周期管理"的现代治理理念，指出"要着力完善城市治理体系和城乡基层治理体系，树立全周期管理意识，努力探索超大城市现代化治理新路子"①，"把全生命周期管理理念贯穿城市规划、建设、管理全过程各环节"②。我国城市治理的现代化强调综合性、整体性、全过程的系统治理理念，并以此为指导来构建现代化的治理体系和多方协同的体制机制。

三是强调现代科学技术的创新运用。随着近些年来我国科技水平的提高以及信息技术突飞猛进的发展，以数字化、智能化和智慧化为方向，现代科技赋能的新型治理方式正在改变传统的城市治理模式。习近平总书记指出，这是推动城市治理体系和治理能力现代化的必由之路③。近年来国家及各地纷纷出台相关政策，结合数字政府、智慧城市的建设，鼓励将现代科技广泛运用到城市治理的各个方面，积极提高城市管理的智慧化水平。依托现代信息技术的网格化管理、"政务服务一网通办"、"城市运行一网统管"等治理模式和治理方式的创新实践，已在全国各地逐步得到推广。

二 推进城市治理现代化需重点关注的问题

在国家政策的指导下，近些年来全国各地积极推进城市综合管理体制改革，着力解决城市治理的热点难点问题，城市居民对本地生活的满意度普遍提升。总体来看，我国已初步形成了具有社会主义制度优势的现代化城市治理体系。在城市治理的不同领域，各地涌现了一批城市治理的创新实践案例或项目，形成了不少可复制可推广的示范经验。总结各地实践，现代城市治理理念是否落实到行动、政府部门的管理体制是否理顺、城市治理的法治保

① 《毫不放松抓紧抓实抓细各项防控工作 坚决打赢湖北保卫战武汉保卫战》，《人民日报》2020年3月11日，第1版。
② 《整体谋划系统重塑全面提升 织牢织密公共卫生防护网》，《人民日报》2020年5月25日，第1版。
③ 《统筹推进疫情防控和经济社会发展工作 奋力实现今年经济社会发展目标任务》，《人民日报》2020年4月2日，第1版。

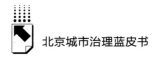

障是否完备、社会参与的作用是否充分发挥、智慧化治理手段是否创新性运用等，都会影响到具体城市、具体领域的治理效能。

我国城市发展日新月异，城市治理中的各种新旧问题交织，对做好城市治理工作提出了新的要求和挑战。在推进城市治理现代化的过程中，仍需对城市管理体制改革、法律法规完善、多元治理体系构建、现代科技赋能、基层能力建设等方面的问题予以重点关注。

（一）城市管理体制改革的问题

近些年来，我国各地积极推进城市管理体制改革，推行统一领导、部门协同的综合管理模式，构建适应现代化城市发展新要求的体制机制，取得了明显成效。但在全国范围看，城市管理体制改革仍需进一步深化，部门协同的治理机制还应加强。城市管理体制机制不顺是影响我国城市治理能力和治理水平的主要问题，突出表现为管理体制条块分割，协同治理的整体效能较低。一是各政府部门之间仍存在边界不明、权责不清的问题，城市管理缺位、错位、不到位的现象依然存在。各部门对城市事务管理的具体职责职能，需要根据不断变化的城市管理和服务需求进一步理顺。二是具体城市事务的管理大多涉及多个部门，部门职能交叉很多，常常难以有序衔接、协调配合，迫切需要对多头管理事务的技术要求和标准规范进行制定完善。三是尚未形成长效的统筹协调机制，各职能部门的力量缺乏整合，城市治理的合力有待增强。对此不少城市进行了一些有益的改革尝试，效果不一。从总体上看，城市综合治理的行政体制改革需进一步深化。四是城市管理和服务工作滞后于社会发展的需求，管理和服务工作存在不到位的情况。一些新兴治理领域的行业监管存在一些漏洞或空白。

（二）城市治理法治化的问题

强化法治思维、依法治理城市是城市治理现代化的基本保障。近年来，国家十分重视城市各领域管理的法制建设工作，各地也纷纷出台条例、办法、实施细则等来规范具体领域的管理工作，城市管理的法治化、规范化逐渐完善。运用法治手段来解决城市治理顽疾难题是未来城市工作的重要任务。当前不同地方城市治理的法治化、规范化水平参差不齐，在城市管理领域存在立法不足与执法不严并存的问题。一是城市治理的法律法规体系尚不完善。城市公共管理事项繁多，现有法律法规存在缺漏，还无法完全覆盖，法规体系不完备，一些行政执法事项存在执法依据不足的问题。二是专业执法与综合执法水平有待提高，执法过程不规范、不严格的问题较为常见。部分执法人员综合素质不高，不能做到严格规范、公正文明执法。一些执法单位对自身的管理范围、责任和权力认识不清，时常出现不作为、乱作为的现象。

（三）多元治理体系构建的问题

建立多元治理体系是城市管理模式由传统管制向现代治理转变的重要内容。当前各类主体在城市治理中的作用存在短板，突出表现为政府行政手段的治理效能强、企业等市场主体的作用还未得到充分发挥、社会组织的力量相对较弱、公众参与治理的程度较低。从现代化治理体系建设的角度来看，多主体参与和社会协同仍是城市治理工作的短板，多元共治的城市治理体系和治理机制尚不健全。一是社会公众参与城市治理的意识不足。长期以来，城市公共事务管理被看作是政府部门单方面的事情，公众在城市治理中较为被动，参与城市公共事务的积极性和主动性不强。如何健全有效的参与机制，激发社会各界参与城市治理的积极性是建立现代城市治理体系必须解决的问题。二是社会组织和公众参与城市治理的能力不足。城市事务包含种类众多，社会公众对城市事务的认知有限，缺乏参与城市治理的专业素质①，需要依托各类社会组织的力量。尽管近些年来政府积极培育社会组织，社会组织数量增多，但在城市的治理事务中能够有效运作、积极参与、真正发挥作用的数量有限。三是专业化服务机构和人才不足。随着经济社会的发展和

---

① 范金妹：《城市治理现代化：内涵、困境、路径选择——以福建南平为例》，《湖北经济学院学报》（人文社会科学版）2019年第6期，第43~45页。

居民生活水平的提高，城市公共事务管理日趋繁杂，居民对优质社会服务的需求日益强烈，需要大量专业化的服务机构和人才，如近年来社会高度关注的养老服务问题。现代城市治理更加强调城市管理的服务功能。为满足社会发展、人民生活的需求，相关专业化服务机构需要进一步培育壮大，专业化服务水平和能力需要进一步提升。四是社会参与机制不完善。一方面，社会参与治理的法律法规尚不健全；另一方面，行之有效而不流于形式的公众参与治理的渠道和方式还有待拓展。

（四）科技赋能城市治理的问题

近年来互联网、大数据、空间定位等信息技术在诸多领域得到快速应用和推广，成为推动城市精细化管理的重要工具。从发展前景上看，我国城市治理中现代信息技术应用的广度、深度还不够，发展空间和潜力巨大，但在推进智慧化管理工作中也存在一些难以回避的问题。一是信息资源共享的难题还没有解决。当前的难点在于如何在体制机制层面解决数据封闭与信息孤岛的问题，实现数据资源的有效利用。受条块管理体制的限制，各地区、各部门在信息化建设方面形成了各自封闭的信息系统和数据资源，缺乏明确、高效的资源整合和综合协调机制，数据的联通、共享需解决体制和技术上的障碍。二是信息安全风险日益显现。各地普遍引入的视频监控、身份验证、人脸识别、手机定位等技术，在提升治理水平方面卓有成效，但如何加强数据安全和隐私保护的新型治理问题也凸显出来。三是基础设施的智能化改造尚需时日。城市市政基础设施（如电力、燃气、供水等）的智能化改造升级正在逐步推进，多数城市基础设施领域的智慧化管理还处于示范项目建设推广阶段。

（五）基层治理能力提升的问题

街道社区是城市的基础单元。随着城市的发展，城市基层开展综合治理的形势日趋复杂，街道社区所承担的社会治理事务越来越多，基层治理能力和治理水平不足的问题也暴露出来，主要表现为城市基层治理权责失配，社区管理和服务的能力和水平有待提高。一是街道社区的责任不明确，部分职能部门将属于自己的管理工作推给街道社区，而街道社区无法律权限、无管理手段、无专业人员，致使社区管理陷于"什么都要管，什么都难管好"的困境。二是社区行政化倾向仍然严重。"上面千条线，下面一根针"，社区行政事务繁多。有的城市社区统计，其所承担的行政事务一度达到 270 多项，涉及 40 多个政府职能部门①。近年来尽管一些城市为基层减负，对原来下放到社区的行政事务进行精简，但去行政化依然任重道远。三是基层治理的资源配置、激励机制有待完善。基层社区的考评与激励机制不健全，存在诸如工资待遇低、上升渠道窄等问题，对人才的吸引力不足，缺少高素质、专业化的社区工作者。

三 推进我国城市治理现代化的对策思路

城市治理现代化是一项长期、系统的工程，需要不断地探索和实践，要坚持"以人民为中心"的城市治理理念，着重在创新治理模式、强化服务意识、改革体制机制、完善法规体系、加强科技运用等方面深入推进。

（一）创新城市治理理论与实践

在推进城市治理现代化的过程中，鼓励各地积极探索和创新符合中国国情和时代要求的城市治理模式，并将创新性的实践经验转化为制度或规范，形成体现社会主义制度优势的治理理念和具有中国特色的城市治理理论。

中国与西方国家的体制不同，经济和社会的发展阶段不同，不能照搬西方国家的城市治理模式，同时我国正处于经济、社会的多重转型阶段，西方教科书中的治理理论、治理工具和手段，与我国城市管理实务脱节，完全套用被证明是行不通的。要从中国城市发展的实际出发，辩证地吸收西方治理

---

① 刘曌琼：《西安新城区：社区去除行政化　服务群众干劲足》，人民网，2019 年 12 月 30 日，https：//baijiahao.baidu.com/s？id=1654303064091408260&wfr=spider&for=pc。

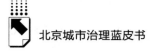
思想的精华，用中国化的现代城市治理理论来指导实践，将我国的制度优势转化为治理效能。同时，体现革新方向的治理理念必须与治理实践有效结合，将宏观的政策理念落实到具体的治理过程，转化为务实的行动。要将各地城市治理创新实践的经验，积累转化为适应改革发展新要求的新型治理体制和机制，并将其推广应用到全国各地。

（二）强化城市治理的服务意识

推进城市治理现代化，要聚焦人民群众的需求，以问题为导向，在发展和改善民生中提升城市治理水平。无论选择何种治理模式、治理机制，城市治理都要解决"依靠谁""为了谁"的问题。"民，乃城之本也"。中国特色城市治理理论与实践的核心是"以人民为中心"，依靠人民、为了人民是我们党治国理政的基本宗旨，也是城市管理工作的基本理念。在城市发展过程中，公众对公共产品和公共服务提出更高的要求，这是社会发展的必然。在中国特色社会主义建设的新时代，为适应社会主要矛盾的转化，城市管理要进一步强化服务职能，把提高服务能力作为城市治理现代化的优先任务，强化公众满意度对于城市治理的导向性作用。要转变政府职能，摒弃管制思维，强化城市治理的服务意识，建设责任政府和服务型政府。要坚持问题导向，顺应人民群众的期待，满足人民群众的需求，在解决城市管理领域的突出问题中不断提高城市治理能力。

（三）改革城市治理的体制机制

现代城市治理工作对城市政府提出了更高的要求，需要发挥地方自主改革和创新的积极性，不断完善城市治理的体制机制，提高部门协同治理的效率和社会协同治理的效能。

从城市管理到城市治理是一个渐进的革新过程，要在城市管理体制机制的改革中寻求突破，构建新型城市治理体系，形成在党的统一领导下政府负责、多部门协同的治理结构，以及政府、市场中介、社会组织、公众等多元参与的协作治理网络①。一是要创新部门协同治理机制，提升跨部门协同能力。如借鉴北京等地的经验，成立综合性的城市管理委员会，对城市管理工作实行统一领导，探索整体性治理和全周期管理的实践路径。二是要扩大城市治理过程中参与主体的广泛性和协商性②，积极拓宽社会公众参与的渠道，鼓励各地构建社会协商治理的新平台。如借鉴南京等地的做法，成立由公务委员与公众委员共同组成的城市治理委员会。三是要为治理主体多元化提供发展空间和制度保障，明确社会组织、企业等主体在城市治理中的定位、责任和权限，培育发展与城市运行管理相关的专业机构，重视加强社会组织及其能力建设。

（四）完善城市治理的法规体系

城市治理现代化要求在城市治理过程中，更多地运用法治思维和法治手段。因此，必须加强城市治理领域的系统性法制建设，通过立改废释并举，完善政策法规体系。随着经济社会的快速发展，近些年来我国城市日新月异、发展变化大，城市治理的新领域新情况新问题不断出现。需要对城市治理领域的法规体系进行经常性的调研和评估，认真梳理现有法规体系中的缺失、不足和过时之处，以及不符合、不适应现代治理要求的地方，全面掌握城市治理法制建设的短板和薄弱环节，有针对性地做好相关领域法规规章的立改废释，聚焦重点领域、难点问题进行立法层面的破与立。

城市治理更多地属于地方治理的范畴，同时我国城市复杂多样，地区差异大。要在坚持统一领导、分级管理的原则下，积极发挥地方的积极性和自主性，充分运用地方政府立法权，科学制定和完善适应各地城市发展实际的地方性法规体系。城市治理政策、规范的制定，一方面要注重归纳总结现有

---

① 李晴、刘海军：《智慧城市与城市治理现代化：从冲突到赋能》，《行政管理改革》2020年第4期，第56~63页。

② 罗家旺：《城市治理现代化的理论探索——西方城市政治学理论述评》，《中共福建省委党校学报》2017年第2期，第74~81页。

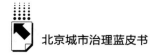

治理案例，吸收和提炼典型案例的解决方案；另一方面，要重视政策法规制定过程中的社会参与，找准问题，形成共识。

（五）加强城市治理的科技运用

城市治理现代化必须强化科技支撑，积极利用现代科技赋能城市治理，推进城市治理的智慧化转型。在现代信息社会，要善于运用现代科技手段去发现问题、解决问题，推进城市治理的精准化和科学化。一是要加强城市智慧管理技术的示范引领，形成新技术试验示范、推广应用的机制。持续推动数字技术广泛应用到城市管理的各领域各环节，提高政府部门的组织管理效率和城市治理的精细化水平。二是制定和完善政府数据开放共享的管理办法，打破信息孤岛，促进跨部门信息资源互联互通、开放共享。优化整合相关部门管理平台和业务系统，加强城市大数据平台建设。积极打造跨部门协同、大数据共享的全流程一体化在线服务平台，持续提升"城市运行一网统管""政务服务一网通办"的功能覆盖和服务水平。三是要充分运用信息化手段，拓宽社会公众参与的渠道，提升公众参与水平，创新社会协同的治理机制。强化信息资源的规范管理和安全管理，加强新兴技术应用的风险防范工作。

参考文献

国务院发展研究中心"我国社会治理创新发展研究"课题组等：《当前我国社会治理的难点、热点问题与应对思路》，《发展研究》2018 年第 4 期。

陆军、杨浩天：《我国城市管理精细化的"十个不足"与"八大取向"》，《城市管理与科技》2019 年第 5 期。

盛广耀：《中国共产党百年城市管理思想的历史演进》，《城市与环境研究》2021 年第 2 期。

郑洁：《多措并举提高城市治理现代化水平》，《经济日报》2020 年 9 月 29 日。

专 题 篇

Special Topic Chapters

B.12

北京市人口发展与调控研究报告

张现苓*

摘 要： 在过去 70 余年里，北京市常住人口总量长期维持增长态势，直至 2016 年达到峰值，从此由增转减进入负增长阶段。实际上，从 20 世纪 90 年代开始大量流动人口涌入北京，逐渐成为推动首都人口规模增长的主要力量。在这一期间，人口过快增长对北京市的公共服务供给、基础设施建设、资源环境等产生较大压力。为控制人口增长过快，尤其是流动人口的快速增加，北京市自 20 世纪 80 年代开始实施人口调控政策，通过行政管控、经济与产业、社会治理等方式对人口规模与结构进行调控，并取得一定效果。未来，北京市人口发展将面临负增长和老龄化并存的挑战，高龄化趋势加剧，社会抚养负担加重，这些突出的人口问题要求北京市在政策设计和制度安排上做好准备。

---

* 张现苓，中央财经大学社会与心理学院副教授，主要研究方向为人口老龄化、人口与经济。

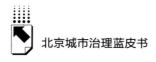
关键词： 人口增长　人口流动　人口调控政策　人口问题

引　言

在较长的历史时期内，人口规模庞大且增长迅速一直是我国面临的主要人口挑战。进入21世纪后，我国人口形势发生根本性转变，人口结构、素质和空间分布等逐渐取代数量问题，成为影响我国社会经济发展的重要变量，尤其是对于区域发展而言更是如此。北京市作为我国首都城市，其人口发展具有自身鲜明的特点，如人口转变过程早于和快于全国、低生育率问题更为凸显、老龄化水平高于全国等。在过去数十年里，北京市凭借其在政治、经济、文化、国际交流等方面具有的独特区位优势，吸引了全国各地大量的流动人口，推动首都人口总量快速增长，为北京市社会经济建设做出重要贡献，但一系列城市发展问题也随之而来，例如交通堵塞、环境污染、房价高涨等。为应对人口过快增长对社会经济和资源环境的压力，推动实现首都经济高质量发展，北京市在国家和中央政策文件的指引下出台了诸多人口调控政策，通过行政管控、经济与产业调控、城市治理、综合规划等多种政策手段对首都人口规模和结构进行调控，并产生了较明显的政策效果。本文将利用历年人口统计数据，详细呈现过去70余年北京市人口发展轨迹及特征，回顾和梳理首都人口调控政策的详细内容和演变过程，并讨论北京市人口调控政策存在的问题和面临的人口挑战。

一　北京市人口发展轨迹及特点

（一）北京人口70年发展回顾

1. 常住人口从增长到减少，近年来开启负增长篇章

自20世纪中叶以来，北京市人口发展经历了从快速增长到平稳波动再

到负增长的变化过程（见图 1）。常住人口总量从 1949 年的 420.1 万人增长至 2016 年的 2195.4 万人，其后略有下降，2022 年下降至 2184.3 万人，70 余年间人口规模增长了 4 倍有余。从人口增长状况来看，过去 70 余年里北京市的人口规模变化大致可以分为四个阶段。

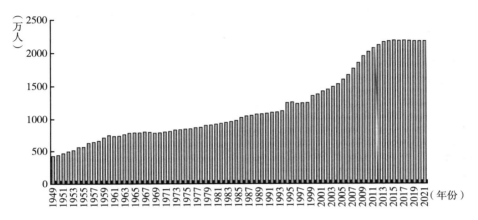

图 1　1949~2021 年北京市常住人口规模变化

资料来源：1949~1977 年资料来源于国家统计局国民经济综合统计司编《新中国六十年统计资料汇编（北京卷）》，中国统计出版社，2010；1978~2021 年资料来源于北京市统计局、国家统计局北京调查总队《北京统计年鉴 2022》，中国统计出版社，2023；2022 年资料来源于北京市统计局、国家统计局北京调查总队：《北京市 2022 年国民经济和社会发展统计公报》，2023。

第一个阶段是 20 世纪 50 年代到 60 年代中期的快速增长时期。其间，除三年自然灾害外，北京市常住人口增长速度较快，平均每年增加 23.75 万人左右。这一时期北京市人口增长较快的主要原因包括：第一，新中国成立后，北京作为首都城市，国民经济迅速恢复，人口出生率处于较高水平，同期死亡率受医疗卫生技术提高的影响而快速下降，导致人口自然增长率较高；第二，1959~1961 年国民经济困难期过后，全国包括北京市出现补偿性生育高峰，年度出生人数显著增加；第三，新中国成立初期，北京市行政区划不断扩大，1949~1958 年先后将河北省房山、昌平、通县等地区划入北京市辖区范围，仅行政划入人口就增加了 281.7 万人；第四，1953~1957 年第

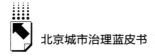
一个五年计划期间，因经济建设、文化科学事业发展的需要，从全国各省（区、市）调进百余万名职工，五年内净迁入人口达 44.0 万人①。

第二个阶段是 20 世纪 60 年代中期到 90 年代中期。这一时期北京市人口出生率开始在波动中下降，死亡率下降速度放缓，常住人口规模持续增长，但增长速度较第一阶段慢，平均每年增加 11.65 万人左右。这一时期又可以再细分为三个阶段，各个阶段引起北京市人口变动的因素不尽相同。1966~1970 年，大批干部和知识青年上山下乡，五年间共迁出 87.8 万人②，1966 年、1968 年和 1969 年北京市均出现人口减少现象，形成继三年自然灾害以来的第二个人口增长低谷。1970 年后，干部和知识青年陆续返京，北京市净迁入人口每年稳定在 4 万~8 万人③，但与此同时计划生育工作力度加强，出生人口数量得到有效控制，所以北京市总人口增长较为缓慢和稳定。1978 年改革开放后，外来人口开始流入北京，并逐渐成为北京市人口增长的重要因素。

第三个阶段为 20 世纪 90 年代中期至 2016 年，北京市常住人口继续维持增长态势。但是，人口出生率进一步下降，死亡率基本稳定在较低水平，人口自然增长率下降，甚至有些年份接近零值（见图 2）。这一时期北京市常住人口增长主要是外来人口急剧增加导致的，机械增长成为推动北京市人口变动的主要力量。20 世纪八九十年代以前，北京市常住人口中外来人口规模和比重都较小，在 1985 年之前常住外来人口规模不足 30 万人。20 世纪 90 年代初，北京市取消了限制人口流动的粮票制度，同时社会经济迅速发展为农村剩余劳动力提供了较多的就业机会，吸引大量外来人口流入北京。

第四个阶段为 2016 年以后的人口负增长时期。2016 年，北京市常住人口总量达到峰值 2195.4 万人，其后开始缓慢减少，2022 年下降至 2184.3 万人。与此同时，北京市常住外来人口也进入下行通道。2015 年，北京市常

---

① 北京市地方志编纂委员会：《北京志（综合卷）-人口志》，北京出版社，2004，第 32 页
② 北京市地方志编纂委员会：《北京志（综合卷）-人口志》，北京出版社，2004，第 33 页。
③ 北京市地方志编纂委员会：《北京志（综合卷）-人口志》，北京出版社，2004，第 34 页。

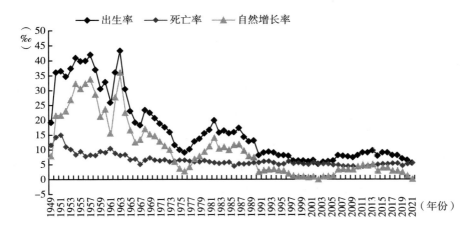

图2　1949～2021年北京市常住人口自然变动状况

资料来源：1949～1977年资料来源于国家统计局国民经济综合统计司编《新中国六十年统计资料汇编》，中国统计出版社，2010；1978～2021年资料来源于北京市统计局、国家统计局北京调查总队编《北京统计年鉴2022》，中国统计出版社，2022；2022年资料来源于北京市统计局、国家统计局北京调查总队：《北京市2022年国民经济和社会发展统计公报》，2023。

住外来人口规模达到峰值，为862.5万人，其后逐年下降，2022年降至825.1万人，平均每年减少5.3万人左右。最近几年北京市人口负增长的原因是多方面的，其中一个重要因素是北京市在2014年之后通过产业与经济手段对人口规模进行调控，疏解非首都功能，将部分产业转移至非城六区或周边地区，引导在这些产业就业的劳动力随之转移。

2. 人口年龄结构从年轻型转变为老年型，北京已进入中度老龄化社会

1949年以前，北京市人口出生率和死亡率都很高，平均预期寿命较短，人口年龄结构类似于成年型。新中国成立之后的70余年内，北京市人口年龄结构经历了从年轻型到成年型再到老年型的发展过程。

1950年代至1960年代，北京人口年龄结构属于典型的年轻型。1953年第一次人口普查数据显示，北京65岁及以上老年人口只占3.3%，0~14岁少儿人口比例为30.1%，老少比为11%；1964年第二次人口普查时，老年人口比例为4.1%，少儿人口比例高达41.5%。可见，这一时期，北京市人口年龄结构非常年轻，主要原因有以下几点：第一，1950年代和1960年代北京市人口

出生率较高，出生人口增长迅速，少儿人口比重增长明显；第二，这一时期大量年轻劳动力迁入北京，1949～1969 年北京市迁入人口达到 400 万人以上。高出生率和人口净迁入的双重作用使北京拥有比全国更为年轻的人口结构。

20 世纪 70 至 90 年代，北京市人口年龄结构逐渐从年轻型转变为成年型。这一时期，北京市人口出生率大幅下降，平均预期寿命不断延长，人口年龄结构发生明显变化。具体表现为：0～14 岁少儿人口占全市总人口的比例迅速下降，从 1964 年的 41.5% 下降到 1990 年的 20.2%，下降速度快于全国；老年人口占全市总人口的比例增加，且增长速度快于全国。1990 年，北京市 60 岁及以上老年人口占比超过 10%。按照国际标准①，这意味着北京市从 1990 年开始迈入老龄化社会，比全国提前了 10 年（全国在 2000 年进入老龄化社会）。

1990 年代至今，北京市人口年龄结构逐渐转变为老年型，且老龄化程度不断加深。1995 年 1% 人口抽样调查显示，北京市少儿人口比例下降到 19.6%，65 岁及以上老年人口比例增长至 7.8%，老少比增长至 39.8%。北京市人口年龄结构已呈现老年型特征。此后，北京市人口老龄化程度不断加深，2010 年 65 岁及以上老年人口比例上升至 8.7%，2020 年进一步增长至 13.3%，人口老龄化程度和增长速度均高于全国平均水平（见表 1）。根据北京市统计局最新数据，2022 年北京市 60 岁及以上老年人口比例达到 21.3%，超过 20%，这标志着北京市正式进入中度老龄化社会。

表 1　北京市七次人口普查人口年龄结构的变化

单位：%

年份	0~14 岁	15~64 岁	65 岁及以上	老少比
1953	30.1	66.6	3.3	11.0
1964	41.5	54.4	4.1	9.9
1982	22.4	72.0	5.6	25.0

---

①　一般而言，如果一个国家或地区 60 岁及以上老年人口占总人口的比重超过 10%，或 65 岁及以上老年人口的比重超过 7%，则认为该国家或地区进入老龄化社会。

年份	0~14 岁	15~64 岁	65 岁及以上	老少比
1990	20.2	73.5	6.3	31.2
2000	13.6	78.0	8.4	61.8
2010	8.6	82.7	8.7	101.2
2020	11.9	74.8	13.3	111.8

注：老少比指每 100 名 0~14 岁少年儿童对应的 65 岁及以上老年人数。

资料来源：北京市统计局、国家统计局北京调查总队编《北京统计年鉴 2022》，中国统计出版社，2022。

3. 人口素质不断提升

（1）平均受教育年限持续提高，人口文化素质显著提升

历年人口普查数据显示，北京市人均受教育程度显著提高。一方面，全市常住人口受教育水平不断提升；另一方面，北京市高校和科研机构云集，吸引了全国各地大量高技术人才在京工作生活。因此，北京市人口整体受教育水平不仅提升速度较快，而且在全国范围内遥遥领先。1964 年第二次全国人口普查数据显示，北京市 15 岁及以上人口中文盲人口所占比列高达 34.2%，平均受教育年限为 5.3 年，拥有大专及以上文化程度的人口占比仅为 4.36%。2000 年第五次全国人口普查时，北京市文盲率下降到 5% 以下，平均受教育年限达到 10 年，拥有大专及以上文化程度的人口比例上升至 16.8%。2020 年，北京市人口文盲率降至不足 1%，平均受教育年限增长至 12.6 年，在全国位居第一，每 10 万人中拥有大专及以上文化程度的为 41980 人，比 2000 年提高 1.5 倍左右（见表2）。人口受教育水平提高为北京市社会经济发展提供了良好的条件，高素质人才是促进北京市持续发展的重要资源和资本。

表2　1964~2020 年北京市人口受教育程度变化

项目	1964 年	1982 年	1990 年	2000 年	2010 年	2020 年
平均受教育年限（年）	5.3	7.8	8.6	10.0	11.5	12.6
每十万人口拥有的各种受教育程度人口（人）						
大专及以上	4359	4866	9300	16839	31499	41980

项目	1964 年	1982 年	1990 年	2000 年	2010 年	2020 年
高中和中专	4513	17646	18978	23165	21220	17593
初中	11768	29086	30551	34380	31396	23289
小学	31883	26197	22579	16963	9956	10503
文盲人口（万人）	168.9	114.7	94.3	57.8	33.3	17.2
文盲率（%）	34.2	16.0	10.9	4.9	1.9	0.9

资料来源：北京市统计局、国家统计局北京调查总队编《北京统计年鉴 2022》，中国统计出版社，2022。

（2）死亡水平下降，人口健康素质不断提升

20 世纪中叶以来，随着人们生活水平的不断提高和医疗卫生技术的显著进步，北京市人口死亡水平不断下降。1950 年，北京市人口死亡率为 14.6‰，城区人口平均预期寿命为 52.8 岁，其中男性为 53.9 岁，女性为 50.2 岁；1954 年北京市人口死亡率降到 10‰以下；1964 年城区人口平均预期寿命突破 70 岁，达到 70.6 岁，其中男性为 69.8 岁，女性为 71.0 岁[1]。进入 20 世纪 70 年代之后，北京市人口死亡率逐渐维持在较低水平。1970 年代北京市人口死亡率在 6‰至 7‰之间波动，进入八九十年代后进一步下降，维持在 5‰~6‰的水平[2]。1990 年，北京市人口平均预期寿命达到 72.9 岁，同期全国为 68.6 岁，两者相差 4.3 岁。1990 年以后，北京市人口平均预期寿命的增长速度加快，2000 年达到 76.1 岁，十年间增长了 3.2 岁。2010 年，北京市人口平均预期寿命突破 80 岁，达到 80.2 岁，而全国平均水平为 74.8 岁，两者差距扩大到 5.35 岁。2020 年，北京市人口平均预期寿命进一步提升至 82.5 岁[3]，但同时全国平均预期寿命增速加快，两者差距略有缩小。

---

[1] 北京市地方志编纂委员会：《北京志（综合卷）—人口志》，北京出版社，2004，第 65 页。
[2] 北京市地方志编纂委员会：《北京志（综合卷）—人口志》，北京出版社，2004，第 58 页。
[3] 北京市统计局、国家统计局北京调查总队编《北京统计年鉴 2022》，中国统计出版社，2022。

回顾北京市人口死亡水平下降的过程可以发现，与全国相比，北京市人口健康素质的提升有两个重要特点：一是在全国处于领先水平，从平均预期寿命指标看仅略低于上海，居全国第二位，并随着时间的推移与上海的差距不断缩小；二是提升速度较快，尤其是 20 世纪 90 年代至 2010 年，北京市人口平均预期寿命的增长速度明显快于全国平均水平。

4. 人口空间分布由中心城区向外扩散，但中心城区人口密度依然很高

北京市人口区域分布在过去十年发生较明显变化，整体呈现从中心城区向较远区县转移的趋势，具体表现为首都功能核心区（东城、西城）和城市功能拓展区（朝阳、丰台、海淀、石景山）的人口规模和份额逐渐减少，城市发展新区（房山、通州、顺义、昌平、大兴）和生态涵养发展区（门头沟、怀柔、平谷、密云、延庆）的人口规模和份额则逐渐上升（见表3）。分区县看，2011~2021 年，海淀和朝阳的常住人口缩减最明显，分别减少29.0 万人和 22.3 万人，占全市常住人口的份额分别下降 2.60 个和 2.38 个百分点，这也导致两区所在的城市功能拓展区人口缩减趋势明显；通州、大兴和昌平的常住人口规模则显著增加，分别增长 59.3 万人、56.7 万人和53.4 万人，占全市常住人口的份额分别增加 2.24 个、2.06 个和 1.79 个百分点，推动城市发展新区的人口较明显增长。

从各区人口密度看，北京市人口空间分布不均衡性非常明显，具体表现为中心城区人口密度大、郊区人口密度较小。虽然近些年来北京市人口呈现向郊区轻微转移的趋势，但中心城区的人口密度依然远远大于周边区县，尤其是西城和东城。2021 年，西城区是北京市人口分布最稠密的区，人口密度高达 21848 人／千米^2，其次是东城区，人口密度是 16914 人／千米^2，这两个区的人口密度显著高于其他区县。朝阳、海淀、石景山和丰台属于第二梯队，人口密度为 6500~7600 人／千米^2。通州、大兴、昌平、顺义则属于第三梯队，除通州（2034 人／千米^2）外，人口密度均为 1300~2000 人／千米^2。房山、平谷、门头沟、密云、怀柔和延庆的人口分布最为稀疏，人口密度较低（见图3）。

表3 2011~2021年北京市各区县常住人口比例

单位：%

功能区	区县	2011年	2012年	2013年	2014年	2015年	2016年	2017年	2018年	2019年	2020年	2021年
首都功能核心区	东城	4.50	4.38	4.28	4.20	4.11	3.94	3.77	3.61	3.44	3.24	3.23
	西城	6.14	6.23	6.18	6.04	5.99	5.80	5.62	5.46	5.26	5.05	5.04
	小计	10.64	10.60	10.46	10.24	10.10	9.73	9.39	9.08	8.70	8.29	8.28
城市功能拓展区	朝阳	18.14	18.13	18.22	18.33	18.23	17.73	17.28	16.85	16.32	15.77	15.76
	丰台	10.81	10.79	10.86	10.88	10.89	10.59	10.29	9.99	9.64	9.22	9.21
	石景山	3.16	3.11	3.09	3.08	3.06	2.97	2.88	2.80	2.71	2.59	2.59
	海淀	16.90	16.88	16.92	17.04	17.00	16.58	16.06	15.58	15.02	14.31	14.30
	小计	49.01	48.91	49.09	49.33	49.19	47.87	46.51	45.23	43.70	41.89	41.85
城市发展新区	房山	4.77	4.73	4.72	4.77	4.75	4.96	5.22	5.41	5.70	6.00	6.00
	通州	6.18	6.22	6.25	6.29	6.37	6.65	7.04	7.45	7.91	8.41	8.42
	顺义	4.52	4.59	4.63	4.65	4.70	4.96	5.22	5.46	5.74	6.05	6.06
	昌平	8.58	8.80	8.85	8.81	8.98	9.21	9.46	9.75	10.02	10.37	10.37
	大兴	7.06	7.07	7.06	7.11	7.14	7.73	8.03	8.27	8.67	9.11	9.12
	小计	31.10	31.41	31.52	31.63	31.95	33.51	34.97	36.33	38.03	39.93	39.97
生态涵养发展区	门头沟	1.46	1.46	1.46	1.46	1.47	1.49	1.56	1.63	1.70	1.80	1.81
	怀柔	1.83	1.81	1.80	1.75	1.76	1.80	1.86	1.91	1.95	2.01	2.01
	平谷	2.06	2.01	1.97	1.93	1.91	1.94	1.97	2.02	2.03	2.09	2.09
	密云	2.33	2.29	2.25	2.22	2.22	2.23	2.26	2.31	2.35	2.41	2.41
	延庆	1.57	1.51	1.45	1.42	1.39	1.43	1.47	1.51	1.53	1.58	1.58
	小计	9.25	9.07	8.93	8.79	8.76	8.89	9.13	9.37	9.57	9.89	9.90

资料来源：北京市统计局、国家统计局北京调查总队编《北京统计年鉴2022》，中国统计出版社，2022。

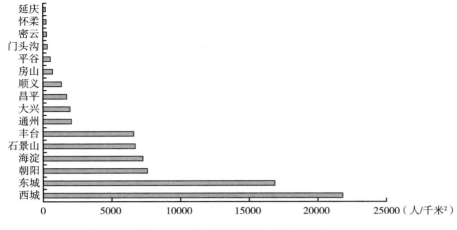

图 3　2021 年北京各区人口密度分布

资料来源：北京市统计局、国家统计局北京调查总队编《北京区域统计年鉴 2022》，中国统计出版社，2022。

（二）北京人口发展的鲜明特点

1. 外来人口增加是常住人口增长的主要推动力

自 20 世纪 50 年代以来，北京市常住人口总量在较长时期内维持不断增长的态势，并在 2016 年达到峰值。在此期间，北京市常住外来人口的增长从 20 世纪 90 年代中期开始明显加快，逐渐成为推动全市常住总人口增长的主要贡献力量。1995 年，北京市常住外来人口为 180.8 万人，占全市常住总人口的比例为 14.45%；2000 年，常住外来人口数量增加至 256.10 万人，占比达到 18.78%；2010 年，常住外来人口突破 700 万人（704.7 万人），占比上升至 35.92%；2015 年，常住外来人口数量达到峰值（862.5 万人），比重增加到 39.4%。在这 30 年间，北京市常住外来人口的增长速度快于户籍人口，对全市人口增长的贡献率达到 70% 以上（见图 4、图 5）。

规模庞大且以青壮年为主的常住外来人口为北京社会经济发展提供了充裕而低廉的劳动力资源，为北京市社会经济发展做出了重要贡献。但是，常住外来人口的大规模涌入也给北京市城市建设提出了一些挑战，加大了在交

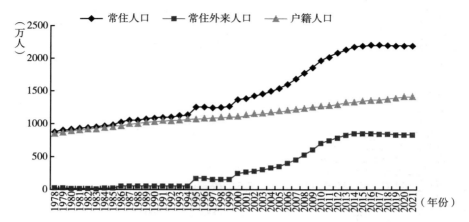

图4　1978~2021年北京常住人口、户籍人口及常住外来人口变化情况

资料来源：北京市统计局、国家统计局北京调查总队编《北京统计年鉴2022》，中国统计出版社，2022。

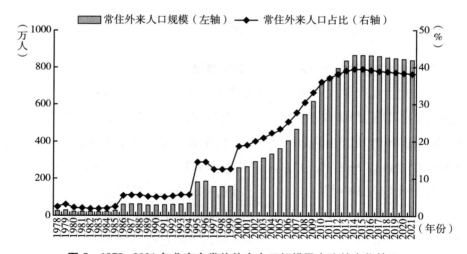

图5　1978~2021年北京市常住外来人口规模及占比的变化情况

资料来源：北京市统计局、国家统计局北京调查总队编《北京统计年鉴2022》，中国统计出版社，2022。

通、医疗、教育等公共服务提供和住房等基础设施建设方面的压力，加重了北京市能源和资源环境的承载负担。

2. 户籍人口老龄化形势严峻，高龄化趋势加深

与常住人口相比，北京市户籍人口的老龄化形势更为严峻。自1990年代以来，北京市外来人口规模进入快速增长时期，而外来人口大多以青壮年劳动力为主，大量外来人口的流入掩盖了北京市户籍人口年龄结构的变化，特别是老年人口比重的变化。2011年，北京市常住人口中60岁及以上老年人口比例为13.48%，其中65岁及以上老年人口比例为9.13%；户籍人口中对应比例分别是19.61%和14.11%。2021年，全市常住人口中60岁及以上老年人口比例增长至20.18%，65岁及以上老年人口比例增加至14.24%；户籍人口中对应比例分别增长至27.49%和19.77%。可见，北京市户籍人口老龄化形势比常住人口更为严峻，外来人口流入在一定程度上稀释了北京人口老龄化。2011~2021年，户籍人口老龄化与常住人口的差异呈加大趋势，这表明户籍人口老龄化的速度快于常住人口（见图6）。

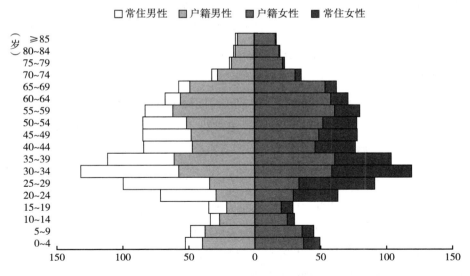

图6　2020年北京市常住人口与户籍人口性别年龄金字塔

资料来源：北京市统计局、国家统计局北京调查总队编《北京统计年鉴2021》，中国统计出版社，2021。

237

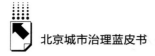

特别指出，虽然大量外来人口涌入降低了北京市老年人口的比重，但是并不能减少老年人口的绝对规模，北京市面临的老龄问题没有消失。另外需要关注的一个群体是外来老年人口，这部分老年人从外省市流入北京，没有北京户口，相比户籍老人在医疗保险、养老保险等各方面都处于劣势地位，面临更困难的处境，这部分老人也是未来北京市政府老龄工作不可忽略的一个方面。

北京市人口老龄化的另一个特点是高龄化趋势日益加深。将60岁及以上老年人口按照年龄段划分为三组：60~69岁、70~79岁、80岁及以上，80岁及以上老年人又被称为高龄老人。2000年，北京市老年人口中60~69岁低龄老人的比例是61.96%，70~79岁老人占30.22%，80岁及以上高龄老人占7.81%。其后20年间，北京市老年人口的年龄构成发生了较明显的变化，表现为低龄老年人比例先降后升、70~79岁老人比例先升后降、高龄老人比例持续增加。2020年，北京市低龄老人比重为60.06%，70~79岁老人比重降至25.19%，80岁及以上高龄老人增长至14.75%，比2000年翻了近一番。伴随着北京市人口老龄化进程的不断推进，高龄化趋势越来越明显，北京市需要加强对高龄老人健康促进、护理照料等方面工作的重视（见图7）。

3. 生育转变早于和快于全国，已较长时间处于低生育率社会

1950年以来，北京市人口出生率呈现较大幅度的变动。1960年代中期以前，除个别年份外，北京市人口出生率均高于30‰，属于高出生率时期。这一阶段的一个明显特点是北京市人口出生率高于全国水平，尤其是1955~1961年，北京市人口出生率比全国高出5个千分点以上。这一时期可分为两个阶段：第一阶段，1950~1958年，出生率持续上升，从1950年36.3‰攀升至1957年的42.1‰，出生率高的原因主要是行政区域扩大、迁入人口大量增加、限制节育和鼓励生育政策的影响；第二阶段，1959~1964年，人口出生率大起大落，主要是受三年自然灾害、政策变动等影响①。

---

① 北京市地方志编纂委员会：《北京志（综合卷）-人口志》，北京出版社，2004，第47页。

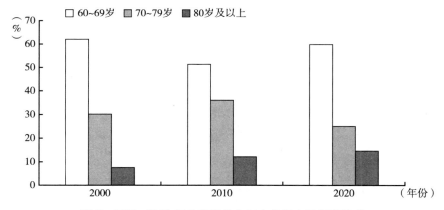

图 7　2000~2020 年北京常住人口中老年人口年龄构成

资料来源：1949~1977 年资料来源于国家统计局国民经济综合统计司编《新中国六十年统计资料汇编》，中国统计出版社，2010；1978~2021 年资料来源于北京市统计局、国家统计局北京调查总队编《北京统计年鉴 2022》，中国统计出版社，2022；2022 年资料来源于北京市统计局、国家统计局北京调查总队：《北京市 2022 年国民经济和社会发展统计公报》，2023。

从 1960 年代后期开始，北京市人口出生率开始大幅度下降。1980 年代，出生率出现反弹，主要是受人口惯性因素和大批知识青年返乡的影响。进入 1990 年代以后，北京人口出生率降至 10‰以下，其后基本在这一水平上下波动。

比较过去 70 年北京市和全国人口出生率的变化，可以看出北京市生育转变的两个鲜明特征，即生育率下降早于全国、下降速度快于全国。进入 1990 年代以后，北京市长期处于超低生育率状态，对人口的影响也逐渐显现，人口老龄化、负增长等问题相继出现，对未来社会经济发展将产生复杂的影响（见图 8）。

4. 初婚年龄不断推迟，晚婚趋势日益明显

北京人口在婚姻方面表现出明显的晚婚趋势。自 1990 年以来，北京市男性和女性平均初婚年龄均呈现不断推迟的趋势。1990 年，北京男性平均初婚年龄为 24.46 岁，女性平均初婚年龄为 23.41 岁；2020 年，男性平均初婚年龄推迟至 30.18 岁，女性平均初婚年龄推迟至 29.04 岁（见图 9）。

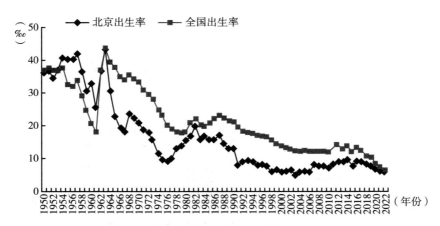

图8 1950~2022年北京市和全国人口出生率

资料来源：1950~1977年北京市和全国资料来源于国家统计局国民经济综合统计司编《新中国六十年统计资料汇编》，中国统计出版社，2010；1978~2021年资料来源于北京市统计局、国家统计局北京调查总队编《北京统计年鉴2022》，中国统计出版社，2022；2022年资料来源于《北京市2022年国民经济和社会发展统计公报》，北京市统计局　国家统计局北京调查总队网站，2023年3月21日，http：//tjj. beijing. gov. cn/tjsj_ 31433/tjgb_ 31445/ndgb_ 31446/202303/t20230321_ 2940951. html；1978~2022年全国资料来源于国家统计局网站，https：//data. stats. gov. cn/easyquery. htm? cn=C01。

北京人口平均初婚年龄不断推迟的原因是多方面的：第一，北京市社会经济快速发展，伴随着现代化进程，青年人群的婚姻观念发生明显变化，更加关注个人价值的实现，进而推迟初婚；第二，人口受教育程度不断提高，高等教育尤其是研究生教育的发展普及在一定程度上推迟了初婚事件的发生；第三，北京市属于超一线城市，生活成本高、工作压力大等，导致婚育成本较高，青年人群结婚意愿下降。

在初婚推迟普遍发生的过程中，北京市男女两性平均初婚年龄的差异也在不断变化。20世纪90年代至21世纪初，北京市男女两性平均初婚年龄的差异呈现不断加大的趋势，从1990年的1.05岁增长至2001年的1.65岁。其后，北京人口平均初婚年龄的性别差异开始在波动中缩减，在2012年降至最低为0.98岁。2020年，北京市男女平均初婚年龄之间的差为1.14岁。平均初婚年龄的性别差异表明，20世纪90年代至21世纪初，北京市

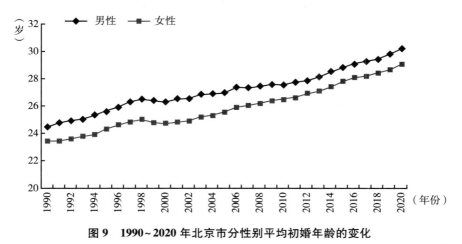

图9　1990~2020年北京市分性别平均初婚年龄的变化

资料来源：北京市第七次全国人口普查领导小组办公室、北京市统计局编《北京市人口普查年鉴2020》，中国统计出版社，2020。

女性初婚推迟速度快于男性，但21世纪初的前十年北京男性初婚推迟再次加速，近些年两者推迟速度接近（见图10）。

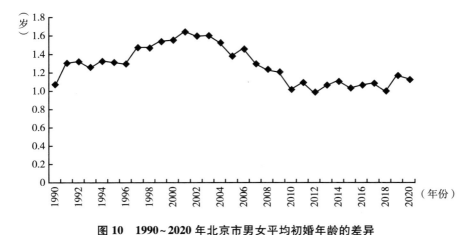

图10　1990~2020年北京市男女平均初婚年龄的差异

资料来源：北京市第七次全国人口普查领导小组办公室、北京市统计局编《北京市人口普查年鉴2020》，中国统计出版社，2020。

5. 家庭结构发生剧烈变革，小型化、核心化趋势明显

在北京市人口发生明显变化的同时，承载人口的最基本社会单位——家庭也在发生显著改变，其中最显著的变化是家庭户规模不断缩小。1982 年，北京市平均家庭户规模为 3.70 人，1990 年降至 3.20 人，2000 年突破 3 人以下，2010 年下降至 2.50 人，2020 年进一步减少至 2.30 人（见图 11）。在近 40 年的时间内，北京平均家庭户规模下降了 1/3 以上。与全国平均水平相比，北京市平均家庭户规模明显更小，家庭小型化趋势显著。

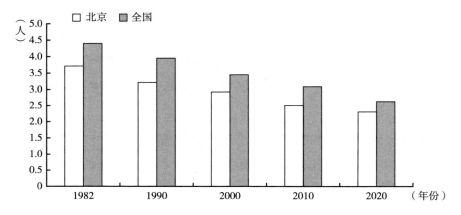

图 11　1982~2020 年普查年份北京市平均家庭户规模

资料来源：北京市统计局、国家统计局北京调查总队编《北京统计年鉴 2021》，中国统计出版社，2021。

2000~2020 年，北京市不同规模的家庭户构成发生了显著的变化，整体表现为一人户和二人户的比例不断增加，多人户的比例明显下降（见图 12）。2000 年，北京市一人户的比例比较低，只有 12.1%，2020 年迅速增长至 29.9%，即每 10 户家庭中有 3 户为一人独居的家庭。二人户家庭比例也不断增加，从 2000 年 24.2% 增加至 2020 年 33.1%，这意味着 2020 年北京市有 60% 以上的家庭是一人独居或二人户。与之相对应，3 人及以上的多人户家庭比例明显下降，其中三人户家庭从 2020 年 39.1% 大幅下降至 2020 年 21.7%，四人户家庭比例从 14.6% 下降至 9.0%，五人及以上家庭户比例从 10.0% 下降至 6.3%。

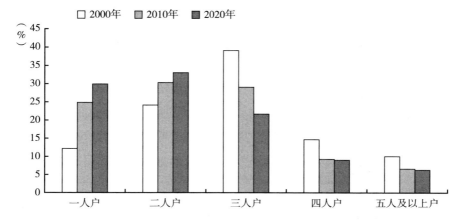

图12 2000年、2010年和2020年北京市不同规模家庭户分布

资料来源：2000年资料来源于《北京市2000年人口普查资料》，北京市第五次全国人口普查领导小组办公室、北京市统计局、国家统计局北京调查总队，中国统计出版社，2002；2010年资料来源于《北京市2010年人口普查资料》，北京市第六次全国人口普查领导小组办公室、北京市统计局、国家统计局北京调查总队，中国统计出版社，2012；2020年数据来自《北京市人口普查年鉴2020》，北京市第七次全国人口普查领导小组办公室、北京市统计局，中国统计出版社，2022。

北京市家庭结构呈现明显的核心化趋势（见图13）。2000年，北京市家庭户中一代户所占比重为30.93%，二代户占54.69%，三代户占14.11%，四代及以上户仅占0.27%。2020年，北京市家庭户的代际分布发生明显变化，一代户家庭"后来居上"，成为北京市家庭户的主要类型，占比达到58.84%，比2000年提升了近30个百分点；二代户家庭退居次要类型，降至2020年的30.77%，减少了约24个百分点；三代户家庭比重亦呈减小趋势，降至10.20%；四代及以上家庭户的占比很小。可见，核心化趋势是过去二十年间北京家庭结构转变的显著特征之一。

6. 就业人口产业分布以第三产业为主

自改革开放以来，北京市就业人口的产业构成就发生了显著变化（见图14）。1978年，北京市就业人口的产业分布呈现"三足鼎立"的局面，第一、第二、第三产业的就业人口比重分别为28.30%、40.10%和31.60%，不同产业吸纳的就业人口规模相差较小。但是，这种"平分天下"的就业格局

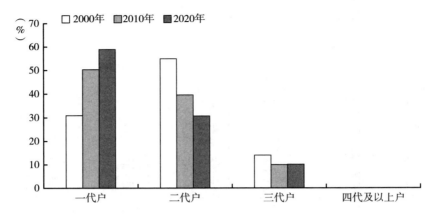

图 13 2000 年、2010 年和 2020 年北京市家庭户类别占比

资料来源：2000 年资料来源于《北京市 2000 年人口普查资料》，北京市第五次全国人口普查领导小组办公室、北京市统计局、国家统计局北京调查总队，中国统计出版社，2002；2010 年资料来源于《北京市 2010 年人口普查资料》，北京市第六次全国人口普查领导小组办公室、北京市统计局、国家统计局北京调查总队，中国统计出版社，2010；2020 年数据来自《北京市人口普查年鉴 2020》，北京市第七次全国人口普查领导小组办公室、北京市统计局，中国统计出版社，2020。

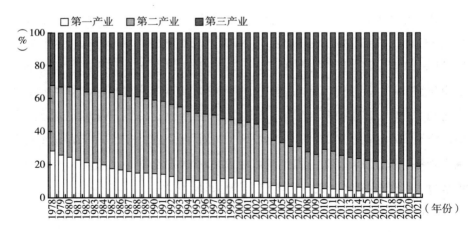

图 14 1978~2021 年北京就业人口的产业构成

资料来源：北京市统计局、国家统计局北京调查总队编《北京统计年鉴 2022》，中国统计出版社，2022。

随着北京社会经济的发展发生了剧烈的变化，至 2021 年，北京市就业人口的产业构成格局已经转变为"一家独大"的形态。其中，第一产业和第二产业的就业人口比重下降幅度十分明显，第三产业的就业人口比重迅速攀升。2021 年，北京市第一、第二、第三产业的就业人口比重分别为 2.30%、16.70% 和 81.0%，第三产业取代第二产业，成为吸纳就业人口最多的产业，同时也是对北京市经济增长贡献率最高的产业。

（三）人口变化对社会经济发展的影响

人口是影响社会经济发展的基础性因素。70 多年来，北京市无论是人口规模还是人口结构都经历了巨大的变化，也给区域社会经济发展带来了深远的影响。一方面，大量外来人口流入为北京社会经济发展提供了丰富的劳动力资源，尤其是高水平人才的流入为北京市高新技术产业、文教产业等的发展奠定了坚实的人力资源基础，但另一方面，北京市庞大的人口规模、人口老龄化等也给社会经济发展带来诸多不利因素。

1. 外来劳动力输入是对北京市劳动力资源的优化配置，促进了社会经济快速发展

流动人口在促进北京市社会经济发展过程中做出了重要贡献。外来劳动力的大量输入为北京市第二和第三产业发展提供了丰富的劳动力资源，促进了区域劳动力资源的优化配置，给北京带来了持久的"人口红利"期。

北京市外来人口以青壮年劳动力为主。2020 年第七次全国人口普查数据显示，北京市常住人口中 15~59 岁劳动年龄人口共有 1500.3 万，其中常住外来劳动力达到 679.8 万，占 45.31%。大量青壮年劳动力的流入使北京市常住人口年龄结构显著比户籍人口年轻，社会总抚养负担降低，为北京市的社会经济发展提供了更好的人口条件。外来人口主要在第三产业聚集就业，其中，吸纳外来人口最多的行业是批发和零售业，其他依次为住宿和餐饮业、居民服务业和其他服务业、租赁和商务服务业等。第二产业中外来人口主要集中在制造业。外来劳动力人口在这些行业就业缓解了北京市劳动力资源的结构性矛盾，在一定程度上对区域劳动力资源进行了优化配置，也在促进商品流通、方便市民生活等方面发挥着重要作用。

2. 北京高校云集，高素质人才众多，促进了高新技术产业快速发展

北京市高等院校、科研机构云集，吸引了全国各地大量的优秀高素质人才来京就学和工作。北京市教育委员会统计数据显示，2020年北京市普通高等学校为92所，其中中央部委属高校39所（数量居全国首位），市属高校53所；研究生培养机构145所，其中高等学校59所，科研机构86所。根据2020年第七次全国人口普查数据，北京市15岁及以上常住人口中具有大专及以上高等教育经历的占47.61%，这意味着北京市近一半的常住人口接受了高等教育，平均受教育水平较高（见图15）。同时，在京就业的科研和技术服务人员、文化艺术产业从业人员、高新技术产业从业人员等高水平人才的数量也非常庞大。2020年，北京市从事信息传输、软件和信息技术

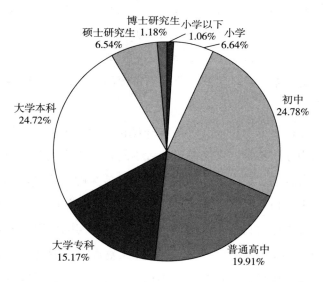

图15 2020年北京市人口受教育程度构成

说明：该图是根据北京市人口普查年鉴2020中表4-1数据计算得到，其中"小学以下"包括"未上过学和学前教育"，和北京市人口普查统计公报公布的文盲率口径不一致，结果存在差异。

资料来源：北京市统计局、国家统计局北京调查总队编《北京统计年鉴2021》，中国统计出版社，2021。

服务业等行业的就业人口达到 130.5 万，在科学研究和技术服务业就业的人口为 95.0 万，文化、体育和娱乐业从业人员 25.6 万，教育行业就业人员 69.5 万。数量庞大的高素质人才在京集聚，推动了北京市相关产业的繁荣发展，为促进区域经济快速增长、产业结构升级等奠定了良好的人才基础。

3. 人口老龄化形势日益严峻，社会负担不断加重

北京市自 20 世纪 90 年代初步入老龄化社会后，人口老龄化程度不断加深加重。伴随着医疗卫生的进步和人民生活水平的提高，老年人口死亡率逐步下降，平均预期寿命进一步延长，这使得北京人口在快速老龄化的同时，出现了明显的高龄化趋势。此外，北京家庭出现明显的小型化、核心化趋势，老年家庭户空巢比例较高，还有相当比例的老年人处于独居状态。庞大的老年人口规模、快速的老龄化和高龄化趋势、较高的空巢比例等使得北京市面临较严峻的老龄工作形势。

北京市快速老龄化带来的最主要、最直接的问题就是养老问题。目前，北京市在养老方面的制度安排滞后于老龄化的发展速度，滞后于经济增长速度，也滞后于其他社会事业的发展。现阶段显现出的问题主要是养老服务机构和设施总量短缺、供需结构性矛盾突出、城乡发展不均衡。养老机构的空间布局与老年人口分布不协调、与老年人养老需求不匹配，存在空间错位，城区养老服务供给不足和郊区机构床位入住率低的现象同时存在。针对老年人就近养老的现实需求，北京市提出打造"三边四级"就近精准养老服务体系，但是目前老年人对社区居家养老服务的知晓率和利用率较低，存在明显的资源浪费，社区养老服务机构发挥的实际效能有限，家庭养老负担依然较重。此外，北京市养老服务事业发展存在城乡不均衡的问题，农村老年人在社会保障、服务供给方面处于相对劣势，需要更多的政策关注与倾斜。因此，面对迅猛的老龄化发展趋势和庞大的老年人口规模，北京市的社会保障体系和养老服务体系不完善问题越发突出和急迫。

北京市老龄化的快速发展带来的另外一个问题就是社会负担加重，社会经济发展受到冲击。随着老年人规模持续扩大、比重不断上升，未来抚养负担还会不断增加。沉重的社会养老负担会对劳动力市场、储蓄、税收、投

资、消费和产业结构等形成冲击，影响经济增长的可持续性和潜力。随着人口老龄化程度的上升，未来在养老金、老年人医疗资源供给与医疗保险、老年福利等方面会支出越来越多的公共资金，相应的人均收入提高带来的消费水平提高的速度将会放慢，不利于社会资本积累和扩大再生产。

4. 外来人口提供丰富的劳动力资源，但不利于产业结构优化升级

外来人口的大量流入为北京市社会经济发展注入了充足的劳动力，但同时，外来人口流动性较强，使得劳动力就业市场稳定性较差，而且流动人口整体受教育水平低于户籍人口，对于科技创新和劳动生产率提高贡献率较为有限，不利于产业结构优化升级。

北京市外来人口就业以第三产业为主，占外来就业人口的 70% 以上，主要集中在批发业和零售业、住宿业和餐饮业、商务服务业、居民服务业等行业。第二产业中的建筑业、纺织服装鞋帽制造业、木材加工及家具制造业等行业，外来人口的就业比重也较大。这些行业属于劳动密集型产业，需要的劳动力数量较多，受教育程度偏低、技能不足、处于灵活就业状态的外来劳动力容易在这些行业获得就业机会。大量低端行业的存在降低了北京市劳动生产率，等量经济生产总值的增加需要更多的劳动力投入，形成"生产率低——吸引外来人口就业——生产率无法提高"的恶性循环。

2014 年以来，北京市政府开始推动实施产业疏解政策，将非首都功能的产业逐步调整到较远区县或周边地区，一方面是通过以业控人的经济手段对北京市人口总量进行调控，另一方面也是为了实现产业结构升级的经济转型目标。

5. 人口规模较大，与资源环境的矛盾较为突出

1949 年以来，北京市维持了近 70 年的人口总量增长，在 2016 年达到峰值后开始小幅下降。整体而言，目前北京市的人口规模依然比较庞大，而北京市自身的自然资源、能源和公共服务供给能力有限，人口给资源环境造成的压力比较明显。

北京市常住人口总量维持在较大规模，带来了对就业、住房、交通出行、教育、就医、公共服务等多方面的大量需求以及为满足这些需求所必需

的资源消耗，导致北京资源环境承载压力及环境脆弱性问题持续加剧，人口与资源环境的矛盾日益突出。例如，北京市水资源严重缺乏，属于重度缺水地区。2021 年，北京市人均水资源为 280.0 米³/人，远远低于全国平均水平（2098.5 米³/人）。除自然资源承载压力大外，人口过多造成的另外一个严重问题就是交通拥堵问题。北京机动车辆的数量增长迅猛，1990 年北京市机动车保有量仅为 39 万辆，而至 2021 年已达到 685 万辆[①]。北京城市交通堵塞问题非常明显，尤其是上下班高峰时段，城市主要路段拥堵现象非常严重，道路交通面临巨大压力。另外，北京的环境污染问题也相当严重，大气、污水、垃圾、违法建设和噪声等方面的污染问题正在加重。

二　北京市人口调控政策

在较长一段时期内，人口增长过快是北京市面临的主要人口问题，因此针对人口规模的调控是北京市人口政策的重要组成部分，甚至是主要政策内容。为控制人口过快增长、将人口规模控制在适度水平，自 20 世纪八九十年代开始北京市陆续出台多项人口调控措施，从行政、经济、社会治理等多个角度出发，形成较完善的人口调控政策体系，对北京市人口规模和人口结构均产生了一定的影响。本部分对 1978 年以来北京市人口调控政策的演变过程和具体的政策内容进行回顾和整理，并对政策效果进行评价。

（一）严格控制时期：1978~1984 年

1978 年党的十一届三中全会召开，提出以经济建设为中心。自此，全国各地开始大力发展经济，对劳动力供给与配置提出了更多的要求。但是，当时我国实施的户籍管理制度较为严格，在城镇地区主要遵循的政策依据来自 1958 年颁布的《中华人民共和国户口登记条例》（下文简称《户口登记

---

① 北京市统计局、国家统计局北京调查总队编《北京统计年鉴 2022》，中国统计出版社，2022。

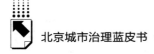
条例》），通过暂住登记和收容遣送制度等手段限制和管理外来人口。同时，城镇地区仍然实行以户籍为依据的生活消费品供应制度，导致进城务工人员很难通过市场渠道获得生活必需品或相应的社会保障。在此背景下，这一时期从农村向城镇地区迁移流动的人口规模较小，北京也是如此。

除全国性的户籍制度以外，这一时期北京市还出台了一些地方性法规文件，强调要控制人口总量。例如，北京市在"六五"计划中明确提出"全市常住人口1985年要控制在970万人以内"，但实际上1985年北京市常住人口规模达到了981万，突破了原定的人口调控目标。基于此，北京市在1983年出台的《北京市建设总体规划方案》中再次强调，要继续"严格控制人口规模"，并设立了新的人口调控目标，"坚决把北京市到2000年的人口规模控制在1000万人左右"。当然，这一目标依然没有实现，2000年北京常住人口总量达到了1363.6万人。从20世纪80年代早期的一些政策文件中可以看到，这一阶段北京市人口发展的总体思路是以严格控制为主。

实际上，在这一时期北京市没有形成非常明确的人口调控政策，主要是依据《户口登记条例》等文件，通过暂住登记制度和收容遣送制度对人口规模进行调控或者说是严格限制。例如，《户口登记条例》明确规定，"公民在常住地市、县范围以外的城市暂住三日以上的，由暂住地的户主或者本人在三日以内向户口登记机关申报暂住，离开时申报注销；暂住旅店的，由旅店设置旅客登记簿随时登记"，同时规定，"公民因私事离开常住地外出、暂住的时间超过三个月，应当向户口登记机关申请延长时间或者办理迁移手续，既无理由延长时间又无迁移条件的，应当返回常住地"。从这些规定可以看出，当时人口的自由流动受到非常大的限制，很难形成跨区域的大规模流动人口。

（二）人口调控政策出台和起步阶段：1985~1994年

随着改革开放的不断深化和落实，我国社会经济发展开始加速，城镇非农部门对劳动力的需求快速增加，农村剩余劳动力开始大规模向城镇转移，很多农民工进入城镇地区务工或经商。在此背景下，1984 年国务院颁布《关于农民进入集镇落户问题的通知》，明确规定了符合政策要求的进城农民及其家属可以在城镇地区办理落户手续。这一文件的出台标志着农民进入城镇就业和落户在法律上的合法化，也开启了我国农村人口向城镇地区的大规模流动。1985 年，公安部等部门出台《关于城镇暂住人口管理的暂行规定》，明确了暂住证和寄住证制度。其中，寄住证制度放开了《户口登记条例》中对外来人口所规定的三个月暂住时长的要求，从此流动人口在异地居留时间不再受到法律上的限制。

在国家政策的指导下，北京市也相继出台多个文件，初步形成了具有北京特色的人口调控政策，其核心是围绕暂住证制度展开的。这一时期，北京市出台的文件主要包括《北京市人民政府关于暂住人口户口管理的规定》（下文简称《关于暂住人口户口管理的规定》）、《实施〈北京市人民政府关于暂住人口户口管理的规定〉的细则》等，明确规定外地来京暂住人员需要向本地公安派出所申报登记，若年龄在十六周岁以上、预计在京停留时间超过三个月，则需要申领暂住证。这是北京市最早进行"以证管人"的政策实践。1986 年，北京市开始推动以综合治理方式对外来人口进行管理，主要思想是谁主管、谁负责，由各个职能部门明确责任范围和对象。在其后几年北京市各个部门陆续颁布了一系列相关文件，如 1987 年《关于加强暂住人员租赁私有房屋管理的规定》、1989 年《北京市外地人员务工管理办法》、1991 年《北京市外地人员经商管理办法》、1991 年《北京市暂住人口计划生育管理办法》等。

在 20 世纪 80 年代后期和 90 年代前期，北京市出台了一系列针对外来人口管理的政策文件。从政策内容来看，这些文件实际上都是在《关于暂住人口户口管理的规定》基础之上形成和出台的，延续了以暂住证制度管理外来人口的政策思路，进一步在具体层面上进行了界定和细分，并在相关方面提出了更为详细和严格的约束。从这一时期出台的诸多文件可以看到，虽然在国家政策引导下北京市逐渐打开了面向流动人口进京的大门，但是相关的限制依然很多，各类人口调控措施相继出台，政策强度稳步增大。

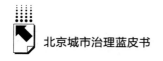
（三）综合管理阶段：1995~2004年

进入20世纪90年代，北京市社会经济开始飞跃式快速发展，对劳动力的需求激增，在此背景下北京市的外来人口规模也开始迅速膨胀。1994年，北京市常住外来人口仅为63.2万人，1995年迅速攀升至180.8万人。外来人口的大量涌入，在为北京市经济高速增长提供丰富而廉价劳动力资源的同时，也对北京市社会治安管理、公共服务供给、资源环境等提出了诸多挑战。

为应对大量流动人口带来的各类问题，1995年国家出台了《中央社会治安综合治理委员会关于加强流动人口管理工作的意见》。在国家文件的指导下，同年北京市政府出台了《外地来京务工经商人员管理条例》，并以此为依据成立了综合协调办公室，全面负责外地来京人口的户籍管理、治安管理、住房管理、务工、经商、卫生防疫、计划生育等工作，这与20世纪80年代中期到90年代中期各个职能部门责任划分、各自为政的政策思路明显不同，由此北京市人口调控政策开始进入综合管理时期，政策强度也大幅增加。

1995年，北京市出台《外地来京务工经商人员管理条例》，面向所有在北京市行政区域内的外地来京务工经商人员，即没有北京市常住户口、暂住北京市从事劳动以取得工资收入或经营收入的外来人口，但是外地来京受聘从事科技、文教、经贸等工作的专业人员不在此文件范围内。基于这一文件，北京市又相继出台了一系列具体执行文件，例如《北京市外地来京人员户籍管理规定》《北京市外地来京人员租赁房屋管理规定》《北京市外地来京人员租赁房屋治安管理规定》《北京市外地来京人员务工管理规定》《北京市外地来京人员经商管理规定》《北京市外地来京人员计划生育管理规定》《北京市集贸市场管理规定》《北京市外地来京人员从事家庭服务工作管理规定》《北京市外地来京人员目标管理责任制规定》《北京市收容遣送管理规定》《北京市外地来京人员卫生防疫管理规定》等。除《外地来京务工经商人员管理条例》以外，这一时期北京市共出台了12项配套文件，共同构成了北京市人口调控政策体系，政策内容覆盖了外地来京人员的户籍管理、治安管理、房屋租赁、务工经商、卫生健康、计划生育、收容遣送等各个方面。之后，北京市又颁布了《北京市外地来京务工经商人员规模规定》《关于进一步做好外来人口管理工作的意见》等文件，继续延续人口调控的政策精神。2001 年，北京市出台《关于实行（暂住人员临时登记证）》，2003 年又颁布《关于实施北京市工作居住证制度的若干意见》。值得注意的是，2003 年出台的这一文件提出"对本市紧缺的人才，可申请办理《工作居住证》"，持《工作居住证》的外地来京人员在子女教育、购买房屋、办理驾驶证、参加社会保险等方面可享受一定的政策优惠。该文件的出台意味着北京市政府在流动人口管理方面开始引入了分类的政策思路，对暂住证的类别进行了细化。另外，2003 年国家出台了《关于做好农民工进城务工就业管理和服务工作的通知》《城市生活无着的流浪乞讨人员救助管理办法》。受这些国家级政策措施的影响，北京市也对之前的一些与国家和中央文件精神相悖的政策进行了调整修订或废止，例如《北京市收容遣送管理规定》。

除相关政策的不断出台以外，这一时期为更好地做好流动人口管理工作，北京市政府从职能部门结构上也做了调整。在市级层面成立北京市外来人口管理领导小组，在居/村委会层面重视各类群众性自我管理组织的作用，这些做法逐渐转变了人口管理工作领域各个部门各自为政的传统局面，转变为以公安部门为中心、多个职能部门相互配合的综合治理格局。从政策手段来看，早期北京市主要通过以证管人，这一时期北京市人口调控的手段以就业管理和居住管理为主，在控制外来人口规模增长的基础之上开始引入分类管理的思路。从政策内容上来看，这期间北京市人口调控政策仍然属于传统的以管理为主，缺少服务思维。政策设计以社会治安为核心目标，脱离社会发展实际。

（四）服务管理起步阶段：2005~2014年

21 世纪初，国家相继出台了一些有关农民工和农村工作的重要文件，这些政策对北京市人口调控政策也产生一些影响。在此背景下，从 2005 年开始，北京市开始对一些不符合人口新形势以及国家文件精神的原有政策进行调整或终止，比如相继废除《北京市外地来京务工经商人员管理》等文件，对外来人员的管理主要集中于暂住证，取消了对其务工经商、房屋租赁、卫生防疫等方面的限制。

2005 年，北京市出台《关于进一步加强流动人口管理与服务工作的若干意见》，这一文件成为新时期北京市实施人口调控工作的纲领性文件，也是从这个文件开始"流动人口"取代了"外来人口"的表述。与早期文件不同，该文件明确提出北京市在制定新时期人口规模调控目标时必须充分考虑产业结构的合理性，政策手段主要包括以证管人、以房管人和以业控人。更为重要的是，该文件体现了北京市流动人口管理思路和管理理念的转变，具体体现在以下几个方面：一是管理模式的转变，从传统的以社会控制为中心的治安管理模式转变为以城市统筹规划和综合管理为特点的社会管理模式；二是政策目标的转变，从原本的以外来人口管理为主转变为人口管理与人口服务并举；三是政策设计体系的转变，从原来针对户籍人口和暂住人口实行双轨制管理转变为对社会实有人口的统筹服务管理；四是行政管理的转变，从传统的以政府职能部门管理为主转向以完善社区服务管理为主的属地管理模式；五是管理主体的转变，从原来以政府行政管理为主，逐渐转向政府、社区、基层组织等多元主体广泛参与的社会化管理模式。因此，这一文件的出台奠定了新时期北京市人口调控和流动人口管理的主体思路、管理方法和政策方向。

为进一步健全和完善流动人口服务管理体系，北京市又相继出台了《北京市流动人口计划生育管理规定》《北京市房屋租赁管理若干规定》《北京市外地农民工参加基本医疗保险暂行办法》《进城务工人员随迁子女接受义务教育后在京参加升学考试工作方案》《北京市外地农民工参加工伤保险暂行办法》等，对关系流动人口切身利益的问题进行了政策回应。

2010 年第六次全国人口普查数据显示，北京市常住人口总量达到 1961.2 万人，提前十年突破了《北京城市总体规划（2004-2020）》中提出的人口调控目标，即"到 2020 年北京市总人口规模控制在 1800 万人左右"。在此背景下，北京市再次强调要继续控制全市常住人口总量，主要措施包括收紧户口指标、实施住房限购政策等。当然，这些政策的出台在某种程度上也是对国务院《关于进一步做好房地产市场调控工作有关问题的通知》的回应。从政策实施效果来看，这些措施在一定程度上达到了调控人口规模的目标，但是整体而言政策设计仍然没有完全脱离传统计划经济时期的"堵""限"思路。

（五）新时期人口调控政策：2015年至今

2014 年，习近平总书记对北京市的城市战略地位提出明确要求，要坚持和强化北京市作为全国"政治中心、文化中心、国际交往中心、科技创新中心"的首都核心功能。同年，习近平总书记在北京主持召开座谈会时听取京津冀协同发展工作汇报，明确将实现京津冀协同发展作为重大国家战略，并指出北京在城市建设和城市管理方面仍存在一些问题，主要表现为城市功能和人口的过度集聚，导致社会经济的各要素都处于紧平衡状态，要将一些不适宜首都的功能进行调整和弱化，转移到毗邻天津和河北。2015 年，中共中央审议通过了《京津冀协同发展规划纲要》，明确指出有序疏解北京市非首都功能是京津冀协同发展的战略核心，要合理调整北京市空间与经济结构，该文件还明确提出要求 2020 年北京市常住人口规模不超过 2300 万人。基于这一文件精神，北京市人口调控政策迎来新的发展，主要表现为政策思路和政策手段的转变，开始转向通过疏解城市功能带动人口疏解。

2016 年，北京市出台《北京市国民经济和社会发展第十三个五年规划纲要》，并修订了《北京城市总体规划（2016~2035 年）》。这两个文件呼应了国家京津冀协同发展战略的要求，明确提出通过疏解非首都功能、调整产业结构等措施降低北京市的负荷压力和资源集聚程度，以产业疏解带动劳动力人口疏解，进而达到人口调控目标。

在以房管人方面。北京市主要通过住房限购政策进行人口调控，同时兼顾房地产市场调控目标。2016 年，北京市出台《关于促进本市房地产市场

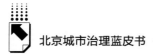

平稳健康发展的若干措施》，增加了对第二套住房首付的具体规定，在一定程度上提高了外来人口在京买房的难度。2017年，北京市住建委发布《关于完善商品住房销售和差别化信贷政策的通知》，针对不同购房情形明确规定了具体的首付比例，例如首套普通自住房首付比例不能低于35%、首套非普通自住房首付比例不低于40%、二套普通自住房首付比例不低于60%、二套非普通自住房首付比例不低于80%等。同年，北京市又出台《关于加强北京地区住房信贷业务风险管理的通知》，通过明确的规定避免或减少为买房而假离婚的现象。在房屋租赁方面，北京市出台相关文件，对房地产中介、房屋租赁企业、各大租赁信息平台等进行监管，并重点规范群租房。

在以证管人方面。北京市采取的政策行动是全面落实居住证制度，完全替代了在京实行了30年的暂住证制度。2015年10月21日，国务院颁布《居住证暂行条例》，并在中共中央"十三五"规划纲要（2016～2020年）中明确指出，在全国"实施居住证制度，努力实现基本公共服务常住人口全覆盖"。在国家政策指导下，北京市在2015年底面向社会颁布了居住证征求意见稿，并在《中共北京市委关于制定北京市国民经济和社会发展第十三个五年规划的建议》中指出，要"实施居住证制度，稳妥推进在京稳定就业和生活的常住人口落户工作"，这标志着北京市开启实行流动人口居住证制度的新篇章。2016年，北京市发布《北京市实施〈居住证暂行条例〉办法》和《北京市积分落户管理办法（试行）》，规定凡是满足在京居住6个月以上，有合法稳定就业、合法稳定住所、连续就读条件之一的非京籍市民，可申领居住证。居住证制度在一定程度上是对户籍制度改革的深化，将户籍和城市公共服务脱钩，让流动人口的权益保障和公共服务与其在京工作、生活的年限挂钩。2018年，北京市又发布《北京市积分落户操作管理细则（试行）》。虽然从政策方向来看，积分落户政策似乎和北京市人口疏解目标相悖，但实际上积分落户的要求非常严格，每年通过积分实现落户的人数只有数千人。此外，《北京市积分落户管理办法（试行）》还规定，申请人居住地和就业地由城六区转移到本市其他行政区域最高可积12分，这也是对城六区人口疏解的举措之一。

在以业控人方面。北京市通过疏解非首都功能，将一些带有污染性质、高能耗、人口资源占用较多的产业转移到周边地区，人随业走，在实现产业结构调整和升级的基础上达成对人口规模的调控。实际上，"以业控人"的概念早在2011年即已提出，当时北京市发改委等部门联合发布了《北京市新增产业的禁止和限制目录》，并随后在2015年和2018年多次更新，这一文件对教育、医院、批发零售、房地产等产业进行了明确限制。此外，北京市还先后疏解转移了一些大型的批发市场。2016年，北京市召开疏解非首都功能会议，要求各区县根据"疏功能减人口"的任务要求制定针对本区产业和人口的疏解方案。2017年和2018年，北京相继发布《北京市人民政府关于组织开展"疏解整治促提升"专项行动（2017～2020年）的实施意见》《北京城市安全隐患治理三年行动方案（2018～2020年）》。在多重举措并行下，北京市常住人口在2016年达到峰值，其后开始小幅下降，这意味着北京市常住人口已经进入负增长时期，但缩减的幅度和速度比较小。2016～2022年，北京市常住人口总量减少了11.1万人，平均每年仅减少1.85万人左右。

（六）小结

前文回顾和梳理了过去数十年北京市人口调控政策的发展演变。从时间脉络上看，北京市人口调控开始于20世纪80年代，这一时期的人口调控政策主要是围绕《户口登记条例》形成，调控思路以严格控制外来人口为主。进入20世纪90年代后，随着社会经济发展对劳动力需求的增长，大量外来人口流入北京，在为北京经济增长做出卓越贡献的同时也带来一系列问题。因此，在很长一段时期内，控制常住人口规模一直是北京市人口政策的主要目标之一。近年来，随着人口形势的新变化，北京市人口调控政策也开始出现重大转变，尤其是2015年国家实施京津冀协同发展战略之后，北京市人口调控政策的目标、强度、重点、手段和内容都发生了

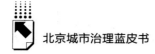
明显改变①。经过数十年人口调控政策的持续发力，北京市人口发展和社会发展也出现一些新特点，人口增速减缓甚至常住人口出现负增长，中心城区人口密度下降，人口向较远区县轻微转移，资源环境压力持续增加的趋势得到一定程度的遏制。

三　北京市人口调控存在的问题及挑战

（一）北京市人口调控存在的问题

1. 北京对外来人口吸引力较强，调控结果存在变数

虽然目前北京市人口调控的目标不再是单一地追求规模控制，但在区县层面人口疏解的压力依然存在，尤其是中心城区，人口密度过高，各类社会经济活动过度集聚，引发了一系列的区域发展问题。北京市人口增长的潜在压力主要来自外来人口的大量涌入，因此人口疏解的根本是控制流动人口的有序流入。当前北京市出台的人口调控政策，大多是从疏解存量人口的角度出发，忽视了北京市独特的区位优势对人口迁移流动的根本驱动力，对外来人口的超强吸引力是多年来北京市人口规模调控目标难以实现的根本原因。北京作为我国首都，是全国的政治、经济、文化中心，国家部委机关、大型国企、各行领头企业等大多聚集在北京，其带动的上下游产业、相关服务业等对劳动力的需求十分可观，而且北京市拥有全国各省（区、市）中最多的部属高校、最优质的的医疗资源、良好的基础公共服务，这些都对外来人口流入产生很强的拉动力。

与之相对，周边承接地的吸力显著较弱，尤其是河北，在教育、医疗、公共服务、就业等方面与北京存在较大差距。一方面，在京津冀协同发展中北京市对周边地区的虹吸效应和集聚效应仍然存在，另一方面，周边地区尚

---

①　童玉芬、周文：《北京市人口调控的政策演变及未来策略》，《中国劳动关系学院学报》2022 年第 4 期，第 1~9 页。

未完全具备承接北京产业转移和产业辐射的条件，没有和北京市现有产业及资源形成对接。这就导致北京市通过产业疏解来对人口规模和人口空间结构进行优化的目标无法完全实现，政策效果有待加强。

2. 人口规模调控的整体目标达成，但中心城区仍面临一定的疏解压力

2014 年以来，北京市全面落实疏解非首都功能工作，取得了一定成效。2016 年，北京市常住人口规模达到峰值，其后由增到减开始进入下行通道，并连续六年不断下降，2022 年降至 2184.3 万人。常住外来人口在 2015 年达到峰值（862.5 万人），其后连续下降，2022 年下降至 825.1 万人。分区域看，首都功能核心区（东城区和西城区）的人口规模受产业疏解政策影响较为明显，常住人口总量从 2014 年 222.4 万人连续下降至 2021 年 181.2 万人，减少了 41.2 万人，下降幅度达到 18.53%，人口疏解效果显著；城市功能拓展区的人口也明显减少，朝阳、海淀、丰台、石景山四个区的常住人口规模在 2014~2021 年分别减少 53.1 万人、57.0 万人、34.8 万人和 10.2 万人，降幅分别为 13.34%、15.41%、14.73% 和 15.27%，政策效应也较为明显。与之相对，北京市其他区县的人口在 2014~2021 年则呈现不同幅度的增长，尤其是通州和大兴，常住人口分别增加了 47.8 万人和 45.1 万人。

根据《北京城市总体规划（2016~2035 年）》要求，"北京市常住人口规模到 2020 年控制在 2300 万人以内，2020 年以后长期稳定在这一水平""降低城六区人口规模，城六区常住人口在 2014 年基础上每年降低 2~3 个百分点，争取到 2020 年下降约 15 个百分点，控制在 1085 万人左右"。目前来看，北京市人口规模调控的总目标已经实现，即在 2020 年将常住人口控制在 2300 万人以内，但是针对人口空间布局优化的疏解目标并未实现，2020 年城六区的常住人口规模为 1098.5 万人。可见，北京市中心城区仍面临一定的人口疏解压力，尤其是东城区和西城区，由于其特殊的地理位置，聚集着众多国家行政机关和大量历史文化保护区，人口疏解具有一定的难度。

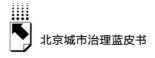
3. 如何在人口调控的同时保持城市发展活力和潜力

长期以来，北京市凭借独特的区位优势吸引了来自全国各地的大量劳动力，尤其是高素质人才，不仅缓解了北京市户籍人口老龄化形势，而且给区域社会经济发展带来显著的人口红利和人才红利。当然，大量外来人口的涌入也给北京城市建设和发展带来了一些负面的影响，如各类城市病相继出现、资源压力紧张等。因此，北京市长期实行较为严格的人口调控政策，希望将人口总量控制在适度水平，同时兼顾人口结构和空间分布格局的优化。目前，北京市常住人口和常住外来人口都已经进入负增长阶段，人口老龄化程度不断加深，人口红利逐渐消失。在这样的背景下，如何兼顾人口调控和经济增长活力之间的关系？产业结构升级和经济高质量发展如何实现？需要什么样的人口条件和劳动力支持？如何处理人口规模调控与高素质人才集聚之间的关系？这些问题都是北京市在制定人口政策时需要关注和解决的现实难题。

4. 对重点人群的服务管理

目前，北京市人口调控政策已经形成管理与服务并举的基本格局，政策手段也日益多样化，从以行政管控为主的单一手段逐渐转变为经济、产业、社会治理、综合规划等多种措施并举的局面。在这一过程中，如何贯彻落实对实有人口的具体服务保障是北京市人口治理工作的重要内容，例如老年居民的养老服务保障、流动人口基础公共服务管理、城乡接合部重点社区治理、育龄人群生育支持等。在这些方面，北京市仍然面临较多的实际问题，例如养老服务领域供给结构性矛盾突出、城乡发展不均衡、居家养老服务利用效率低等问题较为明显，流动人口基本公共服务均等化仍有待落实，各个区县人口与产业发展的匹配和分布问题需要更多的政策思考与推进，等等。在新的人口环境下，政府部门和学界应该对人口调控政策的内涵重新思考，将各类人口政策统筹整合到人口政策框架下，切实做到对实有人口公共服务全覆盖。

（二）未来北京市人口发展面临的挑战

未来北京市人口形态将会呈现一些鲜明的特征，政策制定部门在进行规划制定和政策设计时需要重点关注。利用第七次全国人口普查数据以及北京市历年人口统计数据，本部分对未来30年北京市人口发展趋势进行预测，以模拟结果呈现北京市未来面临的人口挑战。

1. 常住人口总量持续负增长

目前北京市常住人口已经处于下行通道，未来这一趋势将继续维持，直至21世纪中叶都不会改变。《北京城市总体规划（2016~2035年）》提出北京市常住人口规模在2020年以后长期稳定在2300万人左右。从人口预测结果来看，未来北京市外来人口的规模将能够得到较好的控制，全市常住人口总量将会不断减少，很难回升到2300万人的水平，甚至与这一目标之间的差距呈拉大趋势，2035年北京市常住人口总量为2077万人左右，比目标规模少223万人左右。2040年，北京市常住人口规模将突破2000万人以下，2050年进一步下降至1789万人左右（见图16）。因此，如果北京市希望将常住人口总量维持在2300万人左右的稳定水平，未来在人口调控政策强度上需要有所优化。

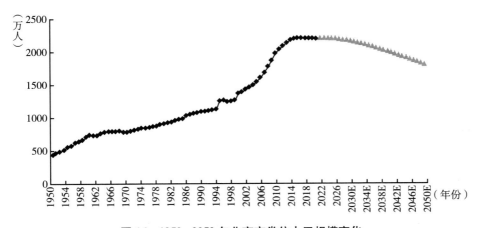

图16 1950~2050年北京市常住人口规模变化

资料来源：1950~1977年资料来源于国家统计局国民经济综合统计司编《新中国六十年统计资料汇编（北京卷）》，中国统计出版社，2010；1978~2020年资料来源于北京市统计局、国家统计局北京调查总队编《北京统计年鉴2021》，中国统计出版社，2022；2021~2050年数据来自作者人口预测测算结果。

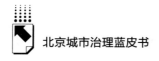
2. 少儿人口和劳动年龄人口显著减少，老年人口显著增多

2020 年，北京市妇女总和生育率低至 0.87，处于极低生育水平。实际上，北京市已经长期处于低生育率社会，出生人口规模整体呈不断减少的趋势，直接影响北京市 0~14 岁少儿人口规模的变动。2020 年，北京市少儿人口规模为 259.2 万人，受过去几年生育政策调整导致年度出生人数小幅回升的影响，未来少儿人口将维持短暂的增长趋势，在 2025 年前后达到峰值（274.5 万人），随后开始下降，在 2034 年降至 200 万人以下，2050 年进一步下降至 100 万人左右，比 2020 年减少 3/5 以上。

目前，北京市 15~59 岁劳动年龄人口已经处于缩减态势，未来其下降速度将进一步加快。2020 年，北京市劳动年龄人口为 1500.3 万人，2045 年降至 1000 万人以下，平均每年减少 20.5 万人。2050 年，北京市劳动年龄人口缩减至 787.0 万人，比 2020 年减少近一半。从劳动年龄人口的预测结果看，如果北京市维持现行人口调控政策，依然对外来人口进行较严格的管理，那么未来北京市劳动力供给将明显减少，北京市需要在科技创新、劳动力素质提升等方面做出更大努力以提升劳动生产率，确保经济可持续增长的潜力。

与少儿人口和劳动年龄人口的变动趋势不同，北京市老年人口规模将呈现不断增加的态势。2020 年，北京市 60 岁及以上老年人口规模为 429.9 万人，其后迅速增加，在 2024 年突破 500 万人，其后分别在 2030 年、2038 年、2046 年和 2050 年分别突破 600 万人、700 万人、800 万人和 900 万人。30 年内，北京市老年人口规模翻了一番，平均每年增加 15.7 万人左右（见图 17、图 18）。

3. 老龄化和高龄化趋势并行且不断加重

长期以来，以青壮年为主的外来人口稀释了北京市常住人口中老年人口的比例，但北京市人口老龄化形势依然较为严峻，在 2021 年进入中度老龄化社会，户籍人口老龄化形势比常住人口更严重。未来，北京市人口老龄化水平将持续提高，2032 年前后 60 岁及以上老年人口比例将超过 30%，标志着北京市届时将进入重度老龄化社会，2050 年北京市老年人口占比将突破

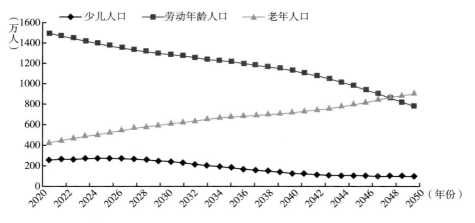

图17　2020~2050 年北京市不同年龄段人口规模变化

资料来源：根据作者人口预测结果绘制而成。

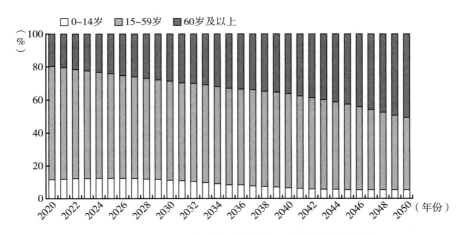

图18　2020~2050 年北京市常住人口年龄构成的变化

资料来源：根据作者人口预测结果绘制而成。

50%，意味着 21 世纪中叶时北京市每 2 个人中就有 1 个是老年人（见图 19）。如何解决大规模老年人不断增长的养老需求，是北京市养老保障工作的重要方向。

在人口老龄化程度不断提高的同时，北京市高龄化趋势亦发展迅速。2020 年，北京市 80 岁及以上高龄老人为 63.4 万人，2033 年突破 100 万人，

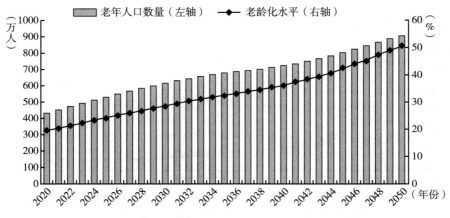

图19　2020~2050 年北京市老年人口规模及比例变化

资料来源：根据作者人口预测结果绘制而成。

2047 年突破 200 万人，2050 年增长至 212.2 万人，30 年间增加了 2 倍有余。高龄老人占常住总人口的比例也将不断增加，尤其是 2030 年后增长加速。2020~2050 年，北京市高龄老人在常住总人口中的比例从 2.89% 增长至 11.86%，高龄老人在 60 岁及以上老年人口中的比例从 14.74% 增长至 23.53%。需要特别关注的是，北京市高龄老人的规模在 2030 年后将进入加速增长时期，这一群体的快速增加可能导致失能半失能老人增多，对长期照护服务、政府高龄补贴等产生直接冲击（见图 20）。

4. 社会抚养负担不断加重

未来，北京市社会抚养负担将不断加重，主要是老年抚养比快速增加导致的，少儿抚养比在波动中略有下降。2020 年，北京市少儿抚养比为 0.17，老年抚养比为 0.29，社会总抚养比为 0.46，这表示每 100 名 15~59 岁劳动年龄人口需要负担 46 名非劳动年龄人口的生活。2050 年，北京市少儿抚养比在经历波动后下降至 0.13，老年抚养比则激增至 1.15，社会总抚养比上升至 1.28，这意味着到 21 世纪中叶北京市每 100 名劳动年龄人口需要负担 128 名非劳动年龄人口的生活，社会抚养负担急剧加重（见图 21）。

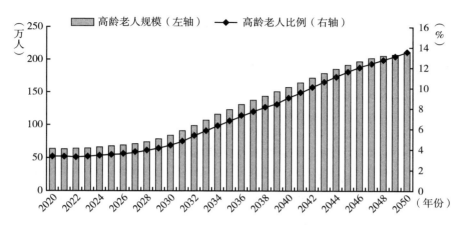

图20　2020~2050年北京市高龄老人规模及比例变化

资料来源：根据作者人口预测结果绘制而成。

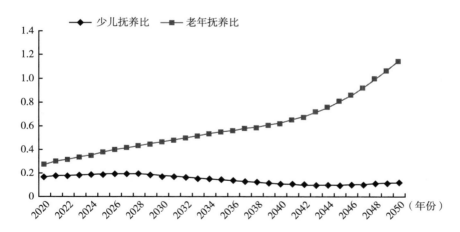

图21　2020~2050年北京市少儿抚养比和老年抚养比变化

资料来源：根据作者人口预测结果绘制而成。

B.13
北京城市交通治理研究报告

王学成 *

摘　要： 城市交通治理是新时期北京市巩固"四个中心"地位、把握时代发展脉络的重要支撑。北京市已经初步建成城市交通治理体系，虽取得了显著的成效但也面临巨大挑战。北京市应在京津冀协同发展大背景下，不断完善路网建设，推动形成大都市区通勤圈。继续推进轨道交通、地面公交、自行车等交通方式的协调发展。通过重点区域治理、慢行系统建设以及静态交通管理等做精交通拥堵治理。面向未来，北京应多措并举，推进智慧治理、绿色治理和公共治理发挥更大的作用。

关键词： 城市交通　交通治理　北京

北京市是中国的政治中心、文化中心、国际交往中心、科技创新中心。新一轮技术革命带来行业深刻变革，"新基建"成为基础设施领域新焦点，北京建设全球数字经济标杆城市的步伐不断加快。北京市的发展依靠交通系统发挥好支撑保障作用，当好首都高质量发展开路先锋。因此，要加快交通数字化、智能化转型，持续优化供给、调控需求、强化治理，构建立体化现代化城市交通系统。

---

　* 王学成，北方工业大学经济管理学院讲师，主要研究方向为数字交通。

一　北京城市交通治理概述

（一）北京城市交通治理体系初步成型

北京市在交通综合治理方面，已经形成了良好的格局。"十三五"时期，北京市率先成立交通综合治理领导小组，提升了交通问题综合协调、多方协同的管理层次，全方位加强对城市交通病的治理，形成多主体多部门多方式联合工作格局。

北京市将交通管理重点由动态交通领域转向静态、动态交通的综合管理。机动车停车秩序和共享单车停放秩序得到不断改善。停车难、停车乱是超大城市交通治理的通病，为此北京市加快推进道路停车制度改革，通过电子化收费提升微观治理能力，"停车入位、停车付费、违停受罚"得到民众一致认同，取得良好的治理效果。北京市结合前沿的需求管理理论，合理、有序地增加停车设施供给，推进停车设施建设、运营与改革协同发展。2021年，北京市道路停车改革实现全覆盖，共涉及1000多条道路、9万多个停车位，日均提供服务35.4万次。打通道路停车位数据与MaaS平台数据，建立了核心区停车设施数据库，实现停车资源"一张图、一张表、一个库、一个机制"。北京市停车资源管理平台顺利完成上线运营，累计运营远程值守车场项目54个，车位数9143个，节约了大量的人工成本。2021年，实现2.8万个停车位分时、错时共享，依靠盘活存量资源破解"停车难"顽疾。同时出台政策推动社会力量参与停车设施建设。开展网约车专项治理，全市统一的监管服务平台已经投入使用，接入了全部3家企业的90万辆自行车，实现了数据的统一归集。在自行车停车方面，划定1.5万个自行车停放点位，引导民众形成有序停车的良好习惯。

"十三五"时期，北京市累计治理各类堵点900多处，基本实现了全市易堵点的全面覆盖。巩固交通拥堵治理成果，创新堵点治理手段。建立堵点三级分类，分层次考虑治理难度、治理周期、系统重要性等因素，市区联动

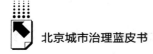

开展治理工作。针对小区域交通治理的个性化问题，发布转型工作方案并加以落实，学校、医院、场馆的拥堵监测、堵情分析、疏堵方案得到数字化改进，大幅改善了居民的出行体验。

北京市交通综合执法改革不断深入，实现交通系统行政处罚、行政检查、行政强制等的统一执法，为依法行政提供了坚实的基础和可靠的标准。密集出台《北京市机动车停车条例》《北京市非机动车管理条例》等交通领域的法律规章制度，为深化交通治理、促进行业健康发展提供了支撑。针对新业态监管的特殊性，制定网约车管理实施细则、互联网租赁自行车指导意见、私人小客车合乘意见等规范性文件，为新业态规范健康发展保驾护航。审慎推进出租汽车行业改革，促进网巡融合、网巡协作。根据出行需求变化，调整客运站布局关停合并一部分中心城区的客运站点，加强运营管理。加大交通违法打击力度，开展"黑车治理"专项行动方案，维护市场公平竞争环境。继续推进非现场执法工作经验，公路超限治理效果得到提升，全路网超限超载率维持在1%以内，居全国前列。交通依法治理取得卓越成效。

（二）北京城市交通治理成效非常显著

2021年，北京市全市完成公共交通客运量53.8亿人次，同比增长30.6%；中心城区工作日出行总量3530万人次，同比下降2.5%；绿色出行比例进一步增长至74.0%，同比提高0.9个百分点；小汽车出行强度日均26.9千米/辆，同比降低6.9%；地铁运营线路共有27条，运营里程783千米，车站459座；北京市轨道交通的繁忙程度位列全国第二，仅次于上海，全年客流量高达30.68亿人次，日均客流量为840万人次，日均进站量为451.4万人次。2021年，步行和自行车出行比例达到47.8%，再创过去6年新高，其中自行车出行比例为16.4%，同比增长0.9个百分点，步行出行比例为31.4%，同比增长0.2个百分点。

2021年，中心城区高峰时段道路交通指数为5.58，同比增长10.1%，处于"轻度拥堵"级别，其中早高峰年平均交通指数为5.35，晚高峰年平均交通指数为 5.80。高峰时段地面公交运行速度为 17.30 千米/小时，同比下降 4.4%。

（三）北京城市交通治理任务依然艰巨

一是交通出行结构需要优化。目前绿色出行比例与目标有较大差距，且政策激励效果出现边际递减的趋势，须深化供给侧结构性改革，进一步宣传绿色出行、低碳出行理念。北京市拥车用车政策偏紧，在发挥交通管理效果的同时，也带来居民出行不便等问题。需要有条件地放开绿色出行供给和以轨道交通为交通骨干，推进综合一体化发展，高水平完成北京市绿色出行创建。另外，交通领域碳达峰碳中和目标任务重、时间紧，必须进一步引导公众养成绿色出行好习惯，推动交通运输工具电动化替代，探索使用经济手段引导降低碳排放。持续开展绿色出行碳普惠激励活动。

二是京津冀层面上更高水平的连通需要加强。轨道交通干线铁路、城际铁路、市郊铁路、城市轨道交通之间的融合仍在探索阶段，尚未形成网络效应。城际铁路对京津冀整体空间协同发展的支撑仍然不足。轨道交通线网尚未形成层次，现有市郊铁路并没有充分发挥大容量、快速通勤功能。北京市与津冀、国铁协同，启动轨道交通运输服务联程、技术标准兼容、要素资源共享、体制机制对接等研究工作仍有待完善。应建立贯通京津冀三地的人流、物流、信息流一体化网络。完善骨干路网，支撑城市功能布局，推动道路更高水平成网。亟须推进基础设施重大工程硬联通，政策、规则、标准等软联通。

三是交通治理能力现代化水平需要提升。交通壁垒仍然存在，各运输方式融合发展的机制仍不健全，现代综合交通体系尚在完善之中。需要充分发挥市交通综治领导小组平台作用，加大全面治理力度，推进交通综合治理深化拓展。此外，行政手段仍然占据主导地位，其他手段创新不足、运用不足、推广不足，尤其是市场经济手段。市场治理规则有待完善，市场竞争秩序尚未形成自驱力，现代交通市场体系仍未健全。同时公共治理仍然比较滞后，社会组织自治自律能力较差，公众文明出行、健康出行的意识不足。需

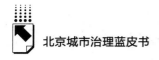

要坚持强化治理，持续提升交通现代化治理能力。

四是交通数字化转型步伐较慢。交通数字化转型依然依赖需求驱动，而供给改革的动力不足。还需筑牢基础支撑交通智慧发展，建强大脑助力交通能效提升，示范引领促进行业转型升级。人民群众对于个性出行、品质出行的要求不断提升，但新一代信息技术在其中发挥的支撑作用还不强。需要出台相关交通出行数据共享政策，深化数字技术的应用，促进产业融合创新。

五是需要增强服务大局和首都发展的能力和水平，着重提高服务保障"四个中心"的能力。在服务政治中心建设方面，需要进一步明确隐患排查治理、风险防控和应急预案体系，制定常态化应急演练制度和考核评估标准。在服务文化中心建设方面，需要深入推进首都交通三大文化品牌的创建，提升其影响力。在服务国际交往中心建设方面，需要拓展对外交流合作，与世界主要城市交通部门和交通领域国际组织开展多渠道互动，积极参与交通全球化治理。在服务科技创新中心建设方面，需要进一步强化交通科技创新和应用，引领交通数字化转型和智能化升级等领域。

二 产业视角下的交通协作治理

（一）"四网融合"统领轨道交通建设

"十四五"期间，北京将加快构建圈层式、一体化轨道交通网络，推动干线铁路、城际铁路、市郊铁路、地铁"四网融合"，实现轨道交通与城市协调融合发展，让市民乐享"轨道上的都市生活"。根据《北京市轨道交通三期规划（2021~2035年）》总体方案。到2025年，北京轨道交通运营里程预计达到1600千米，轨道交通占公共交通出行比例提升至56%。到2035年，北京市轨道交通线网总规模将达到2673千米。区域快线里程约1095千米，包含市郊铁路线路及新建区域快线。城市轨道交通里程约1578千米，包含地铁普线、地铁快线、中低运量、机场专线等。

1. 积极构建全域快速轨道网

北京市实施了既有线网优化提升行动计划，开通 9 条/段城市轨道线路，多条线路实现跨线运营。2021 年底，轨道交通运营里程达 1148 千米，其中市郊铁路 364.7 千米。《2022 年北京市交通综合治理行动计划》提出，通过提速、扩能、网络化运营、增车站、疏堵点等措施，提高轨道交通网络整体运输效能，启动昌平线、亦庄线提速改造工程，开通 19 号线北太平庄站等 4 座车站，并继续实施国贸站换乘通道改造工程，疏通换乘堵点。此外，还将新开通昌平线南延一期、16 号线 2 条段 22.4 千米，开工 M101、6 号线南延 2 条段 21.1 千米，开通苹果园站 A 口等 4 个出入口。

2. 加快推动市郊铁路公交化运营

以实现高频次公交化服务，提高轨道服务覆盖率。2021 年东北环线等市郊铁路整体提升改造。2022 年的重点任务是启动实施东北环线和城市副中心线复线化改造。此外，大力构建轨道上的都市生活也是 2023 年的重点工作。研究利用国铁线路、废弃线路等向环京地区提供通勤服务。研究市郊铁路和城轨运营服务创新，实现一套体系一网运营、一票通行一站安检。

3. 打通四网融合治理难点

北京市加快轨道交通"四网融合"步伐，推进运输服务联程技术标准一致化，轨道交通要素资源在城市大范畴下实现共享化和价值化。北京市与铁路部门共同推动，积极争取铁路运行时刻资源，推进既有线路承担城市内通勤职能，实施城市副中心站、朝阳站、丰台站等站城综合开发，打造"站城"中心。

推动铁路与城市交通信息共享，安检互认，实现便利换乘。丰台站、城市副中心站、朝阳站、清河站等外围站点，充分发挥客流转换作用，缓解北京站、北京南站、北京西站等压力。加快推动"四网"节点综合交通枢纽建设，推行轨道交通站内换乘、同台换乘，进一步缩短接驳换乘时间，增加助力设施，改善换乘环境。在航站楼与地铁站之间实现值机和行李托运无缝衔接，推广民航、铁路与城市交通联程联运服务，提升一站式出行体验。

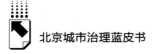
4. 积极探索站城融合新方式

"十四五"时期，北京轨道交通发展继续以 TOD 理念引领"城市跟着轨道走"，注重通过轨道交通建设优化城市空间结构和产业功能布局，实现轨道引领城市高质量发展。优化轨道沿线功能区定位，推动城市资源向站点集聚。以轨道"微中心"为载体，推进轨道交通线路与周边用地的一体化开发，提升城市活力，带动城市发展。建立用地和建筑规模指标优先保障制度，促进城市沿轨道交通廊道的快速起势。围绕轨道交通 M101 线等重点线路，进一步强化新建线路与周边用地一体化规划建设，实现"轨道引领城市发展"理念落地。同时，为了提高轨道交通的可持续发展能力，探索建立土地综合开发收益反哺轨道建设机制，确保轨道交通得到持续的资金支持和发展，从而促进城市交通投资、运营的可持续发展。北京市将重点推进丽泽商务区等轨道微中心建设，同步规划站内便民服务商业设施。推广"信用+智慧安检"，提高进站处理能力。推进不同线路之间的跨线运营改造，加快实现新城与中心城直联直通。

（二）推动地面公交提质、增效发展

地面公交方面，北京市从优化城市公共交通体系的层面出发，强化与轨道交通的衔接，促进地面公交提质、增效，共同提高城市公共交通服务水平和竞争力。

功能互补融合方面。轨道服务更加着眼于中长距离大容量出行，地面公交主要服务于中短距离分散化出行，实现公共交通之间在长短距离上的融合。线网互补融合方面，重点是补充轨道服务接驳点的公交线路，增开远郊区、京东南等轨道低密区域的公交线网，减少大长公交线路与轨道重复并行。站点互补融合方面，核心目标是构建无缝衔接的轨道与公交换乘接驳设施体系，让市民出了轨道站直接就有公交坐。运营互补融合方面，与轨道运营时间做好衔接、补充。

2021 年持续完善"干线-普线-微循环"三级线网，优化调整 151 条线路，方便 186 个居民小区出行。升级定制公交服务，高峰日运载达 2.3 万人次；开拓巡游定制公交，日发 480 班次。改革公交运行体制：95% 以上常规线路实现区域智能调度；车辆准点率提高 25%；调度人员下降 40%。重点区域 1518 块公交电子站牌投入使用。公共电汽车客运量 23 亿人次，同比增长 25.8%。

未来地面公交发展趋势是减少长大线路，增加公交与轨道接驳的微循环线路，通过发挥各自优势，减少资源的浪费。近期将新开或调整地面公交线路，进一步扩大城市公共交通系统的服务覆盖范围。为提高公众的出行便利性，北京市将重点研究轨道交通接驳不便的公交站的具体情况，建成全市统一的台账，通过公交移增站等方式，将轨道车站出入口换乘距离小于 30 米的公交站点占比提高到 45%。在条件允许的情况下，尽可能地压缩换乘距离。同时，还将结合客流需求，延长运营时间实现时间上的衔接，设置摆站车等实现空间上的衔接，实现 30 组 60 条线路跨线联运。这些措施将进一步提高市民的出行体验，促进城市的可持续发展。

（三）"两轮车"规范、健康发展

共享两轮车不仅是市民中短途出行的最佳通勤工具，也是城市"减碳"的实力担当。但是在发展过程中出现了行业无序竞争、挤占城市道路资源等问题。北京市不断加强互联网租赁自行车（共享单车）停放秩序管理。继续实施共享单车总量调控，根据企业信用表现，实时动态微调投放规模，形成有序竞争的规范市场。扩大共享单车"入栏结算"试点范围，实现中心城区重点区域电子围栏全覆盖、全过程管理。推动行业协会牵头建立共享经济失信人名单，分级分类实施使用限制，共同规范停放行为。截至 2021 年底，北京市共享单车规模为 95.6 万辆，较上年增长 11.2 万辆，共享单车运营企业 4 家，与上年持平。共享单车骑行量 9.5 亿人次，同比增长约 37.6%。2021 年北京市强化共享单车合规投放，2021 年车辆合规率提升至 95%，位居全国前列。

未来，北京市将进一步规范互联网租赁自行车停放秩序。制定并实施《北京市互联网租赁自行车行业管理办法》，规范经营服务及监督管理；扩

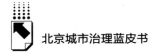
大电子围栏技术应用，核心区轨道站点出入口全部实现电子围栏监测管理，朝阳、海淀、丰台、石景山实现覆盖率50%以上。

在电动自行车治理方面，通过以旧换新和回收拆解，北京市超标电动自行车已基本"清零"，违法上路行驶现象基本绝迹。目前来看，过渡期政策已经平稳实施，超标电动自行车全面合规化已基本实现，正在开展全方位、全领域电动自行车管控，标志着电动自行车综合治理已从集中淘汰超标电动自行车阶段转入合规电动自行车全链条管控新阶段。"行动计划"已将"严查非法改装""开展全域打击"等工作纳入常态化管理，确保持续巩固超标电动自行车治理效果。

三 京津冀视角下的交通协同治理

交通在城市发展和区域协调中发挥着"先行官"的职能。在京津冀协同发展中，交通一体化是骨骼系统和神经系统。京津冀"四纵四横一环"综合运输大通道基本形成，将进一步促进京津冀地区的经济发展和社会进步。

（一）建设轨道上的京津冀

2021年京津冀交通一体化向纵深迈进。京津冀铁路运营里程达到1.07万千米，其中高铁2355千米。京哈铁路京承段开通运营，丰台站、朝阳站和城市副中心站配套交通枢纽建设加快推进。根据国家相关规划，"轨道上的京津冀"将在2035年正式建成，高铁城际里程达到830千米。此外，京津冀地区运输结构调整也初见成效。2021年，北京市铁路货物到发量为1959.7万吨，同比增长2.5%。北京市将继续推进城市轨道平谷线建设，推进朝阳火车站交通枢纽、地铁3号线建设，推进副中心交通枢纽及周边芙蓉东路建设。

（二）不断完善区域公路网

为了加快推进交通一体化，北京完善了京津冀地区高速公路网。2015～

2021 年，北京市高速公路里程持续上升，由 2015 年的 982 千米增加至 2021 年的 1176.5 千米。2021 年末，北京市全市公路里程为 22319.9 千米，其中，高速公路里程 1176.5 千米，同比增长 19.8%。密度方面，截至 2021 年末，北京市公路网密度达到 136 千米/平方千米，北京市高速公路密度排名全国前三名。未来，北京高速公路网总里程将超过 1500 千米，城市副中心交通体系搭建完成，"1 小时通勤圈" 基本形成，区域城市公交化水平不断提高。

2021 年底，京津冀高速公路和普通国省道里程达到 4800 千米。河北与京津打通拓宽 "对接路" 34 条段、2089 千米，与京津连通干线公路达到 47 条、74 个接口。京津冀主要城市客运 1 小时通达、货物 3 小时送达。2021 年，国道 109 新线高速桥隧工程开始施工，新开工建设承平高速。京雄高速北京段全线进场施工。推进雄安新区至北京大兴国际机场快线建设。加快承平高速建设、京哈高速加宽改造、东六环改造。加快国道 230 升级改造，签订通州与北三县 4 条规划跨界道路的接线协议。

（三）构建大都市区"通勤圈"

构建 "通勤圈" 是京津冀以交通协同带动经济协同的重要路径。北京市深化东、南、西南三个方向与北三县、固安、涿州等环京周边地区密切合作，率先构建一体化交通体系，引导产业按梯次在环京地区发展，推进交通服务同步建设。其中北三县与北京城市副中心的协同成为交通发展的焦点。深入推进通州区与廊坊北三县一体化高质量发展。北京市积极推动出台通州区与北三县一体化高质量发展示范区相关方案。有序推进燕郊进京通道扩建，加快推进轨道交通平谷线建设。加快北三县京津冀一卡通系统改造，在国贸至北三县试点运行定制快巴。

四　微观视角下的交通拥堵精细治理

北京市制定重点区域交通综合治理，推广典型治理经验，形成工作指南，完成疏堵工程。2021 年，组织实施 318 处交通节点治理，其中交通堵

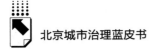
点、乱点194处。2022年的"行动计划"设定的预期目标比往年更加精细、全面，更加强调通过交通综合治理提升市民的交通获得感、幸福感、安全感，全力为市民创造更好的出行条件，确保城市交通运行安全、平稳、有序。

（一）重点区域治理

北京市先后实施了CBD、回天地区等10余处重点区域的交通综合治理，并持续推进望京、首钢园等重点区域的交通综合治理。通过运用大数据出行特征分析、物联网设施改造、停车数据大平台、高精度地理信息系统等，提高区域内私家车与出租车、机动车与非机动车的管理水平，提升交通精细化管理水平。

2021年，北京市在医院、景点等重点场所创新交通流管理方案。通过推行预约制度，有效缓解了周边交通拥堵。全市二、三级医疗机构实行非急诊预约就诊，监测医院周边平均交通指数为4.69，同比下降1.69%。公园景区落实"限量预约错峰"要求，A级景区实行限量预约错峰入园，热门公园附近交通流明显减少。北京市还实施核心区旅游客车治理，完成前门旅游集散中心外迁、屯车功能外移、旅游公交停运。

区域交通治理方面。深入实施城市副中心以及前门、望京、首钢园等区域综合交通的优化提升，并推进学校、医院、景区、商圈、火车站等重点功能区治理。完善重点功能区、城南地区等综合提升；完成桥下空间移交和再利用"样板工程"。

（二）慢行系统治理

城市慢行系统是新的城市规划理念，引导居民采用慢速方式出行。建设城市慢行系统，既能解决路权分配问题，也是城市践行绿色可持续发展的重要举措。《北京市慢行系统规划（2020～2035年）》将慢行系统与城市发展深度融合，提出坚持"慢行优先、公交优先、绿色优先"的理念，逐步建成"成网好用"的慢行交通系统，形成"线贯通、点覆盖、增体验、定规则"的规划方案。到 2035 年，北京市将形成"公交+慢行"绿色出行模式。

2021 年，北京市建设完成 7 个慢行系统品质提升示范区。完成京藏高速辅路慢行廊道整治。完成二环辅路慢行系统改造，通行效率提升 25%。2021 年，自行车专用道路全年骑行量突破 185 万辆次。此外北京市还拆除部分公园围栏，打破慢行系统与景观系统的界限，实现园林绿道、滨水道路与城市道路慢行系统连通。2021 年拆除围栏 9361.6 延米，并将继续加大对硬阻隔的拆除力度。

未来，北京市将继续优化提升绿色出行环境，重点打造品质慢行系统。具体举措包括：加快推进回龙观自行车专用路东拓南展工程；优化环路辅路慢行走廊；在中心城区、通州区、经开区等区域建设慢行优先示范街区。

（三）静态交通治理

截至 2021 年底，北京市机动车保有量为 685 万辆，与 2000 年底相比，北京市 21 年以来机动车保有量增加了 527.2 万辆。但与此同时，停车位的增加相对滞后，停车位越来越成为稀缺资源，停车难日益凸显。根据《北京市机动车停车资源普查报告》，计算得到北京市居住停车位缺口总量约129 万个。

近年来，北京市实施道路停车改革，建成统一停车资源平台，道路停车位数据与 MaaS 平台共享。建立核心区停车设施数据库，停车资源"一张图、一张表、一个库、一个机制"。研究制定"P+R"停车场管理规定，引导小客车出行在远端换乘公共交通，取得了很好的效果。推进路侧停车收费改革，视频设备非现场执法比例达到 50%。

北京市将推动停车治理向城市路外和居住小区延伸，研究建立道路停车位评估机制，适时调整道路停车位设置，试点设置分时段道路停车位，以提高车位运行与使用效率。同时，推广停车综合治理经验，在探索试点的基础上，由城六区、通州区、经开区各选择 1~2 个街道因地制宜开展治理；同时，继续推进停车设施有偿错时共享。

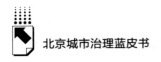
五　面向未来的交通治理

（一）智慧治理

北京市"十四五"时期智慧交通发展规划提出：通过推动"标准统一、设施统建、数据统合"三个统筹，建设"智慧交通基础设施、智慧交通数据云脑、智慧交通应用场景"三大体系，完善网络安全防护体系，促进北京市智慧交通向数字创新驱动、服务综合交通、服务公众出行转变，构建高质量的城市交通运行体系。

2021 年，北京市进一步完善智慧交通体系建设。交通运行监测调度中心三期和新一代公安交管指挥中心为交通综合管控、协同调度、应急处置和辅助决策提供支撑。同时，全面实施全市交通信号灯联网，实现智能化调控。推进交通基础设施大数据共享，2021 年日均面向交通参与者提供 630 万次服务。同时，进一步扩大实时公交手机信息服务线路覆盖范围，推进智慧公交、智慧高速、智慧地铁。构建客服、运行、维护、管理等智慧平台。北京市还积极稳妥推进自动驾驶道路测试管理工作，开放 6 区 278 条 1027.88 千米自动驾驶测试道路；16 家企业 165 台车辆取得测试号牌；累计测试里程达 326 万千米，测试道路、测试车辆、测试里程和自动驾驶技术持续全国领先。这些措施将进一步提升北京市智慧交通建设的水平，为市民提供更加便捷高效的交通服务。

北京市进一步依托数字技术提升非现场执法能力。依靠人工智能技术，依托手机终端应用数据，实现对违法行为的识别与查处，整治各类车辆的交通禁限行违法行为，切实维护人民群众生命安全。2022 年将继续推进实施智慧交通建设三年行动计划。优化升级交通大脑：推进 TOCC 三期建设，开展 MaaS 2.0 建设。抓好智慧交通基础设施建设，试点应用交通行业二维码编码，实现一码统管；开展轨道三维空间、慢行道路等数字化地图采集、处理，实现一图统览；推进 EUHT 综合业务承载网建设应用，实现一网通用。推进智慧地铁国家重点示范工程、制定智慧停车标准规范、启动京雄智慧高速北京段公路建设、推进北京段大运河智慧航运综合管理服务系统建设等示范工程。

（二）绿色治理

北京交通行业紧密结合国家生态文明建设、打好污染防治攻坚战等部署要求，牢固树立"创新、协调、绿色、开放、共享"的新发展理念，坚持"慢行优先、公交优先、绿色优先"的工作方针，积极推进交通运输业节能减排。通过优先发展公交、改善非机动车出行环境、推广应用新能源汽车等措施，城市交通碳排放年均在"十三五"时期下降到4%左右，远低于经济发展水平。"十四五"时期，北京市将在优化交通运输结构、优化车辆能源结构等几个方面着力，确保北京交通绿色、低碳、可持续发展。

北京市贯彻落实国家关于优化调整运输结构的工作部署，坚持"宜公则公、宜铁则铁、绿色优先"的原则，通过"抓重点、优市场、提运能"，提升大宗能源物资、建材物资等重点品类绿色运输比重，扩大快递电商的绿色运输规模，持续提升全市货运绿色化的比例。

2021年，累计碳减排量达6.5万吨，完成全球首笔涵盖多种绿色出行方式的碳交易。实现办理通行证的轻型货车（危险品、冷链运输车辆除外）全部新能源化。完成2.17万辆巡游出租汽车电动化。建成新能源智慧驾培园区。继续升级绿色出行碳普惠激励，引导市民远端驻车换乘公共交通出行。

未来，北京市将积极研究制定全市新能源车推广应用方案，继续在公交、出租等行业加大新能源车应用，引导货运企业车队绿色化建设；维持新能源汽车通行便利；进一步完善充换电基础设施等建设；重点推动存量老旧燃油汽车更新。推动北京市机动车能源结构和排放结构共同优化。

（三）公共治理

文明交通靠大家，应推动社会共治，促进市民参与交通综合治理。进一步提升市民参与积极性，提升"北京交警随手拍"市民举报信息核查处理能力。深入开展文明交通示范路口创建工作，优化交通出行环境。2021年，北京市开展了"文明驾车、礼让行人"专项整治行动，出台信用评价及分级分类监管办法。持续开展便民服务，交通运输审批服务事项全部实现"一网通办、全程网办、跨区协办、全市可办"。开展"爱满京城"学雷锋志愿服务、"牵手文明、绿色同行"等主题活动。

未来，北京市应大力培育交通文化氛围，建设交通信用体系。形成以融合型信用数据为基础的新监管数据库，在加强失信惩戒的同时，加强守信激励，进一步提升文明出行社会氛围。创新交通志愿服务新模式，结合《北京市志愿服务促进条例》，鼓励广大交通参与者"随手做志愿"，在地铁站、公交站、互联网租赁自行车停放区主动维护乘车秩序、车站环境，引导文明乘车、有序停车，劝阻不安全和不文明的出行行为。

参考文献

《各省份"十四五"规划陆续出炉，打造轨道上的都市圈》，《城市轨道交通》2021年第3期。

孙宏阳：《2020年交通发展报告出炉，受疫情影响公共交通客运量显著下降，单车骑行量较上年涨35.2%》，《北京日报》2021年9月13日。

张群琛：《城市副中心交通发展进入重点任务有序推进阶段》，《北京城市副中心报》2022年9月21日。

孙宏阳：《2021年本市交通综合治理行动计划发布，中心城区绿色出行比例将达74%左右 1号线八通线房山线9号线今年实现跨线运营》，《北京日报》2021年3月25日。

杨月涵：《解决突出问题 北京慢行系统建设定目标》，《北京商报》2021年9月3日。

王晓萌、张凡、孙静：《北京发布交通综合治理行动计划》，《中国交通报》2021年3月29日。

张阿嫱：《北京将建首批71个城市活力微中心》，《中国城市报》2021年4月6日。

郭丽君：《今年试点推广自行车"一次左转"路口》，《北京城市副中心报》2022年3月29日。

杨月涵、王晨婷：《激励绿色出行 北京将探索研究个人碳账户》，《北京商报》2022年1月26日。

B.14
北京固体废物治理研究

李金惠 董庆银 郝硕硕 朱晓晴*

摘 要： 固体废物来源广泛，种类繁多，成分复杂，北京固体废物包括生活垃圾、建筑垃圾、工业固体废物、危险废物和再生资源等类别。"十三五"以来，北京市生活垃圾精细化管理不断深入，建筑垃圾利用渠道逐步完善，工业固体废物产生量大幅削减，危险废物收集利用模式探索创新，再生资源回收体系更加健全。北京市涌现了一批生活垃圾、建筑垃圾、工业固体废物、危险废物和医疗废物治理的典型案例，极大地推动了北京固体废物治理工作进程。但是，北京市固体废物治理还存在管理制度有待完善、收运体系有待加强、处理处置设施有待建设、固体废物信息化管理水平亟须提升等一系列问题，本研究建议北京市从法律体系、收运体系、处理设施和信息平台建设等方面完善相关工作，进一步提升北京固体废物治理水平。

关键词： 固体废物 环境管理 北京

党的十九大以来，党中央、国务院将固体废物污染防治摆在生态文明建设的突出位置。党的二十大报告指出"推进各类资源节约集约利用，加快构

* 李金惠，清华大学环境学院教授、博士生导师，巴塞尔公约亚太区域中心执行主任，研究方向为全球环境治理、固体废物和化学品管理政策、固体废物规划以及固体废物和危险废物处理处置。董庆银，清华大学环境学院/巴塞尔公约亚太区域中心副研究员，研究方向为固体废物和危险废物管理政策研究。郝硕硕、朱晓晴，清华大学环境学院/巴塞尔公约亚太区域中心助理研究员，研究方向为固体废物管理政策研究。

建废弃物循环利用体系""倡导绿色消费，推动形成绿色低碳的生产方式和生活方式"。近年来，北京市全面落实固体废物环境管理制度，有效提升了本市固体废物管理系统化、法治化、精细化管理水平。北京市固体废物管理取得较好的成效，以 2021 年为例，北京市工业固体废物产生量为 194.12 万吨，比 2018 年减少约 400 万吨，综合利用率为 58.77%、处置利用率为 100%，工业源危险废物和医疗废物全部得到无害化处置，全市生活垃圾无害化处理率为 100%。固体废物治理是推进生态文明和环境保护的重要环节，关系生产、消费、回收、利用、处置等过程的各利益相关方，需要政府部门、企业和公众协同共治。推进固体废物"三化"，有利于改善生态环境、防控环境风险、保障环境安全。本报告中，北京市固体废物治理聚焦生活垃圾、建筑垃圾、工业固体废物、危险废物和再生资源五大类，梳理管理现状，开展典型治理案例和治理问题分析，提出北京市进一步完善固体废物治理的工作建议。

一 北京市固体废物管理现状

（一）北京市生活垃圾治理现状

1. 生活垃圾管理相关政策

北京市的生活垃圾管理工作一直走在全国前列，也是全国第一个为生活垃圾管理立法的城市。2020 年，北京市新修订的生活垃圾管理条例、文明行为促进条例、物业管理条例同步实施，把垃圾分类纳入法规内容，明确了垃圾分类的责任主体，以及相应的责任和义务。从设置垃圾种类、设定垃圾分类目标、明确工作机制、划定技术路线以及监督考核等方面，北京市制定出台了 60 余项制度，形成了精细化管理制度体系[①]。北京市生活垃圾管理相关政策具体见表 1。

---

① 徐波、顾卫华、白建峰等：《北京典型社区生活垃圾产生特征与分类效果影响因素分析》，《上海第二工业大学学报》2022 年第 2 期，第 91~97 页。

表1 北京市生活垃圾管理相关政策一览

序号	政策	发文字号	主要内容
1	《北京市生活垃圾管理条例》	北京市人民代表大会常务委员会公告〔十五届〕第21号	明确单位和个人是生活垃圾分类投放的责任主体,将逐步建立计量收费、分类计价、易于收缴的生活垃圾处理收费制度
2	《北京市物业管理条例》	北京市人民代表大会常务委员会公告〔十五届〕第24号	物业履行生活垃圾分类管理责任人责任,指导、监督业主和物业使用人进行生活垃圾分类
3	《北京市文明行为促进条例》	北京市人民代表大会常务委员会公告〔十五届〕第27号	北京市将重点治理随意倾倒生活垃圾,不按规定进行垃圾分类的行为
4	《关于印发北京市餐饮、商场超市等场所生活垃圾分类指引的通知》	京商秩字〔2020〕35号	从餐饮企业、便利店(超市)、商场(购物中心)、农产品批发市场、乡村民宿等五方面做出垃圾分类指引
5	《北京市人民政府办公厅关于加快推进生活垃圾分类工作的意见》	京政办发〔2017〕44号	以餐厨垃圾、建筑垃圾、可回收物、有害垃圾、其他垃圾作为生活垃圾分类的基本类别,通过党政机关率先实施垃圾强制分类和各区创建垃圾分类示范片区
6	《关于印发北京市生活垃圾分类工作行动方案的通知》	首环建管〔2019〕5号	坚持法治先行、依法治废,政府推动、全民参与,因地制宜、循序渐进,以上率下、主体履责,突破难点、建立互信,明确了12项工作任务
7	《关于印发垃圾分类减量四个实施办法的通知》	首环建管办〔2019〕57号	规定了北京市党政机关和社会单位、居民小区的实施主体范围、分类标准要求、实施步骤和工作要求;生活垃圾源头减量、分类收集的工作要求
8	《关于印发生活垃圾分类三个指引的通知》	首环建管办〔2020〕30号	针对居民家庭、居住小区和密闭式清洁、收运车辆、投放站点等做出指引

序号	政策	发文字号	主要内容
9	《北京市厨余垃圾分类质量不合格不收运管理暂行规定》	京管发〔2020〕19号	明确了厨余垃圾分类质量判定、分类质量不合格不收运操作规程及其监督管理要求
10	《关于加强本市可回收物体系建设的意见》	京管发〔2021〕1号	要求可回收物回收与垃圾分类相结合,发挥市场机制主导作用,加快可回收物体系建设,规范可回收物市场秩序
11	《北京市可回收物指导目录》	市垃圾分类指办〔2021〕1号	对可回收物进行了明确分类,特别列出了不宜列为可回收物的垃圾品类清单
12	《关于加强本市大件垃圾处理的指导意见》	市垃圾分类指办〔2021〕57号	规范了大件垃圾投放、收集、运输和处理体系建设
13	《关于印发参加生活垃圾分类等社区服务活动工作指引(试行)的通知》	京管发〔2021〕17号	督促、引导个人依法履行生活垃圾产生者主体责任,承担生活垃圾分类的义务,主动改正未按规定分类投放生活垃圾行为
14	《关于调整本市非居民厨余垃圾处理费有关事项的通知》	京发改〔2021〕1277号	规定北京市非居民厨余垃圾处理费上调至300元/吨,发挥价格机制激励约束作用,促进厨余垃圾源头减量,制止餐饮浪费
15	《关于加强本市非居民厨余垃圾计量收费管理工作的通知》	京管发〔2021〕19号	明确非居民主体和厨余垃圾分类收集、运输主体责任,计量收费方式和价格机制

2. 生活垃圾产生与处理情况

(1) 生活垃圾产生量

2016～2019年,北京市生活垃圾清运量持续增加,2019年达1011.16万吨,较2016年增加了15.88%;2020年、2021年逐渐下降,2021年北京市生活垃圾产生量为784.22万吨,日均2.15万吨,较2019年减少了22.38%。随着《北京市生活垃圾管理条例》的修订实施,生活垃圾分类成效显著。厨余垃圾分出量达到并稳定在 20% 左右；可回收物分出量达到 6900 余吨/日；其他垃圾每天减少 6000 余吨，相当于少建了 2 座处理能力 3000 吨/日的垃圾焚烧厂（见图 1）。

图 1 2016~2021 年北京市生活垃圾清运量

（2）生活垃圾处理情况

目前，北京市生活垃圾处理方式主要有卫生填埋、焚烧和生化处理①。2016 年，卫生填埋、焚烧、生化处理的比例分别为 37.55%、42.73% 和 19.72%。随着生活垃圾处理方式改进，垃圾处理方式逐步向以焚烧和综合利用为主转变，北京市卫生填埋厂数量从 2016 年的 14 座减少到 2021 年的 10 座，焚烧厂从 2016 年的 7 座增加到 2021 年的 12 座。2016~2019 年，北京市生活垃圾无害化处理率逐年提高，2021 年达到 100%（见表 2）。

2021 年，北京市生活垃圾处理设施 43 座，总设计处理能力为 33861 吨/日。其中，卫生填埋厂 10 座，设计处理能力为 7931 吨/日；生活垃圾焚烧厂 12 座，设计处理能力为 17650 吨/日；生化处理设施 21 座，设计处理能力为 8280 吨/日。2022 年新建成 3 座焚烧设施，增加焚烧能力 7600 吨/日。垃圾分类的实施，将降低需要焚烧处置的垃圾量，满足焚烧处置需求。

---

① 车延丽、姜薇、曾凡刚：《北京市生活垃圾分类标准体系框架研究》，《再生资源与循环经济》2022 年第 5 期，第 13~16 页。

表2 2016~2021年北京市生活垃圾处理方式

年份	无害化处理能力（吨／日）	无害化处理厂数（座）	卫生填埋		焚烧		其他（生化处理）	
			厂数（座）	处理能力（吨／日）	厂数（座）	处理能力（吨／日）	厂数（座）	处理能力（吨／日）
2016	24341	27	14	9141	7	10400	6	4800
2017	24341	24	13	10341	5	9200	6	4800
2018	28591	28	13	10991	7	12050	8	5550
2019	32711	43	9	7491	10	15950	23	8130
2020	33811	41	9	7491	12	18090	20	8230
2021	33861	43	10	7931	12	17650	21	8280

3. 生活垃圾分类情况

（1）生活垃圾分类方式。目前，我国大部分城市都采用"四分法"[①]（厨余垃圾、有害垃圾、可回收物、其他垃圾）。在此基础上，北京市推行"大类粗分、干湿分离、源头减量、资源回收"等基本理念，实施"4+2"模式，"2"为大件垃圾和装修垃圾，有效解决了这两类垃圾体量大、占地多、收运难的问题。

（2）生活垃圾分类成效。北京市建立容错机制，在撤桶并站、定时定点、破袋投放等方面不设置强制性要求，达到了相对稳定的分类效果。2020年，生活垃圾分类体系基本建成，生活垃圾日均清运量2.18万吨，比2019年的2.77万吨下降21.30%；家庭厨余垃圾分出率从约1.5%升至19.4%。通过生活垃圾分类和"两网融合"，促进低值可回收物回收，生活垃圾回收利用率达到35%以上。根据抽样调查和现场检查结果，居民对垃圾分类的知晓率为98%、参与垃圾分类的占90%、垃圾的准确投放率在85%左右。

4. 生活垃圾管理典型案例

2022年2月，第24届冬季奥林匹克运动会（以下简称"冬奥会"）在

---

① 张磊：《中国城市生活垃圾分类政策演进历程及其影响因素研究》，《中国资源综合利用》2022年第3期，第93~97页。

北京成功举办。冬奥期间人员广泛，生活垃圾种类复杂，严格实行产生、收集、分类、运输、处置全过程精细化管理，创新了生活垃圾的管理模式[①]。

案例1　北京市冬奥会期间生活垃圾管理模式

冬奥会期间，生活垃圾分为普通生活垃圾、危险废物、重点管控生活垃圾、医疗防疫废物四类，执行"两袋一箱"打包、消杀、封装，并粘贴专属重点垃圾管控标识。生活垃圾采用专人、专车、专线、专点的运输作业方式。重点管控生活垃圾（闭环内产生的生活垃圾）和医疗防疫废物（冬奥村综合诊所、兴奋剂检测站、核酸检测点等场所产生的垃圾），按照涉疫垃圾要求，采用全密闭专用车转运至综合清废区，运输人员全程不下车，实现运输过程"零感染"。

冬奥会期间，创新生活垃圾管理模式。实行"一馆一策，一场一策"管控，实行源头分类，做好规范收运与安全处置。实行"三个全覆盖"管理，做到生活垃圾物品类全覆盖、管理过程全覆盖、涉奥场馆区域全覆盖。此外，严格落实北京冬奥会防疫需求和"绿色办奥"理念，落实管理过程责任主体，制定应急预案，形成冬季大型体育赛事全方位防疫清废技术体系。

（二）北京市建筑垃圾治理现状

1.建筑垃圾治理相关政策

北京市建筑垃圾由工程槽土、建筑拆除垃圾和装饰装修垃圾三部分组成[②]，其中工程槽土占85%、建筑拆除垃圾占10%、装饰装修垃圾占5%。自2011年起，北京着力构建和完善建筑垃圾资源管理体系，监管建筑垃圾

---

① 王彦英、孙琴、周三元：《2022年冬奥会物流规划管理创新策略》，《北京体育大学学报》2018年第10期，第55~61页。

② 《北京海淀区四季青建筑垃圾资源化处置项目建成投产》，《墙材革新与建筑节能》2018年第10期，第65页。

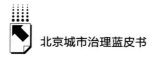
的产生、收集、运输、处理和回收利用全过程①，并强化管理建筑垃圾运输过程，出台了建筑垃圾处置规定，具体政策及主要内容见表3。

表3　北京市建筑垃圾治理相关政策

序号	名称	发文机关	主要内容
1	《关于全面推进建筑垃圾综合管理循环利用工作的意见》	京政办发〔2011〕31号	提出"建筑垃圾排放减量化、运输规范化、处置资源化和利用规模化"的工作思路
2	《固定式建筑垃圾资源化处置设施建设导则》	京建发〔2015〕395号	明确了固定式建筑垃圾资源化处置设施的建设规模、选址、工艺及设备、主要技术指标等方面的具体要求
3	《关于进一步加强建筑垃圾土方砂石运输管理工作意见》	京政办发〔2014〕6号	加强建筑垃圾、土方、砂石运输管理工作规范
4	《北京市政市容管理委员会关于调整建筑垃圾行政许可办理工作的函》	京政容发〔2014〕31号	规定了建筑垃圾消纳、收集运输和处置工作
5	《北京市住房和城乡建设委员会关于建筑垃圾运输处置费用单独列项计价的通知》	京建法〔2017〕27号	对建筑垃圾运输处置费用的内容进行了界定，并将其分为弃土（石）方、渣土、施工垃圾运输和消纳等三大类别进行具体规定
6	《关于进一步加强建筑废弃物资源化综合利用工作的意见》	京建法〔2018〕7号	明确各部门职责，鼓励拆除工程实行建筑拆除、建筑废物资源化利用一体化管理，进一步加强建筑废物资源化综合利用，促进节能减排和循环利用
7	《北京市建筑垃圾分类消纳管理办法（暂行）》	京管发〔2018〕142号	规定了建筑垃圾强制分类处置方法，规范了积存拆除垃圾清理工作，以及建筑垃圾再生产品强制应用要求

---

① 荣玥芳、姚彤、孙啸松：《北京市建筑垃圾减量化规划应对策略研究》，《现代城市研究》2021年第3期，第62~68页。

序号	名称	发文机关	主要内容
8	《关于调整建筑废弃物再生产品种类及应用工程部位的通知》	京建发〔2019〕148号	推动建筑废物再生产品使用,明确再生产品质量检验执行标准,细化应用工程部位,保障建设工程质量安全
9	《北京市建筑垃圾处置管理规定》	北京市人民政府令〔2020〕第293号	提出建筑垃圾的倾倒、堆放、贮存、运输、消纳、利用等处置活动及对其监督管理
10	《建筑垃圾再生产品应用技术规程》	DB11/T 1975-2022	规范了再生产品应用的技术要求

2. 建筑垃圾产生与消纳情况

北京市建筑垃圾年产生量逐年递增,目前共有运输建筑垃圾的企业751家,许可运输建筑垃圾的车辆6709辆。建筑垃圾消纳场共计24处,其中通州区7处,昌平区5处;回填利用点363处;资源化处置场7处;装修垃圾中转分拣场54处;临时性资源化处置设施112处。北京市正在运行的建筑垃圾资源化综合利用设施年处置能力约9000万吨,建筑垃圾再生产品使用量逐年提升。

2014~2020年,北京市建筑垃圾的处置方式以综合利用为主、简易填埋为辅,2020年累计处置建筑垃圾12005万吨,资源化利用10067万吨,简易填埋1938万吨,资源化利用率达83.86%,再生产品被广泛应用于市政工程(见图2)。但是,目前仍有一些建设、设计、施工和监理单位不认可建筑垃圾再生产品。北京市要求政府投资工程建设项目使用建筑垃圾再生产品。根据《北京市住房和城乡建设发展白皮书》,2020年,北京市建筑工程使用再生产品1122万吨,累计生产超过1.3亿吨,累计使用1.1亿吨;2021年,北京市生产建筑垃圾资源化再生产品2590万吨,销售使用2446万吨,分别同比增长92%、72%。

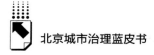

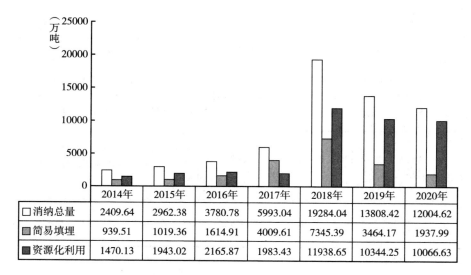

图 2　2014~2020 年北京市建筑垃圾处置情况

3. 建筑垃圾利用典型案例

建筑垃圾是北京市产生量较多的固体废物，北京市非常重视建筑垃圾的资源化利用，并进行相关探索，为建筑垃圾治理提供了宝贵的经验。

案例 2　大兴区瀛海镇"企业产品多样化"模式

北京市大兴区瀛海镇建有全封闭式资源化处理厂，年处理建筑垃圾量可达 200 多万吨。为提高建筑垃圾的利用率和环保水平，瀛海镇将建筑垃圾转化成再生骨料、再生透水砖、再生标砖、再生降噪砖、再生护坡砖等再生产品。自 2017 年以来，已处置建筑垃圾 160 万吨，建筑垃圾资源化利用率达到 96% 以上，所生产的再生骨料和延伸产品已经被用于公园道路、镇区绿化、高速公路等项目中。瀛海镇采取"企业产品多样化"模式，使用再生骨料制造多样化的产品延长产业链。通过对再生骨料的延伸开发，在保证产品质量的前提下，提升了建筑垃圾综合利用率。

（三）北京市工业固体废物治理现状

1. 北京市工业固体废物管理相关政策

2016 年以来，北京市整治工业固体废物堆存场所，削减历史堆存量，降低产生量，逐步提高工业固体废物利用处置率至 100%，有力地推动了工业固体废物的减量化。相关政策梳理见表 4。

表 4　北京市工业固体废物管理相关政策一览

序号	政策	发文字号	主要内容
1	《北京经济技术开发区绿色低碳循环发展行动计划》	京发改〔2016〕94 号	重点开展工业节能减排技术改造，推进企业清洁生产审核，年综合能耗 2000 吨标准煤以上用能单位至少 80% 完成清洁生产审核
2	《北京绿色制造实施方案》	京制创组发〔2016〕1 号	通过推动飞灰等典型固体废物资源化利用项目为示范，提升京津冀区域资源综合利用水平，进一步推进工业固体废物综合利用产业区域协同发展
3	《北京市土壤污染防治工作方案》	京政发〔2016〕63 号	全面排查煤矸石、粉煤灰、脱硫石膏等大宗工业固体废物堆存场所，对可能存在土壤污染风险的，制定整治方案并组织实施。2017 年和 2018 年继续开展大宗工业固体废物堆存场所排查和整治，加强固体废物综合利用
4	《北京市"十三五"时期环境保护和生态建设规划》	京政发〔2016〕60 号	提升一般工业固废处理处置能力，逐步削减尾矿、煤矸石、粉煤灰等的历史堆存量。2020 年，工业固体废物综合利用处置率达到 95% 以上。支持京津冀及周边地区一般工业固体废物的协同利用
5	《关于全面加强生态环境保护坚决打好北京市污染防治攻坚战的意见》	—	逐步削减煤矸石、粉煤灰等的历史堆存量，2020 年综合利用处置率达到 95%

续表

序号	政策	发文字号	主要内容
6	《北京市打赢净土持久战三年行动计划》	京政办发〔2018〕46号	全面排查固体废物堆存场所,制定并实施环境整治方案
7	《北京市"十四五"时期生态环境保护规划》	京政发〔2021〕35号	到2025年,工业固体废物产生量降至350万吨左右,一般工业固体废物处置利用率达到100%

2. 工业固体废物产生与处理情况

2016~2021年,北京市工业固体废物产生量从596.57万吨降至194.12万吨,处置利用率均为100%(见图3)。2016~2020年,工业固体废物的综合利用率从86%持续下降至47%;2021年综合利用率增加至59%。

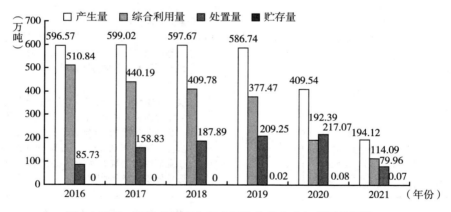

图3　2016~2021年北京市工业固体废物产生与利用处置情况

由图4可知,尾矿是"十三五"期间北京市产生量最多的工业固体废物,产生量均在200万吨以上。随着矿山的关停,2021年北京市尾矿产生量已在万吨以下。值得注意的是,由于生活垃圾焚烧量增多,2018年以来北京市炉渣产生量逐年增多,已成为产生量最大的工业固体废物类别。

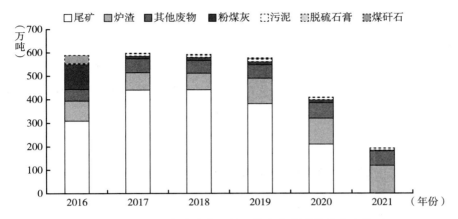

图 4　2016~2021 年北京市工业固体废物主要类别产生情况

3. 工业固体废物管理典型案例

北京市经开区是北京实体经济主阵地，现有工业企业 500 余家，每年约产生 20 万吨一般工业固体废物，对工业固体废物全生命周期管理积累了丰富的经验。作为"无废城市"试点城市，经开区形成了特有的工业固体废物全生命周期管理模式①。

案例 3　经开区工业固体废物全生命周期管理

经开区固体废物全生命周期管理主要体现在以下三个方面。一是通过产品原料选择、有毒有害物质减量或替代、装配与拆卸性设计、可回收性设计等，推动企业开展产品生态设计；通过改变生产工艺或制造技术革新，将原材料消耗量、废物产生量、能源消耗量、健康与安全风险以及生态损害降到最低；通过推广清洁生产工艺、创建绿色工厂，实施主导产业绿色供应链管理，推动工业固体废物源头减量。二是编制《一般工业固体废物分类名录》，推进企业开展固体废物分类回收和综合利用；建立一般工业固体废物、工业危险废物产生种类和数量的动态统计机制；搭建工业

---

① 孟小燕、王毅：《我国推进"无废城市"建设的进展、问题及对策建议》，《中国科学院院刊》2022 年第 7 期，第 995~1005 页。

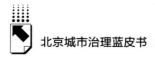

固体废物智慧管理平台，并集成建设固体废物信息管理平台与再生资源流通交易平台，评估开发区资源利用效率。三是以"无废城市"建设试点为抓手，探索园区绿色发展模式，推动电子信息、汽车等产业绿色制造体系建设，促进全产业链条废物减量，实现一般工业固体废物精细化、网络化、可视化管理。

（四）北京市危险废物治理现状

1. 危险废物管理相关政策

2016年以来，北京市聚焦提升危险废物收集处置能力、完善收集网络体系、加强环境风险防控、推进精细化管理等，并提出探索"点对点"定向利用管理，试点跨省转移"白名单"制度，发布了《北京市危险废物污染防治条例》，探索实施北京市危险废物收集转运试点，危险废物管理水平得到大幅提升。相关政策梳理如表5所示。

表5　北京市危险废物管理相关政策一览

序号	时间	政策	发文字号	主要内容
1	2016年4月	《关于进一步加强危险废物环境管理工作的通知》	京环办〔2016〕45号	一、严格按照国家有关规定处置危险废物。二、可委托本市有资质单位处置。三、可委托外省有资质单位处置。四、严格按照有关规定转移危险废物。五、加大监管力度
2	2016年12月	《北京市土壤污染防治工作方案》	京政发〔2016〕63号	全过程监管危险废物收集、贮存、转移、利用及处置行为。集中利用、处置企业每5年评估厂区及周边土壤污染状况，并采取措施防控风险或治理修复

续表

序号	时间	政策	发文字号	主要内容
3	2016 年 12 月	《北京市"十三五"时期环境保护和生态建设规划》	京政发〔2016〕60 号	（一）提高危险废物收集和处理处置能力；（二）推进危险废物管理精细化
4	2017 年 8 月	《北京市环境保护局"十三五"时期科技管理工作方案》	京环发〔2017〕33 号	组织推动医疗废物和生活垃圾共处置关键性处置和监控技术，社会源危险废物环境风险评估及关键技术研究，危险废物分类分级管理可行性研究等，加强科研条件能力建设
5	2018 年 7 月	《关于全面加强生态环境保护坚决打好北京市污染防治攻坚战的意见》	中共北京市委 北京市人民政府	各区统筹安排收集、运输医疗卫生机构产生的医疗废物。建立健全非工业源危险废物分类收集、集中处置系统。规划建设非工业源危险废物集中处置设施
6	2018 年 12 月	《北京市打赢净土持久战三年行动计划》	京政办发〔2018〕46 号	全过程监管危险废物收集、贮存、转移、利用及处置行为；严厉打击危险废物非法转移和倾倒行为。提升危险废物收运和处置能力。加强非工业源危险废物收运体系建设。建设北京市危险废物集中处置设施。研究危险废物跨区转移处置的生态补偿方案
7	2020 年 6 月	《北京市危险废物污染环境防治条例》	—	危险废物污染环境防治坚持预防为主、源头减量、全过程控制和污染担责的原则。对产生、收集、贮存、运输、利用、处置危险废物的企业事业单位等进行一般规定，对工业园区建设单位、自利用处置企业、疫情相关医疗废物和社会源危险废物产生单位等进行特别规定，明确违反条例应承担的法律责任

续表

序号	时间	政策	发文字号	主要内容
8	2020 年 6 月	《关于开展危险废物收集转运试点工作的通知》	京环办〔2020〕77 号	以废活性炭、机动车维修企业的危险废物、市级以上工业园区内的危险废物、医疗废物为重点，开展危险废物收集转运试点，提高本市中小微企业及社会生活源危险废物收集转运效率
9	2021 年 3 月	《北京市关于构建现代环境治理体系的实施方案》	京办发〔2021〕3 号	提升危险废物、有害垃圾的处置能力、收运能力，建立京津冀协同处置危险废物机制。完善重大疫情医疗废物处置机制
10	2021 年 11 月	《北京市"十四五"时期生态环境保护规划》	京政发〔2021〕35 号	提升危险废物环境监管能力，完善危险废物收集网络体系，建立跨省转移"白名单"试点，探索危险废物"点对点"定向利用管理，加快危险废物处置设施建设，推动处置设施共建共享，完善处置收费政策
11	2022 年 4 月	《关于深入打好北京市污染防治攻坚战的实施意见》	中共北京市委、北京市人民政府	开展危险废物环境风险隐患排查，完善跨省转移"白名单"制度，完善处置收费政策，推进处置设施共建共享。推动开发区、产业园区建设危险废物收集转运设施，及时清运中小微企业危险废物

2. 危险废物产生与利用处置情况

2016～2021 年，北京市工业危险废物产生量总体呈上升趋势，处置利用率维持在 100%，具体如图 5 所示。

如图 6 所示，2016～2021 年，北京市执行危险废物转移联单制度的工业企业数量先是逐年增多，2019 年达到 1987 家，之后逐年下降至 1738 家。危险废物市内利用处置量维持在 8 万～10 万吨；跨省利用处置量逐年增多，

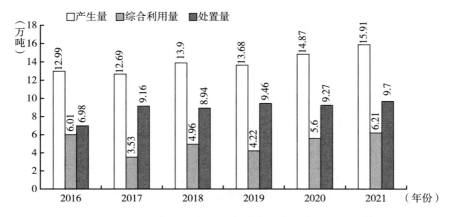

图 5　2016~2021 年北京市工业危险废物产生与利用处置情况

2020 年增加至 2.9 万吨，2021 年在 2020 年基础上翻倍；自行处置量维持在 1.5 万~3 万吨。危险废物主要类别包括：废有机溶剂与含有机溶剂废物、废碱、废酸、染料涂料废物、精（蒸）馏残渣等。

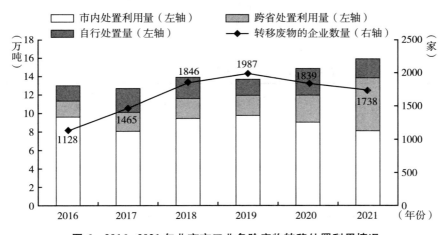

图 6　2016~2021 年北京市工业危险废物转移处置利用情况

2016~2021 年，北京市医疗卫生机构共产生医疗废物（不含重点管控生活垃圾）总体呈上升趋势，产生量分别为 3.31 万吨、3.68 万吨、4.00 万吨、4.28 万吨、3.99 万吨、5.06 万吨，北京市内全部实施了无害化处置（见图 7）。

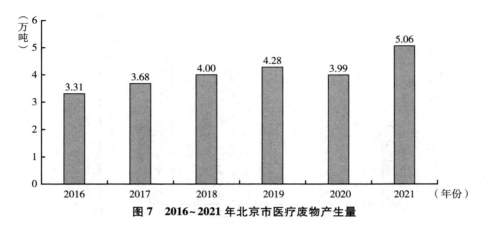

图7 2016~2021年北京市医疗废物产生量

3. 危险废物经营许可证管理情况

2016~2019年，北京市危险废物经营许可证持证单位数量相对稳定（一企一证），核准规模和利用处置量逐年增加。2020年和2021年，许可证颁发数量在2019年的基础上翻倍。截至2021年底，北京市28家单位持危险废物经营许可证36张（含收集试点单位），核准规模为69.09万吨/年（见表6）。其中，北京市废铅蓄电池回收试点企业9家，北京市危险废物收集试点企业10家。

表6 北京市危险废物经营许可证管理情况

年份	持证单位数量(家)	核准规模 （万吨/年）	利用处置量(含医疗 废物)（万吨/年）
2016	16	31.6	16.38
2017	16	31.6	16.37
2018	16	37.8	21.4
2019	17	40.21	25.1
2020	27(35张)	65.4	——
2021	28(36张)	69.09	——

4. 危险废物豁免管理试点

2019年4月，北京经开区入选"无废城市"建设试点。《北京经济技术开发区"无废城市"建设方案》明确将"创新危险废物管理机制，提升综合利用水平"作为北京经开区"无废城市"建设试点任务之一。

案例 4　经开区开展危险废物豁免管理试点

北京市经开区以生物医药园为代表,建立小微企业危险废物集中收运系统试点,布局建设危险废物收集转运中心与预处理中心,支持危险废物处置单位扩大收集转运能力,缓解小微企业贮存空间紧缺、转运不及时的问题。开展低危险特性废物豁免管理的可行性研究,降低企业危险废物处置成本。建立风险防控和预警机制,制定危险废物经营单位贮存管理办法。布局建设以物理、化学为主要手段的预处理中心,鼓励有能力的企业开展危险废物自利用处置。强化危险废物产生者全过程责任,从源头加强监管;引入第三方企业,在园区内建设危险废物的利用处置设施,实现危险废物就地处置。

5.新冠疫情下医疗废物管理实践

新冠疫情暴发以来,北京市制定了《北京市涉疫情垃圾应急处置方案》,所有涉疫废物严格按照医疗废物来处理,对分类收集、运输、处置实行全覆盖管理,保障医疗废物得到及时有效处理。

案例 5　新冠疫情下北京市医疗废物和涉疫情垃圾管理实践

北京市加大对生活垃圾临时堆放点、垃圾堆积点和卫生死角的监管力度,增加民用防疫垃圾收集频次,加强对一般生活垃圾、粪便处理设施的监察,高传染率场所产生的医疗垃圾直接投入专用垃圾桶,所有涉疫废物严格按照医疗废物来处理,严禁与普通生活垃圾混合。北京在疫情期间产生的医疗废物从分类收集、运输到处置实行全覆盖管理,制定应急处置方案与管理指南,细化具体措施,落实责任主体,在大型传染病肆虐的情况下实现涉疫医疗废物全方位管理,为防疫应急与环卫保障提供了成功案例。

(五)北京市再生资源治理现状

1.再生资源相关政策

2010 年,北京市商务委主导开发了北京市再生资源回收体系管理信息系统,再生资源回收企业可在该系统内上报再生资源回收量等数据信息。自2016年起,市商务委的再生资源回收职能划归到市城市管理委员会。截至2022年,北京市相继出台6项政策文件,逐渐规范再生资源管理工作,具体见表7。

表7　北京市再生资源管理政策汇总

序号	政策	发文机关	主要内容
1	《北京市加快推进再生资源回收体系建设促进产业化发展的意见》	京政发〔2011〕78号	明确各工作部门职责分工、主要目标和重点任务,推动产业升级,推动再生资源回收体系建设
2	《北京再生资源回收行业标准规范》	商务委（2016年）	城区每1000～1500户居民设置一个回收点,乡镇每2000户居民设置一个回收点,同一系统回收点应统一标识、统一着装、统一价格等
3	《北京市生活垃圾管理条例》	北京市人民代表大会常务委员会公告〔十五届〕〔2020〕第39号	从再生资源回收体系建设规划编制、再生资源回收管理规范制定、再生资源回收体系建立健全、再生资源回收网点合理布局以及再生资源回收市场秩序规范等方面,支持再生资源回收行业发展
4	《关于加强本市可回收物体系建设的意见》	京管发〔2021〕1号	要求可回收物经营者依法经营,公平交易;推动可回收物回收增量和其他垃圾末端处置减量,促进居民参与垃圾分类和资源利用
5	《关于加强本市大件垃圾管理的指导意见的通知》	市垃圾分类指办〔2021〕57号	规范北京市大件垃圾投放、收集、运输和处理的全过程管理
6	《关于印发北京市再生资源回收经营者备案事项的通知》	京管发〔2022〕9号	规定了北京市再生资源回收经营者备案的所需材料、备案流程等事宜

2. 再生资源产生与处理情况

（1）北京市可回收物管理情况。《北京市可回收物指导目录（2021年版）》明确列出了主要回收种类和不宜列为可回收物的垃圾品类。2020年,北京市分出可回收物4024吨/日,生活垃圾回收利用率达到35%。2021年,北京市新建、改建600座生活垃圾分类驿站，尝试"规模收运"，破解"低值废品"回收难题①。北京市将进一步出台相应政策措施，如给予低值可回收物必要补贴、引导企业上门回收等，促进居民开展可回收物分类。

（2）废弃电器电子产品管理情况。2017年，北京启动废弃电器电子产品新型回收利用体系建设试点工作，截至2020年底，共有两批19家试点企业。北京市共有3家废弃电器电子产品处理企业，其中1家企业一直未开展相关工作。2021年，2家企业接收"四机一脑"124.25万台，全部无害化处理（见图8）。

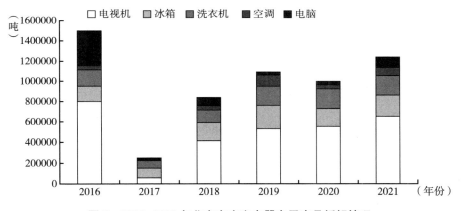

图8　2016~2021年北京市废弃电器电子产品拆解情况

（3）北京市塑料废物管理情况。结合生活垃圾分类，2020年12月印发《北京市塑料污染治理行动计划（2020-2025年）》。2021年，北京市大型超市线下门店塑料购物袋销售量较2020年减少约2300万个，同比下降约37%。2022年，北京市结合可回收物交投点、中转站、分拣中心设施建设，探索适宜的塑料废物回收模式，提高塑料废弃物资源化水平。截至2022年底，废旧农膜和农药、肥料包装废弃物回收处置体系基本建立，农膜规范回收率达到90%以上。

---

① 《北京市发布"可回收物"详细清单》，人民网（2021年3月4日），http：//health. people. com. cn/n1/2021/0304/c14739-32042008. html，最后检索时间：2023年5月8日。

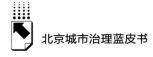

3. 再生资源分拣中心建设情况

2017年，北京市开始探索再生资源回收企业兼营垃圾分类业务模式，并在朝阳和密云建成了两座再生资源分拣中心①。根据市城市管理委2021年召开的《北京市生活垃圾管理条例》实施情况新闻发布会，截至2020年底，海淀、朝阳、丰台、顺义、通州、房山区已选定再生资源分拣中心场址，并纳入分区规划。西城、石景山区的可回收物中转站已基本覆盖全区。分拣中心的主要任务就是回收处理废玻璃、废纺织品、废泡沫箱、大件垃圾等"低值可回收物"，起到"托底回收"作用。

二 北京市固体废物治理存在的问题

（一）管理制度有待完善

（1）固体废物源头减量化水平有待继续提升，垃圾源头排放登记制度尚未建立，社区收运环节部分仍存在混装混运问题，垃圾分类推进力度持续性效果有待检验。

（2）有害垃圾管理体系尚未明确，有害垃圾的主管部门、相关方责任和资金管理机制尚未完善，有害垃圾的收集运输体系待进一步完善。

（3）建筑垃圾分类统计制度与管理制度待提升，再生产品使用监管机制待进一步落实。

（4）危险废物分级分类管理制度有待完善，还存在如沾染性废包装不能实现原厂回收循环利用、危险废物点对点梯级利用存在法律制约、委托第三方驻厂处置危险废物缺少管理依据等问题。

（二）收运体系有待加强

（1）社会源危险废物收集不足。废矿物油、废铅蓄电池，科研、教育

---

① 《北京中心城区启用再生资源分拣中心》，《中国资源综合利用》2009年第10期，第45页。

机构产生的实验室废物，以及居民日常生活中产生的废弃荧光灯管等社会源危险废物产生量底数不清，产生源分散，直接收集成本高，收集体系尚未完全建立。

（2）医疗废物收集体系待完善。小微医疗机构产生的医疗废物量少，收集运输成本高。医疗废物车辆通行证的限制，影响服务机构的积极性和医疗废物的收集效率。

（3）废弃电器电子产品试点效果不理想。废弃电器电子产品新型回收利用体系试点，确定 2 批 19 家企业，但回收效果有限；生产者责任延伸制尚未建立有效措施，新九类废电器处理企业待开展布局研究。

（三）处理设施有待建设

（1）生活垃圾处理能力有待增加。由于选址难、建设周期长，目前北京市投运的生活垃圾处理设施大部分超负荷运行，处理能力长期难以满足处置需求；可回收物分拣中心建设用地缺乏保障，建设困难。

（2）利用处置能力存在缺口。焚烧飞灰等危险废物处置能力缺口较大，处置利用技术单一、通用性不强，收集运输不及时等问题凸显。炉渣产生量逐年增加，综合利用能力和技术有待加强。

（3）危险废物处置结构不合理。一方面，北京市危险废物利用处置企业数量较少，存在收运不及时和处置收费高等问题；危险废物跨省转移受限，大部分危险废物需要在北京市内自行处置，收运和处置压力增大。另一方面，北京市 80% 的危险废物处置依托水泥窑技术，受水泥原料、市场、产品质量等因素影响，水泥窑协同处置不是长久之计。

（四）信息化水平有待提高

（1）社会源危险废物分类分级管理起步较晚，危险废物管理台账不规范；医疗废物全过程管理信息化水平不高，信息统计较为困难。

（2）固体废物产生企业繁多，单纯依靠实地监管难度较大；固体废物来源多样，数据统计体系有待完善，部分类别未被纳入统计范围，导致固体

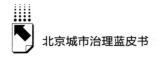

废物产生量统计不全面。

（3）不同的固体废物类别由不同的部门分管，缺少统一的跨部门数据报送和信息协调机制。

三　北京市固体废物治理工作建议

（一）完善法律法规体系，提升治理水平

（1）完善建筑垃圾、危险废物等固体废物政策制度体系。建议依托固体废物排污许可证制度，逐步建立和完善大宗工业固体废物、建筑垃圾、社会源危险废物的固体废物的分类申报登记标准体系，要求重点产废单位、末端处理单位按照统一要求定期上报处理处置及资源化利用情况。

（2）坚持固体废物管理"减量化、资源化、无害化"原则，调整产业结构和能源结构，完善落后产能退出机制，推动工业企业清洁生产和节能降碳。加强固体废物管理与工信、市政、城管、住建、交通、应急等部门的联防联控，开展北京市"无废城市"建设，加强垃圾分类和固体废物处理设施建设，加强环境突发事件应急管理。

（二）加快收运体系建设，防范污染风险

（1）加强对废铅蓄电池、废矿物油等社会源危险废物，废弃电器电子产品、废塑料、废纸等再生资源收运体系建设，保障可回收物分拣加工、集散中转设施用地，提升收集水平。

（2）保障危险废物运输能力。指导企业依法办理道路危险货物运输许可，提升危险废物运输保障能力。为确需白天进入五环路内行驶的危险废物运输车辆办理道路通行证，适当增加数量，并加强监管，提高危险废物收集、转运效率。研究适度放宽医疗废物、废铅蓄电池、有害垃圾等生活源危险废物运输的限行要求。

（三）加强处理设施建设，确保供需平衡

（1）配套和调整生活垃圾、餐厨垃圾等处置设施；探索焚烧飞灰等危险废物、炉渣等工业固体废物利用处置技术，提升相应的处置能力。

（2）探索将危险废物集中处置设施纳入城市基础设施管理，统一规划指导、组织建设、调度运行废物收集、转运、处置和利用设施，为城市居民和小微企业提供市政公共服务。

（3）推动京津冀区域固体废物污染联防联控，探索跨区域利用处置合作模式，突破危险废物跨区域转移制度障碍，探索生态补偿机制，保障北京市的危险废物处置需求。

（四）推动信息平台建设，加强溯源管理

（1）完善固体废物管理信息系统，将产生、收集、贮存、运输、利用、处置工业固体废物、危险废物的企业事业单位和其他生产经营者的相关数据纳入信息平台，加强溯源管理。

（2）加快发展装配式建筑，推进建筑业转型升级，源头上减少建筑垃圾产生量，推进移动式资源化利用设施在拆建场地的应用，提升建筑垃圾管理的智能化水平。

B.15
北京城市水环境治理现状评估与政策建议

吴 丹[*]

摘 要: 北京城市水环境治理主要包括安全性需求、经济性需求和舒适性需求三个层次,涉及社会安全保障、经济高质量发展和生态舒适宜居三大目标。从北京城市水环境治理现状评估结果来看,社会安全保障指数、经济高质量发展指数、生态舒适宜居指数均保持平稳上升态势。目前北京城市水环境治理正处于舒适性需求主导阶段。北京城市水环境治理主要面临考核指标体系不完善、信息公开性不够、治理责任主体单一和实施效果不到位四方面的挑战与问题,亟须建立健全水环境治理责任机制。为此,本文从水环境治理的责任追究主体、责任追究对象、责任追究条件、责任考核办法、责任体系、责任追究程序和责任追究实施等七个方面,为进一步完善水环境治理责任体系建设提出了相应的实施制度建议。

关键词: 水环境治理 高质量发展 北京

城市水环境治理不仅与城市经济社会发展密切相关,更事关城市的公众安全以及生态健康。把关系社会公众切身利益的水环境治理问题作为地方政府的重点工作,推动水环境治理,并与经济高质量发展实现高度融合,现实意义重大。梳理现有研究成果可知,学者们主要围绕水环境治理评估、治理

---

* 吴丹,北方工业大学经济管理学院,主要研究方向为城市治理与资源环境管理。

模式与治理机制三方面展开研究。第一，水环境治理评估是提升水环境治理能力的重要政策工具。学者们基于各自的学科和知识背景对评估体系进行构建。如水环境保护政策评估[①]、水源地保护绩效评估[②]、水环境治理绩效评估[③]、水污染防治绩效评估[④]、水环境管理绩效评估[⑤]、水污染物总量减排绩效评估[⑥]、水环境绩效审计评估[⑦]、水环境保护绩效考评体系[⑧]等。明确公众参与城市水环境治理行为的影响因素，对提高水环境治理绩效具有重要意义[⑨]。第二，水环境治理模式正处于深入探索阶段，城市水环境治理的基本措施主要包括截污控源、补水活水、生态修补、亲用促管等，通过城市水的生态耦联循环，能够最大限度地实现水环境的长效治理[⑩]。政府和私营、民营等社会资本之间合作的 PPP 模式成为城市公共基础设施建设的新方式[⑪]。但现有的城市水环境治理 PPP 模式还不成熟，尤其是对社会力量的补偿激

① 宋国君、金书秦：《淮河流域水环境保护政策评估》，《环境污染与防治》2008 年第 4 期，第 78~82 页。

② 包怡斐、杨尊伟：《水源地环境绩效评估研究》，《科学与管理》2003 年第 6 期，第 29~32 页；李传奇、李向富：《水源地保护环境绩效评估指标体系的构建》，《水利科技与经济》2010 年第 9 期，第 979~981 页。

③ 马涛、翁晨艳：《城市水环境治理绩效评估的实证研究》，《生态经济》2011 年第 6 期，第 24~26 页；章恒全、王旭华、谢丹：《基于模糊层次分析的城市水环境治理绩效评价》，《统计与决策》2006 年第 22 期，第 60~62 页。

④ 陈荣、谭斌、陈武权等：《流域水污染防治绩效评估体系研究》，《环境保护科学》2011 年第 5 期，第 48~52 页。

⑤ 王亚华、吴丹：《淮河流域水环境管理绩效动态评价》，《中国人口·资源与环境》2012 年第 12 期，第 32~38 页。

⑥ 彭跃：《基于云理论的流域水污染物总量减排绩效评估》，《现代农业科技》2013 年第 8 期，第 188~190 页。

⑦ 王丽、王燕云、吴晓红等：《区域性水环境绩效审计评价指标体系的构建及其运用研究》，《科技情报开发与经济》2013 年第 11 期，第 137~139 页。

⑧ 吴丹、王士东、马超：《流域地方政府水环境保护绩效考评体系设计及其应用》，《水资源保护》2014 年第 6 期，第 80~86 页。

⑨ 申津羽、王煜琪、赵正：《公众参与城市水环境治理行为的影响因素——基于北上广三地的调查数据》，《资源科学》2021 年第 11 期，第 2289~2302 页。

⑩ 胡洪营、孙迎雪、陈卓等：《城市水环境治理面临的课题与长效治理模式》，《环境工程》2019 年第 10 期，第 6~15 页。

⑪ 于宗绪、马东春、范秀娟：《基于 AHP 法和模糊综合评价法的城市水环境治理 PPP 项目绩效评价研究》，《生态经济》2020 年第 10 期，第 190~194 页。

励机制还不够完善，亟须科学建构补偿机制激励模型、强化法律和制度保障、建立跨区域合作的补偿机制、拓展多样化的补偿方式，以优化城市水环境治理 PPP 模式补偿机制[1]。第三，水环境治理机制有待进一步完善，在确保水环境改善的公共目标基础上，实现城市水环境治理投入的外部效应内部化[2]。为此，构建以政府为主导的新型市场机制和利益平衡机制，以水环境治理收益补偿其治理成本，可以实现经济良性动态循环、经济社会和生态效益相统一[3]。同时，亟须加强领导、组织和协调、创新监督管理体制，建立政府主导、市场（企业）推进、社会（公众）参与的"三位一体"水环境治理长效机制[4]。现有成果为进一步开展北京城市水环境治理现状评估及治理模式与治理机制的研究，提供了重要的借鉴。

一 北京城市水环境治理现状评估

北京是一座因水而建、因水而兴的文明都市。北京市境内主要包括五大水系，如永定河、北运河、大清河、潮白河和蓟运河，流域面积 10 平方千米及以上的河流有 425 条，总长度 6413.7 千米。加强北京城市水环境治理、改善水环境质量，是建设国际一流和谐宜居之都的必然要求。

（一）水环境治理需求层次

从社会经济生态复合系统的角度出发，北京城市水环境治理与社会、经济和生态系统相互联系、相互影响。这决定了北京城市水环境治理的核心是

① 陈超：《气候影响下城市水环境治理 PPP 模式补偿机制优化策略研究》，《生态经济》2019年第 8 期，第 171~175 页。
② 伍新木、高鑫：《城市水环境治理运作机制构建与创新——基于对"武汉水专项"案例的分析》，《长江流域资源与环境》2008 年第 5 期，第 771~774 页。
③ 李雪松、高鑫：《基于外部性理论的城市水环境治理机制创新研究——以武汉水专项为例》，《中国软科学》2009 年第 4 期，第 87~91 页。
④ 丁一、赖珺：《滇池保护性治理的经验与启示——我国城市水环境治理分析》，《西南民族大学学报》（人文社会科学版）2011 年第 7 期，第 111~115 页。

统筹和协调水环境与社会、经济和生态系统的关系。通过水环境治理，对社会、经济和生态系统进行干预和调控，可为北京城市高质量发展提供社会安全、经济高效、生态舒适的水环境，满足北京城市安全性、经济性和舒适性的需求。为此，水环境治理可划分为安全性、经济性和舒适性三大类需求。

1. 安全性需求

从安全性需求看，主要包括水环境安全、水环境保护和水污染防治的需要，如保障基本饮水安全和提高防灾减灾安全保障能力；加强全市废污水处理和工业废污水排放达标处理以保护水环境；严格控制化学需氧量和氨氮等污染物排放以防止水污染。

2. 经济性需求

从经济性需求看，主要包括水环境资源利用效率和水资源利用效率的需要，如减少国民经济总产值的废水排放量和 COD 排放量以提高水环境资源利用效率；降低国民经济总产值的用水总量和耗水总量、加大工农业节水力度以提高水资源利用效率。

3. 舒适性需求

从舒适性需求看，主要包括水环境质量控制、水环境修复和水环境美化的需要，如提高河流水质达标率和水库水质达标率以控制水环境质量；加强水土流失治理、地下水综合开采治理和提高污水再生利用能力以加速水环境修复；增加河道生态补水、加强自然湿地保护，以及增加森林覆盖面积和城市绿化覆盖面积以实现水环境美化。

总体来看，"安全性需求"重点是为维护北京城市生命和生存需要提供安全性保障，凸显水环境的社会安全属性；"经济性需求"重点是为促进北京城市经济高质量发展提供支撑性保障，凸显水环境的经济属性；"舒适性需求"重点是为维持北京城市生态系统服务功能价值提供全面性保障，凸显水环境的生态属性。

北京城市水环境治理实践表明，三类需求层次各不相同。其中，"安全性需求"层次最为基础，"舒适性需求"层次最为高端，"经济性需求"层次对"安全性需求"层次和"舒适性需求"层次起到承上启下的重要作用。因此，三类

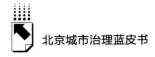

需求层次由低到高构成了需求金字塔，"安全性需求"层次的达到一定程度满足后，相应产生"经济性需求"层次和"舒适性需求"层次，如图1所示。

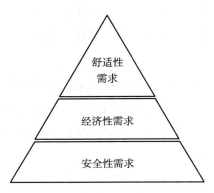

图1　北京城市水环境治理的需求层次

按照北京城市水环境治理的需求层次，将安全性需求与经济性需求作为水环境治理的优先任务。当水环境治理满足一定程度的安全性需求与经济性需求之后，随着社会经济与生态的关系紧张，舒适性需求成为水环境治理的重要任务。伴随着社会经济发展阶段的演变，北京城市水环境治理需求处于动态变化中。

（二）水环境治理目标体系

依据北京城市水环境治理需求，水环境治理的总体目标可概括为：通过提升北京城市水环境治理能力，强化水环境综合治理，全力保障首都水环境安全，切实加大水污染防治力度，不断改善水环境质量，努力修复水生态环境，为北京城市高质量发展提供社会安全、经济高效、生态舒适的水环境，提高水环境对工业化、城市化和服务业快速发展的承载能力，全面建成水环境友好型社会。提升北京城市水环境治理能力，为北京城市的安全性需求、经济性需求、舒适性需求等多个需求层次提供了重要的支撑手段。为此，本文将北京城市水环境治理的总体目标具体细分为社会安全保障目标、经济高质量发展目标和生态舒适宜居目标，三大目标之间相互联系和制约，构成了北京城市水环境治理目标体系。

1. 社会安全保障目标

社会安全保障目标重在强调保障北京城市社会安全保障需求，为北京城市高质量发展提供社会安全的水环境，包括水环境安全保障、水环境保护和水污染防治三方面的目标。首先，通过加强饮水安全和提高防灾减灾安全保障能力维护生命和生存安全；其次，强化全市废污水处理和工业废污水排放达标处理的能力；再次，严格控制水污染物排放总量；最后，提高北京城市水环境的社会安全属性。

社会安全保障目标的重点任务包括：水环境安全保障目标的重点任务是提高供水普及率、减少水灾害损失和提高堤防工程达标率；水环境保护目标的重点任务是提高全市废污水处理率和工业废污水排放达标率；水污染防治目标的重点任务是严格控制 COD 排放总量与氨氮排放总量。

2. 经济高质量发展目标

经济高质量发展目标重在强调保障北京城市经济高质量发展需求，为北京城市高质量发展提供经济高效的水环境，包括水环境资源利用效率和水资源利用效率两方面的目标。一方面，通过提高水环境资源利用能力，严格控制和降低国民经济总产值的排污总量；另一方面，通过加强水资源节约集约利用，严格控制和降低国民经济总产值的用水总量，加大工农业节水力度。最终，提高北京城市水环境的经济属性。

经济高质量发展目标的重点任务包括：水环境资源利用效率目标的重点任务是严格控制废污水排放量，降低国民经济总产值的水污染物排放量；水资源利用效率目标的重点任务是严格控制用水总量，降低万元工业增加值用水量，提高农田灌溉水有效利用系数和工业用水重复利用率。

3. 生态舒适宜居目标

生态舒适宜居目标重在强调保障北京城市生态舒适宜居需求，为北京城市高质量发展提供生态舒适的水环境，包括水环境质量控制、水环境修复和水环境美化三方面的目标。一方面，通过加大水环境治理投资力度，进一步提高河流水质达标率和水库水质达标率，防治北京城市集中水源地的环境污染;另一方面,通过持续以恒推进水土保持,强化水土流失的综合治理;通过地下水综合开采治理,严格控制地下水开采量;通过加快污水治理工程的建设进度,提高废污水处理水平与污水资源化再生利用能力,保障北京城市水环境的自我修复能力。同时,通过增加生态补水,进一步提高水体的自净能力;通过增加自然湿地保护面积,提高自然湿地保护率;通过增加森林覆盖面积,提高森林覆盖率;通过增加绿化面积,提高城市绿化覆盖率。最终,满足北京城市水环境的生态属性。

生态舒适宜居目标的重点任务包括:水环境质量控制目标的重点任务是保障河流水质达标与水库水质达标;水环境修复目标的重点任务是提高水土流失治理率,控制地下水开采率,以及提高污水资源化再生利用能力;水环境美化目标的重点任务是提高生态用水比例、自然湿地保护率和森林覆盖率。

最终,社会安全保障、经济高质量发展和生态舒适宜居三大目标融合,构成了北京城市水环境治理目标体系(见图2)。

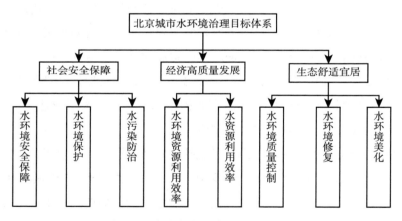

图 2 北京城市水环境治理目标体系

(三)水环境治理现状评估

1.评估体系设计

(1)评估指标设计。依据北京城市水环境治理目标体系,北京城市水环境治理现状评估涉及社会安全保障、经济高质量发展和生态舒适宜居等内容。评估指标明确了北京城市水环境治理工作的要点方向，体现了北京城市水环境治理评估的具体内容，对开展北京城市水环境治理现状评估具有强烈的行为引导功能。结合北京城市水环境治理目标体系，采用文献梳理法、成果借鉴法、专家咨询法等理论方法，通过城市水环境治理评估体系案例研究，对北京城市水环境治理现状评估指标体系进行系统设计。以社会安全保障、经济高质量发展、生态舒适宜居三大目标为核心，根据三大目标的重点任务，基于层次递阶结构，建立北京城市水环境治理现状评估指标体系（见表1）。

表1 北京城市水环境治理现状评估指标体系

目标层	子目标层	指标层	指标单位
社会安全保障	水环境安全保障	供水普及率	%
		水灾害直接经济损失占GDP比重	%
		堤防工程达标率	%
	水环境保护	全市废污水处理率	%
		工业废污水排放达标率	%
	水污染防治	COD排放总量及削减率	万吨
		氨氮排放总量及削减率	万吨
经济高质量发展	水环境资源利用效率	万元GDP废水排放量	吨
		万元GDP COD排放量	吨
	水资源利用效率	万元GDP水耗	立方米
		农田灌溉水有效利用系数	—
		万元工业增加值用水量	立方米
		规模以上工业用水重复利用率	%
生态舒适宜居	水环境质量控制	河流水质达标率	%
		水库水质达标率	%
	水环境修复	水土流失治理率	%
		地下水开采率	%
		污水再生利用量占用水总量比例	%
	水环境美化	生态用水比例	%
		自然湿地保护率	%
		森林覆盖率	%
		城市绿化覆盖率	%

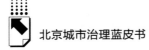

（2）评估方法构建。依据建立的北京城市水环境治理现状评估指标体系，应用理想解模型，对北京城市水环境治理现状进行对比评估。可用公式表示如下。

$$F_j(t) = \cfrac{1}{1+\left(\cfrac{d_{jt}(x_{jtk},x_k^\alpha)}{d_{jt}(x_{jtk},x_{jk}^\beta)}\right)^2}$$

$$\begin{cases} d_{jt}(x_{tk},x_k^\alpha) = \sqrt{\sum_{k=1}^{n} w_k^2 (x_{jtk}-x_{jk}^\alpha)^2} \\ d_{jt}(x_{tk},x_{ik}^\beta) = \sqrt{\sum_{k=1}^{n} w_k^2 (x_{jtk}-x_{jk}^\beta)^2} \\ x_{jk}^\alpha = \max_{t=1}^{T}(x_{jtk}) \\ x_{jk}^\beta = \min_{t=1}^{T}(x_{jtk}) \end{cases} \tag{1}$$

式（1）中，$F_j(t)$ 为第 t 年第 j 维度的指数（$j=0$，1，2，3），分别代表北京城市水环境治理指数、社会安全保障指数、经济高质量发展指数和生态舒适宜居指数。$d_{jt}(x_{jtk}, x_{jk}^\alpha)$、$d_{jt}(x_{jtk}, x_{jk}^\beta)$ 分别表示第 t 年第 j 维度第 k 项评估指标与指标理想值、负理想值的距离。其中，设 $x_{jk}^\alpha = (1, 1, \cdots, 1)$、$x_{jk}^\beta = (0, 0, \cdots, 0)$ 分别为第 j 维度第 k 项评估指标的"理想值""负理想值"。x_{jtk} 为标准化后的指标值，c_{jtk} 为指标原始数据值，①正向指标标准化：$x_{jtk} = \cfrac{c_{jtk}}{\max\limits_{t=1}^{T}(c_{jtk})}$；②逆向指标标准化：$x_{jtk} = \cfrac{\min\limits_{t=1}^{T}(c_{jtk})}{c_{jtk}}$。$w_k^2$ 为第 k 项评估指标的权重，为减少人为因素的干扰，采用层次等权法确定指标权重。

2. 评估结果分析

2010～2021 年北京城市水环境治理数据主要来自 2010～2022 年《中国统计年鉴》《中国水利统计年鉴》《北京市水资源公报》《北京市统计年鉴》《北京市生态环境状况公报》，2022 年北京城市水环境治理数据因未全面公开而无法获取。

（1）总体评估。根据式（1），计算得到 2010~2021 年北京市水环境治理指数（见图 3）。

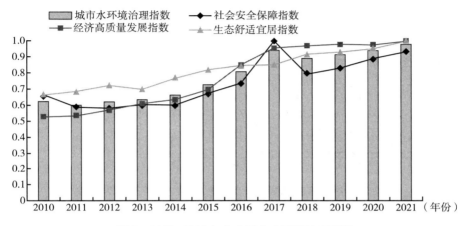

图 3　2010~2021 年北京城市水环境治理指数

根据图 3 可知，2010~2021 年，北京城市水环境治理指数从 0.622 平稳增至 0.980，年均增速为 4.2%。总体来看，社会安全保障指数、经济高质量发展指数、生态舒适宜居指数均保持平稳上升态势，分别从 0.665、0.527、0.663 增至 0.933、1.000、0.999，年均增速分别为 3.1%、6.0%、3.8%。其中，经济高质量发展指数总体高于社会安全保障指数和生态舒适宜居指数，同时，生态舒适宜居指数总体高于社会安全保障指数。总体来看，2010~2021 年，北京正处于水环境治理中期，即安全性需求保持、经济性需求重要、舒适性需求重点。

（2）社会安全保障评估。从社会安全保障维度看，2010~2021 年，水环境安全保障指数、水环境保护指数和水污染防治指数分别从 0.757、0.984、0.144 提高到 0.997、1、0.727（见图 4）。

根据图 4 可知，2010~2021 年，水环境保护指数一直处于最高水平，水污染防治指数一直处于最低水平，且 2010~2015 年水污染防治指数极低。但水污染防治指数增速最快，年均增速高达 15.9%。其次为水环境安全保

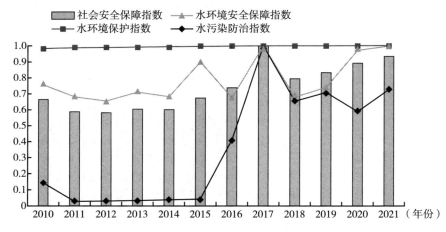

图4　2010～2021年北京城市水环境治理的社会安全保障指数

障指数，年均增速为2.5%。总体来看，北京城市水环境治理的社会安全保障指数受水环境安全保障、水环境保护和水污染防治的影响较大。其中，水灾害直接经济损失占GDP比重成为制约水环境安全保障指数提升的关键指标，全市废污水处理率成为制约水环境保护指数提升的关键指标，COD排放量成为制约水污染防治指数提升的关键指标。

（3）经济高质量发展评估。从经济高质量发展维度看，2010～2021年，水环境资源利用效率指数、水资源利用效率指数分别从0.323、0.701提高到1、1（见图5）。

根据图5可知，水资源利用效率指数一直处于较高水平。2010～2016年水资源利用效率指数显著高于水环境资源利用效率指数，2017～2021年，水环境资源利用效率指数快速提升，超过水资源利用效率指数。2010～2021年，水环境资源利用效率指数增速明显快于水资源利用效率指数，年均增速高达10.8%。总体来看，北京城市水环境治理的经济高质量发展指数受水环境资源利用效率、水资源利用效率指数的影响较大。其中，万元GDP COD排放量成为制约水环境资源利用效率指数提升的关键指标，万元GDP水耗和万元工业增加值用水量成为制约水资源利用效率指数提升的关键

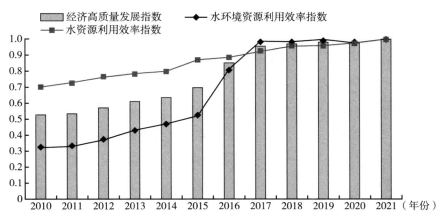

图 5　2010~2021 年北京城市水环境治理的经济高质量发展指数

指标。

（4）生态舒适宜居评估。从生态舒适宜居维度看，2010~2021 年，水环境质量控制指数、水环境修复指数和水环境美化指数分别从 0.957、0.341、0.607 提高到 0.999、1、0.999（见图 6）。

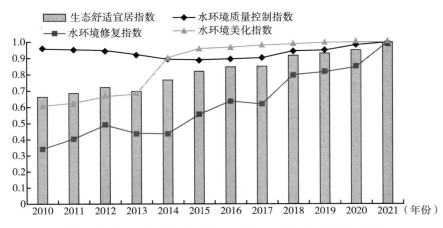

图 6　2010~2021 年北京城市水环境治理的生态舒适宜居指数

根据图 6 可知，2010~2013 年，水环境质量控制指数一直处于最高水平，水环境修复指数一直处于最低水平。2014~2020 年，水环境美化指数快速提升，超过水环境质量控制指数。2021 年，水环境修复指数快速提升，与水环境质量控制指数、水环境美化指数一起均达到较高水平。2010~2021 年，虽然水环境修复指数相对最低，但增速最快，年均增速高达 10.3%。其次为水环境美化指数，年均增速为 4.6%。总体来看，北京城市水环境治理的生态舒适宜居指数受水环境修复和水环境美化的影响较大。其中，水土流失治理率和地下水开采率成为制约水环境修复指数提升的关键指标，生态用水比例和自然湿地保护率成为制约水环境美化指数提升的关键指标。

二 北京城市水环境治理历程

在北京城市经济社会快速发展的进程中，水环境治理充分体现了社会安全保障、经济高质量发展和生态舒适宜居的作用。新中国成立至今，北京形成了相对完善的水环境治理体系，为首都城市的繁荣发展提供了有力的支撑和保障。总体来看，新中国成立至 20 世纪 70 年代之前，北京以安全性需求为主导。20 世纪 70 年代后，北京进入经济性需求主导阶段，水环境质量开始下降。80 年代末进入经济性需求重点阶段，水环境迅速恶化，至 2000 年前后达到高峰。2000~2010 年，经过十年的大规模水环境治理，北京已经遏制了水环境恶化的趋势。2011~2020 年，北京加速水环境治理，至 2020 年，水环境已得到全面改善，进入水环境与经济社会协调发展的新阶段。

北京城市水环境治理历程主要划分为五个阶段，如表 2 所示。

表 2　北京城市水环境治理阶段划分

阶段	起步期 （1949~1970 年）	前期 （1971~1987 年）	中前期 （1988~2000 年）	中期 （2001~2020 年）	中后期 （2021~2050 年）
经济社会发展特征	低下中等收入、工业化上升期、城市化率上升	低下中等收入、工业化中期、城市化率较高	高下中等收入、工业化后期、城市化率高	上中等收入/高收入、后工业化时期、城市化率很高	高收入、后工业化时期、完全城市化

阶段	起步期 (1949～1970年)	前期 (1971～1987年)	中前期 (1988～2000年)	中期 (2001～2020年)	中后期 (2021～2050年)
水环境 治理特征	安全性需求主导、经济性需求重要	安全性需求巩固、经济性需求主导	安全性需求保持、经济性需求重点、舒适性需求重要	安全性需求保持、经济性需求重要、舒适性需求重点	安全性需求与经济性需求保持、舒适性需求主导

（一）安全性需求主导阶段

1949～1970年，北京城市工业化开始起步，农业是产业结构的主要部分，因而经济性用水需求不大，北京城市以安全性需求为主导。由于处在发展初期，农业生产仍然"靠天吃饭"，现代水利设施极为缺乏。从城镇饮水安全来看，新中国成立前，北京市仅有东直门一座水厂，29口水源井，日供水能力仅为5万立方米，管线长度只有364千米，2/3的城区人口和全部郊区人口的饮水主要靠土井和泉水，城区供水普及率仅为30.41%，安全保障程度极低。

为此，北京从农业灌溉以及供水等方面，开展了大规模的水利基础设施建设。并以提供饮水保障等安全性需求作为主导，集中力量兴建水库与自来水厂，供水保障得到一定程度的满足，不断缩小供求差距。50年代、60年代北京经济规模相对还不大，通过建设水库、自来水厂，建成了永定河引水渠，为工农业发展提供了较为充足的水源。这一阶段属于水环境治理起步期，水利设施建设为北京城市水环境治理奠定了基础。

从防灾减灾安全保障看，新中国成立以来，党中央、国务院高度重视首都水灾害治理。通过加高培厚堤防、疏通开挖减河、兴建水库水闸等，大大提高了防洪除涝能力，逐步形成系统的防灾减灾设施体系，总体上实现了安澜无患，防灾减灾安全保障得到有效满足。

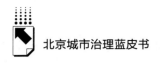
（二）经济性需求主导阶段

1971~1987年，北京工业化、城市化快速发展，除了继续巩固安全性需求供给外，工业化与城市化的加速发展增加了经济性用水需求，北京城市经济性需求成为主导。这一阶段，北京城市进一步巩固安全性需求，但经济性需求供给成为主要矛盾。进入20世纪70年代，由于经济规模不断扩大，工业比重长期达到70%左右。80年代工业用水量达到14亿立方米左右，占用水总量的比重约30%。北京水资源短缺危机开始凸显，1970~1972年、1980~1986年出现了两次大的水资源短缺危机。

这一阶段，北京用水总量不断增长，80年代达到40亿立方米左右，农业用水占比降至50%，工业用水占比超过30%。北京规定密云水库主要保障北京城市供水，通过多渠道配置水资源、调整产业结构、促进节约用水等方式，保障经济用水，缓解水资源危机。这一阶段属于水环境治理前期，工业化和城市化的快速发展导致水污染开始积累，水环境逐渐恶化。

（三）经济性需求重点阶段

1. 水环境经济效率低

1988~2000年，北京进入工业化后期，城市化以更快的速度推进，经济性需求大幅度增加，北京城市以经济性需求为重点。北京城市水利基础设施建设快速发展，逐渐将重点转向国民经济和城镇用水，满足日益增长的城市用水与工业用水，水资源危机有所缓解。但农业用水依然是"第一用水大户"，到2000年农业用水占比仍高达40.8%。同时，这一阶段，用水总量维持在40亿立方米以上，水环境资源利用效率和水资源利用效率不高，万元GDP废水排放量、万元GDP水耗分别高达41.34吨/万元、123.25立方米/万元，工业节水力度不足，万元工业增加值用水量高达143立方米。

2. 安全性需求保持

这一阶段，安全性需求得到保持。从饮水安全来看，为解决北京用水难的问题，北京供水事业以前所未有的速度向前推进。经过50年的发展，北京先后新建了长辛店水厂、城子水厂、南口水厂、田村山净水厂、丰台水厂，同时，在完成第三、四、五、六、七、八水厂建设后，1984 年北京市政府决定以密云水库为水源，建设第九水厂，分别在密云水库和怀柔水库建取水厂，保障日供水能力达到百万立方米。

1999 年 6 月第九水厂建成投产，日供水能力突破百万立方米，达到了 150 万立方米，占据了北京市区供水能力的"半壁江山"。从工艺、技术、管理、水质检测等诸多方面来看，首都的供水事业达到了国际现代化水平。截至 1999 年 8 月，北京建成投产 14 座水厂，市区日供水能力达到了 300 万立方米，实现 100%市区用水普及率。北京年供水量、供水管线总长度、供水服务面积分别达到了 7 亿多立方米、6042 千米、540 平方千米，服务人口达到了 800 多万。

从水环境保护看，20 世纪 90 年代全市废污水处理率快速提高，1990 年仅为 7.3%，2000 年已达到 39.4%。同时，工业废污水排放处理量持续增加，至 2000 年工业废污水排放达标率超过了 90%（为 92.63%）。从水污染防治看，伴随着北京经济的快速发展，COD 排放量持续增加，且未得到有效控制，2000 年高达 17.9 万吨，水污染不断累积，水环境加速恶化。

3. 舒适性需求凸显

这一阶段属于水环境治理中前期，由于人口的快速增长，经济规模进一步扩大，水环境问题成为突出矛盾，舒适性需求开始逐渐凸显。一方面，水环境质量未得到有效控制，根据市环保局环境监测中心统计数据，2000 年监测的全市 79 条 2095 千米河段中符合相应功能水质要求的有 20 条河段，其长度占实测河流长度的 41.6%，监测水库 17 座，水质达标 9 座，达标库容占实测总库容的 66.1%。

另一方面，水环境修复能力不足，水土流失和地下水开采严重，2000 年水土流失面积为 4089 平方千米，但实际水土流失治理率仅为 13.57%。地下水资源量仅为 15.18 亿立方米，但地下水供水量高达 27.15 亿立方米。污水资源化程度不高，污水再生利用量尚未成为重要的用水组成部分。同时，生态用水量仅为 0.43 亿立方米，占用水总量的 1%。自然湿地面积未得到有效保护，森林覆盖率仅为 30%左右。

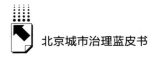

（四）舒适性需求重点阶段

1. 安全性需求保持

2001~2020 年，北京城市以舒适性需求为重点。2001 年，北京获得了第 29 届夏季奥运会举办权，这是北京发展的重大历史机遇，北京水务事业进入了快速发展的新阶段。北京城市经济社会发展进入后工业化时期，安全性需求得到进一步保持。从供给方面来看，北京市通过发展城镇供水，供水能力不断提升，总体满足了城市人口的生活需求，保障了城市饮水安全的需求。但是全市常住人口由 80 年代初的 800 万增加到 2020 年的 2189 万，总用水中生活用水比重不断上升，2000 年、2008 年分别超过 30%、40%，2018 年高达 46.8%，2020 年略降至 41.9%。随着人均收入水平的提高，人均用水量由 2015 年的 177 立方米/人增至 2020 年的 185 立方米/人，未来有可能进一步上升，这也成为未来安全性需求的挑战①。

同时，水环境治理引入新理念、新思路和新手段，从传统的"先污染、后治理"的发展模式开始转向"水环境保护和水污染防治"综合治理模式。从水环境保护看，自 2000 年以来，北京投入大量资金进行城镇污水治理、河道整治工作。为保证奥运会顺利举行，中心城大多数污水处理厂在 2002~2007 年投入运行。2000~2012 年，通过加强污水处理设施建设、产业结构调整、重污染工业关停等措施，全市水污染物中 COD 排放量下降了 42.9%。2013~2019 年，为了统筹推进水污染防治、水生态保护和水资源管理，北京市政府印发了三个治污三年行动方案，快速提升污水处理能力。截至 2020 年，全市共建成投产 67 座大中型污水处理厂和再生水厂，污水处理能力达到了 679.2 万立方米/日，污水处理率提高到 95%。从所有新建再生水厂以及升级改造污水处理厂的主要出水指标来看，均达到了地表水四类标准。从水污染防治看，COD 排放量和氨氮排放量自 2000 年开始波动式下降，但至

---

① 2000~2021 年北京城市水环境治理数据主要来自《中国统计年鉴》《中国水利统计年鉴》《北京市水资源公报》《北京市统计年鉴》《北京市生态环境状况公报》。下同。

"十二五"期末的 2015 年,COD 排放量仍高达 16.15 万吨,氨氮排放量从 2005 年的 1.71 万吨降至 1.65 万吨。"十三五"期间,COD 排放量和氨氮排放量显著下降,至 2020 年,分别降至 5.36 万吨、0.28 万吨。

2. 水环境经济效率快速提高

这一阶段,经济性需求仍是水环境治理的重要方面,2011 年中央一号文件颁布以后,北京水环境治理迈入新发展阶段。北京逐步实现了"地表水—地下水—再生水—雨洪水—外调水"五水联调,形成了水资源配置新格局,这使得北京市国民经济用水总体处于供需平衡状态。2000~2020 年,水环境经济效率大幅度提升,万元 GDP 废水排放量、万元 GDP 水耗分别由 41.34 吨/万元、123.25 立方米/万元降至 5.68 吨/万元、11.25 立方米/万元,万元工业增加值用水量由 143 立方米/万元降至 7.1 立方米/万元。同时,农田灌溉水有效利用系数由 2005 年的 0.657 提高到 0.75,规模以上工业用水重复利用率达到了 95.6%,水资源供求矛盾趋于缓解。

3. 舒适性需求显著

由于前期工业化与城市化快速发展给水环境带来的压力,舒适性需求成为水环境治理的重要议题。一方面,水环境质量得到有效控制。为贯彻落实《中华人民共和国环境保护法》《北京市水污染防治工作方案》,提高公众对生活饮用水水质信息的知情权,北京市从 2016 年起,每季度公布北京市市级集中式生活饮用水(饮用水水源、自来水厂出厂水等)水质状况。2016 年开始,饮用水水源水质达标率已达到 100%,自来水厂出厂水的水质达标率已达到 100%。同时,河流水质达标率、水库水质达标率快速提高,2020 年分别达到 63.8%、84.6%。

另一方面,水环境修复能力快速提升。2004 年,城市污水处理系统建设、节水与污水资源化等工作继续得到加强。因水资源持续短缺,地表水水体水质未见明显好转,地下水开采量继续增加。为实现"绿色奥运",从 2004 年开始,北京实施"生态治河"工程,强调在水污染治理的同时实现生态复原。在 2008 年之前,达到了治水、净水和美化景观的多重目的。水土流失治理率由 2000 年的 13.57% 提高到 2020 年的 44.53%。地下水开采得到有效控制，2011~2020年，地下水供水量已控制在地下水资源总量范围内，地下水开采率从98.6%降至60.5%。污水再生利用量占用水总量比例由2005年的6.9%提高到29.59%。再生水利用量占北京年度水资源配置总量近三成，再生水已经成为稳定可靠的"第二水源"。"十三五"期间，北京市重要江河湖泊水功能区水质达标率达到了87.5%。

同时，北京水环境美化加速。从1998年开始，北京增加城市景观用水，对城中心区水系进行治理，实现了"水清、岸绿、流畅、通航"的治理目标，到2010年水环境品质得到了极大提升，初步实现了"三环碧水绕京城"的宜人景象。2010年，生态环境用水比例从2000年的1.1%增至11.4%，提高了10个百分点。北京自2014年12月27日通过南水北调生态补水，增加水面面积550公顷，2020年生态环境用水比例快速增至42.9%，城市河流恢复了勃勃生机。北京自然湿地保护率达到50.31%，森林覆盖率达到44.4%。

（五）舒适性需求主导阶段

2021~2050年，北京城市经济社会进入发达经济阶段，即高收入水平、城市化、后工业化时期，北京城市以舒适性需求为主导。2021年北京市从水污染防治向水生态保护转变，从水环境治理向山水林田湖草系统治理转变，结合不同区域的功能定位和发展目标，坚持污染减排和生态扩容两手发力。

2021年，北京市18座大中型水库蓄水总量超过44亿立方米，密云水库作为首都重要的地表饮用水源地，最大蓄水量创建库以来新纪录，达到了35.79亿立方米，进一步凸显水资源战略储备基地作用。北京市已经连续实施了三个三年治污方案，正扎实推进第三个水环境治理方案，从社会安全保障看，通过深入实施市总河长令，持续强化河长制，2021年北京市排查并完成对1000余条小微水体的治理。针对中心城区和城市副中心建成区，基本实现了污水处理设施的全覆盖、全收集和全处理。2021年全市污水处理率已提高到95.8%。

从经济高质量发展看,北京市水务局深入践行新时代治水理念,贯彻落实"节水优先、空间均衡、系统治理、两手发力"十六字治水方针,充分利用雨洪水在内的各类水资源,均衡水资源时空分布,最大限度地发挥水资源调度效益。全市生产生活用水总量严格控制在 30 亿立方米以内,万元 GDP 水耗降至 10.46 立方米/万元。

从生态舒适宜居看,北京市国考劣 V 类断面水体全面消除,100 个考核断面(含国考断面)中,Ⅰ~Ⅲ类水质断面占比 70%,地表水环境质量实现根本性好转。全市平原区地下水位回升 5.64 米、增加地下水储量 28.9 亿立方米。在工业、市政杂用、河湖环境和园林绿化等方面,北京大力推广再生水利用,全市再生水配置量超过 12 亿立方米。作为北京规模最大的污水厂、国内规模最大的再生水厂——高碑店再生水厂和北京市第二大再生水厂——小红门再生水厂表现突出,出水主要水质指标均可达到地表水 Ⅳ 类。截至 2021 年底,北京市平原区地下水位连续 6 年累计回升 9.64 米,超采区面积较 2015 年减少 82%,健康水体达到 86%,水生态环境正不断向好。

2021 年,越来越多的智能化设备被应用于北京城市河道管理。北京探索对全市主要国家考核断面、优美河湖、整治后的黑臭水体等 200 处监测点水质进行实时监测。同时,在重点河湖试点实施视频集控与河湖智能巡查系统技术,助推实现精准化打击河湖环境违法行为,依法治水。开发上线河湖热点区域人口流动热力图,50 条段河湖已实现实时游河人数统计,实现精准管控。

2021~2050 年,随着大规模的生态环境修复和建设工作的开展,预计北京水污染排放将快速减少,水环境得到明显改善,安全性需求与经济性需求得到较高程度的保障,供求差距明显缩小。水环境治理的安全性需求面临的主要任务是进一步提高保障标准。2021 年 2 月,北京市规划和自然资源委员会发布的《北京市市政基础设施专项规划(2020~2035 年)》(草案)提出,针对水源地保护,到 2035 年恢复官厅水库饮用水源功能。针对防洪标准,到 2035 年,中心城区、海淀北部地区和丰台河西地区、城市副中心、其他新城、乡镇中心区、村庄分别达到 200 年一遇、50 年

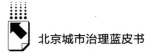

一遇、100 年一遇、50 年至 100 年一遇、20 年一遇、10 年一遇。针对特别重要设施和其他集中建设区，根据人口、经济规模、重要性等，独立确定防洪标准。

水环境治理的经济性需求面临的主要任务是进一步提高水环境经济效率。《北京市市政基础设施专项规划（2020～2035 年）》（草案）提出，落实最严格的水资源管理制度，在保障生活用水安全基础上，减少工业、农业等生产用水量。在 2015 年基础上，2035 年单位地区生产总值水耗下降 40% 以上。

与此同时，舒适性需求作为水环境治理的核心任务，将逐步得到满足和保障。2018 年，北京市发改委印发的《北京市耕地河湖休养生息规划（2018-2035 年）》提出，到 2035 年，北京市重要江河湖泊水功能区水质达标率达到 95% 以上。2021 年，北京市治理完成 142 条段黑臭水体并进行长效巩固。全市平原区地下水埋深累计回升 3.72 米，增加储量 19 亿立方米。未来北京通过水系景观、水休闲娱乐等水利设施大规模修建，将实现生态舒适宜居的水环境。通过统筹调度北京五大流域的水资源，进一步扩大地下水回补区域和地表河网受水范围，让河道生态得到进一步修复。《北京市市政基础设施专项规划（2020～2035 年）》（草案）提出，到 2035 年，充分发挥再生水在替代新水资源方面的最大作用，进一步合理优化配置再生水资源。

2000～2021 年，北京城市水环境治理成效如表 3 所示。

表 3　北京城市水环境治理成效（2000～2021 年）

指标	2000 年	2005 年	2010 年	2015 年	2020 年	2021 年
供水普及率（%）	100	100	100	100	98.36	98.8
堤防工程达标率（%）	—	—	97.01	92	91.67	91.67[a]
水灾害直接经济损失占 GDP 比重（‰）	—	—	0.14	0.05	0.04	0.03
全市废污水处理率（%）	39.4	62.4	80	87.9	95	95.8
工业废污水排放达标率（%）	92.63	99.43	98.76	100	100	100
生活垃圾无害化处理率（%）	56.4	96	96.9	99.8	100	100

续表

指标		2000 年	2005 年	2010 年	2015 年	2020 年	2021 年
水污染物排放量（万吨）	COD 排放量	17.9	11.6	9.2	16.2	5.36	4.87
	氨氮排放量	—	1.37	1.21	1.65	0.28	0.22
用水量（亿立方米）	用水总量	40.4	34.5	35.2	38.2	40.6	40.83
	农业	16.49	13.22	11.4	6.5	3.2	2.81
	工业	10.52	6.8	5.1	3.8	3	2.94
	生活	12.96	13.38	14.7	17.5	17	18.40
水资源利用效率	万元 GDP 水耗（立方米/万元）	123.25	48.25	23.5	15.42	11.25	10.13
	万元工业增加值用水量（立方米/万元）	143	38	18	10.5	7.1	5.16
	规模以上工业用水重复利用率（%）	—	93.43	90.01	94.9	95.6	95.5
	农田灌溉水有效利用系数	—	0.657	0.684	0.71	0.75	0.751
河流水质达标率（%）		41.6	45	55.5	48	63.8	75.2
重要江河湖泊水功能区水质达标率（%）		—	—	—	—	87.5	88.9
地表水国考断面达到或优于 III 类水体断面比例（%）		—	—	—	—	68	75.2
水库	总数量（座）	—	83	82	87	86	86
	总库容量（亿立方米）	—	93.2	93.87	52	52	52
	水质达标率（%）	—	—	89.5	80	84.6	86.6
水土流失治理率（%）		13.57	9.08	13.27	22.2	44.53	93.81
地下水开采率（%）		178.9	134.6	112.2	88.4	60.5	46.8
污水再生利用量占用水总量比例（%）		—	6.9	19.32	24.82	29.59	29.46
生态用水比例（%）		1.1	3.2	11.4	27.2	42.9	40.85
自然湿地保护率（%）		—	14.53	14.53	50.31	50.31	50.31[a]
城市绿化覆盖率（%）		36.5	42.0	45.0	48.4	49.0	49.3
森林覆盖率（%）		—	31.7	37	41.6	44.4	44.6

注：资料来源于 1980~2021 年《中国统计年鉴》《中国水利统计年鉴》《北京市水资源公报》《北京市统计年鉴》《北京市生态环境状况公报》。a 为 2020 年数据。2005 年农田灌溉水有效利用系数来源于北京市水务局《北京市现状灌溉水利用率测算分析成果报告》（2006 年）。2000 年和 2005 年河流水质达标率来源于《北京市 2000-2012 年水环境质量及污染规律研究》（范清、孙长虹，《环境科学与管理》，2014 年第 7 期）。

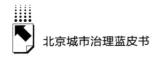

三　北京城市水环境治理模式

（一）水环境治理的模式

从北京城市水环境治理历程来看，统筹解决北京城市水环境治理的安全性需求、经济性需求和舒适性需求问题，是加快推进北京城市水环境治理的着力点。北京城市水环境治理与安全性需求、经济性需求和舒适性需求问题息息相关。为此，本文从安全性需求、经济性需求和舒适性需求角度出发，系统阐述北京城市水环境治理模式。具体可表述如下。

在工业化、城市化和服务业快速发展的经济社会双轮驱动作用下，北京城市水环境治理面临严峻挑战，安全性需求、经济性需求和舒适性需求的供求差距持续扩大，具体表现为：一是从安全性需求看，饮水安全未得到有效保障，防灾减灾能力安全保障能力不足；全市废污水处理和工业废污水排放达标处理的能力不足；水污染物排放较为严重。二是从经济性需求看，水环境资源利用效率和水资源利用效率相对较低，国民经济总产值的水污染排放总量未得到有效控制；同时，国民经济总产值的用水总量未得到有效控制，工农业节水力度不足，水灾害直接经济损失较为严重。三是从舒适性需求看，水质达标率有待进一步提高；水土流失面积未得到有效治理，地下水开采严重，污水再生利用能力不足；生态补水不足，自然湿地面积未得到有效保护，森林覆盖率和城市绿化覆盖率有待提高。四是由安全性需求、经济性需求和舒适性需求导致的水环境综合问题对北京城市的经济社会和生态安全构成了严重威胁。

在此背景下，北京市政府管理部门和水行政主管部门持续强化社会—经济—生态的"三位一体"系统治理，通过资本投入、制度创新和政策完善，推动水环境治理能力提升，提高安全性需求、经济性需求和舒适性需求的保障程度，基本解决水环境综合问题，从而保障北京城市的经济社会和生态安全。同时进一步提升水环境治理能力，加快实现北京城市水环境污染排放达到顶峰继而下降，以及水资源消耗利用"零增长"，为北京城市高质量发展提供社会安全、经济高效、生态舒适的水环境，全面建成水环境友好型社会（见图7）。

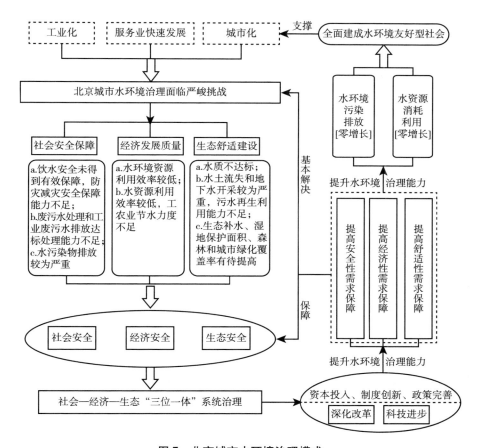

图7　北京城市水环境治理模式

依据图7，北京城市水环境治理的对象范围较广，可界定为社会—经济—生态"三位一体"的系统治理，主要表现为：深入贯彻新发展理念和"绿水青山就是金山银山"的生态理念，以新时代治水思路和"十六字"治水方针为指导，以实现北京城市社会安全保障、经济高质量发展和生态舒适宜居为目标，以安全性需求、经济性需求和舒适性需求"三类需求保障"

为重要抓手，以资本投入、制度创新和政策完善为基本途径，提升水环境治理能力，为北京城市高质量发展提供社会安全、经济高效、生态舒适的水环境，提高水环境对工业化、城市化和服务业快速发展的承载能力，保障社会安全、经济安全和生态安全，实现水环境污染排放和水资源消耗利用的"零增长"，全面建成水环境友好型社会。

（二）水环境治理的政策制度

将水环境治理纳入北京城市政府政绩考核体系之中，既有利于贯彻执行北京城市水环境治理的方针政策，又有利于提升北京城市水环境治理能力，加快推进北京城市水环境治理体系与治理能力现代化。针对新时代水环境治理在北京城市政府工作中的重要性，完善水环境治理的政策制度是其重要解决途径之一。

2012 年，环境质量指标被纳入北京各级政府绩效考核，严格实行环境保护行政问责制。北京市政府发布的《北京市人民政府关于贯彻落实国务院加强环境保护重点工作文件的意见》提出，污染物总量控制、PM2.5 改善情况等所有有关环境质量的指标，均被纳入各级政府绩效考核，防堵环保漏洞。各级政府领导干部的职务升降，取决于所负责区域的各项环保指标。

2013～2019 年，为深入贯彻落实《中共中央国务院关于加快推进生态文明建设的意见》（中发〔2015〕12 号）和《国务院关于印发水污染防治行动计划的通知》（国发〔2015〕17 号）精神，北京市先后出台了《北京市加快污水处理和再生水利用设施建设三年行动方案（2013—2015 年）》（京政发〔2013〕14 号）、《北京市水环境区域补偿办法（试行）》、《北京市水污染防治工作方案》（京政发〔2015〕66 号）、《北京市进一步加快推进污水治理和再生水利用工作三年行动方案（2016 年 7 月—2019 年 6 月）》（京政发〔2016〕17 号）、《北京市实行河湖生态环境管理"河长制"工作方案》、《北京市进一步全面推进河长制工作方案》、《北京市进一步加快推进城乡水环境治理工作三年行动方案（2019 年 7 月—2022 年 6 月）》（京政发〔2019〕19号），强化水环境治理，加快饮用水安全保障水平持续提升，提高安全性需求保障；加快污水处理能力、水资源循环利用水平持续提升，提高经济性需求保障，加快水环境质量改善、水生态环境好转、水生态系统功能恢复，提高舒适性需求保障，努力实现经济社会和生态效益多赢。最终，为建设国际一流的和谐宜居之都，提供了良好的水环境保障。

2014 年 9 月，北京市政府常务会通过了《北京市水环境区域补偿办法（试行）》，并于 2015 年 1 月采用经济管理等手段，按照"谁污染、谁治理，谁污染、谁付费"的原则，正式实施水环境区域补偿制度，在流域上下游各区政府间建立经济补偿制度。让产生污染并治理不力的上游区县对下游区县给予经济补偿。根据补偿办法，补偿金分为跨界断面补偿和污水治理目标补偿两种。2015~2018 年，随着水环境质量的不断改善，跨界断面补偿从 9.7 亿元下降到 1.55 亿元，三年减少了 8.15 亿元。

2016 年，北京市出台了《北京市实行河湖生态环境管理"河长制"工作方案》，明确以建立市、区、乡镇（街道）三级"河长制"组织体系及巡查、监督、考核等工作机制为重点，落实区、乡镇街道属地政府河湖环境"三查三清三治"（查污水直排、查垃圾乱倒、查违法建设；清河岸、清河面、清河底；治黑臭水体、治面源污染、治两岸生态环境）的管理责任。北京市全面落实河湖长制，各级党政领导担任河湖长，将全市 88 座水库、425 条 6414 千米河道全部纳入检查范围，每月对 2298 个点进行检查。同时，采用经济管理等手段，实施水环境区域补偿，在流域上下游各区政府间建立经济补偿制度，也就是"水差要交钱，水好能收钱"。

2017 年 7 月，北京市印发《北京市进一步全面推进河长制工作方案》，提出各级党政领导担任河长，以河（湖）长制落实领导责任。为全面推行落实好河长制，北京市建立了市、区、乡镇（街道）、村四级河长制体系，设置 5900 余名河（湖）长，实现河湖水域全覆盖。自 2018 年起，北京市每年发布总河长令，明确各相关部门、相关区任务目标，推动各级河长履职尽责担当。2017~2021 年，各市级河长开展督导检查 206 人次，区、镇、村级河（湖）长年均累计巡河 44 万余次，累计协调解决问题近 7 万件，有效加强了河湖治理管护。

2019～2020 年北京进入城市水环境治理关键期，突出体现生态"治理—修复—恢复"理念和思路，从"水污染防治"全面转向"水生态保护"。2020 年，北京市人民政府办公厅印发《北京市污染防治攻坚战 2020 年行动计划》（京政办发〔2020〕8 号），提出了北京市打好碧水保卫战 2020 年行动计划，涉及水环境治理目标、保证饮用水安全、深化水环境治理、推进农业农村污染防治、开展水生态保护、深化京津冀水污染联保联治、完善水环境管理机制等七方面的任务，逐步实现了人水和谐的生态环境保护目标。

为此，根据北京市水环境治理的政策文件与水环境治理指标，本文对 2020 年北京城市水环境治理成效进行对标分析，见表 4。

表 4　2020 年北京城市水环境治理成效的对标分析

政策文件	水环境治理的主要指标	预期值	实际值	对标结果
《北京市水污染防治工作方案》	2019 年全市污水处理率(%)	94	94.5	达标
	万元 GDP 水耗(立方米/万元)	≤15	11.2	达标
	万元工业增加值用水量(立方米/万元)	≤10	7.1	达标
	农田灌溉用水有效利用系数	≥0.75 以上	0.75	达标
《北京市进一步全面推进河长制工作方案》	重要江河湖泊水功能区水质达标率(%)	≥77	87.5	达标
《北京市污染防治攻坚战 2020 年行动计划》	地表水国考断面达到或优于 III 类水体断面比例(%)	≥24	68	达标
	全市污水处理率(%)	≥95	95	达标
	生活垃圾无害化处理率(%)	≥70	100	达标
	用水总量控制(亿立方米)	≤43	40.6	达标
	再生水利用量(亿立方米)	12	12.01	达标
	万元 GDP 水耗较 2015 年下降率(%)	≥15	18.68	达标

注：资料来源于 2021 年《中国统计年鉴》《中国水利统计年鉴》《北京市水资源公报》《北京市统计年鉴》《北京市区域统计年鉴》《北京市生态环境状况公报》。

总体来看，至 2020 年，北京城市水环境治理成效显著，饮用水安全保障水平、污水处理能力和水资源循环利用水平持续提升，水环境质量明显改善，水生态环境状况加快好转。

为进一步提高安全性、经济性和舒适性需求保障，2022 年北京城市水环境治理进入攻坚战。同年 3 月北京市水务局发布《北京市"十四五"时期重大基础设施发展规划》，明确持续开展地下水超采治理、推动河湖生态保护修复，严格水生态空间管控。"十四五"时期，从社会安全保障看，北京着力补强城乡供水短板，按照适度超前、城乡统筹的原则，加快城镇供水厂及管网建设，持续实施农村饮水安全提升工程，推动实现农村供水专业化、规范化管理，提高供水信息化和智慧化管理水平。同时，完善城镇污水处理和再生水利用设施，因地制宜推进农村生活污水收集处理。到"十四五"期末，北京市供水能力、污水处理率将分别达到 1000 万立方米/日、98%。从经济高质量发展看，北京市牢固树立绿色发展理念，强化水资源总量、强度双控，提高水环境资源利用效率和水资源利用效率。到"十四五"期末，北京市万元 GDP 水耗将降至 10 立方米以内，生产生活年用水总量控制在 30 亿立方米以内。从生态舒适宜居看，北京市继续打好碧水保卫战，深入拓展生态治水新路径，持续推进地下水超采区综合治理，藏水于地、蓄水于库。持续推进城市河湖水系景观提升工程，提高滨水空间的通达性、宜居性。到"十四五"期末，北京市将建立完善水生态空间规划与管控体系，地下水年开采量力争降至 14 亿立方米左右。森林覆盖率、湿地保护率分别提高到 45%、70% 以上。

（三）水环境治理的考核机制

2017 年 3 月，为认真落实《北京市水污染防治工作方案》要求，根据《北京市水污染防治工作方案》（京政发〔2015〕66 号）要求，参照国家《水污染防治行动计划实施情况考核规定（试行）》（国发〔2015〕17 号），北京市环保局、北京市水务局等 11 个部门联合印发了《北京市水污染防治工作方案实施情况考核办法（试行）》，分年度对各区水污染防治工作进行考核，包括考核内容、考核方法、考核主体、考核步骤等核心内容，具体参见表 5。

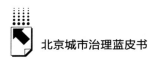

表5 《北京市水污染防治工作方案实施情况考核办法（试行）》的核心内容

核心内容	重要方面		具体要求	
考核内容	水环境质量目标完成情况		①地表水环境质量目标完成情况 ②黑臭水体消除情况 ③饮用水水源地水质达标情况 ④地下水质量保护情况	
	水污染防治重点工作完成情况		工业、城镇、农业农村、船舶等污染防治、水资源节约保护、水生态环境保护、强化科技支撑、各方责任及公众参与	
考核方法	评分法	水环境质量目标完成情况结果等级划分	≥90分	优秀
			80~89分	良好
			60~79分	合格
			<60分	不合格
		水污染防治重点工作完成情况校核	≥60分	水环境质量评分等级即为考核结果
			<60分	水环境质量评分等级降一档作为考核结果
考核主体	由市环保局、市水务局、市政府督查室牵头，市委组织部参与		市环保局会同市政府有关部门组成考核组，负责组织实施考核工作	
考核步骤	自查评分		各区政府全面自查和自评打分	
	部门审查		任务牵头单位会同参与部门负责对各区政府自查报告进行审查	
	组织抽查		市环保局组织各相关单位采取"双随机"方式，对被抽查的区进行实地考核	
	综合评价		市环保局将书面审查和实地抽查情况进行汇总，作出综合评价	

　　《北京市水污染防治工作方案实施情况考核办法（试行）》适用于对各区政府实施《北京市水污染防治工作方案》情况及水环境质量管理的年度考核和终期考核。2017~2020年，北京逐年对上年度各区《北京市水污染防治工作方案》实施情况进行年度考核，考核水环境质量目标完成情况和水污染防治重点工作完成情况。2021年对2020年度进行终期考核，仅考核水环境质量目标完成情况。水环境质量目标完成情况60分以下，终期考核

认定为不合格。

2022 年 4 月 15 日，北京市原市委书记、市总河长蔡奇，北京市原市长、市总河长陈吉宁共同签发了北京市 2022 年第 1 号总河长令。北京持续巩固河长制工作成果，新时期治水工作、流域系统治理管理、滨水空间共享利用等成为河长制工作重点。

四　北京城市水环境治理的问题与政策建议

（一）水环境治理的问题

北京城市水环境治理事关人民群众福祉，必须满足人民群众对美好生活的需要，积极推动水环境治理责任落到实处。目前，北京市政府与水行政管理部门尚未建立一套完善的水环境治理责任机制，迫切需要建立健全水环境治理责任机制。北京城市水环境治理责任机制存在的问题主要可概括为三个方面。

1. 考核指标体系不完善

目前针对北京城市水环境治理考核目标，主要以水环境质量目标、水污染防治重点工作的完成情况为主。涉及的考核指标主要包括重要江河湖泊水功能区水质达标率、地表水国考断面达到或优于 III 类水体断面比例、污水处理率、生活垃圾无害化处理率、用水总量控制、万元 GDP 用水量、万元工业增加值用水量、农田灌溉用水有效利用系数、万元 GDP 水耗等指标。

总体来看，北京城市水环境治理的部分社会安全保障指标、经济高质量发展指标和生态舒适宜居指标已得到满足，如城市供水普及率、生活垃圾无害化处理率、饮用水水源地水质达标率已达到 100%，黑臭水体全部完成治理和消除并得到长效巩固。为此，根据北京城市经济社会发展的阶段性特征与水环境治理现状评估及其成效，考核指标体系的设计亟须进行时效性的动态调整。目前，众多考核指标并未被纳入水环境治理考核指标体系之中，如 COD 排放量和氨氮排放量等水污染防治指标、河流水质达标率和水库水质

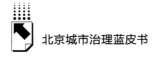

达标率等水环境治理控制指标、水土流失治理率和地下水开采率等水环境修复指标、自然湿地保护率和森林覆盖率等水环境美化指标。北京城市水环境治理考核体系的不完善性，不利于水环境治理责任机制的建立和完善。

2. 信息公开性不够

从北京城市水环境治理的信息公开情况来看，目前仅有几个重要考核指标的数据进行了公布，并非所有考核指标的数据结果都公开。同时，北京城市水环境治理监测不仅涉及各区政府，且涉及多个部门，需要各区政府及不同部门之间进行信息共享，但目前的信息共享程度不是很高。此外，北京市政府网站的信息公布具有明显的时间滞后性，时效性较差。由于水环境治理信息的公开渠道受限，学者和社会公众对指标数据的获取相当困难，难以对北京城市水环境治理成效进行有效评估，这为后期进一步落实水环境治理责任机制造成了较大的阻碍。

3. 水环境治理责任机制不完善

目前，北京城市水环境治理责任机制的落实主要是上级部门对下级部门的考核和责任追究。实践中，新闻媒体和社会公众起到了重要的监督作用，但发挥的作用却不明显。这容易导致下级部门在执行水环境治理责任的时候虚而不实。而上级部门对下级部门的考核内容未全面公开，考核结果容易受人为因素的影响。因此，当出现水环境治理问题，需要进行责任追究时，却无法确定具体部门和具体工作人员的责任。最终，责任追究只能流于形式，没有落到实处，效果不显著。

（二）水环境治理的政策建议

为有效应对北京城市水环境治理的问题挑战，亟须建立健全水环境治理责任机制。水环境治理责任机制包括水环境治理责任体系与实施制度，其中水环境治理责任体系具体包括责任追究主体、责任追究对象、责任追究条件、责任考核办法、责任体系、责任追究程序和责任追究实施七个方面（见图8）。

1. 水环境治理责任体系

（1）责任追究主体。北京城市水环境治理责任追究主体应该多元化，

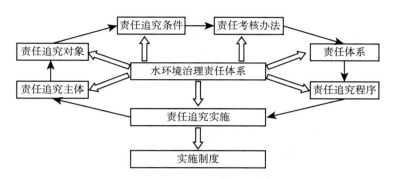

图8　北京城市水环境治理责任机制

既涉及上级对下级的责任追究，如中央环境保护督察组、北京市政府水环境治理专项督查组对北京市所辖区政府的水环境治理问题进行日常的监督和事后追究责任，又涉及外部力量的责任追究，如包括人大、司法机关、新闻媒体、社会公众等责任追究主体。

（2）责任追究对象。目前北京城市水环境治理责任追究对象主要包括北京市区政府相关部门、区政府相关部门责任人。应根据北京城市经济社会发展的阶段性特征与水环境治理现状评估及其成效，重新设计相应的北京城市水环境治理考核指标体系。然后根据水环境治理考核结果，明确责任追究对象，如区政府及其部门责任人。

（3）责任追究条件。从现有的政策法律来看，水环境治理责任追究条件具体包括：一是北京市区政府相关部门、区政府相关部门责任人未履行水环境治理义务和职责。二是北京市区政府相关部门、区政府相关部门责任人履行了水环境治理义务和职责，但因追求本区短期的经济利益，决策失误造成重大水环境事故。三是区政府不作为、干预水环境保护执法，导致水环境污染事件。

（4）责任考核办法。参照《北京市水污染防治工作方案实施情况考核办法（试行）》，采取百分制计分进行考核，满分为100分，90分（含）、80~89分、60~79分、低于60分分别对应"优秀""良好""合格""不合格"。区政府若考核"优秀"，可加大下一年度水环境治理的支持力度，区政府考核"不合格",扣减下一年度水环境治理专项资金额度,并在1个月内提交书面报告。同时,发生重大环境污染事故,不得评定为"优""良"。考核工作中瞒报、谎报情况,予以通报批评。如果未完成水环境治理任务,且在整治过程中失职、渎职,造成重大经济损失与社会影响的,依照《环境保护违法违纪行为处分暂行规定》等有关规定严肃处理。

(5)责任体系。责任体系包括政治责任、行政责任、财政责任、法律责任以及道德责任。一是决策失误或行为有损公共利益,承担政治责任。政治责任的责任追究主体是北京市政府、人民代表大会。二是在北京市区政府系统内部,上下级行政机关、领导及职务之间存在行政责任,不履行或不当履行法定职责,应承担行政责任。三是北京市区政府对水环境治理承担财政支出或投资责任。四是违反法律规定的义务、违法行使职权,应承担法律责任,包括刑事责任、行政法律责任、赔(补)偿责任。五是履行职务时轻微违法失职或官僚主义,应承担道德责任,包括向公众赔礼道歉,或者自我批评、引咎辞职。

(6)责任追究程序。一是责任追究主体根据水环境治理考核结果,确定责任追究对象。二是责任追究主体召见责任追究对象进行会谈,责任追究对象给出报告说明并进行书面备案,为后期调查处理提供基础材料。三是责任追究主体询问相关公众、座谈,对责任追究对象进行实地调查核实,整理调查报告。四是根据前期准备材料,召开责任追究会议,由责任追究主体、相关监察、司法等机关部门参与讨论,确定责任追究对象的责任,并公示15天。五是责任追究对象认为处理结果不合理,通过规定程序提交申辩材料进行申辩,责任追究主体对申辩材料进行仔细考察,15天内对申辩情况进行决定。六是根据申辩材料的科学性、真实性和可靠性,免除或者执行追究对象的责任。

(7)责任追究实施。责任追究实施包括赔礼道歉、消除影响、通报批评、记过、降级、引咎辞职、撤职等方式。对于政治责任,执行通报批评、警告、记过、记大过、降级、撤职以及开除等方式。对于法律责任,执行经济赔偿或者入狱等方式。对于轻微的道德责任,执行公开的恢复名誉、消除影响、赔礼道歉以及自我批评等方式。目前水环境治理的责任追究实施更倾向于政治责任和道德责任。

2. 实施制度

在水环境治理责任体系设计完成后，必须制定相应的实施制度，以保障水环境治理责任的顺利实施。实施制度具体如下。

（1）推进水环境治理责任法制化建设。北京市可出台"水环境治理责任实施法"等相关的法律，针对北京市所辖区域发生重大的水环境污染违法行为，不仅要追究相关区域企业负责人的责任，更重要的是依法追究北京市区政府及其部门负责人的监管责任。

（2）健全水环境治理责任监测机制。北京市政府进一步加大对水环境监测设施投入，全面提升水环境监测预警的信息化和网络化水平，完善以水环境监测信息支撑为核心的先进水环境监测网络体系。其中，北京市区政府环保部门负责本行政区域的水环境质量监测和水污染源监督性监测；北京市水务局和区政府水行政主管部门负责水文水资源监测；北京市生态环境局负责北京市行政区域考核断面（含国考断面）的水环境质量监测，以及重要水功能区和区域调水的水质监测。

（3）建立水环境信息共享发布平台。北京市区政府环境保护局、北京市水务局和北京市生态环境局联合建立统一的北京市水环境监测信息共享平台。北京市区政府环境保护局发布北京市水环境质量信息。北京市水务局发布北京市水文水资源信息，如果涉及水环境质量的内容，应当与北京市区政府环境保护局协商一致。北京市生态环境局发布北京市水环境年度监测报告。

（4）推进新闻媒体与社会公众参与机制。充分发挥新闻媒体（广播、电视、报纸、网络）的作用，利用舆论监督北京市区政府环境保护局、北京市水务局和北京市生态环境局等行政管理部门依法行政。建立社会公众参与机制，提高公众参与北京城市水环境治理责任的积极性，加强对北京市区政府与企业的监督。

B.16
北京市防疫与公共健康的发展回顾与未来展望

王 俊 刘怡均*

摘　要： 新时期，在人口老龄化、快速城镇化和科技智能化等形势影响下，北京市的防疫与公共健康制度迫切需要转型升级。同时，国家战略规划赋予了作为首都的北京市推进特大型城市健康建设的总责任和新使命。基于此，北京市在健康北京建设、重大疫情防控救治能力、基层卫生建设和人民健康素养提升等方面取得了一定成效，但仍存在医疗卫生服务体系建设整合性有待提高、公共卫生服务未形成可持续的长效机制、公立医院综合改革和治理机制存在短板、中医药发展和治未病理念亟待传承创新等问题，有待通过构建整合型医疗卫生服务体系、完善公共卫生预防与应急管理制度、推动公立医院高质量发展、弘扬中医治未病理念、探索长期照护新制度等措施加以完善。

关键词： 健康北京　公共卫生服务　特大型城市　疫情防控救治

一　北京市防疫与公共健康的发展成效

（一）健康北京顶层设计与制度框架不断成熟

北京市充分发挥首都重要地位，促进有关健康北京建设的顶层设计渐趋

---

* 王俊，中国人民大学公共管理学院教授、博士生导师，中国人民大学健康中国研究院教授，中国人民大学卫生政策研究与评价中心主任，北京市宣传文化名家工作室——"健康北京治理工作室"领衔人，主要研究方向为卫生经济、卫生政策；刘怡均，中国人民大学公共管理学院博士生，中国人民大学公共管理学院2022级博士生1班党支部书记，中国人民大学卫生政策研究与评价中心研究员助理。

完善。2016 年"健康中国"战略提出后，北京市人民政府、北京市卫生健康委员会和北京市医疗保障局等政府职能部门贯彻落实，针对以首都人民健康为核心的健康北京建设，制定并颁布了一系列政策法规（见表1）。2017年9月，北京市委、市政府印发了《"健康北京2030"规划纲要》，全面推进健康北京建设①；2021 年12月，北京市人民政府为充分发挥健康对于首都经济和社会发展的保障能力，出台了《关于印发〈"十四五"时期健康北京建设规划〉的通知》②；2023 年，北京市统筹新冠疫情发展态势、经济社会运行和最新防控要求，探索建立有关新型冠状病毒感染防控救治、监测预警的常态化分级分层分流体系③。

表1 北京市防疫与公共健康的政策演进

发文部门	发布时间	政策名称	政策内容	发文字号
北京市人民政府	2016 年3月26日	《北京市突发事件总体应急预案（2016 年修订）》	增强应急处置能力，提高城市现代化管理水平，营造安全稳定的社会环境	京政发〔2016〕14 号
	2021 年12月21日	《关于印发〈"十四五"时期健康北京建设规划〉的通知》	发挥健康对首都经济和社会发展的保障能力	京政发〔2021〕38 号
北京市卫生健康委员会	2017 年10月26日	《关于印发〈北京市医师执业注册管理办法（试行）〉的通知》	北京市医师执业注册及其程序、变更、注销、监督管理	—

---

① 《中共北京市委　北京市人民政府关于印发〈"健康北京2030"规划纲要〉的通知》（京发〔2017〕19 号），北京市人民政府门户网站（2017 年9月19日），https：//www.beijing. gov.cn/ zhengce/zhengcefagui/201905/t20190522_ 60543.html，最后检索时间：2023 年5月5日。
② 《北京市人民政府关于印发〈"十四五"时期健康北京建设规划〉的通知》（京政发〔2021〕38 号），北京市人民政府门户网站（2021 年12月29日），https：//www. beijing. gov. cn/zhengce/zhengcefagui/202112/t20211229_ 2575955. html，最后检索时间：2023 年5月5日。
③ 《北京市新型冠状病毒感染防治工作总方案》，北京市人民政府门户网站（2023 年1月6日），https：//www. beijing. gov. cn/zhengce/zhengcefagui/202301/t20230106_ 2893335. html，最后检索时间：2023 年5月5日。

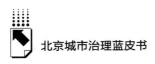
续表

发文部门	发布时间	政策名称	政策内容	发文字号
北京市卫生健康委员会	2018 年 8 月 27 日	《关于优化整合北京市两癌筛查和长效体检工作的通知》	明确两癌筛查和长效体检的服务内容、筛查策略、工作职责和组织实施	京卫老年妇幼〔2018〕23 号
	2020 年 6 月 19 日	《关于印发〈北京市新生儿疾病筛查管理办法〉的通知》	加强出生缺陷综合防治和新生儿疾病筛查服务管理，推进健康北京建设	—
北京市医疗保障局	2016 年 12 月 1 日	《关于发挥医保调节作用推进本市分级诊疗制度建设有关问题的通知》	充分发挥医保政策的调节作用，构建"基层首诊、双向转诊、急慢分治、上下联动"的分级诊疗模式	京人社医发〔2016〕219 号
	2017 年 12 月 13 日	《关于印发〈北京市城乡居民基本医疗保险办法实施细则〉的通知》	规定城乡居民基本医疗保险的参保人员范围、起付标准和特殊病种等	京人社农合发〔2017〕250 号
	2020 年 10 月 28 日	《关于印发〈北京市长期护理保险制度扩大试点方案〉的通知》	探索建立符合北京市情、具有北京特色的长期护理保险制度，健全更可持续的社会保障体系	京医保发〔2020〕30
	2023 年 1 月 8 日	《关于实施"乙类乙管"后优化新型冠状病毒感染患者治疗费用医疗保障相关政策的通知》	为确保人民群众平稳度过感染高峰期，决定对本市医疗保障相关政策进行优化调整	京医保发〔2023〕1 号
首都严格进京管理联防联控协调机制办公室、北京新型冠状病毒感染疫情防控工作领导小组办公室	2023 年 1 月 6 日	《北京市新型冠状病毒感染防治工作总方案》	高效统筹疫情防控和经济社会发展，以最小代价、最快速度遏制疫情发展、压制疫情高峰	—
	2023 年 1 月 6 日	《北京市新型冠状病毒感染监测预警工作方案》	科学研判和预测疫情发展态势，分级分类实施社会防控措施	—

资料来源：北京市人民政府门户网站（https：//www.beijing.gov.cn/）、北京市卫生健康委员会门户网站（http：//wjw.beijing.gov.cn/）、北京市医疗保障局门户网站（http：//ybj.beijing.gov.cn/）。

具体而言，《"十四五"时期健康北京建设规划》这一政策，充分发挥了健康北京建设在服务首都"政治中心、文化中心、国际交往中心、科技创新中心"四大中心功能建设中的作用，全面提高了"为中央党政军领导机关服务，为日益扩大的国际交往服务，为国家教育、科技、文化和卫生事业的发展服务，为市民的工作和生活服务"四个服务水平，有效缩小了城乡、区域、人群之间资源配置、服务水平和健康结果差异①。由此可见，健康北京顶层设计与制度框架不断成熟，健康服务体系与首都城市战略定位、人民健康需求更加匹配。

（二）重大疫情防控救治能力呈现跨越式提升

北京市积极推进首都突发公共卫生事件防控体系和管理制度建设。政策内容方面，新冠疫情暴发后，北京市人大常委会、市人民政府、市卫生健康委员会和市医疗保障局等政府职能部门针对重大突发公共卫生事件预防控制和救治能力提升，制定并颁布了一系列政策法规（见表2）。面对突如其来的重大公共卫生事件，北京市有关政府职能部门迅速响应，以北京市人民政府的政策颁布为例，2020年颁布或联合颁布多条针对新冠疫情的政策，加强疫情预防控制、完善应急管理体系，2020年9月实施的《北京市突发公共卫生事件应急条例》标志着首都公共卫生应急管理体系进一步健全②。

表2　北京市有关疫情防控和救治能力的针对性政策

发布时间	发文部门	政策名称	发文字号
2020年1月23日	北京市医疗保障局、财政局	《关于做好新型冠状病毒感染的肺炎疫情医疗保障的通知》	京医保发〔2020〕1号
2020年2月21日	北京市人民政府	《关于新型冠状病毒肺炎疫情防控期间应急管理部门加强对工业企业防疫工作检查执法有关事项的决定》	京政发〔2020〕5号

---

① 《北京市人民政府关于印发〈"十四五"时期健康北京建设规划〉的通知》（京政发〔2021〕38号），北京市人民政府门户网站（2021年12月29日），https://www.beijing.gov.cn/zhengce/zhengcefagui/202112/t20211229_2575955.html，最后检索时间：2023年5月5日。

② 《北京市突发公共卫生事件应急条例》，北京市人民政府门户网站（2020年9月27日），https://www.beijing.gov.cn/zhengce/zhengcefagui/202009/t20200927_2100646.html，最后检索时间：2023年5月5日。

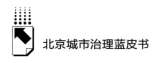

续表

发布时间	发文部门	政策名称	发文字号
2020 年 5 月 19 日	中共北京市委、北京市人民政府	《关于加强首都公共卫生应急管理体系建设的若干意见》	—
2020 年 9 月 25 日	北京市十五届人大常委会	《北京市突发公共卫生事件应急条例》	—
2021 年 11 月 1 日	北京市卫生健康委员会	《关于进一步加强基层医疗机构疫情防控工作落实的通知》	—
2022 年 6 月 2 日	北京市人民政府	《关于印发〈北京市统筹疫情防控和稳定经济增长的实施方案〉的通知》	京政发〔2022〕23 号

资料来源：北京市人民政府门户网站（https：//www.beijing.gov.cn/）、北京市卫生健康委员会门户网站（http：//wjw.beijing.gov.cn/）、北京市医疗保障局门户网站（http：//ybj.beijing.gov.cn/）。

财政投入方面，北京市应急管理、疫情防控投入等公共卫生财政保障进一步加强，政府投入、分级负责的公共卫生经费保障机制不断健全，在疾病预防控制中心、急救机构、传染病医院等逐步实施"公共卫生机构绩效工资增长机制"的绩效管理改革试点已取得一定成效；监测预警方面，北京市严格落实属地、部门、单位、个人的"四方责任"，传染病监测系统覆盖了 600 余家医疗机构；应急处置方面，2016～2020 年，北京市 20 项突发公共卫生应急预案更加规范科学，"3+2"传染病定点救治医院布局进一步完善，新建急救站点 89 个，院前急救站点布局更加科学，急救呼叫号码实现统一，急救呼叫满足率达到 95%①，突发公共卫生事件在某种程度上倒逼北京市公共卫生应急管理和疾病救治体系建设大幅提升。

（三）基层卫生建设长足发展提升百姓获得感

北京市基层医疗卫生机构工作情况总体向好。数据显示，2016～2020 年

---

① 《中共北京市委办公厅　北京市人民政府办公厅关于印发〈加强首都公共卫生应急管理体系建设三年行动计划（2020-2022 年）〉的通知》，中华人民共和国中央人民政府网站（2020 年 6 月 9 日），http：//www.gov.cn/xinwen/2020-06/09/content_5518178.htm，最后检索时间：2023 年 5 月 5 日。

北京市的基层医疗卫生机构数量和人员数量逐年上升，机构数从2016年的8908个上升至2020年的9675个，人员数从2016年的65110人上升至2020年的86400人，可见，北京市基层医疗卫生资源和服务总量持续增长（见图1）。与此同时，2009年新医改以来，北京市基层医疗卫生机构诊疗人次呈现上升趋势，2010~2013年增速明显，诊疗人次从4884万上升至6579万；2014~2017年增速放缓，诊疗人次从6505万上升至7165万；2018~2019年诊疗人次快速增长，2019年达到8538万人次的峰值。之后，受新冠疫情的影响和冲击，2020年北京市基层医疗卫生机构诊疗人次有所下降（见图2）。

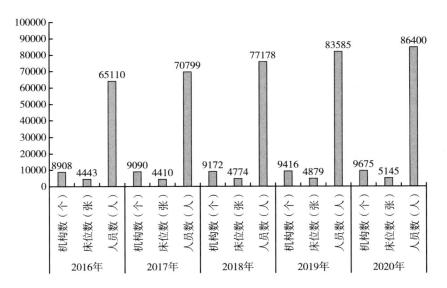

图1 "十三五"期间北京市基层医疗卫生机构工作情况

资料来源：《中国卫生健康统计年鉴》《中国卫生和计划生育统计年鉴》。

卫生投入方面，基本公共卫生服务财政投入逐年提高。数据显示，2017~2021年北京市基本公共卫生中央财政补助资金逐年增长，从2017年的10855万元上升到了2021年的17256万元。将疫情发生前后的2019年和2021年进行比较，数据显示，2021年北京市基本公共卫生中央财政补助资

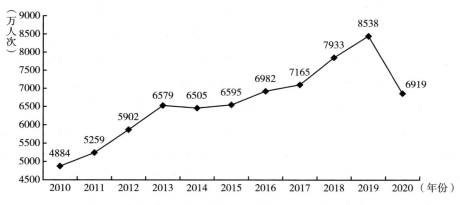

图 2　新医改以来北京市基层医疗卫生机构诊疗人次

资料来源：《中国卫生健康统计年鉴》《中国卫生和计划生育统计年鉴》。

金为 17256 万元，其中，重点地方病为 231 万元、职业病防治为 1237 万元、重大疾病与健康危害因素监测为 3947 万元；2019 年北京市基本公共卫生中央财政补助资金为 14980 万元，其中，重点地方病为 232 万元、职业病防治为 1347 万元、重大疾病与健康危害因素监测为 4018 万元。总体来看，2021 年相较于 2019 年财政投入情况而言，基本公共卫生中央财政补助资金的重大疾病与健康危害因素监测投入有所上升，符合首都人民在疫情防控下的实际需求，财政投入随实际情况有序调整。

（四）首都人民健康水平和健康素养持续向好

北京市地区健康指标的提升和优化，表明首都人民的健康水平和健康素养持续向好。2021 年 12 月 28 日发布的《北京市"十四五"时期社会公共服务发展规划》显示，"十三五"时期，北京市人均期望寿命达到 82.43 岁，比"十二五"末期的 81.95 岁增加 0.48 岁；2022 年北京市卫健委通报了孕产妇死亡率和婴儿死亡率的最新数据，数据显示，2021 年北京市孕产妇死亡率为 2.72/10 万，婴儿死亡率为 1.44‰，达到历史最优水平和国际先进水平；重大慢性病过早死亡率由 2015 年的 11.1% 降至 2020 年的 10.6%，甲乙类传染病报告发病率由 2015 年的 150.9/10 万降至 2020 年的

80.8/10 万，下降了 46.5%[①]。

2020 年居民健康素养水平相较于 2018 年提升 4.1 个百分点，2018~2020 年年均增幅达到 2.1 个百分点，自 2012 年起居民健康素养水平持续提升，提前实现了《"健康中国 2030"规划纲要》中的具体要求；具体而言，北京市居民基本知识和理念素养水平为 47.9%，健康技能素养水平为 42.5%，健康生活行为素养水平为 35%，三大健康素养与 2018 年相比均有提升，分别提升了 0.9 个、3.0 个和 3.3 个百分点[②]。由此可见，北京市从 2009 年实施的"健康北京人九大全民健康促进行动"到如今实施的健康北京建设，对提升首都人民健康水平和健康素养有着重要意义。

二 北京市防疫与公共健康的发展瓶颈

（一）医疗卫生服务体系建设整合性有待提高

北京市在整合型医疗卫生服务体系建设、医防融合建设、防保融合建设等方面离"高质量"仍有差距。具体而言，北京市在医联体建设过程中与"健康中国"战略、"十四五"规划、"健康中国"2030 规划纲要等国家战略布局仍有一定距离，未能成为"领头羊"式的行业标杆。

第一，北京市医联体建设可能存在象征性执行问题，包括了地方政府象征性落实和医疗卫生机构象征性整合两个层面。具体而言，由于医联体建设涉及不同的政府部门，部门间职能、权责和具体落实之间可能存在重合或冲突的情况；而北京市医联体等整合型医疗卫生服务体系内机构仅停留在业务层面的整合，各级机构比较松散、合作方式以技术指导为主、未

---

① 《关于印发北京市"十四五"时期社会公共服务发展规划的通知》，北京市人民政府门户网站（2021 年 12 月 27 日），http://fgw.beijing.gov.cn/fgwzwgk/zcgk/ghjhwb/wnjh/202112/t20211228_2638611.htm，最后检索时间：2023 年 5 月 5 日。

② 《2020 年本市居民健康素养水平达 36.4%》，北京市人民政府门户网站（2021 年 3 月 31 日），https://www.beijing.gov.cn/ywdt/gzdt/202103/t20210331_2337541.html，最后检索时间：2023 年 5 月 5 日。

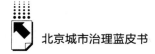

涉及人财物管理及分配，存在组织管理机制缺乏协同发展、分级诊疗引导作用不顺畅、医疗信息难以实现互联互通等问题，服务体系建设可能仅限于概念层面①。

第二，利益协调机制未能激励机构间进行协同服务。具体而言，北京市医联体成员在医疗资源的统筹、共享上积极性较低，其表层原因在于成员机构之间利益诉求有所差异甚至相互激烈竞争，深层原因在于缺乏合理的利益协调机制和文化认同纽带。这会导致高水平医疗机构彼此进行恶性竞争，基层医疗卫生机构难以提高技术水平，并且与各类大型三甲医院在诊疗、治疗、康复过程等多个方面难以做到整合与衔接②。总体而言，北京市目前并未形成高质量整合型医疗卫生服务体系的有效机制和成熟路径，其医疗卫生服务体系仍在多个方面存在一定问题。因此，北京市未来需进一步通过构建高质量的整合型服务体系，为首都人民提供便捷、协同和联动的卫生健康服务。

（二）公共卫生服务未形成可持续的长效机制

新冠疫情防控暴露出北京市公共卫生服务在治理体系、治理机制与治理能力上的部分短板与不足。医防融合建设和疾控应急体系的变革创新亟待推进，急救站点和综合医院、社区卫生服务机构有效结合尚存不足；设施设备方面，医疗机构发热门诊、负压病房等设施建设的急救应急救援和转运能力有待医疗卫生机构进一步提高。

第一，北京市应对突发公共卫生事件的医疗卫生服务体系亟待更高质量的纵向整合。基层政府部门、各级医疗卫生服务机构和定点医院由于整合程度有限导致协作不畅，基层医疗卫生机构未起到对医疗救治的兜底作用。疫情初期，由于患者对疫情的恐慌，大量发热患者聚集性地涌向三级医院。由

① 王俊、王雪瑶：《中国整合型医疗卫生服务体系研究：政策演变与理论机制》，《公共管理学报》2021年第3期，第152~167、176页。
② 王俊、王雪瑶：《中国整合型医疗卫生服务体系研究：政策演变与理论机制》，《公共管理学报》2021年第3期，第152~167、176页。

于医院缺乏分检、分流机制，医疗资源无法有序提供，加之医院防护意识不足、防护用品缺乏，增加了交叉感染风险，还占用了大量优质医疗资源，导致许多真正需要救治的疑似和确诊患者不能及时得到救治，从而加剧了疫情扩散；另外，公众对基层医疗卫生机构不信任，基层医疗卫生机构在重大疫情发生初期未起到兜底作用。由于基层政府部门、医疗卫生服务机构与定点医院之间尚未形成顺畅的协作机制，一定程度上影响了患者的及时收治，甚至引起网络舆情。

第二，北京市应对突发公共卫生事件的医疗卫生服务体系亟待更高质量的横向整合。医疗、公卫、医保等机构在信息共享、诊断救治和科学研究方面也暴露出一系列问题，有待进一步改进。传染病等重大公共卫生事件防控的关键是通过疫情信息公开共享，公共卫生与医疗部门共同研判疫情形势，加强疫情预警和感染者救治，在政府统一部署下，形成疫情防控的合力与一致性行动。但在新冠疫情发展过程中，疾控中心掌握的流行病学调查信息和医疗服务机构掌握的感染者治疗信息，并未及时实现共享互通；医疗服务机构救治能力尤其是对重症患者救治能力不足，初期难以做到及时充分的救治；临床研究和临床实验方面缺乏协同协作机制，形成各个临床中心各自为战的局面。尽管以上问题在国家联防联控机制强力的统一调度指挥下逐步解决，但仍存在改进空间。

（三）公立医院综合改革和治理机制存在短板

北京市公立医院综合改革和治理机制的明显短板有待统筹规划和全力解决。尽管政府对公立医院的财政补助占比在全国处于较高水平，但现代医院管理制度尚未完全形成，公立医院提质增效控费关键绩效指标管理体系有待健全和落实。数据显示，新医改以来北京市公立医院数量呈现下降趋势，不同级别公立医院结构分布有待进一步优化（见图3、图4）。

第一，北京市公立医院发展对于基层医疗卫生机构的虹吸作用过强。在三甲医院集聚的北京市，与之相对的是基层医疗卫生机构的人才数量、人员职业发展、技术水平提高被限制，虹吸效应颇为严重，首都人民未能获得更

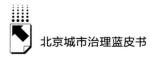

图3 新医改以来北京市公立医院数量合计及变化趋势

资料来源：《中国卫生健康统计年鉴》《中国卫生和计划生育统计年鉴》。

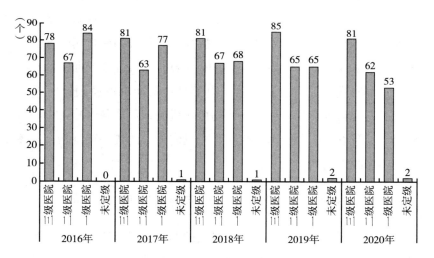

图4 "十三五"时期北京市不同级别公立医院数量分布

资料来源：《中国卫生健康统计年鉴》《中国卫生和计划生育统计年鉴》。

为优质的医疗卫生服务。基层医疗卫生机构存在运行发展经费不足、设施设备缺乏、人员流失等问题，特别是公立医院对于基层医疗卫生机构的虹吸作用，导致后者服务能力较差，削弱了基层医疗卫生机构的服务能力；受基层能力不足和居民自主就医的双重影响，群众倾向于在大型三甲医院就医，形成恶性循环后加剧了基层医疗卫生机构的地位困境①。

第二，北京市公立医院治理机制缺乏横纵双向的协作机制，导致彼此之间机构分割、水平参差和服务碎片化。纵向观之，公立医院未能在功能定位和资源共享等方面形成机制合理、分工明确的协作机制，难以形成同质化服务；横向观之，公立医院和公共卫生机构之间缺乏协作机制，"医防分离"现象严重，缺乏医疗卫生体系横纵双向的协作机制，服务融合、资源融合、信息共享等方面未能形成体系化建设②。

（四）中医药发展和治未病理念亟待传承创新

第一，北京市中医药尚未融入所有卫生健康服务领域，在公共卫生体系以及治未病、康复、养生保健、妇幼、养老等重点领域的优势发挥不够充分，中医药文化自觉和文化自信亟待提升。具体而言，尽管中医的"治未病"理念与"预防为主、防治结合"的方针有着异曲同工之妙，但总体观之，目前中医药技术对新发突发传染病的应急救治能力有限，中医药在医疗卫生机构中的服务量占比较低，中医药健康服务的发展规模和竞争力相对较弱。此外，部分患者对"中医"的治疗方法和治疗效果仍抱持怀疑态度，加之中医药振兴发展的基础保障条件亟待完善，使得中医药治理体系和治理能力现代化水平较弱，造成国人对中医药的文化自信力不强、中医药的国际影响力较弱。

第二，中医药传承发展和科技创新动力不足，缺乏系统的核心技术和专科技术体系。具体而言，疑难病种的攻关难度较高，诊疗设备研制和中药新药研发成果转化机制尚待健全，有关中医药传承创新发展的多学科、跨领域研究亟待加强；同时，北京市国家中医医学中心、国家区域中医医疗中心和国家级中医药传承创新中心数量有待增加，国医大师、首都国医名师的影响

---

① 王俊、王雪瑶：《中国整合型医疗卫生服务体系研究：政策演变与理论机制》，《公共管理学报》2021年第3期，第152~167、176页。

② 王俊、王雪瑶：《中国整合型医疗卫生服务体系研究：政策演变与理论机制》，《公共管理学报》2021年第3期，第152~167、176页。

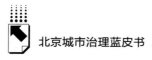

力有待提升，各级各类医疗卫生机构综合使用多种中医药技术方法服务群众力度有待加强。

三　北京市防疫与公共健康的形势分析

（一）疫情形势动态发展，亟待构建常态化的分级分层分流医疗卫生体系

习近平总书记于 2020 年 2 月 14 日主持中央全面深化改革委员会第十二次会议时，特别强调"这次抗击新冠肺炎疫情，是对国家治理体系和治理能力的一次大考"。2020 年，突如其来的"黑天鹅"事件——新冠疫情，暴露出北京市卫生治理在治理体系、治理机制与治理能力上的部分短板与不足，有待进一步通过各项实际行动打赢疫情防控攻坚战。2021 年，海外疫情，特别是周边国家及我国香港特别行政区疫情高位运行（见表 3），同时，新型冠状病毒德尔塔（Delta）、奥密克戎（Omicron）等各类变异毒株层出不穷、不断变异，其传播流行范围、传染性、致病性等方面尚待研究进一步确定，加之国内疫情呈现多点发生、局部暴发的态势，我国"外防输入、内防扩散"压力较大，国际国内疫情防控态势严峻，对北京市的防疫与公共健康建设提出了一定挑战。具体而言，2022 年 3 月以来，国内疫情呈现多点散发态势且无症状感染者数量明显增多，本土疫情展现出"多点散发、多链并行、隐匿传播"的特点，核酸筛查、流调排查和区域协查等疫情防控措施有待更早、更快、更严、更实地落实。

表 3　海外疫情的累计确诊数、新增数和死亡数

单位：人

排名（累计确诊）	国家	累计确诊	新增	死亡
1	美国	99408565	6145	1084439
2	印度	44674822	173	530658
3	法国	38458421	61482	15867601

续表

排名（累计确诊）	国家	累计确诊	新增	死亡
4	德国	36755666	0	158971
5	巴西	35531716	0	690677
6	韩国	27728482	54319	31069
7	日本	27728482	135761	51520
8	意大利	24709404	0	182419
9	英国	24281498	0	213508
10	俄罗斯	21351196	7354	384650

注：累计确诊数、新增数和死亡数均截至 2022 年 12 月 10 日 24：00 时。

资料来源：各国政府网站、媒体报道、世界卫生组织、Hopkins University、财新网等。

新冠疫情是对北京市卫生治理体系和治理能力的大考。与此同时，疫情防控常态化时代下如何优化卫生资源配置格局、推进健康领域科技攻关、构建常态化监测预警和应急防控制度，将是未来党和政府与人民一起面对、共同解决的重要现实问题。2022 年底，随着奥密克戎变异株逐渐成为绝对优势流行株，其明显减弱的致病力促使我国防控措施进行了灵活调整。2023 年，新冠肺炎已更名为新型冠状病毒感染，我国也已平稳进入"乙类乙管"的常态化防控阶段。纵观 3 年多的防疫历程，北京市亟待构建常态化分级分层分流医疗卫生体系，促使健康北京顶层设计与人民健康需求更加匹配，促使北京市常态化防控与应急式管理灵活转换，切实为首都人民的生命健康提供保障。

（二）国家战略规划赋予首都推进特大型城市健康建设的总责任和新使命

北京市集首都的特殊性、特大型城市的地位性和医疗资源密集的优势性于一体，多年来深入贯彻落实"健康中国"战略、"十四五"规划、"健康中国"2030 规划纲要等国家战略规划，在实现分级诊疗、构建医疗联合体、深化医疗卫生体制改革、"健康北京"建设规划等多个方面战略布局、深入探索。其不仅有利于健康北京治理、健康中国战略等的政策创新和政策扩散，而且将发挥北京市的政治表率作用、模范带头作用和经验借鉴作用。可

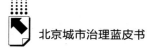
见，国家战略规划赋予了北京市作为首都推进特大型城市健康建设的总责任和新使命。

第一，落实防疫规划和健康建设是北京市发挥政治表率作用和作为首都的必然政治责任。长期以来，北京市一直以"首都意识"更加自觉、更加主动地推进医疗卫生事业蓬勃发展。2021 年 3 月 5 日发布的《2020 年北京市卫生健康事业发展统计公报》显示，北京市作为医疗资源密集的中国首都，在卫生资源、疾病防控、卫生监督、妇幼卫生、精神卫生、医疗服务、中医服务、新冠肺炎防治等方面稳步发展；2021 年 12 月 21 日北京市人民政府印发实施《"十四五"时期健康北京建设规划》，深刻指出了健康北京建设中尚未形成优质高效的健康服务体系，各级医院与基层医疗卫生机构之间缺乏成熟紧密的协作机制，有序就医的格局尚未真正形成，迫切需要进行改革创新。

第二，落实防疫规划和健康建设是北京市发挥模范带头作用、落实"四个中心"建设、提升"四个服务"水平的重要支撑。"四个中心"是指北京市作为首都的城市战略定位为全国政治中心、文化中心、国际交往中心、科技创新中心；"四个服务"是指北京市作为首都的基本要求和根本职责，包括为中央党、政、军领导机关的工作服务，为国家的国际交往服务，为科技和教育发展服务，为改善人民群众生活服务。加强防疫与公共健康，是"健康北京"工作的核心任务，是北京市立足"四个中心"建设、提升"四个服务"水平的重要支撑，是北京市促进医疗卫生健康事业治理体系创新和治理能力提升的重要举措。

第三，落实防疫规划和健康建设是北京市发挥经验借鉴作用和探索特大型城市健康建设的重要依据。北京市作为首都的特殊性，集中体现在其医疗资源密集、形成超大型城市群和争当全国医疗卫生事业"领头羊"式的标杆等方面。因此，北京市探索防疫和公共健康的理论机制和实践经验，有利于初步构建出适用于医疗资源密集特大型城市的健康建设理论，并对以中国首都为代表的医疗资源密集的特大型城市在健康领域运用整体性治理理论提供重要参考，为国际、国内医疗资源密集的特大型城市如何构建高质量、可持续的医疗卫生服务体系提供重要依据，在探索国际国内普适性应用的同时讲好中国故事。

（三）人口老龄化、快速城镇化和科技智能化迫切需要健康制度转型升级

随着以改善人口健康为目标的卫生治理改革发展，加之人口老龄化、快速城镇化和科技智能化等复杂形势影响，北京市健康制度迫切需要转型升级。

第一，人口老龄化迫切需要北京市健康制度转型升级。北京市是全国较早进入人口老龄化的城市之一，2020 年，北京市 60 岁及以上常住老年人口为 429.9 万人，占常住总人口的 19.64%（见图 5）；60 岁及以上户籍人口378.6 万人，占户籍总人口的 27.0%，"十三五"末期较"十二五"末期 60岁及以上老年人口增加了 63.7 万，《北京市"十四五"时期老龄事业发展规划》预计"十四五"末期将较"十三五"末期增加 87 万老年人口。具体而言，北京市人口年龄结构变化将对医疗卫生服务结构产生重要影响，随着老龄化社会的到来，糖尿病、高血压、心脑血管疾病等慢性病的患病率逐年攀升，疾病谱的变化进一步加重了慢性病对医疗服务体系的负担。

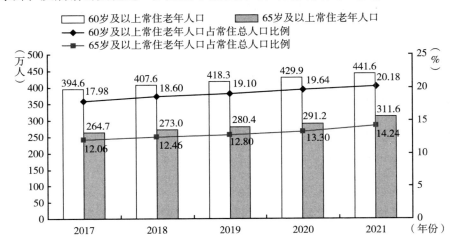

图 5　2017~2021 年北京市常住老年人口变动情况

资料来源：《北京市老龄事业发展报告（2021）》。

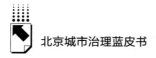
　　第二，快速城镇化迫切需要北京市健康制度转型升级。北京市作为医疗资源密集的特大型城市，快速城镇化和新型城镇化对于北京市医疗卫生资源的布局提出了更高要求，城中心和城郊地区的医疗卫生设施布局规划有待进一步统筹发展，在促进基本公共卫生服务均等化的同时避免卫生资源配置的局部不足或浪费。

　　第三，科技智能化迫切需要北京市健康制度转型升级。在信息化建设和人工智能运用日渐完善的当今社会，加之新冠疫情影响，首都人民在机构官方、网络平台、微信小程序等进行线上问诊、手续办理和核酸检测结果查询的需求进一步增加，北京市医疗卫生体系不同机构之间的交流沟通成本亟待进一步降低，亟待加强信息化建设并形成健康服务网络平台。

四　北京市防疫与公共健康的政策建议

（一）加快构建以人民健康为核心的整合型医疗卫生服务体系

　　深入推进健康北京战略，落实京津冀协同发展战略部署，加快构建以人民健康为核心的整合型医疗卫生服务体系。一是纵向层面提高基层政府部门、各级各类医疗卫生服务机构和定点医院的整合程度，推动政府部门、社会组织和个人协同开展健康北京行动、爱国卫生运动和全民健康促进活动，促进医疗卫生资源在均衡布局的同时有序疏解非首都功能；二是横向层面整合各级各类医疗卫生服务机构与政府职能部门中的公共卫生机构和医疗保障机构，促进其在信息共享、诊断救治和科学研究等方面的协同合作，加强医防融合建设和防保融合建设，建立顺畅高效的医防融合工作网络和防保融合工作网络，促进医疗、医保、公卫形成融合协同的有效机制。

（二）推进首都公共卫生预防与应急管理制度渐趋合理

　　落实健康优先战略，加快推进首都公共卫生预防控制体系建设与重大公共卫生事件应急管理体系建设，探索促进疾控应急体系变革创新。一是加强北京市疾病预防控制体系建设，完善基层公共卫生预防控制体系和公共卫生监测预警系统，加强病原检测技术方法储备、传染病监测哨点布局和信息直报系统建设。二是加强重大公共卫生事件应急管理体系建设，提高重大疫情救治能力和突发公共卫生事件应急处置能力，加强医疗机构发热门诊、负压病房等设施建设，形成"市级定点医院集中救治-区级定点医院初步筛查-社区卫生服务中心哨点预警"的应急医疗救治体系。三是加强公共卫生科技支持、人才支撑、法治建设和物资保障，强化公共卫生领域科研力量布局，实施公共卫生领域人才培养计划，加强公共卫生领域立法修法，建立"市—区—机构"三级应急物资储备体系，严格落实属地、部门、单位、个人的"四方责任"。

（三）全方位持续推动公立医院综合改革和高质量发展

深化医药卫生体制机制改革，完善公立医院治理机制，促进北京市公立医院高质量发展。一是加强党对北京市公立医院的全面领导，全面落实党委领导下的院长负责制，逐步建立科学、高效、规范的现代医院管理制度。二是坚持卫生健康事业的公益属性，完善以公益属性为导向的绩效考核体系，并将考核结果与财政投入、医保支付、绩效工资等挂钩，促进公立医院科学化、规范化、精细化管理。三是完善公立医院治理机制，加强全面预算管理，优化公立医院补偿机制，科学确定并动态调整公立医院的薪酬水平。四是加快分级诊疗体系建设，推进家庭医生服务制度，提高基层医疗卫生机构的医疗水平和治理能力，真正把保障人民健康放在优先发展的战略地位。

（四）弘扬中医治未病理念并推动中医药传承创新发展

北京市应加快落实中医药健康乡村、中医药健康养老、中医药治未病、名中医身边工程"四大工程"，弘扬中医"治未病"理念，推动中医药传承创新发展。一是深化中医"治未病"服务模式，探索"治未病"干预方案与基层慢病防控有效结合的模式，加强中医药对新发、突发公共卫生事件的应急与救治能力建设。二是推进中医药传承创新发展，围绕重大疾病、医学

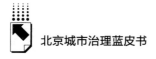

前沿、平台专科，开展中医医学中心、区域中医医疗中心建设项目，提升中医药行业质量安全、促进中医药标准化和规范化，树立国人对中医药的文化自觉和文化自信。

（五）探索构建智慧医疗、医养结合和长期照护新制度

立足当前人口老龄化、快速城镇化和科技智能化的新形势和新背景，北京市在经济社会发展理念、公共政策制定实施过程中，加快探索构建智慧医疗、医养结合和长期照护的新型综合制度。一是强化医疗卫生和公共卫生数字化建设，健全互联网+医疗健康服务体系，推动互联网诊疗服务和互联网医院发展，将5G、大数据、云计算、区块链和人工智能等新技术运用到医疗救治和卫生健康领域。二是整合医疗资源和养老资源，探索构建将健康检查、保健预防、急诊急救等医疗护理与生活照料、精神慰藉、心理疏导等人文关怀进行有效结合的新型养老模式，促进北京市形成健康养老、融合发展的医养联合体。三是加快构建符合北京市老龄人口需求的长期照护制度，为重度失能老年人提供专业、规范、优质的照护服务，鼓励社会力量参与其中。

B.17
北京城市老旧社区环境综合治理的路径探索

李道勇*

摘　要： 老旧社区因人文历史遗存较为集中、环境复杂多变，成为城市创新空间治理的难点之一。本研究以满足居民需求为核心，以社区微空间的优化改造为立足点，发挥北京城市治理研究基地、北京市责任规划师平台优势，对区域公共空间、建筑风貌、文化资源以及配套设施等进行全面体检，总结归纳现状问题，在功能植入、形象再生、历史传承等领域，提出多元化、渐进式、低成本、易操作的治理对策与发展建议，以期为应对新时期老旧社区的治理难题提供新思路。

关键词： 老旧社区　综合治理　居民满意度　北京

　　社区是城市的基本发展单元和治理单元，是提升居民幸福感和获得感的直接抓手。它不仅是满足生活需求与社交活动的重要场所，同时也蕴含了乡愁文化和城市记忆。改革开放以来，我国城镇化建设长期高速发展，出现了许多环境和治理问题。如社区肌理割裂、空间特点缺失、场所感不足、居住环境破败、安全隐患突出和基础设施落后。随着经济体制的改革，老旧社区空间治理正从增量外延扩张式发展转向存量内涵增长式更新，这也是当前老旧社区更新的核心任务和目标。

---

* 李道勇，北方工业大学建筑与艺术学院副教授，主要研究方向为城市规划与设计、社区治理。

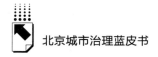
近年来北京在"四个中心"建设、老旧社区更新改造等领域取得了可喜成果，面对发展中所暴露出的新问题，北京必须以更高质量发展目标对老旧社区进行问诊把脉。尤其是在首都城市建设的存量提质阶段，如何提升老旧社区空间治理水平、恢复老旧社区活力进而改善生活环境，成为城市管理者、设计者和社区居民等面临的新挑战。

此外，对于当前我国社会的主要矛盾，党的十九大报告已做出新判断，是关系全局的重要指向，引导了我国社区治理理念与治理范式的转变，以"人民"为中心更重视"治理主体的多元化"。对此，习近平总书记多次用到"绣花"这个比喻，明确指出要多采用"微改造"这种方式开展城市建设工作。诸多会议精神为新时期老旧社区环境综合治理的工作内容、治理重点和精细化水平指明了方向。本文基于新时期老旧社区的治理要求，选择北京市石景山区苹果园街道和老山街道作为研究对象，从规划设计更新、管理体制优化、建设投资模式创新等方面，对老旧社区存量空间的前期规划设计、中期建设实施和后期的使用反馈进行全过程分析，以探索一个多方共赢、平衡有序和可持续发展的动态治理方式。

一 新时期老旧社区环境综合治理模式需求变革

作为以空间协调为基础的互动过程，老旧社区治理需要多主体参与，构建共建共治共享的城市管理模式，创造温暖的生活环境，以满足居民的生活需求和对美好生活的向往。数据显示，当前我国建于 2000 年前的老旧小区数量高达 17 万个，北京中心城区老旧小区用地占总居住用地比例高达 40%，规模已超 130 平方千米[1]，占住宅套数比例高达 35%[2]，对其环境进行全面体检并展开综合治理工作已成为首都"十四五"期间规划建设的重点工程之一。

---

① 阳建强等：《城市更新与可持续发展》，东南大学出版社，2020，第 165~173 页。
② 刘佳燕、张英杰、冉奥博：《北京老旧小区更新改造研究：基于特征—困境—政策分析框架》，《社会治理》2020 年第 2 期，第 64~73 页。

从国家政策导向上看，2015 年中央城市工作会议时隔 37 年再次召开，提出通过"城市双修"恢复老旧社区的功能与活力，重点优化空间秩序、提升空间环境品质①。随后，住建部迅速启动该工作，旨在提升城市功能、修复生态环境、保护历史风貌特色和提高交通出行便利度②。在城市治理领域，习近平总书记 2017 年、2018 年均提到"绣花"这个概念，指出城市管理和建设要精细、持续用力。诸多导向为当前城市治理工作明确了思路。

与此同时，《北京城市总体规划（2015-2035）》明确提出了在规划区内建立城市体检评估机制，并将城市体检常态化。随后《住房和城乡建设部关于支持开展 2020 年城市体检工作的函》（建科函【2020】92 号），以及《关于全面推进城镇老旧小区改造工作的指导意见》印发，标志着该项工作已正式上升为国家战略，也充分体现了政府对于全面、快速推动综合治理工作的决心。在此背景下，北京形成了以社区为载体的统筹治理体系，综合治理的系统性、科学性、特色性和精细度都在不断加强。

此外，国内外多名专家学者对老旧社区的空间治理从微更新的改造机制和模式等视角切入，认为政府主导下的老旧社区综合治理是促进空间优化和环境品质提升的最佳模式③；也有学者从慢行空间、无障碍体系等入手，总结出具体的治理策略④。整体来看，城市微更新涉及领域较多，包括规划技

---

① 秦迪、王悦、何东全：《城市有机更新中以人为本的设计理念与方法》，《城市发展研究》2019 年第 2 期，第 36~40 页。

② 新华社：《中央城镇化工作会议》，http://www.xinhuanet.com/fortune/2013qgczh-gzhy/index.html，最后检索时间：2023 年 5 月 8 日。

③ 张原浩：《广州旧城传统居住街区微更新设计策略研究》，华南理工大学硕士学位论文，2018，第 127 页；廖梦玲：《合作治理视角下广州市老旧社区微改造的互动机制研究——以仰忠社区为例》，华南理工大学硕士学位论文，2018；欧阳卓：《存量开发导向下旧城片区更新策略研究——以西安碑林区长安路片区为例》，长安大学硕士学位论文，2016；马建国：《存量规划视角下蚌埠市旧住区更新改造模式研究——以蚌山区为例》，安徽建筑大学硕士学位论文，2017。

④ 段飞霞：《老旧社区步行空间微更新策略研究》，合肥工业大学硕士学位论文，2019；丁怡文：《存量社区公共空间微更新设计研究——以长春一汽老生活区为例》，吉林建筑大学硕士学位论文，2019；杨利胜：《城市社区公共空间微更新研究》，苏州科技大学硕士学位论文，2019。

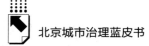
术、多方协同、政策支持、评价反馈等。研究者也从多个视角对此进行了探讨①，将城市治理与新研究技术相结合进行策略研究，并提出使用大数据对老旧社区微更新治理领域相关政策进行分析。可以看出，诸多学者正从多个视角努力探究老旧社区治理模式，已有一定的实践经验和基础，但仍需要进一步探讨。

老旧社区作为城市存量空间的重要组成部分，在保护其完整性前提下积极开展微更新治理工作意义重大、形势紧迫。与此同时，老旧社区因其具有特色的历史价值和社会关系网络，在体现治理模式效果时，相比于其他区域具有独特的优势。此外，对实际案例进行分析有助于发现当前政策和城市治理机制的不足，进而提出相应的改善策略。基于此，本文以北京市石景山区苹果园街道和老山街道等为例，通过研究典型老旧社区的更新路径，总结其治理模式和具体实施路径，以期为新时期老旧社区的更新治理工作提供一定参考。

二　基于社区体检的现状问题探究

（一）研究范围与目标

本次研究以石景山区苹果园街道、老山街道作为研究对象，重点对苹果园南路沿线社区、北方工大北街、老山街道社区公园等区域进行摸底调研。在行动中，结合居民对高质量生活环境的需求，聚焦闲置、待建或亟待改造的地段，以整体风貌提升和活动、交往需求为抓手，通过实地踏勘、部门访谈、居民交流、文献检索等方式，获取相关信息资料，梳理总结现状问题，

---

① 魏文杰：《我国城市治理创新模式研究——以武汉市建设"文化五城"为例》，湖北大学硕士学位论文，2014。丁炜锋：《杭州市城市治理现代化研究——基于"智慧城管"的视角》，华东政法大学硕士学位论文，2016。郑国：《基于城市治理的中国城市战略规划解析与转型》，《城市规划学刊》2016年第5期，第42~45页。邓伟骥、何子张、旺姆：《面向城市治理的美丽厦门战略规划实践与思考》，《城市规划学刊》2017年第5期，第33~40页。

提出改善建议，希冀通过全过程、渐进式修补，创新城市治理模式、激发社区活力。

（二）社区发展概况

在大力推进新型城镇化建设、全面建成小康社会背景下，我国仅用了40年就完成了近60%的城市化进程，城市环境不断改善、人民生活水平逐年提高，但在社会经济快速发展的过程中也暴露出一些新问题。此次研究对象苹果园街道、老山街道，其多数社区建于20世纪90年代前后，经过时代的变迁，老旧社区问题逐步显现，如建筑外部形象的老化、配套设施的匮乏、公共空间环境水平有待提升等，与新建居住区优越的生活品质形成了鲜明对比（见图1）。

图1　社区建设现状

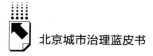
老旧社区是首都城市发展的历史见证，也是城市历史和城市记忆的重要载体。然而伴随着城市空间的快速更新，诸多社区空间的存在日渐被人们遗忘，抑或以满足紧张的停车需求为首要目标而牺牲原有的空间功能，背后的历史与故事尚未被传承。

（三）社区问题梳理

受历史发展阶段限制，老旧小区建筑和人口密度一般较高，而内部和周边路网容量较低，停车矛盾易导致绿地、广场等公共空间和消防通道、市政道路被挤占等现象。相关问题梳理如下。

1. 社区小微空间建设有待提升

根据访谈及问卷结果统计，有高达70%的居民因空间狭窄、道路拥挤、停车占用活动空间、社区绿地不足等导致公共空间品质不高、场所活力不足、邻里关系和社会网络遭受破坏、空间资源占有不平等等问题，对社区公共空间的满意度较低。部分居民明确提出社区公共空间的匮乏严重影响了日常生活，急切盼望得到改善。

同时研究中发现，部分老旧社区不论是入口空间，还是内部的休闲空间，都不能满足大部分居民的日常需求。入口处来往车辆较多，居民出行安全感较低，保卫室形同虚设，往来人员身份很难确认，在保障社区居民财产和人身安全上还有待加强。此外，有社区居民反馈，由于社区入口管理松懈，外来车辆经常停于社区内部，占用社区资源，社区居民对此苦不堪言。

2. 道路交通流线组织较为混乱

经调查，多数居民对社区内外的道路衔接空间有较大意见，主要原因聚焦于交通组织混乱、人车混行、护栏随意翻越等，加之停车位无法满足居民与访客停车需求，车辆乱停乱放现象屡见不鲜，且易发生车辆刮蹭等交通事故。此外，除停车占用人行道空间外，也存在较多的外卖骑手、垃圾设施、居民私有物品等占用情况。

3. 停车设施供需矛盾突出

停车设施供需矛盾是影响老旧社区健康发展的痛点之一，并已成为制约人居环境、危害消防疏散安全、影响邻里和谐的重要问题。如作为北京市第一批商品房的苹果园街道海特花园小区，建于1994年，目前小区有固定车位450个，而停车需求高达3798个，缺口较大。对海特花园小区居民问卷调查的结果分析，有72%的受访者表示经常会出现无车位情况，有97%的居民认为停车问题导致其生活品质大幅下降。居民无处停车，不得不乱停乱放，挤占绿地、广场、消防通道等，安全隐患较为严重。该小区正值老旧小区综合改造阶段，是城市有机更新的重要组成部分，而停车设施供需矛盾则成为开展这项工作首要面对的痛点和难点（见图2、图3、图4）。

图2　领导留言板（停车问题居多）

4. 多个物业并存，运营矛盾频发

研究发现，老旧社区物业管理普遍较为多元，以海特花园为例，该社区

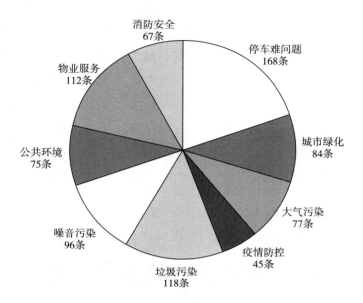

图3 "12345"各类问题投诉数量分布

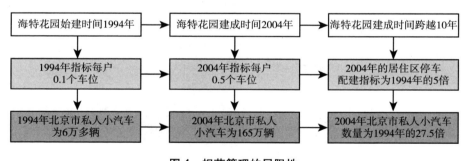

图4 规范管理的局限性

共有7家物业公司进行管理与服务，最大的实兴金海物业管理了31栋楼，其余均为零散管理。因物业公司数量过多，服务标准不同，责任区域不清，物业"自扫门前雪"现象时有发生，部分物业责任意识不强，在管理上较为松散；部分物业圈地自治，只保障自身管理区域，甚者出现仅负责楼内不顾及楼外的现象，居民要求改变现状的呼声越来越高。

研究中还发现，物业管理区域房屋产权复杂，单个物业内部管理意见也不统一。小区内既有商品房，也有单位福利房（华能、京能、大唐），还存有国企、央企的政策性住房、宿舍等，分布在整个海特花园小区的不同楼宇、不同单元中，整体产权成分复杂，加之多物业公司的并存，导致对公共区域的划分、处置权益等决策非常困难（见图5）。

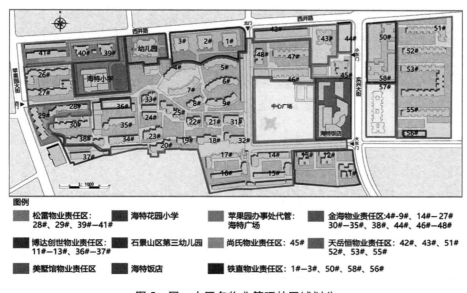

图例

■ 松雷物业责任区：28#、29#、39#—41#	■ 海特花园小学
■ 博达创世物业责任区：11#—13#、36#—37#	■ 石景山区第三幼儿园
■ 美墅馆物业责任区	■ 海特饭店

■ 苹果园办事处代管：海特广场
■ 尚氏物业责任区：45#
■ 铁直物业责任区：1#—3#、50#、58#、56#

■ 金海物业责任区：4#—9#、14#—27#、30#—35#、38#、44#、46#—48#
■ 天岳恒物业责任区：42#、43#、51#、52#、53#、55#

图5 同一小区多物业管理的区域划分

5. 乡愁文化未得到关注

"重视规划、精细管理、留住记忆"是综合治理过程中提高属地居民社区认同感的关键举措。被采访居民普遍未了解过属地发展历史，这与社区居民的定居时间及受访者年龄有直接关系。居住时间较长、年龄较大的社区居民对本地历史有很强的求知欲，了解得也较为清楚，但由于身体或区域可达性等原因，很多熟悉的空间已很久未去体验。而青少年群体则普遍表示，从未关注过街区文化。如苹果街道皇姑寺区域，作为重要的历史文化空间，皇姑寺如今三面被高楼包围，唯一的入口处也被彩钢瓦封上；而作为由"中国铁路之父"詹天佑先生主持修建的支线铁路，历史较百年京张铁路更为

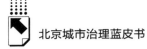

悠久，线路上的西黄村火车站是全线唯一保存下来的老站房，而如今除了值守人员外却很少有人参观或知晓（见图6）。

图6 尚未被重视的历史文化

左：西黄村火车站老站房 　　　　　　　右：大槐树。

三 基于提升居民满意度的老旧社区综合治理路径

在停车产业化改革、老旧小区综合改造、健全基层群众自治机制、新技术应用的新形势下，老旧社区进入关键时期。结合对现状问题的梳理，本文提出以下治理路径。

1. 聚焦社区微空间建设，聚智聚力、提高公众参与度

社区是中国大城市基层治理的核心环节，居民对社区活动空间的认同感是提升其满意度的关键，而社区小微空间则是典型的"以最小气力、适当距离去追求最大交往机会"的人居空间，其规划治理是一项接地气、得民心、顺民意的阵地工程，也是追求务实、争取群众、赢得民心的实事工程。因此，无论是城市管理者还是社区规划师，都应秉持"匠人营国""为人民服务"的重要原则，发挥专业优势，耐心访谈、精准对接、了解需求，让百姓有更多的参与感，以实际行动与居民共筑幸福新空间。这在一定程度上可以缓解和弥补大型公共空间在数量和分布位置上的局限，尤其是服务于街区、社区级别的辐射范围对提高人们的生活便捷度和舒适性

方面具有明显优势。如军科院小区外围一处空地，其左侧为超市入口台阶，右侧为残疾人坡道，因高差问题原空间利用不足，且周围停放了较多自行车，挤占了人行道空间，加之周围垃圾收集设施的存在给该空间增加了几分杂乱。

在小微空间的改造中，可将300毫米的高差规划出比较平缓的坡道，预留出安全的平台距离，车位配以明亮的黄色与活泼的螺旋结构，简洁大方。车棚材料可选择红褐色的钢铁与原木色的木材，体现出对西黄村火车站的形象传承，红褐色钢铁的做旧感与火车站的气质也契合。而车棚顶部钢架截面的设计来源于铁轨截面，车棚微仰的角度，既能起到排水的作用，又能呈现迎接路人的开放之态（见图7）。

图7 小微空间改造示意

2. 整合物业管理，优化服务模式

整合物业服务公司"联小建大"，建议实行"一个乙方"统一管理下的弹性运营模式。该模式可以理解为将小的、分散的物业公司统一由大物业公司进行管理和安排，政府和居民仅面向一家，如此可打破多方管理局面，统一业主委员会和物业管理公司，减少物业管理纠纷，并尊重市场机制，优胜劣汰。业委会可深入考察各物业公司，选聘一家实力较雄厚且居民评价较好、有责任担当的物业公司进行统领，其他多家物业公司可融合或退出，实行统一管理、统一运营，并建立绩效考核和可替代机制，激励物业服务水平不断提升。

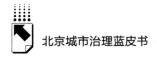

3. 全民参与规划，共建共治共享

党的十九届四中全会明确提出，要加快推进社会治理现代化，形成人人有责、人人尽责、人人享有的基层社会治理共同体。实践证明，只有将物业服务企业纳入社区治理共同体才能更好地推进社区治理工作。如果说"接诉即办"是着眼于市区层面推进社会治理创新实践，那么通过党建引领，推动各类主体的共建共享共治，则是在基层领域实现老旧社区可持续发展的创新实践。

同时，多数社区管理人员和居民，对于社区治理更多的还是跟着走。而事实上，要讲实施和治理，民众才是主体。所以，提高社区居民、管理人员对规划常识、治理意识的认识，是保障社区治理顺利实施的重要途径，需通过全民参与，综合考虑各方利益诉求，推动共建共治共享。如充分发挥社区议事园功能，及时进行座谈会，将社区微空间建设与居民对美好生活的向往建立紧密联系。在此过程中，通过动态治理观的建立，不断关注、吸收居民意见，引导其畅所欲言、共同参与，理顺居民"心气"，并在治理中予以表达，让社区居民感受到被"尊重"，凸显其社区主人翁地位。实践证明，这种全过程参与、陪伴式引导的治理方式，可以有效提升社区居民的参与感、认同感、幸福感。

又如物业管理和停车矛盾问题，可立足居民视角，通过业委会构建居民沟通平台，了解居民意见，有针对性地做出决策，并负责考察、选拔、监督物业和停车管理公司；而物业和停车管理公司，应借助科技发展红利，利用科学的管理方法，借鉴优秀的管理经验，对车位进行大数据智慧化管理，科学化配置停车空间，进行停车网格化管理，快捷人性化地为小区业主服务；同时，在街道政府方面，可通过平台了解居民所需及社区管理难题，组织相关群体对现有问题进行研判，并对解决问题的方法提供资源支持，多方努力，逐步提升小区的现代化治理水平。

此外，对于乡愁文化的传承，可充分发挥多学科、多专业优势，基于跨界融合和以人为本，从"挖掘需求、贴近生活""激发情感、塑造体验""传承智慧、弘扬文化"三个维度探讨老旧社区空间的综合治理，深入挖掘地域文化要素，从小品设计、文化展示等多领域为促进地域文化的传播提供切实可行的途径（见图8）。

图 8　基于地域文化挖掘的文创产品设计

四　结语

实践已证明，充分尊重民意，让公众充分融入老旧社区治理全过程，是实现社区高质量发展的重要前提。本研究以社区微空间的优化改造为立足点，以满足居民需求为核心，通过对社区的全面体检，总结归纳现状问题，在微空间功能植入、物业管理提升、停车模式优化以及社区共建、共治、共享等领域，提出规划对策与发展建议。可以看出，对于老旧社区的综合治理，不管是政府管理部门还是设计单位，应对规划设计的形成和实施过程加以重视，应全方位深入基层了解社区居民意愿，在环境综合治理过程中发挥内生性、自发性、支持性和枢纽性的作用，挖掘内生能量，倾听百姓声音，创新服务机制，并做好政策的宣传工作。

B.18
北京市物业管理行业的治理经验和风险规避

张英杰　陈凯莉*

摘　要： 在我国社会治理体制创新的大背景下，物业管理作为基层治理的重要组成部分之一，对促进我国治理体系和治理能力现代化具有重要意义。北京市物业管理行业的发展、相关政策法规的更新与实践经验的积累，对于国内其他城市均具有一定的借鉴意义。本报告聚焦北京市物业管理参与基层治理的现实进展，对北京市政府主管部门的物业管理相关政策法规，以及基层一线的相关具体实践案例进行梳理。研究发现：第一，北京市对物业管理的主要导向为专业化、精细化、智能化。第二，物业管理在参与老旧小区改造、推进城市更新行动、绿色节能建筑、智慧社区建设等方面大有可为。第三，基于物业管理融入基层治理的北京实践案例，分析和总结出值得借鉴的经验和需要规避的风险，为其他地区提供决策参考依据。

关键词： 物业管理　基层治理　风险规避　北京

一　北京市物业管理领域的政策法规动态

2021年1月至2023年4月，北京市发布与物业管理相关的政策法规与

---

* 张英杰，北京林业大学经济管理学院物业管理系副教授、国家林草经贸研究院副院长，主要研究方向为城市与房地产经济学，城市治理与物业管理；陈凯莉，中国社会科学院大学应用经济学院博士研究生。

官方信息有 30 余项，覆盖社区治理、老旧小区改造、物业服务质量、物业领域相关各主体权责利等多方面。综合分析得出：物业管理"关键小事"作为"民生大事"扎实推进，推动物业管理由行业管理向社区治理转变。北京市对物业管理行业的主要导向是专业化、精细化、智能化，要求物业管理机构提高自身水平，提升服务质量。未来将持续推动多元参与，持续提升物业管理水平。

首先，坚持问题导向，政策法规适时更新不断完善。通过对北京市政策文件的梳理可以发现，与物业管理相关的政策法规内容较多，涉及面广，相关领域面临的问题和外部约束条件也在不断变化，因此需要适时更新，明确物业管理企业在城市建设与运营中的角色和职责，为物业管理企业参与城市建设与运营提供政策指引和支持。可以预见，北京市政府主管部门将继续保持对社区治理实践中突出现实问题的高度敏感性，强化并巩固物业管理配套体系建设；同时着力确保各项政策的具体要求收获实效，定期评估对解决现实问题的贡献度和政策执行效率。

其次，坚持目标导向，扎实推进行业的高质量发展。北京市对物业管理的主要导向，可以归纳总结为专业化、精细化、智能化。其一，物业管理需要提高专业性，提供规范且高标准的服务；其二，需要更多地关注不同细分业主群体的差异化需求，实现服务的个性化和精细化；其三，充分应用相关技术，实现数字化乃至智能化发展，进一步提升服务品质。北京市近年来的相关政策文件中，不仅强调为居民提供更加规范、便捷、全面的物业管理服务，而且着力推动物业管理的专业化、精细化、智能化发展，推进物业管理领域以提升便利度和改善服务体验为导向，向高品质和多样化升级。

最后，坚持以人民为中心，以长效机制巩固工作实效。从城乡规划、建设与治理的宏观视角来看，北京市物业管理在参与老旧小区改造、推进城市更新行动、绿色节能建筑、智慧社区建设等方面大有可为，物业管理企业可以在改造前期规划、长效运营管理、促进公共参与、智慧社区建设等方面发挥自身优势，积极探索，提升行业价值。比如，北京市将不断推动物业管理企业和业主委员会更好地发挥作用，共同推进社区治理现代化，构建全方位、立体化、多元化的社区服务体系。同时，在老旧小区改造过程中，兼顾提高居住环境和居住质量，着力改善物业服务的质量和标准化水平。上述对应措施，均旨在建立物业管理的长效机制，全方位提升人民群众的幸福感、获得感与安全感。

二　北京市物业管理融入基层治理的
典型案例：经验与风险

本节从经验推广和风险规避两个方面对具体实践过程中的典型案例进行简要分析。经验推广方面，主要分为超大型社区治理、老旧社区管理、物业类纠纷管理、创新实验室、品质社区新建设等五个主题，通过朝阳区望京街道南湖西里社区的"社区成长伙伴计划"、昌平区"回天地区三年计划"、崇文门西大街"先尝后买"物业管理模式、劲松北社区"改管一体、管理先行"模式、"府院联动"物业类纠纷治理新模式、杨庄街道社区"党建引领社区治理创新实验室"、石景山区"品质社区"建设实践等案例，总结经验，提供借鉴参考。风险规避方面，主要分为物业费纠纷、日常服务与增值服务矛盾、物业更换产生冲突、业委会等业主组织成立困难、住宅专项维修资金使用困难等五个主题，结合实际案例，多角度分析问题产生的原因，为今后社区治理方案的制定和优化提供决策依据。

（一）经验总结

1.超大型社区治理

随着我国城市化进程加快，超大型社区出现。然而，规模庞大的超大型社区内，公共服务配套不足、治安管理差等问题突出，北京市较为典型的超大型社区有回龙观社区、天通苑社区等。为解决超大型社区内的这些问题，北京市相关社区积极推行"社区成长伙伴计划""回天地区三年行动"等一系列创新措施，成功化解了社区治理难题。

北京市朝阳区望京街道南湖西里社区曾因为物业企业不作为、小区环境差等问题被居民频繁投诉，为了解决这些问题，朝阳区实施了"社区成长伙伴计划"，建立以社区治理专家、实践工作人员和社会组织为主体的合作小组，"一对一"和"多对一"的专业化、系统化和陪伴性指导，协助社区诊断和解决一系列治理问题，为我国超大型社区的治理探索一条新的发展道路。

"社区成长伙伴计划"的创新实践主要做法如下：一是深入探寻社区的真实需求，利用合作伙伴小组对社区进行调查，发现社区及其居民的实际需要，从而为他们提供更多"精确""细致"的服务；二是整合社会力量，通过邀请有关高校专家、科研院所、社会团体等，从专业视角提出意见，共同建设，共同治理，达到有效整合已有资源的目的；三是开展制度建设，构建"会商诊断""联合指导""培训交流""监督评价"等制度体系，形成"规范化、制度化、常态化"的制度体系，为破解城市超大型社区治理难题贡献北京的"朝阳样本"。

昌平区回龙观地区和天通苑地区被称为"回天地区"，形成于90年代后期，后经规划调整拆分形成六街一镇，地域面积63平方千米，人口超过80万人，共有113个社区。过去存在上学难、就医苦、出行烦、治安乱等问题，被称为"堵城"，居民们纷纷抱怨。自2018年起，北京市推出《优化提升回龙观天通苑地区公共服务和基础设施三年行动计划（2018～2020年）》，从基础设施建设到基层治理创新，全面改善了环境质量，社区治理活力提升，进一步夯实了民生保障的基础。

"回天地区"的创新实践主要做法如下：一是党建引领，组建区—街镇—社区三级党建工作协调委员会，为基层治理提供组织保证；二是多方共建，社区党支部、居委会、物业公司、业委会、社会组织"五方共建"，动员全民共同参与，为基层治理提供力量保障；三是打造社区文化，建设共建共治共享的社会治理创新模式——"回天有我"，建设文化中心等，为基层治理提供深厚的人文基础；四是完善社区便民服务、改善社区服务用房等，为基层治理提供硬件保证。

2. 老旧社区管理

《国务院办公厅关于全面推进城镇老旧小区改造工作的指导意见》指出：城镇老旧小区是指城市或县城（城关镇）建成年代较早、失养失修失管、市政配套设施不完善、社区服务设施不健全、居民改造意愿强烈的住宅小区（含单栋住宅楼）。长久以来，老旧小区缺少专业的物业公司管理，处于"无保洁""无保安""无围墙"的境地，如何应对老旧小区存在的治理难题，北京市政府和各街道充分发挥党建引领作用，组织协调各方力量共同参与，创造性地实施"先尝后买"的物业企业服务模式，为老旧社区管理提供了北京经验，具体案例如下。

崇文门西大街4、6、8号楼建成于20世纪80年代，由于长期缺乏专业的物业公司管理，其面临着基础设施老化、公共服务不足、车辆乱停乱放等问题。社区党委书记领导带头协调各方力量，通过申请党组织服务群众经费，规划自治车位，缓解了住户的停车难问题，提升了居民生活便利度。此外，该社区还引入了标准化物业服务应对长期环境卫生、秩序维护等管理问题。为此，社区党委组织了座谈会，介绍物业服务的优势和服务内容，征集居民的意见并组织自管会，同时实施物业先行进入，让居民"先尝后买"。在物业服务引入后，小区增设保安岗，清理大件物品并安装了电动车充电桩等，这些服务得到了居民的广泛认可和接受，该社区最终成为北京市智慧平安社区的示范点。

朝阳区劲松北社区探索"改管一体、管理先行"的理念，引入和家生活（北京）科技服务有限公司，试点社会资本改造老旧小区和创新老旧小区的治理机制和运营服务模式。在小区改造前，物业企业通过与街道社区、改造单位等各方联动，强化党建引领，广泛宣传、深挖需求、共定方案。在改造后，小区建立了物业服务统一收费标准，实行清单式管理，为社区居民提供专业化、市场化的物业服务，从而改变了老旧小区长期以来靠政府兜底、街道代管的局面。这种改革措施使得整个社区治理水平得到明显的提高，有效地解决了老旧小区面临的问题。值得一提的是，在社会资本的引进下，老旧小区不仅得到了改造，同时社区治理水平也得到了提升。

北京市石景山区古城街道南路东社区是一个典型的老旧小区，使用了几十年的上下水管线常常罢工，让居民苦不堪言。改造工程需要涉及整个上下水系统，如果一家居民不同意，就无法更换。为此，社区书记深入居民家中做工作、讲政策，争取到了居民的支持。在进行了水线改造后，居民们高度评价说："现在上下水畅通了，我们的心情也舒畅了。"通过党建引领，打通服务群众的"最后一千米"，不仅解决了老旧小区面临的实际问题，也展示了党建引领在老旧小区基层治理中的作用。

3. 物业类纠纷管理

2020年5月1日，北京市正式实施了《北京市物业管理条例》，该条例在规范物业管理领域、促进其健康发展和提升社区治理效能等方面起到了重要作用。物业管理是一个重要的社会治理领域，但也是矛盾集中、纠纷频发的领域，为了更好地改善物业服务质量，保障居民和物业服务人员的合法权益，预防和妥善处理物业纠纷问题，北京市建立"府院联动"的治理新模式，通过发布典型案例普法宣传、以案释法，具体案例如下。

北京市第二中级人民法院审结了1163起物业服务合同纠纷二审案件，其中的主要特点为：一是纠纷类型多元化且呈现新型化。在物业纠纷中，物业服务人员向业主追索物业费、逾期支付物业费违约金等问题仍占主要地位。二是业主抗辩理由多样，常以物业服务存在瑕疵、违反维修义务等为由进行抗辩。三是诉讼中业主所需证明存在难度。四是从根源上化解难度大，需要多部门联动。同时物业服务合同纠纷涉及业主的切身利益，单靠法院审判职能无法从根本上解决。为此，二中院积极参与市住建委的"府院联动"机制，对物业有关问题开展调研和研讨，并在审理涉及社区稳定的敏感物业案件时，组织住建部门、属地街道办、人防办和当事人参加联席会议，协调各方共同解决纠纷，从社会管理层面实现诉源治理。此外，二中院联合市住建委发布物业纠纷典型案例，推进"我为群众办实事"系列实践活动。发布典型案例，使群众更深入地了解和遵守法律，并引导包括物业企业在内的各方积极履行社会责任，预防和减少物业服务合同纠纷的发生，对于物业行业的健康发展具有重要的推动作用。

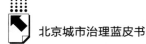

北京门头沟法院自 2016 年以来处理物业类纠纷 11936 起。其中，物业公司追缴物业费案件占 95% 以上。这类案件呈现涉及群体范围广、矛盾易激化、情绪对抗激烈等特征。产生这些纠纷的原因是，部分业主的居住观念尚未转变、物业服务质量与费用不匹配、物业服务引入机制不够透明等。与市人民法院行动保持一致，门头沟法院制定了"府院联动、调解优先、审判为辅"的物业类纠纷诉源治理新模式。该模式通过联席会议制度、部门联动机制、信息共享机制等，凝聚治理诉源合力；广泛吸纳非诉调解力量参与纠纷调解；对无法通过非诉方式解决的物业纠纷，通过立案登记、"多元调解+速裁"的工作机制，确保案件高效审理；主动延伸审判职能，通过普法宣传、以案释法等方式提高社区居民和物业服务公司的法治意识。在全区范围内指导各镇街成立业主委员会，协助厘清各方的定位职责，提高其服务管理水平。通过以上治理措施，门头沟法院近两年受理的物业案件数量同比分别下降 21.86%、11.57%，社区业主主动缴纳物业费的比例明显提升。

4. 创新实验室

部分社区存在复杂的人口结构问题、难以解决的历史遗留问题，亟须完善建成物业管理体制机制，基层治理层面仍面临着诸多新问题与新挑战。针对此类社区，北京市石景山区坚持党建引领，成立"党建引领社区治理创新实验室"，借助专家力量，跨学科成立专业化、开放化、实践型基层治理智库，帮助破解治理难题，具体案例如下。

杨庄街道社区治理实验室的成立和运作方式为基层治理提供了新的思路和实践路径。在专家和专业组织的支持下，实验室采用了项目化的运营模式，不断推动实务型研究向研究型实践转化，构建出了一个跨学科、专业化、开放型、实践型的基层治理智库。其首要工作就是对社区进行诊断，并将问题清单和需求清单等列出来，针对接诉即办、老旧小区治理等方面的现实状况进行调研，最终转化为政策、工作举措或具体项目。比如，上述调查研究成果最终转化为杨庄街道五年行动计划中的决策建议，将垃圾分类的相关研究成果转化为评估指标等。实验室通过有针对性、实效性的服务，为基层政府提供政策咨询、解决方案及成果转化，为基层政府解决疑难问题的创新实践提供了有力支撑。具体来看，天元小区是体量相对较小的社区，由于存在不同单位的宿舍楼和商品房，物业管理涉及复杂的产权关系一直是小区面临的难题。根据数据显示，这个社区存在物业费偏低、管理不够精细、总体物业费收缴率不高、物业公司主要靠收取停车费来维持成本等问题，这种情况不仅影响了居民的生活质量，也给该小区的管理带来了巨大的挑战。为解决难题，新华联家园北区社区书记主动向实验室"智库"求助。实验室各领域专家积极参与社区议事协商，并开展座谈调研，确定核心问题。杨庄街道社区建设办、城管办迅速联手，共同搭建了一个平台，寻找高质量的物业管理公司，与之对接并引进了相应的服务。如今，天元小区路面干净整洁，停车规范，小区环境得到改善提升。同时，物业管理水平也得到了大幅提高，整体物业费收缴率显著提高。这些成果不仅让居民的生活更加便利，也为其他社区的物业管理提供了可借鉴的经验。

5. 品质社区新建设

我国城市住房和公共服务设施的建设逐渐完善，但城市管理和社区服务仍面临许多挑战。为此，北京市石景山区政府启动"品质社区"建设，通过优化社区管理服务，为居民提供更好的生活环境，增强居民获得感和幸福感，进一步提升其自治能力和社会组织建设，从而实现社区和谐发展。"品质社区"的建设以运行、服务、文化、环境和安全等"五大品质"为核心，旨在推动实现政府治理、社会调节与居民自治三方之间的良性互动，建设规范有序、服务精准、文明和谐、绿色宜居、稳定祥和的居民幸福生活共同体和城市治理基本单元，最终目标是增强居民群众的获得感、幸福感和安全感。

为落实"品质社区"创建工作，石景山区将"以建为本"改为"以评为本"，按照"定期走访，交流反馈，优化提升，滚动认定"的实施步骤，以季为节点，以年为周期，常态化地推进。在此基础上，重点突出了社区组织与居民的主体性作用。为了确保"品质社区"的长效发展，该区域还制定了一套完善的评估保障体系与考核奖励机制。按照条例，对年度内被评为5星级、4星级的"品质社区"单位，给予相应的资金支持和表彰。通过以

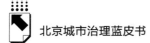
上举措，使社区建设稳步向前，实现可持续发展，提升市民生活品质。这些措施旨在确保社区建设不断前行、持续发展，促进居民的舒适生活。

以石景山区高井路社区为例，该社区被授牌为全国首个"冬奥社区"，在此基础上，该社区紧密围绕冬奥会主题，高标准、高质量地建设冬奥社区文化健身场地及设施，并广泛开展与冰雪特色相关的文体活动和志愿服务项目。这些举措不仅营造出了浓厚的冬奥氛围，也为该社区打造了独具特色的"看得见山、望得见水、有冰雪特色、奥运文化彰显"的社区特色形象。这些努力全面提升了该地区的环境品质与和谐宜居水平，助推城市的可持续发展。

6. 经验借鉴小结

对以上案例分析可以发现：北京市在基层治理实践中坚持党建引领，组织协调各方力量共同参与，为解决在超大型社区治理、老旧社区管理、物业类诉讼处理、创新实验、品质社区建设等过程中出现的难题提供了北京经验。

在超大型社区治理方面，朝阳区和昌平区分别提出"社区成长伙伴计划"和"回天地区三年计划"，提供专业化、系统化、陪伴式指导，帮助社区诊断并解决问题；通过党建调动社会资源、培育社区文化破解社区治理难题。

在老旧社区管理方面，崇文门西大街社区和劲松北社区都借助党组织引领作用，通过引进社会力量赋能老旧小区管理，实行"先尝后买"的物业服务供应模式，打造社区治理共同体；此外，南路东社区还通过党建引领打通了服务群众的"最后一公里"，大幅提升了居民的满意度。

在物业类诉讼方面，门头沟法院和北京市二中院创新性建立"府院联动"的工作模式，组织联席会议协调各方共同解决纠纷，从社会管理层面实现诉源治理，通过发布典型案例普法宣传、以案释法，使群众更深入了解和遵守法律，预防和减少物业类诉讼的发生。

在创新实验方面，通州区杨庄街道成立"党建引领社区治理创新实验室"，依托"智库"提供专业意见，诊断并协助解决社区治理中出现的问题和难题，为创新基层治理提供了重要思路和方法。

在品质社区建设方面，石景山区聚焦社区运行、服务、文化、环境和安全"五大品质"，旨在通过优化社区管理服务提升居民幸福感和获得感，从而增强其自治能力，建立以群众满意度调查为主要评价方式的评价体系，推动社区建设工作落到实处，促进社区居民的融合和互动，实现社区和谐发展。

（二）风险规避

1.物业费矛盾

近几年，因物业费收缴产生的法律纠纷不断，业主没有正确认识到物业对公共区域的服务作用，自身没有感受到物业的服务，过高的期望与实际服务质量之间的差距使其将责任归咎于物业企业，并以各种理由拒绝缴纳物业费。例如，北京市业主宋某与某物业公司签署了服务合同，几年后，宋某以房屋漏雨未解决、车辆内物品丢失、日常服务不到位等原因不交物业费。在宋某看来，物业公司没有尽职尽责地为其提供服务，导致其停放在小区门口的车辆被撬，车内相机丢失；其房屋的厨房及阳台窗户漏雨造成损失，因此拒绝缴纳物业费。经法院一审二审判决，业主宋某应全额缴纳物业费。通过具体案例的法院审判结果可以看出：法律层面，政策支持物业费的按时足额缴纳。

我国物业企业采取的收费模式为包干制，企业先预收一年的物业费而后提供服务，因此，物业企业收缴的总费用将直接决定其提供的服务质量，较低的物业单价和收缴率是影响物业服务质量的重要因素。一方面，就物业服务价格而言，物业费的收费标准严重背离服务成本，难以上调是制约物业企业健康发展的掐脖子问题之一。由于物业服务具有民生性质，物业费的定价并非完全依赖市场，政府指导发挥着重要作用，政府指导的物业服务收费标准近十几年来都没有调整。随着经济社会的发展，物业管理行业的人工、材料等成本费用不断上涨，而物业服务的收费标准仍旧停留在十几年前，难以调动物业企业的积极性。低收入、高成本的经营现状影响物业企业提供服务的质量。而对于大多数业主而言，提高物业费的行为并不能被接受，即使部分业主充分认识到良好的物业管理具有积极作用，有提高物业费以换取更高品质物业服务的意愿，但业主大会讨论等烦琐复杂的流程也使得该提案一般难以通过。因此，通过需求方主动提价，可操作性不高。另一方面，就物业费收缴率而言，大众虽对更优质的服务和更好的社区体验有较大需求，但由于物业服务的无形和公共性质，居民对物业服务的直观感受不强，再加上观念限制，居民对物业费的支付意愿不强烈，较低的收缴率使得物业企业降低物业质量，进而诱发居民对物业服务满意度的下降，由此双方形成恶性循环，从而引发较多矛盾纠纷。

2. 日常服务与增值服务间的矛盾

物业管理主要为社区公共区域提供日常服务，其服务范围广阔，服务内容日常，与居民生活密切相关，一方面为居民营造良好的生活环境，有助于社会环境的改善；另一方面，业主将维修、养护等事项自然对等到物业服务中，若物业企业不负责、服务质量与居民期待存在落差，将激化两者之间的矛盾。在过往的案例中，我们总结得出因为水电暖气等原因导致居民与物业之间的纠纷数量较多：任某购买的房屋排水管多次反水，物业不积极作为，导致多次房屋内家具受损，法院经审判确定物业公司承担赔偿责任；业主将小区公共区域占为私用，物业劝说无果，走向法庭；楼上漏水浸泡自家房屋，物业未及时发现，被告上法庭；小区内基础设施老化，物业没有及时更换，业主借此不缴纳物业费；业主长时间不使用水电煤暖气，要求不缴纳相应费用；等等。这些问题与物业相关，虽无法由物业独自解决，但物业仍需要履行好提醒等义务。在水电暖气方面，物业企业只是代收费用，由供电所、自来水厂等统一供应，物业只能对突发事件进行轻微处理，并不能从根源上解决问题；在漏水建筑垃圾处理问题上，居民希望通过物业来解决相应问题，但物业企业在此类服务中只有提醒、监督、督促等义务，并不能完全解决此类问题，因此，业主与物业之间的矛盾缘于居民对物业的职能认知不够清晰，往往扩大物业的职能范围，由此提高对物业的期待，但当物业不能满足其要求时就会出现落差和矛盾。由此可以看出，物业公司在日常服务中应主动承担责任，及时妥善处理好业主的相关问题，保障居住环境的安全。

随着物业企业的发展，其对增值服务的开辟逐渐增多，在满足业主日益增长的美好生活需求的同时，也存在潜在危机，而增值服务并不包含在物业费中，需要额外支付费用，业主对其服务质量存在较高要求，服务期待与实际服务质量之间不匹配从而产生矛盾。以停车费服务为例，业主因其车辆在社区内被盗，起诉物业企业进行赔偿，在业主看来，自身已经缴纳停车费，物业就有责任对自家车辆进行看护，如果车辆遗失，则物业企业需要进行相应的赔偿；但对物业而言，停车位的费用只包括车辆的停放，物业人员没有义务对车辆进行看护，双方由此矛盾激化，进入法庭。法官经二审判决：停车管理不在物业服务范围，物业不予赔偿。近年来关于停车位的纠纷不断，还包括车库漏水污染车辆、停车费用高、车辆在车位被自然或人为损坏等，而业主往往将此类问题归咎于物业服务不到位。而事实上，物业的日常维护只包括对车位的养护以保障停车安全，对车辆的遗失与否并不负责，因此，物业企业可对其服务职责、服务范围进行宣传明确，使居民有清晰的认知，为业主提供增值服务，在实现自身盈收的情况下，也降低矛盾发生的概率。

3. 物业更换冲突问题

新旧物业进行交替时，往往出现"老物业企业不撤出，新物业企业无法入驻"的问题，使业主无法正常享受服务。北京市某物业管理公司与某房地产开发有限责任公司签订《物业管理委托合同》，开始为小区提供物业服务。后小区通过法定程序选聘了新的物业服务人，并签订了新的物业服务合同。业委会通知某物业管理公司签订交接协议，进行物业交接。此后，某物业管理公司与业委会就交接事项未能达成一致意见，亦未撤出小区。原物业企业拒绝撤出导致新物业不能进驻，居民生活质量受损，双方矛盾激化，形成纠纷。法院判定：小区通过法定程序解聘某物业管理公司，并选聘新的物业服务人，故某物业管理公司不得再强行提供物业服务，更不得以事实服务为由向业主收取物业服务费用，要求原有物业立即撤出。此类物业更换冲突问题时常发生，虽然北京市在 2020 年出台的《北京市物业管理条例》中明确指出：物业服务合同期限届满前 6 个月，业主委员会或者物业管理委员会应当组织业主共同决定续聘或者另聘物业服务人，并将决定书面告知原物业服务人。业主共同决定解聘物业服务人的，物业服务人应当自接到通知之日起 30 日内履行交接义务，并且退出物业管理区域。从法律层面来讲，这能够减少新旧物业交替时发生的冲突和问题，但是新物业寻求法律途径解决问题的周期较长，在此期间，企业每天面临高昂的人工成本，业主无法正常享受服务，双方均容易面临更多困难和更大损失。

通过对具体案例的分析，我们发现：新旧物业交替时矛盾出现的原因主要可以从两个方面分析：一是从旧物业企业来看，撤出后将失去该小区的盈利，且部分业主未按时足额缴纳物业费，此类经济损失导致旧的物业企业不愿意撤出；二是从新物业企业来看，新物业进场后提供的物业服务质量若与旧物业企业提供的服务质量之间存在差异，业主需要时间接受，且旧物业企业的历史遗留问题也需要新物业企业解决。因此，政策层面进一步完善对物业的聘用和解除机制，实现良性引导，对化解新老物业冲突、缓和物业与业主的关系具有重要意义。

4. 业委会等业主组织成立问题

业委会成立难一直是社区治理难题之一，业委会的成立需要小区全体业主共同参与，但由于小区人员基数大、业主积极性不高等现实因素，往往难以实现。因此在日常物业服务中，缺少对物业企业的实际监督人员，形成市场中的"弱甲方"现象。北京市在 2020 年新出台的《北京市物业管理条例》中规定：对于"不具备成立业主大会条件的""具备成立业主大会条件，但确有困难未成立的""业主大会成立后，未能选举产生业主委员会的"等情形，街道办事处、乡镇人民政府可以组建由居民委员会、村民委员会、业主、物业使用人代表等组成的物业管理委员会，推动符合条件的物业管理区域成立业主大会、选举产生业主委员会。同时，该条例还明确了物业管理委员会成员及其决策程序中业主代表的比例，即双过半原则。作为临时机构，物业管理委员会一般任期不超过 3 年。

对于已经成立的业委会，备案时也存在一些实际问题。北京市某公司以某街道办未依法履行对业主大会、业主委员会的成立、运作及活动进行指导和监督的职责，某大厦业主大会筹备组的成立和活动存在违法情况等为由，向一审法院提起行政诉讼，要求某街道办事处撤销业主大会筹备组并宣布其所有活动无效。法院经过审理，裁定驳回起诉。街道办确实具有对该大厦业主大会和业主委员会的成立、运作及活动进行指导和监督的职责。但《物业管理条例》《指导规则》等相关法律、法规、规章及规范性文件并未明确赋予街道办事处撤销业主大会筹备组及认定其活动无效的职权，因此，街道办无权取消或撤销已成立的居委会。对相关案例的梳理发现：如果业委会自身没有太大过失，单纯由于单个居民对业委会不满，要求裁撤或重选的，往往不能实现。因为业委会在社区内确实发挥了重要作用，对物业的监督管理等有重要意义，不能因个人利益损害集体利益。

5. 住宅专项维修资金使用困难

住宅专项维修资金是保证住宅共有部位和共有设施设备的维修和正常使用的关键因素之一，它在解决住宅的维修改造、保证业主的居住安全方面起到了一定的作用。但是，在现实生活中，对于住宅专项维修资金的使用，还存在一些问题。一是居民对其使用范围尚不明确；二是住房维修基金使用手续繁杂；三是北京市老城区住房建设中存在住房专项维修基金短缺的问题。在住宅专项维修资金的使用案例中，北京市一户业主倪某以某物业公司不能及时启动专项维修资金，对其住宅内的防水工程、外墙渗水等公共部位、公共设施设备进行维护、更新，造成了其住宅内的渗漏和持续的经济损失为由，起诉到法院，要求该物业公司按照法定的程序对其进行赔偿。法院经过鉴定认定，物业公司对公共维修资金的使用提出了相应的要求和程序；现在倪某没有指出漏水的原因，或者漏水的问题是否已经严重到了必须动用公共维修基金来进行维修的地步，并且鉴定机构也没有给出鉴定意见。因此，根据现有的证据，法院对倪某关于"某物业公司没有启动公共维修基金来维修公共部分"和"没有履行物业人的职责"的观点，不予以认可，并且对倪某基于此而提出的关于"某物业公司承担法律责任"的诉讼请求也不予以支持。因此可以看出，住宅专项维修资金是面向社区公共区域的，不能随意为私人调用，资金的使用情况有明确的规定和程序，业主需要了解相关程序，符合具体要求后，再申请进行使用。

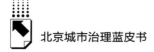
北京市在 2013 年就颁布了《关于简化程序方便应急情况下使用住宅专项维修资金有关问题的通知》并正式印发实施,对六类问题的处理缩短时间、减少程序。但共有部分的业主们的思想往往难以达成一致,总人数要达到 2/3 也不容易。因此,相对烦琐的程序在一定程度上也限制了住宅专项维修资金的实际使用效果。

近年来,随着老旧房屋的增加,住宅专项维修资金不足,补交住宅专项维修资金难也成为重要问题。北京市房屋开发早,老旧小区数量多,随着社区内基础设施等的老化,需要重新修建补充的数量较多,花费大,但部分老旧小区在 2000 年之前建成,尚未有住宅专项维修资金的收缴,当下,房屋老化问题凸显,作为房屋养老金的住宅专项维修资金作用逐渐显现,二次收缴住宅专项维修资金方案等亟待出台。

6. 风险规避小结

通过对上述案例的分析,可以发现:物业管理服务在基层实践过程中,高频出现物业费纠纷、日常与增值服务间的矛盾、物业更换冲突、业主组织成立困难、住宅专项维修资金使用困难等问题。这些客观存在的突出现实问题,都是北京市其他地区,乃至其他城市在物业管理和基层治理实践中需要高度重视并着力予以防范的潜在风险。

其中,物业费纠纷主要源于业主对物业服务的获得感不强而未能按时足额缴纳物业费,物业企业为了维持营收,通过降低成本的手段使得物业服务质量下降,业主对物业服务质量的高期望和实际服务质量之间产生差距,由此形成恶性循环。

居民对物业企业的服务内容并没有形成清晰认知,由于物业管理主要为社区公共区域提供日常服务,其服务范围广阔,服务内容日常,与居民生活密切相关。因此,居民常常将维修、养护等事项自然对等到物业服务中,若物业企业不负责、服务质量与居民期待存在落差,将激化两者之间的矛盾,关于物业企业日常与增值服务的矛盾由此产生。

在新旧物业更替时,原有物业服务企业因物业费收缴不足拒绝退出,新物业服务企业无法按时入驻,且新旧物业企业之间的服务质量对比、旧物业企业历史遗留问题的解决都将产生纠纷，不仅使得小区业主的合法权益得不到保障，还会产生较多的资源浪费。

业委会等业主组织的成立问题主要体现在两方面：一是组织成立困难——小区成员基数大、积极性不高，往往较难达到全体业主共同参与选举的条件；二是登记备案难——业委会成立后，一些零散业主对选举结果不满意，要求撤销。对相关案例的梳理发现法院在裁判时，如果业委会自身没有太大过失，单纯由于单个居民对业委会不满，要求裁撤或重选的，往往不能实现。

在住宅专项维修资金的使用方面，居民往往对其使用场景和使用范围不够明确，且在实际使用过程中，由于要遵循"双三分之二"原则，程序较为烦琐。此外，由于我国老旧小区建成年份较早，并未征收住宅专项维修资金或资金紧缺等问题，也已经成为小区管理和基层社区治理中不可忽视的难题。

三　北京市物业管理参与基层治理的未来展望

党的二十大报告提出"健全共建共治共享的社会治理制度，提升社会治理效能"的要求，国家"十四五"规划也强调"坚持党建引领、重心下移、科技赋能，不断提升城市治理科学化精细化智能化水平，推进市域社会治理现代化"，对物业行业更是明确提出了"加强物业服务监管，提高物业服务覆盖率、服务质量和标准化水平"的要求。从北京市的具体实践来看，北京市物业管理领域将沿着专业化、精细化、智能化的"三化"主线，进一步实现高质量发展，这就要求各级政府完善组织协调机制、有关部门推进物业管理制度与配套政策完善、物业管理企业提高自身管理水平与服务质量。具体而言，可以从党建引领、制度完善、三化升级三方面进行展望。

第一，持续推进以党建引领物业管理参与基层治理。加强党建工作，推动各方力量共同参与基层治理。在组织层面，组建社会各级单位的党建工作协调委员会，为基层治理提供组织保障，组织联席会议协调各方共同解决纠纷，从社会治理层面实现诉源治理，预防和减少物业类诉讼的发生。以党建引领进一步加强基层治理部门和物业管理部门之间的沟通协调，形成有机衔接的工作体系。在实践层面，通过基层党组织牵头，充分调动社会资源，建立健全社区治理共同体。通过引进社会力量赋能社区管理，组织协调专家、社会、居民等各方力量共建共治，多方联动统筹破解社区治理难题，打通服务群众的"最后一公里"。以党建引领调动社会资源、培育社区文化破解社区治理难题，提供专业化、系统化、陪伴式指导。

第二，不断完善物业管理相关法规的政策制度体系。北京市现已出台《北京市物业管理条例》等多个与物业相关的政策法规，在此基础上，还应适时推进《条例》的修订与更新，以优化物业管理的法治环境。同时，物业管理企业需要积极参与政策制定和修订，提出合理化建议和意见，推动物业管理法规和标准的完善和升级，提高物业管理的规范性和可操作性，为物业管理的高质量和可持续发展提供政策保障。此外，进一步充分挖掘"12345"热线等接诉即办平台所积累的数据，抓准物业管理与服务的难点，识别客观规律，助力健全社区治理体系。依法开展物业管理和社区治理活动，构建以企业信用为核心的物业管理监督体系，从而规范物业管理服务行业的市场秩序。明晰各方职责、协调各方利益、解决突出问题，进一步推动形成系统完备、科学规范、运行有效的制度体系，推进物业管理工作，提高基层治理水平。

第三，探索"三化"升级下的物业管理高质量发展。从物业管理行业的长期可持续发展来看，在参与首都老旧小区改造、推进城市更新行动、绿色节能建筑、智慧社区建设等方面大有可为，物业管理企业可以在改造前期规划、长效运营管理、促进公共参与、智慧社区建设等方面发挥自身优势，积极探索，提升行业价值。北京市在继续加强物业管理配套体系建设的同时，还需持续探索物业服务专业化、精细化、智能化的"三化"发展升级，实现物业服务质量的不断提升。

首先，物业管理的专业化要求物业管理提升服务品质和效率，进一步提升人民群众的安全感、获得感与幸福感。专业化的物业管理不仅仅是单纯的技术含量升级，更是一个综合性的服务。亟须建立专业化的第三方服务机构，开展物业承接资质、物业服务标准查验和物业费用测算等工作，促进建立"质价相符、按质论价"的现代物业服务市场定价制度。强化物业服务行业管理人才队伍培训，提高行业工作人员的职业素养与技术创新能力；注重产学研融合，积极协助学校物业管理基础学科建设，加速推动物业服务行业职业能力水平提升。与此同时，公共部门应当通过制定行业标准、支持职业技能培训、推广第三方服务标准认证和评价等措施，引导物业管理企业向专业化、标准化、规范化方向发展。同时，政府部门也需要加强信用管理，提高服务质量和行业规范化水平；加强监管力度，维护市场公平竞争秩序。

其次，物业管理的精细化，是指在保证管理质量的前提下，通过更加科学、细致、精细的管理方法、手段和措施，提高物业服务质量和效率、关注业主需求、提供个性化和差异化服务、提高企业自身管理水平和服务质量的过程。物业管理的精细化需要更加关注业主的需求。物业管理企业应该积极主动了解业主的需求和意见，开展投诉受理、满意度调查等工作，及时反映业主的诉求，提供更加全面、便捷的服务。同时，需要提供更加个性化和差异化的服务。不同业主对物业服务的需求和要求不同，物业管理企业应该根据不同业主的需求提供个性化、差异化的服务。例如，可以针对老年人、儿童或者住房租赁等细分群体提供针对性服务，提高服务品质和居住体验。此外，还需不断提高企业自身的管理水平和服务质量。物业管理企业应该加强对员工的培训和管理，提高员工的专业素质和服务意识，加强与业主的沟通和交流，不断完善服务品质和管理水平。

最后，物业管理的智能化，是指在物业管理的专业化、精细化的基础上，通过信息化技术的应用、智能化设备的运用、可持续发展的理念融入和科技创新的方式，提高物业服务的质量和效率，满足业主的需求，推动物业管理向数字化乃至智能化的方向发展。在信息化建设方面，物业管理企业需要加强对物业管理数据的收集、整理、分析和应用，实现物业管理过程的智能化、规范化和精细化。同时需要注重可持续发展的理念融入。采用可持续的管理方式和技术手段，实现物业管理的生态化、绿色化和低碳化，降低物业管理对环境的影响，提高物业管理的可持续性和社会责任感。

B.19
北京社会组织发展分析与治理研究报告

徐李璐邑　李晓壮*

摘　要： 北京市一直高度重视社会组织的发展，当前社会组织发展状况已经走在全国前列，社会组织数量稳步增长。通过统一的顶层设计、党建管理体制和良好的监管力度，社会组织发展生态实现了总体稳定，并通过建设孵化培育体系、推动"枢纽型"社会组织建设、落实减税降费、实行表彰奖励等政策，持续增强社会组织发展活力，积极推动其参与城市基层治理，还激发了社区社会组织、社会企业等新形态应运而生。与此同时，随着北京市城市的深刻转型，北京社会组织发展生态呈现复杂多变趋势，社会组织发展面临着监管可控性下降、经营风险上升、需加强社会组织发展引导与完善退出机制等挑战。为了更好地促进北京社会组织发展，建议尽快统一社会组织发展认识、加快管理体制改革、加强监管体系建设、畅通退出渠道、营造社会组织发展的良好制度环境。

关键词： 社会组织　基层治理　首都北京

作为大国首都和集聚人口超过 2000 万的超大城市，北京对于社会治理的需求一直在全国处于较高水平，大大激发了北京多元社会治理主体的发展。社会组织作为参与社会治理的重要主体之一，能够有效成为政

---

* 徐李璐邑，北京市社会科学院经济所助理研究员，主要研究方向为城镇化、城乡融合发展、城乡社区治理；李晓壮，北京市社会科学院社会学所副所长，研究员，主要研究方向为社会建设。

府与社会、市场与社会之间的桥梁和纽带，能够对经济社会发展起到积极有益的作用。因此，在良好的社会环境培育下，在北京市政府的重视和积极引导下，北京社会组织发展取得一定成就，同时，也积累了一定的工作经验，相信能够为其他城市和地区推动社会组织发展提供借鉴参考。

一　北京社会组织发展概况

作为"首善之都"，北京市一直高度重视社会组织的重要作用，社会组织发展状况已经走在全国前列，呈现社会组织数量规模快速增长、发展生态总体稳定、发展活力不断增强、积极助力社会治理创新和呈现创新形态等特点。

（一）北京社会组织数量规模快速增长

截至 2021 年底，在北京市民政局登记注册的社会组织约有 1.3 万家，包括社会团体 4444 家、民办非企业单位 7642 家、基金会 806 家。另外，还有在街道（乡镇）备案的社区社会组织 6.7 万余家。2011 年至今，北京市社会组织数量增长了约 1.5 倍，整体呈现三个不同的发展阶段：第一阶段是2011～2013 年，北京社会组织发展缓慢，数量增加不显著，处于规模小幅增长阶段；第二阶段是 2014～2017 年，北京社会组织发展处于较快增长阶段，新增数量不断提升，部分年份甚至达到 10% 以上的增长率；第三阶段是2018～2021 年，从 2017 年开始北京市进一步严格审核社会组织的申请，社会组织数量开始趋于稳定，新增社会组织数量逐渐减少，但总体规模依然较大。比如，万人社会组织登记数是衡量社会组织相对数量的一个重要指标，2021 年北京市万人社会组织登记数为 5.8 个。在各类社会组织中，民办非企业组织数量规模最大，其数量的增长也对整体社会组织规模的影响最为明显（见表 1）。

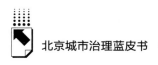

表1 2011~2021年北京市社会组织数量

单位：家

分类	2011年	2012年	2013年	2014年	2015年	2016年	2017年	2018年	2019年	2020年	2021年
社会团体	3314	3392	3573	3730	3961	4267	4586	4539	4556	4572	4444
民办非企业	4089	4382	4712	5035	5378	5972	6969	7262	7522	7648	7642
基金会	186	219	275	318	382	515	609	729	771	796	806

资料来源：北京市民政局。

（二）北京社会组织发展生态总体稳定

北京社会组织数量规模不仅实现了蓬勃增长，社会组织的发展生态也始终保持着总体的稳定。而能够在规模快速增长的背景下依然保持总体生态稳定，主要依靠北京市在推动社会组织发展方面所形成的"三大机制"，即完善的顶层设计、党建管理体制和良好的监管力度。

1. 完善顶层设计

2017年北京市出台《关于改革社会组织管理制度促进社会组织健康有序发展的实施意见》（京办发〔2017〕32号），这是北京市第一个以市委、市政府名义出台的关于社会组织改革的综合性顶层设计文件，对北京社会组织生态的稳定发展起到了重要的作用。文件不仅明确了北京市全市社会组织发展的总体思路、体制模式、主要任务和发展目标，还将社会组织改革纳入市委全面深化改革领导小组确定的改革任务，并制定任务分工方案，落实了以民政部门牵头抓总职责，将任务分解到全市31家部门和各个区委区政府，推动各级、各部门协同合作，形成推动改革的合力。2020年，印发了《关于进一步加强社会组织监管工作的意见》（京办字〔2020〕15号），是北京市有关社会组织管理层级最高的又一指导性文件，明确提出北京社会组织进一步发展思路、推动社会组织管理的供给侧结构性改革。

2. 建立党建管理体制

北京市一直积极探索党建引领下的社会组织发展模式。对此，北京市依托市民政局党委，成立了市行业协会商会综合党委，并以分行业类别组建了若干个联合党委，初步建立起了以综合党委为核心，联合党委为支撑，社会组织党总支（党支部）为基层组织的党建工作体系。为保障党建工作体系的顺利运转，一方面，积极推动制度体系形成，通过相关管理文件制定，确定了党建经费管理使用、党员组织关系转接等方面 30 余项工作制度，形成了相对健全的制度体系；另一方面，不断加强党建工作队伍建设，不仅高标准配好党委班子成员，推动社会组织党务队伍的专业化、职业化，还积极加强党建培训体系建设，提供党建辅助力量，每年都支持社会组织设立党建岗位，深入推动基层的党务工作。目前，在该体系下，已经组建了 50 多个联合党委，每个党委负责覆盖 50 家左右行业性质相似的社会组织，畅通社会组织党员组织关系转接渠道，基本实现党的组织和工作"全覆盖"，形成了一套社会组织党建工作的"北京方案"。

3. 加大监管力度

北京市一直在不断加大对社会组织的监管力度。一是进一步加强年检监管，一方面，针对社会组织的发展程度、功能作用等对社会组织实施差异化、精细化的管理，进一步提高年检的效率。另一方面，将社会组织开展活动、举办节庆论坛、治理小金库、规范办企业等内容纳入年检范围，提升年检作用。二是进一步规范抽查审计监管，以委托第三方专业机构的形式，对社会组织进行抽查审计，加强事中事后监管，不断完善综合监管体制。三是推动评估主动监管，在全国率先开展社会组织第三方评估工作，通过设计分类评估指标体系，着力推动社会组织评估从规范评估转向能力提升评估。四是创新重大事项监管，在全国率先推动社会组织重大事项报告制度，实现对社会组织由静态监管向动态监管转变。五是加强社会信用监管体系建设，搭建社会组织诚信管理平台，将社会组织诚信信息、荣誉奖励、失信行为等纳入社会信用系统，建立违法失信黑名单制度，形成以信息公开、信用管理为支撑的社会化监管体系。

（三）北京社会组织发展活力不断增强

为了更好地促进社会组织的发展，北京市也持续创新，推动相关政策措

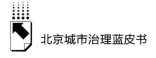
施不断完善，给予社会组织更加良好的发展环境，促进社会组织发展活力的增强。

1.建立培育孵化体系

过去，社会组织在快速发展过程中出现了许多问题，使得不少社会组织发展欠佳，或成为"僵尸型"社会组织，或处于浑水摸鱼的状态。为了更好地发挥社会组织在社会治理中的积极作用，北京市民政局出台了《北京市民政局关于社会组织培育孵化体系建设的指导意见》，积极推动社会组织培育孵化体系建设，协助解决组织发展过程中的困难，使社会组织在不同的业务领域都能更好地发挥社会治理效益。目前已经组成100余家培育孵化机构的联合体，积极指导推动各区社会组织培育孵化中心建设，初步建立起市、区、街（乡镇）三级的社会组织培育孵化体系。

2.加强"枢纽型"社会组织建设

"枢纽型"社会组织，即能够对同领域、同性质、同类别的社会组织进行联系、服务和管理的核心社会组织。从2008年开始，北京市提出"枢纽型"社会组织建设，鼓励有能力、有实力的社会组织能够实现资源整合，成为"枢纽型"社会组织，以期实现"以社联社""以社助社""以社管社"，做大"同心圆"、做强"联合体"，能够在党和政府的主导下，实现社会组织服务管理全覆盖。经过十多年来的培育，北京市基本实现市、区、街道（乡镇）三级枢纽型社会组织工作体系全覆盖，各个枢纽组织也积极发挥自身优势，创新服务管理，真正发挥政治上的桥梁纽带、业务上的龙头带动、日常服务管理上的平台作用，不仅为党和政府联系社会组织提供新的载体和抓手，还成为各个社会组织能够交流合作的重要平台。

3.推动落实社会组织减税降费、完善表彰奖励

北京市大力营造社会组织发展的良好环境，积极落实社会组织的减税降费政策。一方面，民政与财政、税务部门主动发布公益性捐赠税前扣除资格名单，保障社会服务机构获得相应的资格，同时积极组织本市的社会组织参与项目征集、评审，争取中央等各级财政支持。另一方面，进一步规范相应的收费政策，推动落实降费。不仅出台了《北京市民政局关于开展行业协会商会减轻企业负担专项行动的通知》等文件，还建立市区联动、部门联合、组织自查、社会监督的工作机制，推动民政、发改、财政等多部门联动，持续审查全市各单位涉及行业协会商会的收费。市区两级 500 余家行业协会商会均推出了减免收费举措，100 余家行业协会商会推出了降低收费标准举措，惠及企业 3 万余家，减轻企业负担超过 3 亿元。同时，组织开展了市行业协会商会减轻企业负担专项行动、"僵尸型"社会组织专项整治行动、社会服务机构治理、医疗领域基金会检查等专项行动，进一步降低收费。此外，还有一系列表彰和奖励制度，引导社会组织良性发展，扩大社会组织的积极影响力。

（四）北京社会组织发展助力社会治理创新

党的十八届三中全会提出，要"激发社会组织活力。……重点培育和优先发展行业协会商会类、科技类、公益慈善类、城乡社区服务类社会组织，成立时直接依法申请登记"[①]，这为社会组织发展提供了良好的政策机遇。北京正处于经济社会快速发展的转型阶段，更加推动了北京社会组织的全面发展，业务范围涉及文化、教育、体育、卫生、科学研究、法律、社会服务、工商服务、农业及农村发展、生态环境、职业及从业者组织、国际及涉外组织等，几乎涵盖国民经济所有门类，这更加鼓励了社会组织对社会治理创新的参与（见图 1）。

1. 积极参与脱贫攻坚、乡村振兴等国家战略

北京鼓励并动员社会组织积极参与脱贫攻坚、乡村振兴等国家战略，引导社会组织发挥良好的社会效益，推动社会进步。北京市民政局与市支援扶贫协作和支援合作工作领导小组办公室共同制定《关于广泛动员社会组织参与脱贫攻坚和精准救助的指导意见》，积极动员社会组织参与到对口支援和脱贫攻坚的工作中。该文件受到了民政部社会组织管理局的认可，已经向

---

① 本书编写组编著《〈中共中央关于全面深化改革若干重大问题的决定〉辅导读本》，人民出版社，2013，第 50 页。

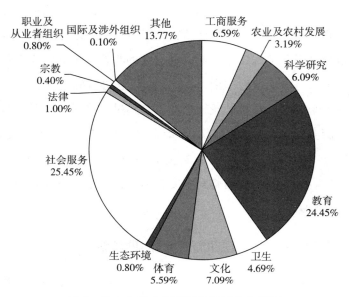

图 1　北京市社会组织活动领域分布情况

资料来源：北京市社会组织发展情况报告。

全国其他省市推广。2018 年，北京市与对口支援的五省区民政部门签订了合作框架协议，同时向约 40 家社会组织签订了授权委托书，激励他们与受援方代表签订帮扶项目意向书，涉及帮扶项目 70 多个。2019 年，北京市举办"不忘初心跟党走——北京社会组织集中捐资助学暨健步行"活动，筹集钱物 3000 多万元，实现对张家口市、乌兰察布市 3000 多名贫困学生助学全覆盖。2020 年，开展了"边疆万里行——首都社会组织助力挂牌督战 20 个贫困村行动"，完成新疆墨玉、洛浦 20 个贫困村的社会组织结对任务，投入帮扶资金和捐赠物资共计 270 余万元，并已全部拨付到位。开展的一系列产业扶贫、就业扶贫、消费扶贫活动，充分发挥了社会组织的正向引导作用，起到了良好的社会效果。

2. 加快助力全市营商环境提升

北京市积极规范社会组织发展，充分利用社会组织助力全市营商环境建设。自 2016 年 3 月开始，北京市委市政府就成立了由市领导牵头的北京市行业协会商会与行政机关脱钩联合工作组，并印发了《北京市行业协会商会与行政机关脱钩工作方案》，以"坚持试点先行、分步稳妥推进"的基本原则，分批完成了 200 多家市级行业协会商会的脱钩试点工作任务。2019 年 11 月，北京市印发《北京市全面推开行业协会商会与行政机关脱钩改革工作方案》，积极推动市级行业协会商会脱钩改革工作。联合工作组办公室积极发挥职能，协调相关部门制定了党建、国有资产清查、经费支持、政府购买服务、负责人任职、外事服务、综合监管等 10 个配套文件，为稳步推动全市行业协会商会脱钩改革、优化营商环境，提供了全面的政策指导和文件依据。

3. 积极参与疫情防控

自新冠疫情发生以来，北京市鼓励社会组织积极参与疫情防控。为帮助相关社会组织更好地参与疫情防控，发挥各类社会组织的专业优势，北京市民政局不仅发布了捐赠倡议书，编制了《疫情防控期间慈善捐赠相关政策答疑》，还下发了《关于进一步加强疫情防控期间慈善捐赠管理工作的通知》《关于加强新型冠状病毒肺炎疫情防控慈善捐赠款物信息公开有关工作的通知》等一系列通知，对疫情防控期间参与捐赠的基金会开展专项检查，规范捐赠行为。例如，北京市民政局曾牵头完成了对韩红基金会的举报核查，舆论认为通报得体，舆情反映正面积极，展示了社会组织在社会发展过程中的良好促进作用。在疫情防控期间，北京市累计共有 1681 家社会组织参与疫情防控工作，全市基金会累计捐赠支出超过 14 亿元、募集物资 900 多万件。除慈善组织外，还有科技类社会组织积极为抗疫提供医疗、生物、网络等方面的科技支撑，许多社会服务机构工作人员坚守抗疫一线，为首都抗疫做出了突出贡献。

4. 引导助力京津冀协同发展

北京市社会组织积极参与多项行业活动，助力京津冀协同发展。2016 年 7 月，北京市牵头召开京津冀社会组织协同发展联席会议，三地签署了《协同发展合作框架意向书》，同年 11 月举办了首届京津冀协同发展社会组织高峰论坛，发布了《行业协会商会与京津冀协同发展研究报告》，确定了协同发展"3+6+1"的论坛机制，推动京津冀三地的社会组织在疏解非首都

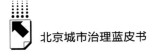

功能、完善市场标准、组织招商引资等方面积极参与，建言献策，已经有近850家行业协会商会积极参与。同时，依托市级培育扶持（孵化）基地，服务辐射京津冀社会组织，为三地项目工作提供社会组织资源配置服务，通过个别指导、同伴互助、专题培训、公益导师陪伴等形式，整合利用资金、技术和政策等资源，鼓励三地社会组织开展项目合作。

5. 推动首都社会治理现代化发展

社会组织参与是实现社会治理现代化的重要方面，北京市多角度、全方位鼓励社会组织深度参与社会治理，使社会组织能够整合社会资源，提供公共服务，反映群众诉求，全面服务民生。在助老助医方面，全市民办养老机构拥有床位超过7.2万张，极大地满足了老年人多元化、便利化、个性化的服务需求。医疗类社会组织接待门诊超过1300万人次，床位数达10000余张，填补了公共医疗资源的不足，满足了周边居民的就医需求。在文体服务方面，体育类社会组织举办活动1.9万余次，参加活动人数110多万人次。各类文化社会组织共举办展览近2000次，吸引参观人数超过900万人次。在公益慈善方面，慈善类社会组织积极动员社会资源，在灾害救助、医疗救助、教育救助、扶老助残等各类首都公益慈善事业活动中均发挥了重要作用。在规范行业行为方面，全市行业协会、商会都积极带领企业遵守行业公约、加强行业自律、参与行业标准制定，共制定了行规行约701条、制定了行业自律制度745条、定期开展行业调查和统计700条、制定了行业职业道德准则711条，并积极服务企业，保障企业利益，为企业排忧解难，提供反倾销、反补贴和保障措施应诉、申诉20项。同时，全市社会组织还积极建言献策，为政府提供咨询，发挥智库作用，为制定法规政策提供建议671条，被采纳373条，开展学术交流与研讨754次，获奖课题19项，国家级奖项4项，省部级奖项15项。

（五）北京社会组织发展呈现新形态

在良好的社会组织发展生态下，北京的社会组织也在根据首都经济社会发展的实际需求不断呈现新形态，进一步推动了社会组织的创新发展。其中，社区社会组织和社会企业已经成为其中的典型。

1. 积极发展社区社会组织

社区社会组织即在街道（乡、镇）备案登记，为社区提供社会服务，具有群众性、基层性、社区性的组织，特别是部分没有注册登记、不具有法人地位，但大量扎根于城乡社区、客观存在的非营利性基层民众组织①。党的十八大以来，党和国家高度重视社会治理，大力支持社区社会组织参与基层治理工作。根据形势需要，北京市出台《关于培育发展社区社会组织的实施意见》等政策文件，明确对在城乡社区开展为民服务、养老照护、促进和谐、公益慈善、文体娱乐和农村生产技术服务等活动的社区社会组织，降低准入门槛，采取备案制。对符合登记条件的，优化服务，简化程序，加快审核办理。北京市已经提出将推动城市社区至少平均拥有 15 个社区社会组织、农村社区至少平均拥有 8 个社区社会组织，且每个社区均有两个以上品牌社区社会组织的发展目标。在《北京市培育发展社区社会组织专项行动实施方案》中，计划三年内实施"安家""育才""同心""新风""品牌"等工程，明确社区社会组织的培育发展目标任务。出台《北京市社会组织培育孵化机构建设运营工作指引（试行）》，加大培育社区社会组织的工作力度，支持各区通过政府购买服务项目、搭建资源配置平台、开展能力建设培训等方式扶持社区社会组织，促进社区社会组织规范化发展，在基层社会治理中发挥积极作用。2019 年开始，北京市以回天地区为试点，出台《关于回天地区社会组织创新发展示范区建设的试点方案》《关于在回天地区开展完善政府购买社会组织服务机制的试点方案》，推动社区社会组织参与基层社会治理的创新实践。2020 年，相关部门进一步联合出台《回天地区政府购买社会组织服务资金管理办法（试行）》《回天地区城乡社区社会组织备案管理工作细则（试行）》等系列配套性文件，并在原有基础上，将政府购买社会组织服务加入"政府指导目录"，扩展至"三目录一机制"。一系列配套文件的出台和工作机制的形成，推动了试点内社区社会组织的整

---

① 李晓壮：《北京市社会组织的发展研究》，《北京社会科学》2011 年第 3 期，第 43~47 页。

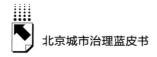
体发展，引导社区社会组织以群众诉求为导向、因地制宜参与城乡社区治理服务工作，激发社区内生活力，促进和谐社区建设。

自党的十八大以来，北京社区社会组织实现了从无到有。在市内备案的社区社会组织已经发展到6.7万家，活动领域涉及文体科教、福利服务、治安民调、环境物业、共建发展和医疗卫生等，形成了领域广泛的作用发挥机制。特别是围绕疫情防控、垃圾分类等问题，各个社区社会组织都在各个领域发挥着积极的作用。新冠疫情发生以后，超过3万家社区社会组织参与了疫情防控，协助街道社区开展进门值守、住户排查、测温、消杀、居家隔离看护、代购代送物品、核酸检测秩序维护、志愿服务等事务性工作。在垃圾分类工作中，1.4万余家社区社会组织参与生活垃圾分类，积极开展上门宣传、桶站值守、社区协商等活动。还有8000余家社区社会组织开展了停车治理、环境美化、邻里互助等物业管理服务，有6000余家社区社会组织为居民提供了矛盾调解、治安防范、法律援助等服务。社区社会组织能够更加灵活地适应首都市民日益增长的"七有""五性"需求，已经成为增强社区自治和服务功能、吸纳社会工作人才、促进首都和谐社区建设的重要载体。

2. 助力共同富裕的社会企业已出现

社会企业是指以有效追求社会效益为根本目标，持续用商业手段提供产品或服务，解决社会问题、创新公共服务供给，并取得可测量的社会成果的企业或社会组织[①]。共同富裕作为社会主义的本质要求，在2021年中央财经委员会第十次会议之后，成为奋进实践新时代发展的重要目标。而社会企业追求以社会效益为优先的特点，与实现共同富裕有着相通之处，使得促进社会企业发展成为实践共同富裕的重要途径之一。对此，北京市紧跟时代发展需求，积极推动社会企业发展。2022年4月，北京市出台《关于促进社会企业发展的意见》（以下简称《意见》），为社会企业发展指明了方向。根据《意见》，北京市从使命目标、信用状况等六个维度明确了社会企业的

---

① 《北京：助推社会企业产业化、高质量发展》，人民政协网，2023年4月11日，http：//www.rmzxb.com.cn/c/2023-04-11/3328054.shtml。

认定标准，将重点扶持养老助残、家政服务等民生保障类社会企业，对其提供金融支撑、培育孵化、企业保障等相关支持举措。2022 年 8 月，北京市进一步对社会企业认证办法进行意见征求，提出将力争在"十四五"末期认定社会企业 300 家。

二　当前北京社会组织发展存在的趋势与挑战

（一）北京社会组织发展呈现的趋势

虽然北京的社会组织发展总体生态良好，但随着社会的快速转型发展，社会情形在逐渐复杂，社会组织也为了应对复杂的社会发展情景，呈现两大较为明显的发展趋势。

1. 社会组织处于转型期，发展生态复杂多变

从社会组织发展政策趋向上看，要求"正确处理政府和社会关系，加快实施政企分开，推进社会组织明确权责、依法自治、发挥作用"[1]，并且要求不同行业的社会组织能够依据不同行业发展要求，找准其自身定位，能够对不同的行业发展起到良好的促进作用。政府所推动的一系列"简政放权"等改革，也对社会组织转型提出了要求，希望社会组织能够更有效地承接公共事务，更多地参与社会治理，更好地促进社会发展。

2. 人民群众需求多元化，使得组织化的社会参与成为必然趋势

从微观层面来看，当前在社会基层治理中直接面临着人民群众逐渐多元化的需求，原有的基层治理方式难以满足，使得组织化的公众社会参与必然将成为满足多元需求的主要方式。但是，从政府和组织的关系看，到目前为止我国还没有出台针对社会组织管理的"母法"，社会组织生长的土壤尚未完全形成，几个分散的法规也使得社会组织管理相对滞后[2]。同时，目前社

---

① 《中共中央关于全面深化改革若干重大问题的决定》，人民出版社，2013，第 50 页。
② 曹胜亮、胡江华：《新时代社会组织参与社会治理创新的理论困境和路径选择》，《武汉理工大学学报》（社会科学版）2021 年第 5 期，第 46~54 页。

会组织在整体发展质量上并没有得到社会的普遍认可，未来政策、实践等变化都可能对社会组织的发展带来巨大挑战，阻碍了当前组织化社会参与的进程。

（二）目前北京社会组织发展存在的挑战

总体来看，随着社会转型的不断推进，以及社会情景的日趋复杂，社会组织发展在当下面临着越来越多的挑战。

1. 社会组织监管可控性有所下降，对监管要求提高

目前政府部门对社会组织监管能力并没有随着社会组织的发展而得到及时提升，使得社会组织监管的可控性出现了下降。原因主要有三个方面：一是作为登记管理机关的民政局社团办仅是民政局所属二级职能单位，涉及市级相关部门事项时，其统筹协调能力较弱；二是市区两级民政部门内设职能部门存在职责不清问题，且专业人员力量不足，登、管、罚相分离，重登记、轻监管；三是社会组织监管主体不清晰，税务、财政、审计、发改、宣传、宗教、统战、公安、人保等政府部门均涉及对社会组织的监管，相互之间协同性差，难以形成有效综合监管合力。

2. 部分社会组织存在风险，需合理引导、监管或退出

在当前的社会组织中，还存在若干个发展状况欠佳、有效社会效益不高的社会组织，对于社会发展存在一定的负面影响，需要合理引导、监管或者退出。如一类"僵尸型"社会组织，大多得不到资金支持，无法实现自身造血功能，已经没有了正常运营，或者是由于社会组织注销程序太过烦琐且缺乏制度性衔接，部分组织已经实质上没有任何活动行为，成为"空壳"。还有一类"浑水摸鱼"型社会组织，仅仅是为了套取项目经费，或者是贴合"形式上还是补贴"的政府购买社会组织服务，无法保障高质量完成项目，导致一些社会组织不是做实事，而是"迎合事"。对于这些发展不佳的社会组织需要进一步发挥其正面引导作用，加强对社会组织活动的监管。而对于确实无法正常运营的社会组织应尽快畅通其退出通道，允许社会组织顺利注销，实现良好的退出制度衔接。

3. 新型社会组织出现，需加快有效监管

在社会转型发展过程中，未来社会组织还可能出现更多样的变化，呈现更多元的形态。但当前许多与社会组织相关的管理条件、法律法规、监管条例都没有及时更新，难以满足社会组织快速发展的需求。应积极面对相关社会组织的变化，进一步完善相应的法律法规，加快实现有效监管。

三 推动北京社会组织高质量发展的对策建议

随着时代的进步，高质量发展已经成为新时代发展的重点要求，也要求社会组织能够实现高质量发展。高质量发展的社会组织不仅能够提供更加周全的社会服务，也能促进更加高效的社会治理，推动社会的和谐稳定。因此，应当把提高社会组织质量作为推动北京社会组织发展的发力方向，建立现代社会组织管理体制，激发社会组织参与治理的活力，在实践中发挥社会组织更大作用，助力首都城市治理现代化。

（一）深化社会组织高质量发展认识

高质量发展是全面建设社会主义现代化国家首要任务，在社会组织发展的实践中，推进社会组织高质量发展也是一项重要任务。应当从首都北京"四个中心"城市功能定位出发，充分认识社会组织的重要意义。特别是要深刻理解首都"四个中心"的城市功能定位，从推进新时代首都发展大局的高度，齐心协力营造北京社会组织发展良好生态。也就是说，应当在党的全面领导下，坚持以人民为中心，聚焦城市治理急难愁盼问题，找准社会组织发展的着力点，明确社会组织能够发挥的重要作用，稳中求进地推动社会组织的改革，推动社会组织发展向更高质量阶段迈进。

（二）深化社会组织管理体制改革

推动北京社会组织供给侧管理提质改革是高质量发展的关键。首先，推动社会组织改革一定要提高站位，要从维护首都和谐稳定发展的角度，尽快将推动社会组织高质量发展纳入北京市社会建设的重要议程。其次，应推动社会组织尽快实现高位统筹，建议可以参考上海市或广东省设立社会组织管理局的经验，在未来社会工作局/部建立后，将社会组织管理工作纳入其中，明确职责和工作任务，充分整合社会组织管理资源，提升社会组织的管理水平。最后，深入贯彻全面深化改革总体思路，破除体制机制障碍，全面梳理当前中央和北京市现有的存量政策，加快落实，对不适应新时代、新形势、新理念的政策尽快调整，保证制定能够满足北京社会组织事业高质量发展新需求的"一揽子"政策包，为社会组织健康有序发展提供政策环境。

（三）强化社会组织监管体系建设

加强社会组织监督管理工作、健全监管体系是推动北京社会组织高质量发展的重点。综合性的监管体系能够保障社会组织在正确的轨道上顺利运营，实现规范有序发展。一是做好社会组织的内部管理，调研发现，社会组织的发起人对社会组织发展起着领航作用。因此，需对社会组织发起人进行严格的把关、审核，建立社会组织内部治理的内控系统。二是推动市场化的监管体系建设，积极采用信息化技术推动社会组织信用体系建设，加强失信惩罚，更加注重利用社会和市场机制监管社会组织良性运行。三是完善政府监管职能，不仅要强化主管部门责任，推动政府部门之间的联动监管，还要完善信息公开制度，推动正向的舆论引导，并依法打击非法组织，惩戒非法行为，净化社会组织发展环境，营造稳定公平透明的社会环境。

（四）畅通社会组织的退出渠道

畅通退出渠道是推动北京社会组织高质量发展的必然要求。随着社会的转型和快速发展，必然会有部分社会组织难以适应当下的社会发展需求，出现运营困难，成为"僵尸型"社会组织，应当尽快畅通退出渠道，节约相关社会资源，避免不良的社会影响。一是要充分梳理当前社会组织运营情况，科学界定相对明确的社会组织退出标准。二是要加快研究制定"僵尸型"组织注销机制,优化流程,完善社会组织注销后的善后工作,做好风险评估,保障社会组织退出工作顺利通畅。

(五)营造社会组织发展所需的良好制度环境

良好的制度环境是推动北京社会组织高质量发展的重要保障。建议从以下三个方面积极推动:一是政府方面,不断完善推进社会组织高质量发展的总体设计,根据发展的不同阶段明确发展重点任务,在"放管服"、构建服务型政府的大背景下,以清单的动态性规范政府购买社会组织服务的体制机制,调动社会组织的主动性、积极性、合作性,积极鼓励社会组织参与城市治理,营造社会组织发展良好氛围;二是社会组织培育方面,进一步完善社会组织发展平台,特别是区级和街道级的辅助发展平台建设,使各级社会组织的服务能够更加贴近基层、贴近群众,提升社会组织服务的效率和效益;三是加强社会组织人才队伍建设方面,要考虑到社会组织管理体制机制创新是关键,但核心是人。因此,要在当前大规模建设社会工作站的工作进程中,积极利用各领域资源,吸引、留住社会组织管理人才、实物人才,以培训、实操等培训方式强化能力提升,助力社会组织高质量发展。

B.20
北京基层应急救援能力建设研究报告

李全明 付搏涛 张 红*

摘 要： 党的十八大以来，北京市基层应急救援队伍数量不断增加，应急救援力量不断加强。同时，基层应急救援力量建设仍处于打基础、攻难关、上水平的关键阶段，发展不平衡不充分问题仍然突出。本报告系统性总结了当前我国应急救援力量建设现状，立足北京市安全风险特点和密云区、丰台区、城市副中心救援队伍建设现状，系统分析了当前应急救援队伍建设过程中存在的基础薄弱、救援力量结构不合理、实战能力不够强、应急保障措施机制不完善等不足，并从强化制度建设、强化能力保障、强化服务保障方面提出了建设举措，旨在进一步推动北京市应急救援队伍建设"专业化"建设。

关键词： 应急救援队伍 基层 应急救援能力 北京

　　基层是社会治理的"最后一千米"，也是应急处突的"最先一千米"①。党的十八大以来，以习近平同志为核心的党中央高度重视基层应急管理工作。基层应急管理能力是应急管理体系和能力现代化的基础工程，也是基层

＊ 李全明，北方工业大学科学技术研究院院长，教授，主要研究方向为安全生产、岩土工程；付搏涛，中国安全生产科学研究院，硕士，工程师，主要研究方向为应急救援力量建设研究及应急救援力量标准化；张红，中国矿业大学（北京）工程师，主要研究方向为安全生产、岩土工程。

① 程万里：《提升基层应急管理能力的实施困境与路径选择》，《人民论坛》2022年第8期，第55~57页。

应急治理体系和应急治理能力的重要组成部分。增强基层应急管理能力，做好风险研判、预警、应对等工作，是推进我国基层应急治理体系和治理能力现代化的重要内容。

突发事件具有随机性、关联性等特点，可分为自然灾害、事故灾难、公共卫生、社会安全等。突发事件的发生给人民群众生命安全和财产安全造成威胁，也对基层应急管理能力构成挑战。而基层应急救援能力是应急管理体系的重要组成部分，在灾害事故抢险救援中发挥着重要作用。基层应急救援能力贯穿市、县区、乡镇（街道）、村庄（社区）等多个层级，面对超大城市新时代应急管理工作的新形势、新任务、新要求，为适应我国"全灾种""大应急"任务需求，应全面加强超大城市基层应急救援力量规划建设，将其纳入国家应急救援力量体系，统筹规划、总体部署。

一　我国应急救援力量建设现状

我国自然灾害具有种类多、发生频率高、分布广等特点，是世界上灾害最严重的国家之一。同时，叠加了生产经营活动中的各类隐患、风险，进一步增大了突发事件发生的风险，突发事件造成损失愈发严重。近年来，四川木里特大森林火灾、贵州水城特大山体滑坡、利奇马台风灾害、江苏响水化工厂特大爆炸、重庆公交车坠江等重特大灾害事故时有发生，造成了严重的人员伤亡和财产损失，这对各类应急救援力量的救援能力提出了更高的要求。

目前，我国已初步构建起以国家综合性消防救援队伍为主力、专业救援队伍为协同、军队应急力量为突击、社会力量为辅助的中国特色应急救援力量体系[1]。于此同时，应急管理部持续提升应急管理基层基础能力，推行灾害风险网格化管理，支持引导社区居民和社会组织协同开展灾害隐患排查，

---

[1]　宋丙剑：《我国消防救援队伍应急救援行动现状研究》，《城市与减灾》2022年第4期，第30~34页。

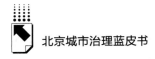

建立健全基层应急救援中心，推动每个县建成一支综合应急救援队伍，并启动全国综合减灾示范县创建工作。

（一）国家综合性消防救援力量

国家综合性消防救援队伍主要由消防救援队伍和森林消防队伍组成，编制约 19 万人，是我国应急救援的主力军和国家队，承担着防范化解重大安全风险、应对处置各类灾害事故的重要职责。

国家综合性消防救援队伍建立统一高效的领导指挥体系。应急管理部设立消防救援局（中华人民共和国应急管理部消防救援局）、森林消防局（中华人民共和国应急管理部森林消防局），分别作为消防救援队伍、森林消防队伍的领导指挥机关。省、市、县级分别设消防救援总队、支队、大队，城市和乡镇根据需要按标准设立消防救援站；森林消防总队以下单位保持原建制。国家综合性消防救援队伍对标应急救援主力军和国家队职能定位，着眼于"全灾种""大应急"任务需要，着力从救援理念、职能、能力、装备、方式、机制等 6 个方面推动队伍转型升级。在全国分区域布点组建 27 支地震、山岳、水域、空勤专业救援队和 6 支跨国境森林草原灭火队伍。

（二）专业应急救援力量建设现状

1. 军队和武警部队应急力量

中国军队和武警部队应急力量始终是抢险救灾的突击力量，承担最紧急、最艰难、最危险的救援任务。军队和武警部队与各级人民政府建立完善应对自然灾害军地协调联动机制，建成战略级移动应急指挥平台，在重点地区预储预置抢险救灾急需物资器材，编制修订团以上部队抢险救灾应急预案，组织军地抢险救灾联训联演，全面提高抢险救灾能力。目前，已组建抗洪抢险应急部队、地震灾害紧急救援队、核生化应急救援队、空中紧急运输服务队、交通电力应急抢险队、海上应急搜救队、应急机动通信保障队、医疗防疫救援队、气象保障应急专业队等 9 类 5 万人的国家级应急专业力量。各军区会同有关省（自治区、直辖市），依托现役和预备役部队组建 4.5 万人的省级应急专业力量。

2. 国家级专业应急救援力量

当前国家级专业应急救援力量主要有交通运输部救助打捞局、应急管理部自然灾害工程救援中心、国家级安全生产救援力量、国家级地震灾害救援力量、国家航空应急救援力量等。

（1）交通运输部救助打捞局

交通运输部救助打捞局是中国唯一一支国家海上专业救助打捞力量。其下辖北海、南海、东海3个救助局，烟台、上海、广州3个打捞局和北一飞、东一飞、东二飞、南一飞等4个救助飞行队，在沿海建立了一个比较完整的救捞网络。形成了救助队伍、打捞队伍、飞行队伍三位一体的队伍建制；承担了人命救助、财产救助、环境救助三位一体的岗位职责；具备了空中立体救助、水面快速反应、水下潜水打捞三位一体的综合功能。现有员工近万人，其中专业技术人员、潜水员和船员占80%以上；拥有191艘船舶，其中专业救助船72艘，打捞船119艘，EC225、S-76C++、S-76C+、S-76A、A365N（海豚）、Y-12等型号救助航空器20架。

（2）应急管理部自然灾害工程救援中心

应急管理部自然灾害工程救援中心作为国家应急救援力量体系的工程救援子体系和工程救援力量模块，在应急管理部的领导下，主要承担以下职能：一是担负因洪涝、地震、台风等自然灾害导致损毁的江河堤防急工险段工程抢险、紧急排水工程建设，水库、水电站大坝除险加固，滑坡、泥石流等地质灾害救援和堰塞湖工程排险等重大应急救援任务。二是担负国家自然灾害工程应急救援中的专业咨询和现场指导等技术保障任务。三是统筹并承担国家自然灾害工程应急救援的指挥管理培训、特种作业技能培训、分队技战术协同培训和重大演训任务；承担国家防灾减灾工程项目建设、水利水电等设施灾害风险调查和重大隐患排查任务。四是担负国家自然灾害工程应急救援队伍能力评估标准体系、救援预案体系和职业技能鉴定等标准规范建设任务。五是担负国家自然灾害工程应急救援课题研究、技术研发、信息服务和装备保障等任务。

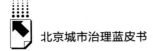

于此同时，工程救援中心所属救援基地还有唐山基地、常州基地、武汉基地、成都基地、厦门基地、贵阳基地、深圳基地、西安基地、长春基地等，全面实现均衡部署、体系发展的力量格局。

（3）国家级安全生产救援力量

国家级安全生产救援力量是由中央财政、地方财政和依托企业共同投资建成，共计91支安全生产应急救援队伍，其中38支矿山应急救援队伍、35支危险化学品应急救援队伍、4支隧道类应急救援队伍、6支油气管道应急救援队伍、1支油气田井控应急救援队伍、2支水上应急救援队伍、5支其他类安全生产应急救援队伍，共有专职应急救援人员1.95万余人，各类队伍配备了较为先进适用的救援装备，可跨区域开展救援工作。此外，还有6支国家级安全生产应急救援队伍正在建设中。

（4）国家级地震灾害救援力量

国家级地震灾害救援力量主要包括中国国家地震灾害紧急救援队和中国救援队。

中国国家地震灾害紧急救援队是对因地震灾害或其他突发性事件造成建（构）筑物倒塌而被压埋的人员实施紧急搜索与营救。具备同时在3处复杂城市条件下异地开展救援的能力，也可以同时实施9处一般城镇作业点位的搜索救援行动。

中国救援队是以北京市消防救援总队为主要骨干，加上中国地震应急搜救中心和中国应急总医院有关的人员组成的救援队。其中，依托北京市消防救援总队组建地震、水域、山岳、危化4个搜救行动分队，依托中国地震应急搜救中心组建后勤保障分队，依托应急总医院组建卫生防疫分队，满足队伍执行国际救援任务的需要。

（5）国家航空应急救援力量

国家航空应急救援力量可分为政府部门所属航空应急力量和军队航空应急力量。政府部门所属航空应急力量主要包含：应急管理部森林消防局直升机支队、南北方航空护林总站航空力量、交通运输部救助打捞局所属4个飞行队以及公安、卫生、国土等部门组建的警务航空、空中医学救援、航空测绘等队伍。军队航空应急力量主要包括空军、陆军、海军航空兵和武警等部队，主要担负空中运输、空中救援等任务。

在"十三五"期间，我国完善了国家级危险化学品、隧道施工应急救援队伍布局，建成地震、危险化学品、矿山、隧道施工、航空救援、工程抢险等国家级应急救援队伍 90 余支计 2 万余人，各地建成抗洪抢险、森林（草原）灭火、地震和地质灾害救援和生产安全事故救援等专业应急救援队伍约 3.4 万支计 130 余万人，形成了灾害事故抢险救援的重要力量①。

（三）社会应急力量建设现状

近年来，随着我国经济不断发展，人民生活水平不断提高，社会公众防灾减灾抗灾意识不断加强，社会各界参与应急志愿服务热情不断提升。"十三五"期间社会应急队伍发展迅速，在民政等部门注册登记的社会应急力量有 1700 余支计 4 万余人，发挥其志愿公益、贴近群众、响应迅速、各有专长的优势，参与山地、水上、航空、潜水、医疗辅助等抢险救援和应急处置工作，在生命救援、灾民救助等方面发挥了重要作用。据不完全统计，2018~2020 年，全国社会应急力量累计参与救灾救援约 30 万人次，参与应急志愿服务约 180 万人次，已逐步成为我国基层应急救援力量的重要组成部分。

目前，我国社会应急力量在队伍建设、技能水平、装备水平、应急响应、灾后救助、防灾减灾、社会动员和科技支撑等方面取得了很大的提升，政社协同参与应急服务水平取得新的突破。

（四）基层应急力量建设现状

早在 2009 年，《国务院办公厅关于加强基层应急队伍建设的意见》（国

---

① 《应急部关于印发〈"十四五"应急救援力量建设规划〉的通知》（应急〔2022〕61 号），中华人民共和国中央人民政府网站（2022 年 6 月 22 日），http://www.gov.cn/gongbao/content/2022/content_ 5708947.htm，最后检索时间：2023 年 5 月 8 日。

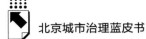

办发〔2009〕59号）提出①，基层应急队伍是我国应急体系的重要组成部分，是防范和应对突发事件的重要力量。其中主要包括：一是全面建设县级综合性应急救援队伍。要以公安消防队伍及其他优势专业应急救援队伍为依托，建立或确定"一专多能"的县级综合性应急救援队伍，在相关突发事件发生后，立即开展救援处置工作。可全面承担综合性应急救援任务，包括地震等自然灾害，建筑施工事故、道路交通事故、空难等生产安全事故，恐怖袭击、群众遇险等社会安全事件的抢险救援任务，同时协助有关专业队伍做好水旱灾害、气象灾害、地质灾害、森林草原火灾、生物灾害、矿山事故、危险化学品事故、水上事故、环境污染、核与辐射事故和突发公共卫生事件等突发事件的抢险救援工作。二是要深入推进街道、乡镇综合性应急救援队伍建设。充分发挥民兵、预备役人员、保安员、基层警务人员、医务人员等有相关救援专业知识和经验人员的作用，在防范和应对气象灾害、水旱灾害、地震灾害、地质灾害、森林草原火灾、生产安全事故、环境突发事件、群体性事件等方面发挥就近优势，在相关应急指挥机构组织下开展先期处置，组织群众自救互救，参与抢险救灾、人员转移安置、维护社会秩序，配合专业应急救援队伍做好各项保障。同时发挥信息员作用，发现突发事件苗头及时报告，协助做好预警信息传递、灾情收集上报、灾情评估等工作，参与有关单位组织的隐患排查整改。

"十三五"期间，我国乡镇街道建有基层综合应急救援队伍3.6万余支、105.1万余人，基层应急能力标准化建设稳步推进，社会参与程度不断提高，探索出行之有效的基层应急救援力量建设"济宁模式"，逐步构建起基层应急救援网格体系，较好地发挥了响应快速、救早救小作用。这种基层应急救援网格体系已成为日常风险防范和先期处置的重要力量。

① 《国务院办公厅关于加强基层应急队伍建设的意见》（国办发〔2009〕59号），中华人民共和国中央人民政府网站（2009年10月18日），http://www.gov.cn/gongbao/content/2009/content_1449000.htm，最后检索时间：2023年5月8日。

二　北京市安全风险特点

北京受所处地形和气候影响，暴雨、高温、冰雪等灾害类型多，区域风险系数高。其中，极端天气的发生极易诱发次生灾害和衍生灾害，进而对首都经济社会活动、城市运行造成严重威胁。汛期局部地区发生短时强降雨的可能性越来越大，城市内涝、滑坡、泥石流、水库溃坝等风险不断加剧。随着全市森林覆盖率的不断提升，受高温、干旱、大风等极端天气和农业、旅游等生产活动影响，火源管控难度增大。与此同时，作为超大城市，城市运行的各组成要素关联性不断加强，突发事件与次生灾害的耦合性不断加强，同时叠加新技术革命和新生产生活方式，使得"城市越现代越脆弱"的难题更加凸显和亟待解决。

（一）安全风险单元划分

根据城市安全体系框架，可以将北京市现有安全风险分为自然灾害、事故灾难、公共卫生和社会安全四个单元，而各个单元又分有若干个子单元，每个子单元又有若干场景。安全风险单元划分如图 1 所示。

（二）安全风险分析

1. 自然灾害

北京地势西北高、东南低。西部、北部和东北部三面环山，东南部是一片缓向渤海倾斜的平原。北京是暖温带半湿润大陆性季风气候，夏季强降雨条件下，山地区域易形成山洪、崩塌滑坡等地质灾害，危险性大增；冬季寒冷干燥。境内流经的主要河流有永定河、潮白河、北运河、拒马河等，多由西北部山地发源，向东南流经平原地区，最后汇入渤海。其中永定河是国家重点行洪河道，曾是北京地区众多河流中水患最为严重的一条。从地震危险性角度，总的趋势是东部重、西部轻、平原重、山区轻。

根据北京市的自然条件，有以下几方面风险。

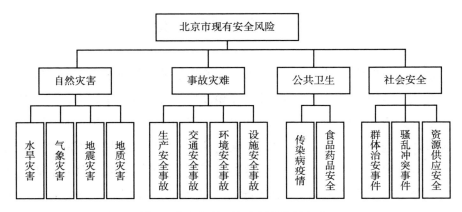

图1　北京市现有安全风险框架示意

（1）水旱灾害

当高地势水利设施溃决、遇强降水天气、排水系统无法满足要求时，可能引发城市内涝、路面塌陷、交通瘫痪及周边地区洪水、泥石流等灾情，造成人员伤亡和财产损失，严重时还会引发传染病疫情等情况。另外当遇到持续高温、降水少等情况，可能引发旱情，对城市所需的作物和水源供给造成影响。

北京干旱历来严重，1368~1949年发生较大的旱灾400次。20世纪60年代中期以来，经历一个枯水期，80年代城区的年平均降水量已降至21世纪以来的最低点。北京地区近25年来的自然降水较平均值累计减少了325亿立方米。农田受旱面积较50年代大面积增加，对人民生活和首都经济活动都有严重影响。

（2）气象灾害

城市会遇到雷暴、大风、冰雹、暴雨、暴雪、霜冻等气象情况，可能会对城市居民正常生活带来影响，严重时可能造成灾害，如雷击造成供电系统瘫痪、人员伤亡、火灾等情况，大风造成坍塌及物体坠落，冰雹对人员、车辆、建筑、农作物的打击，暴雨造成的城市内涝，暴雪、霜冻引发交通事故以及气象灾害对危险化学品等生产经营企业造成影响继而引发事故等。

影响北京地区暴雨的主要天气系统有：低槽冷锋、西南低涡、内蒙低涡、西北涡、台风等。根据1949年以来的暴雨资料统计，24小时雨量大于或等于50毫米的暴雨平均每年出现5次，最少的年份出现2次，最多的年份达15次。北京地区暴雨中心多发区沿燕山、西山的山前迎风带分布，年降水量在650~700mm，其中枣树林、漫水河等地是特大暴雨发生地。由此向山前和山后逐渐递减到500mm左右。

（3）地震灾害[①]

地震是威胁城市安全的主要危险源之一。从中国历史地震活动的整体上看，华北地区地震多发，地震灾害重，当生产、生活设施的抗震不达标准、应急抢险系统不完善、公众防震知识不到位时，遇到突发地震灾害时可能造成很大的人员和财产损失，而且可能伴随其他地质灾害和对城市的二次伤害。

由于地处阴山—燕山地震带的中段，北京地震灾害的威胁也很大。历史上多次发生过强烈地震。有历史记载以来，北京地区已发生5级以上地震77次，其中6级以上地震27次。

（4）地质灾害

北京是地质灾害较多、较严重的城市之一，具有灾种多、活动频繁、群发性强的特点。特别是近几十年，北京迅速崛起，经济建设的高速发展和人口的过速增长、自然环境破坏加剧以及不合理的人类工程活动等，使北京的地质环境不断恶化，地质灾害经常发生。其主要灾害种类有泥石流、滑坡、崩（滑）塌、矿山地面塌陷、地下水污染、地面沉降及地下水资源枯竭、水土流失、土地沙化、地方病、地震等共10余种。

2. 事故灾难

事故灾难是指造成了较大损失的事故，通常是由于技术性或操作性失误等种种非故意因素造成的。主要包括企业的各类生产安全事故、交通事故、

[①] 董桂芝、纪玉杰、单青生：《北京市地质灾害现状分析》，《北京地质》1997年第1期，第30~33页。

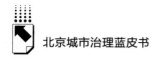

公共设施和设备事故、环境污染和生态破坏事件等。

（1）生产安全事故

①危险化学品企业

危险化学品企业主要是涉及易燃、易爆、有毒、腐蚀等特性的化学品的生产、经营、储存和使用的企业，在其装卸、生产、使用和储存的各个环节，均有可能由于各方面因素发生泄漏，从而引发火灾、爆炸、中毒、窒息等事故。并且，往往这些企业的设施均大规模集中布置，而形成连锁反应，使得事故持续时间长，危害大，扑救困难。有的企业还会涉及储存危险化学品的容器，如果质量不合格、操作不当等，还可能造成物理爆炸的事故发生。另外，当企业毗邻水源地或人员密集场所，事故污染物失控，还有可能造成水体污染、人员中毒等事故。

②油气场站及输送管道

所谓油气站点及输送管道是涉及原油、成品油、天然气、液化天然气、液化石油气的场站或输送管道。

天然气和液化石油气具有易燃、易爆、窒息等危害特性，当设备、管道、管件、阀门、仪器仪表等设施发生泄漏，当积聚过多可能引起窒息事故，遇点火源而引起火灾、爆炸事故。液化天然气还具有低温的危害特性，当防护不到位或遇到泄漏，还会造成低温灼伤事故。充装天然气和液化石油气的容器，如遇质量不合格或违章操作、安全设施不到位等情况，还会引起物理爆炸风险。

截至 2020 年，北京市液化石油气管道长度达 229 千米，天然气管道长度 30303 千米。原油、成品油及液化石油气等具有易燃的特性，当泄漏时遇点火源造成火灾，若无法及时发现和控制时，有可能事故扩大、伤亡严重。

③粉尘企业

产生粉尘的行业主要有冶金煤粉制备、金属制品加工、粮食加工、饲料加工、食品加工、纺织品加工、皮革羽毛制品加工、木材家具加工、纸制品加工、橡胶及塑料加工、烟草加工等，当粉尘得不到很好的收集控制，员工得不到有效的防护，会引发职业病；当遇到点火源，还会引起粉尘爆炸事故。

④建筑施工

工程建筑施工过程中，经常存在高处作业、临时用电作业等危险作业，还伴随有如脚手架、电梯等登高设施、混凝土车等运输车辆，有可能引发高处坠落、触电、车辆伤害等事故，尤其是现代建筑层数越来越高，面积越来越大，投入的施工人员越来越多，极有可能发生大规模人员伤亡事故。

除了以上几个行业的主要生产安全事故外，还有物体打击、机械伤害、淹溺、高温、低温、噪声等造成人员伤亡的风险存在。

（2）交通安全事故

①陆上交通

陆上交通主要包括城市内主要道路、城际公路、高速公路、铁路、高速铁路等，与配套的交通站构成了北京市的交通网。

陆上交通事故主要分为两类，一类是碰撞事故，即交通工具与固定物、其他人、非机动车或机动车相撞造成的事故，另一类是非碰撞事故，即交通工具发生故障、冲出路外或翻车造成的事故，由于物理打击或火灾、爆炸造成人员伤亡。多车或大型客运汽车发生事故时，可能造成严重的事故后果。另外，当危险货物运输时发生事故时，其运输的爆炸、易燃、有毒等危险特性的货物可能造成规模较大的伤害事故，还可能对环境造成污染，引起更加严重的后果。

②空中交通

空中交通主要是城市间航空运输，由于故障等因素，飞机可能会迫降，甚至直接坠毁，造成机组和乘客的人员伤亡，严重的还会对地面设施和人员造成影响。

（3）环境安全事故

环境主要包括人们生存所处的水、大气、土壤及生态等环境，由于人们的生产和生活以及气候的影响，环境发生变化，从而影响人们的身体健康，遇到急性污染事件，可能造成大规模人员伤亡，使环境污染事件上升至环境安全事故。

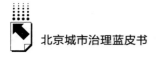

（4）设施安全事故

所谓设施主要是指城市为居民提供日常生活的公共设施，主要有购物场所、体育场所、娱乐场所、教育场所、医疗救助场所、客运场所、旅游场所等。

火灾：建筑面积大、可燃物多、电气设备多、人员多、疏散和扑救难度大等特点。

拥挤踩踏：发生时空不定、诱发原因众多、发生突然，难以控制、群死群伤，危害巨大。

物体打击：人和物都处在一个流动的状态，一旦管理不善，发生物体打击伤害的事故概率相对较高，经常出现的事故是人为乱扔废物、杂物伤人或高处牌匾或装饰物悬挂不牢，脱落伤人等。

高处坠落：过道围栏，可能发生高处坠落的风险。

3.公共卫生

（1）传染病疫情

流行性传染病、瘟疫等在城市人群中传播，有时可以得到有效控制，病症不严重，但当遇到急性爆发的致命性疫情时，有可能会造成大规模人群患病和死亡，而且传播速度极快，危害很大。

（2）食品药品安全

食品是城市居民的基本保证，当食品安全受到威胁，即食品短缺或受到污染，会造成人员的致病，轻者经过多日治疗得以康复，重者会造成群死事件。药品安全同样是居民的生活保障，老弱病残孕等敏感人群接受问题药品，很有可靠造成伤害甚至死亡。当食品和药品出现问题时，在当今这个信息传播发达的时代，很可能造成大面积恐慌。

4.社会安全

（1）群体治安事件和骚乱冲突事件

群体治安事件和骚乱冲突事件都是从小规模事件逐渐发展成大规模事件，当小规模时期没有被发现和及时控制，很有可能发展成不可控的大规模事件，有可能造成人员伤亡、拥挤踩踏、火灾、爆炸等事件。

（2）资源供应安全

资源供应主要包括城市居民赖以生存的供水、供电、供气、供热等资源，当水源受到污染，可能会使居民致病甚至死亡；供电、供气、供热出现问题，可能导致居民正常的生产和生活活动受阻，可能引发一系列影响社会治安事件。

三 北京市应急救援力量建设成效

（一）专业应急救援队伍现状

北京市现有专业应急救援队伍 274 支（部分救援队伍职能有所交叉），其中，地方专职消防队 105 支、森林灭火队 139 支、抗洪抢险队 14 支、安全生产及应急救援队伍 16 支。

（1）森林灭火专业救援队伍。目前，北京市专业森林消防队伍共 139 支，森林消防队员共 3508 人。其中，市级队伍 7 支（320 人），分别为 2 支市直属森林防火中队和松山林场、西山试验林场、八达岭林场、京西林场、十三陵林场 5 个市属国有林场的专业消防中队。各区专业森林消防队，合计 3188 人，除东城区、西城区、朝阳区外，其他各区均有自己的专业森林消防队伍。

（2）抗洪抢险专业救援队伍。现有防汛应急抢险救援队伍 14 支，共计 962 人，其中，水工机闸抢险队和永定河机动抢险队为骨干防汛队伍，排水集团抢险队和自来水集团抢险队为市级专业应急救援队。行业主管部门有市水务局、市交通委、市城市管理委、市住建委、民营企业等，战时由市防汛抗旱指挥部指挥调度，市防汛办设在市应急局。主要承担市政府防汛办等有关部门赋予的北京市防汛抢险、道路应急排水、水利工程抢险救援等任务，同时还承担着首都重大会议活动及节假日保障任务。

（3）安全生产救援及应急救援队伍。主要为市应急委认定的 16 支市级专业应急救援队伍，这些队伍主要依托大型市属国有企业建立，覆盖了水、电、气、热、矿山、危化、建筑工程、道路抢险和运输保障等多个重点行业领域，总人数5万余人。其中，专职人员2100余人，兼职人员4.8万余人。队伍采取"专职人员为核心、兼职人员为主体"的组建模式，主要承担本行业、本领域内突发事件的抢险救援工作，以及重大活动期间备勤和应急保障等工作。此外，城市运行（电、气、水、热、交通）相关的应急队伍还承担着日常巡检、隐患排查等任务。

（二）密云区应急救援队伍现状[①]

"十三五"期间，北京市密云区应急救援力量不断加强。全区设驻密部队抢险队7支590人；区直单位抢险队92支2547人；区级抢险队10支，其中：区森林消防大队1支240人，消防救援支队8个消防站279人，机动支队特勤大队1支100人；镇街（地区）抢险队34支915人。密云水域救援队升级为国家水域救援北京大队。

建成区级119指挥中心，全面升级消防政务信息网、消防指挥调度平台、地理信息平台和移动作战指挥系统，119接警出警系统和119电话报警收容系统整合接入总队音视频系统，实现与区应急局协调资源共享，与市消防总队4G平台互联互通，总队、支队、消防站三级联网率达100%。新建巨各庄、古北口、鼓楼、西田各庄消防站4座，穆家峪、河南寨小型消防站2座，对十里堡、溪翁庄、太师屯3座消防站进行了老旧升级和抗震改造，各镇街（地区）社区（村）和消防重点单位建成微型消防站179个。全区93个重点单位和公共高层建筑安装建筑消防设施远程监控系统。建设区森林火灾视频监控系统70处，监测覆盖率达85%，实时全天候火情监测。"密云区防汛应急综合管理平台"、防汛指挥决策平台App、"微汛通"App及"密云气象"微信公众号投入运行。

---

① 《北京市密云区人民政府关于印发〈密云区"十四五"时期应急管理事业发展规划〉的通知》（密政发〔2022〕18号），北京市密云区人民政府网站（2022年4月1日），http://www.bjmy.gov.cn/art/2022/4/1/art_ 5609_ 4339.html，最后检索时间：2023年5月8日。

成功应对了赛龙新韩汽车配件有限公司厂房、北京中铁运输有限公司库房、花园小区施工现场等火灾，以及中峪燃气溪翁庄站爆燃事故、"3·30"东邵渠森林火灾和"7·16"暴雨洪涝灾害。

（三）丰台区应急救援队伍建设①

"十三五"期间，丰台区培育发展森林灭火专业队伍1支、社会救援队伍2支、灾害信息员931名。大力提升了应急物资保障能力，梳理完善了区、镇、村三级救灾体系，建立了物资调拨和管理工作机制，顺利完成新冠疫情期间物资调拨任务。制定《丰台区专项活动服务保障工作方案和应急预案》，圆满完成新中国成立70周年重大活动安全服务保障工作。

以信息化手段为依托，整合丰台区应急指挥信息化平台，完成各类视频会议系统升级，完善协同办公、执法检查、隐患管理、公共服务、应急通讯、指挥调度等多项功能，全面实现有线通信调度、无线通信指挥、社会面监控、异地会商、辅助决策支持和移动指挥等功能。搭建区安全生产监管信息化平台，实现以企业台账为基础，以企业分类分级管理为核心，以数据应用为手段，以信息资源共享为保障的数字化、网络化、智能化、互动化和协同化的安全生产监管信息化平台。健全灾害监测预警信息平台建设，逐步完善信息发布流程，及时向社会公布各类预警信息。

2020年10月，北京市丰台区组建了24支应急小分队，实现了丰台区21个街乡镇3个管委会全覆盖。该小队是以满足基层现实需要、实现居民服务保障"即刻到家"为目标，依托街乡镇现有应急处置队伍，鼓励社会力量参与，按照"政府统筹协调、基层需求导向、企业自愿服务、群众广泛参与"的原则，采取政府购买服务与社会公益相结合、专业化与社会化相结合的方式，建立的规模适度、素质优良、管理规范的应急队伍。这些应急队伍的成立，对于丰台区基层应急救援队伍建设来说，具有里程碑的意义。

---

① 《北京市丰台区人民政府关于印发〈丰台区"十四五"时期应急管理规划〉的通知》（丰政发〔2022〕3号），北京市丰台区人民政府网站（2022年1月29日），http://www.bjft.gov.cn/ftq/zfwj/202201/62a852b8b7274ec4bffde2f105b41787.shtml，最后检索时间：2023年5月8日。

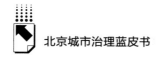
（四）北京城市副中心（通州区）应急队伍建设①

"十三五"期间，建立了以消防综合应急救援队伍为主力军、专业应急队伍为协同力量、街、专兼职结合的应急小分队，建立了"应急响应—初步处置—灾情确认—维护引导—驰援救援"的链条式响应机制；将各门类专家40名纳入全区专家咨询库；全面加强专业应急救援队伍建设，建成23支救援队伍，规模达18817人，涵盖了生命线抢修、交通疏导、危化品处置、医疗救治、防汛抗旱、通信保障、公共卫生应对、地震救援等领域，大大提高了突发事件应急救援处置能力；救援队伍专业技能培训和实战演练机会增多，训练专业性与实用性不断增强。

"十三五"期间全区建成7处应急物资储备库，储备物资五大类284种共计10余万件。建成应急避难场所10处，可篷宿面积15.3万平方米，避难场所通过认证并具备消防、卫生防疫、应急指挥（监控和广播）、供水和应急供电等基本功能。

进一步推进减灾示范社区创建工作，截至2018年底，全区已创建18个国家级综合减灾示范社区、18个市级综合减灾示范社区和2个综合减灾示范街乡；启动了社区应急志愿服务站试点建设；全区灾害信息员达720名，每个社区（村）至少配备1~2名。

四　基层应急救援力量建设面临的挑战

（一）基层应急队伍建设基础较为薄弱

基层应急队伍专业性不强。应急管理工作与常规社区服务不同，具有较强的专业性和技术性，而突发事件的发生带有很强的随机性，暴发突然，蔓

---

① 《北京城市副中心（通州区）"十四五"时期安全生产和应急管理事业发展规划》（通应急发〔2021〕2号），北京市通州区人民政府网站（2021年12月29日），http://zhengfu.bjtzh.gov.cn/ajj/fzx/202112/1505610.shtml，最后检索时间：2023年5月8日。

延迅速，始终处于急速变锁反应，这就要求基层应急队伍要有快速反应和应急处理能力。基层应急救援人员多以基层党员干部、农民等组成，多为非专业人员，缺乏应急救援的专业理论知识和应急处置现场实践操作能力，在日常活动期间，很难自行开展专业性基础工作，因此组建的应急救援队伍专业性也存在不足，一旦出现高强度应急抢险，难以及时满足救援需要。

（二）应急救援力量构成不合理

现有应急救援力量体系结构以单一灾种、单一行业的传统救援力量为主，各类队伍融合度较低，缺少协调联动，且响应速度较慢、救援手段单一、机动能力较差。工程抢险、应急勘测等新质救援力量建设起步时间晚，规模增长速度难以与激增的救援任务量匹配。空中救援力量薄弱，应急救援航空器数量不足，大型固定翼飞机、直升机紧缺，临时起降点数量少，保障救援救灾需要的场站布局不够合理，航油、航材、空管等设施不够配套。各类队伍兼容性、协同性较低，建设梯级层次不明显，缺乏处置重特大灾害事故所需的区域性专业救援力量。

（三）应急救援实战能力不够强

应急救援队伍的专业素质、技术水平、机动能力不强，缺乏高素质、复合型、全领域的指挥人才，缺乏统一的指挥调度和装备物资调配机制。应急救援队伍装备配备数量不足、品种不全、质量不精，大型、高精尖装备短缺，贴近实战的训练器材设施缺乏，应急救援队伍人装协同作战能力不强，应急救援实战技能、科技支撑水平提升较慢，无法满足高效应对重特大灾害事故救援的实际需求。应急救援力量建设单打一、专业优势不突出、综合救援能力欠缺、职能定位不明确、低水平重复建设等问题比较普遍，难以形成应对重大灾害事故的合力，与构建"全灾种、大应急"应急管理体系的能力要求存在较大差距。

（四）应急保障措施机制不完善

专业应急救援力量建设与运行体制机制尚不完善，部分应急救援力量运行不流畅。支持、引导专业性应急救援力量建设和社会应急力量建设的政策法规体系尚未形成，应急救援力量动员响应、指挥调度、建队标准、运行管理、任务保障等方面的制度标准亟待完善。应急救援队伍建设投入、指挥调用、协调联动、力量投送、救援补偿、战勤保障等保障应急力量持续发展的机制和措施亟须健全。应急救援队伍资金来源不稳定，缺少多渠道的资金投入。应急救援队伍培训演练覆盖率较低，训练器材设施缺乏，未能开展足够时间、足够内容、足够强度的业务训练。

五 应急救援力量建设举措

（一）强化社会应急力量制度建设

从政府层面推动出台加强社会应急力量健康发展的政策文件，指导各区应急管理部门推动社会应急力量建设。明确社会应急力量参与应急救援工作的功能定位和主要职责，对登记注册、日常管理、服务保障、协调调用、奖惩激励、征用补偿等方面内容做出制度性安排。出台社会应急力量奖惩工作暂行办法，完善奖惩和诚信评价机制，加强对社会应急力量的正向激励。

（二）强化社会应急力量能力建设

开展有针对性的应急理论和救援技能示范示教活动，拓宽培训渠道，为社会应急力量提供更多专业培训机会。定期举办全市、各区社会应急力量技能竞赛，为优秀社会应急力量提供交流技能、切磋技艺的平台。推动与国家综合性消防救援队伍、专业应急救援力量开展联合演练，提高救援队伍间的协同作战能力。推动应急志愿者参与基层应急能力建设，鼓励具备专业知识和技能的社会应急力量对缺乏应急救援的专业理论知识和应急处置现场实践操作能力的基层社区开展应急知识普及、专项技能培训、应急处置演练等活动，织密织牢城乡社区防灾减灾救灾的网络体系。

（三）强化社会应急力量服务保障

推动市应急管理部门与各区应急管理部门、区域社会应急力量构建协调联动机制，加强工作指导和安全保障教育，完善调用条件、权限、程序等相关配套措施。建立社会应急力量与专业应急救援力量共享共用救援装备、训练设施等制度机制。加强社会应急力量保险保障，鼓励通过政府补贴、基金支持、社会捐赠、队员自筹等方式，按照救援风险等级为救援队员办理人身意外伤害方面的专属保险，提高救援人员保险保障水平。对参与应急救援行动的社会应急力量，在道路通行、救援装备、后勤生活等方面提供必要的支持，对于救援过程中发生的相关费用给予适当补偿。

社会科学文献出版社

皮 书

智库成果出版与传播平台

❖ 皮书定义 ❖

皮书是对中国与世界发展状况和热点问题进行年度监测，以专业的角度、专家的视野和实证研究方法，针对某一领域或区域现状与发展态势展开分析和预测，具备前沿性、原创性、实证性、连续性、时效性等特点的公开出版物，由一系列权威研究报告组成。

❖ 皮书作者 ❖

皮书系列报告作者以国内外一流研究机构、知名高校等重点智库的研究人员为主，多为相关领域一流专家学者，他们的观点代表了当下学界对中国与世界的现实和未来最高水平的解读与分析。

❖ 皮书荣誉 ❖

皮书作为中国社会科学院基础理论研究与应用对策研究融合发展的代表性成果，不仅是哲学社会科学工作者服务中国特色社会主义现代化建设的重要成果，更是助力中国特色新型智库建设、构建中国特色哲学社会科学"三大体系"的重要平台。皮书系列先后被列入"十二五""十三五""十四五"时期国家重点出版物出版专项规划项目；自2013年起，重点皮书被列入中国社会科学院国家哲学社会科学创新工程项目。

皮书网

（网址：www.pishu.cn）

发布皮书研创资讯，传播皮书精彩内容
引领皮书出版潮流，打造皮书服务平台

栏目设置

◆ **关于皮书**

何谓皮书、皮书分类、皮书大事记、
皮书荣誉、皮书出版第一人、皮书编辑部

◆ **最新资讯**

通知公告、新闻动态、媒体聚焦、
网站专题、视频直播、下载专区

◆ **皮书研创**

皮书规范、皮书出版、
皮书研究、研创团队

◆ **皮书评奖评价**

指标体系、皮书评价、皮书评奖

所获荣誉

◆ 2008 年、2011 年、2014 年，皮书网均
在全国新闻出版业网站荣誉评选中获得
"最具商业价值网站"称号；

◆ 2012 年，获得"出版业网站百强"称号。

网库合一

2014 年，皮书网与皮书数据库端口合
一，实现资源共享，搭建智库成果融合创
新平台。

皮书网

"皮书说"
微信公众号

法律声明

"皮书系列"（含蓝皮书、绿皮书、黄皮书）之品牌由社会科学文献出版社最早使用并持续至今，现已被中国图书行业所熟知。"皮书系列"的相关商标已在国家商标管理部门商标局注册，包括但不限于 LOGO（）、皮书、Pishu、经济蓝皮书、社会蓝皮书等。"皮书系列"图书的注册商标专用权及封面设计、版式设计的著作权均为社会科学文献出版社所有。未经社会科学文献出版社书面授权许可，任何使用与"皮书系列"图书注册商标、封面设计、版式设计相同或者近似的文字、图形或其组合的行为均系侵权行为。

经作者授权，本书的专有出版权及信息网络传播权等为社会科学文献出版社享有。未经社会科学文献出版社书面授权许可，任何就本书内容的复制、发行或以数字形式进行网络传播的行为均系侵权行为。

社会科学文献出版社将通过法律途径追究上述侵权行为的法律责任，维护自身合法权益。

欢迎社会各界人士对侵犯社会科学文献出版社上述权利的侵权行为进行举报。电话：010-59367121，电子邮箱：fawubu@ssap.cn。

社会科学文献出版社